Gerd R. Ueberschär (Hrsg.)
Hitlers militärische Elite

Gerd R. Ueberschär (Hrsg.)

Hitlers militärische Elite

Bd. 1

Von den Anfängen des Regimes
bis Kriegsbeginn

PRIMUS
VERLAG

Die Deutsche Bibliothek – CIP-Einheitsaufnahme

Hitlers militärische Elite / Gerd R. Ueberschär (Hrsg.). – Darmstadt: Primus Verl.

Bd. 1. Von den Anfängen des Regimes bis Kriegsbeginn. – 1998
ISBN 3-89678-083-2

Gedruckt auf säurefreiem und alterungsbeständigem Offsetpapier
Printed in Germany

ISBN 3-89678-083-2

Inhalt

Vorwort des Herausgebers

In neuen historischen Untersuchungen tritt die Mitverantwortung der Wehrmacht für den Massenmord an der jüdischen Bevölkerung in Osteuropa und bei anderen Kriegsverbrechen immer deutlicher zutage. Sicher gab es Wehrmachtseinheiten und Wehrmachtsangehörige, die mit Recht von sich sagen konnten, von alledem nichts gewußt zu haben. Auf der anderen Seite gab es aber auch Verbände, Kommandeure und Befehlshaber, deren Beteiligung oder Mitwisserschaft an Kriegsverbrechen sich aus den erhaltenen Akten zweifelsfrei belegen läßt. Bei diesem Befund stellt sich insbesondere die Frage nach dem Verhältnis von Wehrmachtführung und NS-Regime.

Historiographie und Geschichtswissenschaft nähern sich diesem Thema in breiter historischer Perspektive. Sie reicht weit hinter das Jahr von Hitlers Machtantritt zurück und wendet sich zunehmend den verantwortlichen Personen zu, die die „einfachen" Soldaten ab Kriegsbeginn im September 1939 in völkerrechtswidrige Situationen brachten oder ihnen sogar völkerrechtswidriges Verhalten abverlangten.

Vor allem im Rahmen der Erforschung des militaristischen Denkens und Verhaltens in der Kaiserzeit und Weimarer Republik untersucht die Geschichtswissenschaft seit längerem die Kontinuität lange tradierter Werthaltungen und politischer Ziele des preußisch-deutschen Militärs in ihren Auswirkungen auf die Innen- und Außenpolitik nach 1918. Zugleich tritt aber auch die Frage nach der gewandelten Qualität des Krieges und dem damit verbundenen Funktionswandel von Strategie und Politik sowie von Militär und Gesellschaft ins Blickfeld. Schon vor Hitlers Regierungsantritt war die Vorstellung, daß der moderne Krieg von der technisch-industriellen Entwicklung bestimmt werde und als „totaler Krieg" der gesamten Gesellschaft verstanden und geführt werden müsse, in der militärischen Funktionselite weitgehend akzeptiert. Der kommende Krieg schien nur dann erfolg- und siegreich geführt werden zu könnnen, wenn es gelang, die gesamte Volkskraft zum Zwecke der Kriegführung zu mobilisieren. In diesem Sinne begrüßten die führenden Militärs die Forderung der nationalsozialistischen Bewegung nach einem „Volk in Waffen", und sie unterstützten deren Maßnahmen zum Aufbau einer festgefügten „Volksgemeinschaft".

Im Kaiserreich zeichnete sich das Offizierkorps durch konservative Wertmaßstäbe und Homogenität aus. Es besaß ein starkes Standes- und Elitebewußtsein sowie ein hohes Selbstwertgefühl mit tradierten Ehrbegriffen, die es auch in der Weimarer Republik zu verteidigen wußte. Das Scheitern des operativen Denkens dieser Elite im Ersten Weltkrieg führte zur Abkapselung und zum Rückzug aus dem politischen Bereich in der Zeit nach 1918. Man suchte, die militärische Macht mit den tradierten Wertvorstellungen als unpolitischen Bereich in der Weimarer Republik und in der NS-Zeit fortzuführen. Das höhere Offizierkorps entwickelte keine positive Beziehung und Bindung zur deutschen Republik von 1918 bis 1933.

Es besaß in weitem Maße eine konservativ-nationale Grundüberzeugung, die keineswegs den Prinzipien einer demokratisch-parlamentarischen Staatsordnung entsprach. Zudem wurde die militärische Niederlage von 1918 weitgehend aus dem Bewußtsein verdrängt. Den nach dem verlorenen Ersten Weltkrieg abgeschlossenen Versailler Vertrag wollte man – wenn nötig gewaltsam – revidieren. Hitlers Generale und Admirale stammten aus jener militärischen Führungsschicht, die aufgrund ihrer politischen und militärischen Ziele bereit war, die nationalsozialistische Politik und deren Ziele mitzutragen und auch zu unterstützen. Als Hitler die Regierung antrat, konnte er auf dieser Basis den Weg vom Revisionskurs der Weimarer Regierungen zur Gewalt- und Kriegspolitik gegen das ihm verhaßte „System von Versailles" gehen, ohne befürchten zu müssen, daß ihm wegen innenpolitischer Verfehlungen seiner Anhänger und Parteigenossen gegen Juden und Andersdenkende von seiten der höheren Offiziere die Gefolgschaft verweigert werde. Diese waren vielmehr bemüht, ihren Anspruch, die einzige professionelle Elite für die militärische Führung im Krieg zu sein, auch im neuen NS-Regime durch ein Mit- und Aufeinanderzugehen im NS-Staat zur Geltung zu bringen.

Die von Hitler propagierte Zwei-Säulen-Theorie von Partei und Wehrmacht als den beiden gleichberechtigten innenpolitischen Machtfaktoren seiner Herrschaft bot den Generalen und Admiralen die Möglichkeit, sich als wichtige Partner der NS-Bewegung zu verstehen. Sie empfanden dadurch zugleich eine besondere Verantwortung für die Konsolidierung und den Bestand der NS-Herrschaft, deren Ideologie sie weitgehend akzeptierten. Entscheidendes Einfluß- und Machtterrain ging der Wehrmachts- und Heeresführung jedoch durch die Blomberg-Fritsch-Krise in Februar 1938 verloren, als sie sich den Machenschaften der NS-Führer nicht energisch entgegenstellten. Danach spielte die militärische Führungsschicht in der Diktatur Hitlers nur noch die Rolle einer nachgeordneten, im Einfluß begrenzten Funktionselite, zumal der Diktator selbst den Oberbefehl über die Wehrmacht und damit die Position des entlassenen Reichskriegsministers übernahm.

Als der General der Artillerie Ludwig Beck als Generalstabschef des deutschen Heeres am 16. Juli 1938 mit Hilfe einer Denkschrift den damaligen Oberbefehlshaber des Heeres, Generaloberst v. Brauchitsch, sowie die übrigen Befehlshaber und Kommandierenden Generale des Heeres eindringlich vor den Gefahren einer unkontrollierbaren Gewaltpolitik und Kriegstreiberei durch den „Reichskanzler und Führer" Adolf Hitler zu warnen suchte und sie für ein gemeinsames Handeln gegen den Diktator durch kollektive Verweigerung gewinnen wollte, formulierte er einen sehr hohen Anspruch für ihr Verhalten gegenüber Krieg und Politik in der NS-Zeit: Es sei ein „Mangel an Größe und an Erkenntnis der Aufgabe, wenn ein Soldat in höchster Stellung in solchen Zeiten seine Pflichten und Aufgaben nur in dem begrenzten Rahmen seiner militärischen Aufträge sieht, ohne sich der höchsten Verantwortung vor dem gesamten Volke bewußt zu werden". „Außergewöhnliche Zeiten" verlangten nach Becks Ansicht auch „außergewöhnliche Handlungen". Der soldatische Gehorsam der Generale habe dort „eine Grenze, wo ihr Wissen, ihr Gewissen und ihre Verantwortung die Ausführung eines Befehls" verbiete.[1]

Mit dieser Feststellung konnte Beck die Mehrzahl seiner Generalskameraden jedoch nicht überzeugen. Er blieb allein und nahm danach seinen Abschied. In steigendem Maße haben führende Militärs bis 1939 die Augen verschlossen vor dem innenpolitischen Terror der Nationalsozialisten gegen einzelne Bevölkerungsgruppen, die der NS-Führung nicht genehm waren oder ihrem Regime Widerstand entgegenbrachten. Unter Führung der Generale und Admirale war die Wehrmacht schließlich im September 1939 ein verläßliches Instrument beim Kampf gegen Polen und dessen Verbündete Großbritannien und Frankreich. Viele Generale und Admirale hofften mit Beginn des Krieges auf Ruhm, Anerkennung, Beförderung und Belohnung für erwartete Siege.

Letztlich waren nur ganz wenige bereit, die von General Beck verlangte Verantwortung zu akzeptieren und ihr Handeln bis zum Ende des Dritten Reiches im Mai 1945 auch danach auszurichten. Noch weniger waren bereit, durch aktiven Widerstand und Putsch gegen die eigene verbrecherische Staatsführung zu handeln und sich zur Schuld für deren Verbrechen zu bekennen. Die gelegentliche Distanz zum Regime zeigt jedoch die Bereitschaft einiger Offiziere zur Übernahme der von General Beck verlangten Verantwortung gegenüber der NS-Politik, ohne daß in jedem Fall der direkte Weg zum militärischen Widerstand gegen das NS-Regime eingeschlagen wurde, wie es beispielsweise das Verhalten höherer SS-Führer der Waffen-SS belegt, die in einzelnen Fälllen unsinnige „Führerbefehle" boykottierten.

Innerhalb dieses Handlungsrahmens zeigt sich nicht nur die enge Bindung der höheren Wehrmachtoffiziere an die NS-Ideologie, sondern zugleich auch das Phänomen, daß der NS-Führung die wiederholt verlangte

Rezeption des Nationalsozialismus durch die militärische Elite nicht weit und schnell genug ging. So bestand bei Hitler ein deutliches Mißtrauen genüber Generalen und Generalstabsoffizieren. Überliefert ist seine Kritik von 1938: „Was sind das für Generale, die ich als Staatsoberhaupt womöglich zum Krieg treiben muß! Wäre es richtig, so dürfte ich mich doch vor dem Drängen der Generale nach Krieg nicht retten können! [...] Ich verlange nicht, daß meine Generale meine Befehle verstehen, sondern daß sie sie befolgen."[2] Diese Meinung Hitlers konnte auch durch einzelne militärische Führer, die seiner Vorstelllung von NS-begeisterten Offizieren – wie etwa den Generalen Dietl oder Schörner – entsprachen, nicht beseitigt werden. Obwohl die höhere militärische Führungsschicht mehrheitlich auf dem Boden der NS-Weltanschauung stand, monierte insbesondere Goebbels vielfach den fehlenden politischen Eifer der Generale für den Nationalsozialismus.

Ein Teil der Adressaten von Becks moralischer Forderung saß nach Kriegsende auf der Anklagebank bei den Nürnberger Prozessen und wurde zur Rechenschaft gezogen. General Beck hielt dagegen an seiner kritischen Haltung und Überzeugung fest und fand beim Putschversuch Stauffenbergs am 20. Juli 1944 den Tod. Beide Handlungsstränge symbolisieren die Zerrissenheit des Offizierkorps in seiner Einstellung gegenüber dem NS-Regime vor und während des Krieges sowie das Spannungsverhältnis zwischen preußisch-deutscher Machtpolitik und Hitlers ideologisch geprägter Kriegs- und Vernichtungspolitik. Daß es so weit kommen konnte und viele höhere Offiziere sich vor Gericht verantworten mußten, betrachteten diese symptomatischerweise nicht als Resultat ihres eigenen Handelns oder Versagens, sondern als Willkürakt der Siegermächte, denen sie zudem Unkenntnis über ihre Handlungsmöglichkeiten in militärischen Spitzenstelllungen während des Dritten Reiches vorwarfen.

Der moralische Abstieg von hoch dekorierten und zu Spitzendienstgraden beförderten Angehörigen der traditionellen militärischen Funktionselite zum quasi mit NS-Rabauken und Kriegsverbrechern gleichgestellten Nachbarn auf der Anklagebank konnte für die Generale und Admirale in der Öffentlichkeit der Nachkriegszeit kaum größer sein. Wie die schlimmsten Nazis Julius Streicher und Fritz Sauckel angeklagt zu werden und neben ihnen in gleicher Weise als Angeklagte zu sitzen, war verachtungswürdig. Dies wirft die Frage auf, wie es zu diesem „Niedergang" der Generale und Admirale als militärischer Elite unter Hitlers Herrschaft von 1933 bis 1945 kommen konnte. Wer waren diese Angehörigen der Militärelite des Dritten Reiches? Wie gelangten sie in ihre Führungspositionen? Wie weit stellten sie sich in den Dienst des NS-Staates? Welches Pflichtgefühl und Fürsorgeempfinden für die ihnen anvertrauten Zehn- und sogar Hunderttausende deutscher Soldaten prägte sie?

Die vorliegenden Beiträge versuchen, in engem Rahmen darauf eine Antwort zu geben. Die biographischen Skizzen stammen von einem großen, international zusammengesetzten Historikerkreis. Dennoch konnten leider nicht alle für wünschenswert gehaltenen Biographien vergeben und behandelt werden. Zum Teil sind die Studien zu einigen Generalen und Admiralen die ersten biographischen Skizzen überhaupt, so daß sie – auch aufgrund der dürftigen Quellenlage – nur erste Ansatzpunkte für mögliche Antworten und eine knappe biographische Darstellung bieten können. Die Beiträge folgen keinem festem Schema, da den Autoren Annäherungsweg und Erkenntnisinteresse nicht einheitlich vorgeschrieben worden sind. Allerdings stehen soldatische Laufbahn und militärische Karriere nicht direkt im Vordergrund dieser Lebensbilder. Ziel der Beiträge ist es vielmehr, die Einbindung in das NS-System und die Verwicklung in dessen Gewalttaten deutlich werden zu lassen, nachdem in den letzten Jahren umfangreiche und detaillierte historische Forschungsergebnisse Mitschuld und Teilhabe der militärischen Führungsspitze an den NS-Verbrechen offenkundig gemacht haben.

Wenn die Wehrmacht keinen sauberen, „weißen" Schild im ideologisch geprägten Weltanschauungskrieg von 1939 bis 1945 besitzt, ist es um so wichtiger, ihre Führungskräfte und deren Rolle bei der brutalisierten Kriegführung zu untersuchen und vergleichend darzustellen. Vielleicht können diese Lebensbilder Antwort geben auf die Frage, wie es kam, daß führende Militärs die NS-Ideologie akzeptierten und sie aufgrund ihrer „Teilidentität" mit deren Zielen den seit 1935 als Wehrpflichtige in großer Zahl in die Wehrmacht strömenden Soldaten als verbindliche Staatsräson vorstellten, so daß schließlich ab Kriegsbeginn verbrecherische Befehle an die Soldaten mit dem grundsätzlichen Anspruch auf Gehorsam weitergegeben werden konnten.

Es werden hier nicht nur die prominenten Heerführer von Hitlers Armeen und Flotten von Heer, Luftwaffe, Kriegsmarine und Waffen-SS skizziert, sondern auch Angehörige aus den bislang weniger beachteten Führerkorps der Militärjuristen und Militärärzte berücksichtigt. Zu sehr hat man sich bei Studien über die militärische Funktionselite bisher den aufgrund militärischer Leistungen bewunderten Führerpersönlichkeiten zugewandt[3] oder listenmäßige Gesamtschauen aller Generale und Admirale als Positionselite publiziert[4] und die nicht so sehr im Rampenlicht der NS-Propaganda stehenden Generalärzte oder Generalrichter unbeachtet gelassen. So ist es schon längere Zeit ein besonderes Anliegen einiger anglo-amerikanischer Publikationen[5], die Leser – vor allem außerhalb Deutschlands – mit jenen Generalen und Admiralen bekannt zu machen, die aufgrund herausragender taktischer und strategischer Operationsführungen im Zweiten Weltkrieg einen internationalen Bekanntheitsgrad gewannen. Nur vereinzelt und erst neuerdings finden deren Beteiligung und Verwicklung bei Verbrechen des NS-Regimes besonderes Interesse.[6] Auch liegen inzwischen erste profunde Forschungen über die Rang- und Herkunftstruktur sowie zur Sozialgeschichte des höheren Offizierkorps vor.[7]

Die für dieses Forschungsprojekt ausgewählten Militärs werden in zwei Bänden vorgestellt. Angesichts der Gesamtzahl von 3191 Generalen und Admiralen (ohne höhere Führer der Waffen-SS) der NS-Zeit können die ausgewählten Offiziere verständlicherweise nur einen besonderen Ausschnitt schärfer beleuchten, der durch deren jeweilige Dienststellung markiert und herausgehoben ist. Jeder Band ist einem Schwerpunkt zugeordnet. Im ersten Band sind Generale und Admirale mit Kurzporträts skizziert, die ihre Haupttätigkeit in der Zeit nach der Machtübernahme Hitlers und in der Konsolidierungsphase des NS-Regimes bis zum Beginn des Krieges hatten. Dabei ist es unvermeidlich, daß einige in diesem Band beschriebene Offiziere auch ihren Platz im zweiten Band hätten, da sie noch bis zum Ende des Regimes im Frühjahr 1945 in herausgehobenen militärischen Funktionsstellen Dienst taten. Der Schwerpunkt des zweiten Bandes liegt bei jenen Generalen und Admiralen, die ihre Wirkungsmächtigkeit in der Zeit ab September 1939 bis zum Kriegsende im Mai 1945 entwickelten. Auch dort ist ein Hinübergreifen der biographischen Skizzen in die Zeit vor dem Kriegsbeginn unvermeidlich. Beide Bände können deshalb auch nicht exakt chronologisch definiert werden. Sie setzen gleichsam zwei Publikationen des Verlags zur „braunen Elite“ des Dritten Reiches fort und ergänzen deren biographischen Studien für den militärischen Bereich.[8]

Aus Platzgründen mußte eine enge Auswahl der beschriebenen Militärs getroffen werden. Sie wird deshalb aus unterschiedlichen Gründen nicht alle Wünsche befriedigen können; allerdings kann sie als Anregung dienen, sich auch mit weniger bekannten Spitzenmilitärs wissenschaftlich zu beschäftigen. Auch können in den Kurzporträts nicht alle Aspekte der umfassenden Problematik und Komplexität des vielfältigen Verhaltens zum NS-Regime untersucht werden. Aus der Gesamtschau aller Beiträge ergibt sich allerdings ein Rahmen von Handlungsmustern, die das Ausmaß der Verwicklung führender Militärs in verbrecherische Handlungen und Maßnahmen des NS-Regimes und ihrer verhängnisvollen Beteiligung daran verdeutlichen können.

Ich danke Frau Verena Artz-Versteeg, Frau Marit Borcherding, Frau Hildegard Scior und Herrn Daniel Zimmermann von der Wissenschaftlichen Buchgesellschaft, Darmstadt für Ihr Interesse und Engagement beim Zustandekommen des Bandes sowie Herrn Karl Nicolai für die Übersetzungen der englischsprachigen Texte und allen Autoren, die die Umsetzung der Konzeption dieses „Elitenbandes“ trotz mancher Schwierigkeiten ermöglichten. Dank gebührt ferner der gewährten Unterstützung durch die Mitarbeiter und Mitarbeiterinnen der von den Beiträgern benutzten Archive. Ich danke nicht zuletzt auch meiner Frau, die tatkräftig zur Verwirklichung der schon lange zurückliegenden Buchidee beitrug.

Freiburg, Dezember 1997 Gerd R. Ueberschär

Anmerkungen zum Vorwort

[1] Abgedruckt bei Klaus-Jürgen Müller: General Ludwig Beck. Boppard 1980. S. 551 ff., hier S. 552.

[2] Zit. nach Wolfgang Foerster: Generaloberst Ludwig Beck. Sein Kampf gegen den Krieg. Aus nachgelassenen Papieren des Generalstabschefs. München 1953, S. 116.

[3] Siehe dazu Friedrich W. von Mellenthin: Deutschlands Generale des Zweiten Weltkriegs. Bergisch Gladbach 1980 (engl. Ausgabe u. d. T.: German Generals of World War II: As I saw them. Norman, Univ. of Oklahoma Press 1977); Helmut Pemsel: Biographisches Lexikon zur Seekriegsgeschichte. Seehelden von der Antike bis zur Gegenwart. Koblenz 1985. Völlig unkritisch und populärwissenschaftlich orientiert sind Otto E. Moll: Die deutschen Generalfeldmarschälle 1939–1945. Bearb. v. Wolfgang W. Marek. Rastatt 1961, 2. verb. Aufl. 1962 und Gerd F. Heuer: Die deutschen Generalfeldmarschälle und Großadmirale 1939–1945. Rastatt 1978, 2. Aufl. 1988.

[4] Vgl. die Bände der Reihe Deutschlands Generale und Admirale. Hrsg. v. Dermot Bradley in Verbindung mit Markus Rövekamp. Osnabrück 1988 ff.

[5] Siehe Basil H. Lidell Hart: The German Generals Talk. New York 1948; Richard Brett-Smith: Hitler's Generals. San Rafael, Calif. 1977; Samuel W. Mitcham Jr.: Hitler's Field Marshals and their Battles. London 1988, Chelsea, Michigan 1990; Samuel W. Mitcham Jr./Gene Mueller: Hitler's Commanders. New York, Lanham, Maryland 1992.

[6] Vgl. Hitler's Generals. Ed. by Corelli Barnett. London 1989. Neuerdings: Die Militärelite des Dritten Reiches. 27 biographische Skizzen. Hrsg. v. Ronald Smelser und Enrico Syring. Berlin, Frankfurt a. M. 1995. Weitgehend nur aus der bekannten Literatur erarbeitet ist die Arbeit von Wolfgang Ernst: Der Ruf des Vaterlandes. Das höhere Offizierkorps unter Hitler – Selbstanspruch und Wirklichkeit. Berlin 1994.

[7] Siehe Reinhard Stumpf: Die Wehrmacht-Elite. Rang- und Herkunftsstruktur der deutschen Generale und Admirale 1933–1945. Boppard am Rhein 1982; Gotthard Breit: Das Staats- und Gesellschaftsbild deutscher Generale beider Weltkriege im Spiegel ihrer Memoiren. Boppard am Rhein 1973; Bernhard R. Kroener: Strukturelle Veränderungen in der militärischen Gesellschaft des Dritten Reiches. In: Nationalsozialismus und Modernisierung. Hrsg. v. Michael Prinz und Rainer Zitelmann. Darmstadt 2., erg. Aufl. 1994, S. 267–296; ders.: Generationserfahrungen und Elitenwandel. Strukturveränderungen im deutschen Offizierkorps 1933–1945. In: Eliten in Deutschland und Frankreich im 19. und 20. Jahrhudnert. Strukturen und Beziehun-

gen. Bd.1. Hrsg. v. Rainer Hudemann und Georges-Henri Soutou. München 1994, S. 219–233; erste Ansätze dazu in: Offiziere im Bild von Dokumenten aus drei Jahrhunderten. Hrsg. v. Militärgeschichtlichen Forschungsamt. Stuttgart 1964; nunmehr: Militär und Gesellschaft im 19. und 20.Jahrhundert. Hrsg. v. Ute Frevert. Stuttgart 1997.

[8] Die braune Elite. 22 biographische Skizzen. Hrsg. v. Ronald Smelser und Rainer Zitelmann. Darmstadt 1989, 2. Aufl. 1990; Die braune Elite II. 22 weitere biographische Skizzen. Hrsg. v. Ronald Smelser, Enrico Syring und Rainer Zitelmann. Darmstadt 1993.

FRIEDRICH-CHRISTIAN STAHL

Generaloberst Wilhelm Adam

Zu den herausragenden Persönlichkeiten des Reichsheeres gehörte Generaloberst Wilhelm Adam. Am 15. September 1877 als Sohn eines Kaufmanns in Ansbach geboren, trat er 1897 in das bayerische Eisenbahnbataillon ein. Von 1907 bis 1910 besuchte er die Kriegsakademie in München. Im Ersten Weltkrieg war Adam nach kurzem Frontdienst Generalstabsoffizier bei ausschließlich im Westen eingesetzten Kommandobehörden. Nach dem Krieg unterrichtete er als Verbindungsoffizier der nach Bayreuth geflüchteten bayerischen Staatsregierung die Reichswehrführung in Berlin über die Räteregierung Eisners in München und löste damit die Maßnahmen zur militärischen Befreiung Münchens durch Reichswehr- und Freikorpstruppen aus. Als Bataillonskommandeur in Passau bildete sich Adam frühzeitig ein Urteil über die politische Tätigkeit Hitlers und nahm sich Urlaub, um den Prozeß gegen Hitler und Ludendorff nach dem gescheiterten Putsch vom 9. November 1923 an Ort und Stelle zu verfolgen. An diesem Tage war er mit seinem Bataillon nach München befohlen worden und – nicht wissend, was sich an der Feldherrnhalle ereignet hatte – vom Bahnhof Moosach aus „mit klingendem Spiele" auf die Stadt zumarschiert.[1]

1924/25 leitete Adam in Berlin „die Weiterbildung der zahlreichen Generalstabsoffiziere des Reichswehrministeriums" und erarbeitete operative Studien für den Chef des Truppenamtes.[2] Anschließend war er bis zum Frühjahr 1928 Chef des Stabes der 7. Division (Wehrkreiskommando VII) in München, Kommandeur des 19. Infanterieregiments, dessen Bataillone im Süden Bayerns lagen, und schließlich Chef des Stabes des Gruppenkommandos 1 in Berlin. Von General Otto Hasse wurde er 1930 „als begnadeter Soldat" beurteilt.[3]

Am 1. Oktober 1930 wurde Adam Chef des Truppenamtes, das ähnliche Aufgaben wie der frühere preußische Große Generalstab wahrnahm. Damit war Adam der erste bayerische Offizier, der im deutschen Heer für die Entwicklung des militärischen Führungsdenkens die Verantwortung trug. Neben den für die Führungsprobleme, die Organisation, die Nachrichtenbeschaffung und die Ausbildung zuständigen Abteilungen unterstand Adam die „Völkerbundsabteilung Gruppe Heer", die die militärischen Gesichtspunkte für die Verhandlungen in Genf erarbeitete. Als Amtschef erlebte Adam die „aufreibenden Ressortkämpfe" zwischen den Ämtern.[4] Von seinen Untergebenen wurde er außerordentlich geschätzt. Manstein überliefert, daß Adam „jedes partikularistische Denken fremd“ war und daß er „ausgesprochen großzügig, klar in seinem Urteil und schnell in seinem Entschluß“ war.[5]

Von großer Bedeutung waren während Adams Amtsführung die Kontakte zur Roten Armee, die die Ausbildung von deutschen Offizieren in den dem Reichsheer verbotenen Waffengattungen (Flieger-, Panzer- und Gastruppen) ermöglichte und führenden Persönlichkeiten der Roten Armee und des Reichsheeres Gelegenheit bot, miteinander in Gedankenaustausch zu treten und an beiderseitigen Truppenübungen als Zuschauer teilzunehmen. Er selbst führte in Rußland Gespräche mit hohen Militärs. Besonders beeindruckt war er „von der starken Persönlichkeit“ des Kriegskommissars Woroschilow, „der – früher Metallarbeiter – nicht nur eine der größten Machtstellungen der Sowjetunion innehatte, sondern auch auf einer erstaunlichen geistigen Höhe stand“[6]. Unverblümt gab Woroschilow Adam zu verstehen, daß ebenso wie die Reichswehr „auch die Sowjetunion sich mit den jetzigen Grenzen Polens nicht abfinden werde“[7]. Rückblickend ist es erstaunlich, daß in dieser Zeit „bei aller politisch-ideologischen Gegensätzlichkeit doch ein relativ großes Vertrauensverhältnis zwischen den führenden Militärs beider Länder“ bestand.[8]

Adam imponierte seinen Untergebenen nicht nur durch seine Urwüchsigkeit und sein lebhaftes Temperament, sondern überzeugte sie vor allem durch die weitblickende Leitung und Anlage seiner Generalstabsreisen und Planspiele, zu denen er gelegentlich Spitzenpersönlichkeiten des Auswärtigen Amts heranzog, um so den Primat der Politik zu demonstrieren und in geschickter Rollenverteilung durch jüngere Diplomaten auch die Gedanken der Umliegerstaaten und Großbritanniens zu Wort kommen zu lassen.[9] Zudem sorgte er dafür, daß die „Gruppe für Kriegstechnik“ in der Ausbildungsabteilung entstand.[10] Ebenso setzte er sich im Herbst 1932 für die Wiedereinrichtung des deutschen Militärattachédienstes ein.[11] Als höchster Fachvorgesetzter der Generalstabsoffiziere war Adam bestrebt, besonders talentierte Offiziere wie Jodl zu fördern.[12] Um die Ausbildung zu Generalstabsoffizieren von zentraler Stelle aus besser leiten zu können, wurden im Oktober 1932 statt der bisher bei einzelnen Wehrkreiskommandos durchgeführten „Führergehilfenlehrgänge“ die „Offizierlehrgänge Berlin“ eröffnet, aus denen 1935 die Kriegsakademie entstand.[13]

Als General vom Blomberg nach der Regierungsübernahme Hitlers die Reichswehr zu einem dem Nationalsozialismus verbundenen Machtinstrument zu formen bestrebt war, kämpfte Adam darum, der Heeresführung die bisherige Spitzenposition auf dem Gebiet der operativen Planung zu erhalten und sich gegen Blombergs und Reichenaus Bemühen zu wehren, diese Führungsposition für sich zu beanspruchen. In einer von Blomberg geforderten Denkschrift über die militärische Lage Deutschlands vom März 1933 schätzte Adam den Kampfwert der illegal ausgebildeten Grenzschutzverbände als äußerst gering ein.[14] Die Tätigkeit der Wehrverbände bezeichnete er sogar als „Soldatenspielerei“[15]. Adam kam in seiner Lagebeurteilung zu dem Ergebnis, daß Deutschland zur Zeit keinen Krieg führen könne und ihn daher „selbst um den Preis diplomatischer Niederlagen“ vermeiden müsse: „Wir müssen uns hüten vor Fanfaren, die den Feind unnötig reizen und das eigene Volk trunken machen.“[16] Zunächst hatte Adam 1933 noch zu hoffen gewagt, daß in solchen Revolutionszeiten „zuerst der Schmutz an die Oberfläche“ treibe, „um später wieder zu Boden zu sinken“[17]. Schon bald witterte er die Gefahren, die Deutschland durch Hitler und seine Parteigänger drohten. Adam hat die politische Entwicklung stets mit kritischen Augen verfolgt. Er sollte daher auch nicht als „strikt unpolitischer Offizier“ bewertet werden, wie Walter Görlitz schrieb.[18]

Im Sommer 1933 verschlechterte sich das Verhältnis zwischen Blomberg und Adam so, daß Hammerstein letzterem den Befehl über den Wehrkreis VII mit der Begründung übertrug, daß er „als Befehlshaber des Münchener Wehrkreises einen Mann haben“ wolle, auf den er sich „totsicher verlassen“ könne.[19] Danach hatte Adam in der „Hauptstadt der Bewegung“ gegenüber den Repräsentanten von Staat und Partei sowie den Stadtoberhäuptern, „die damals alle schon nazisiert waren“[20], die Interessen der Wehrmacht zu vertreten. Nach eigenem Bekunden rang er darum, seine „dienstliche Stellung in der Öffentlichkeit zu wahren (...) – gerade in einer Zeit, da sich minderwertige Elemente empordrängten“[21]. An den in Berlin getroffenen politischen Entscheidungen weiterhin interessiert, war der Austritt Deutschlands aus dem Völkerbund für Adam „der erste Schritt ins Verderben“[22].

Auf einer gemeinsamen Dienstfahrt vertraute Blomberg Adam an, daß sein Kandidat als Nachfolger Hammersteins, Reichenau, bei Hindenburg keine Gegenliebe gefunden habe, während dessen Kandidat – Adam glaubt, es sei Kleist gewesen – von Blomberg nicht die erforderliche Gegenzeichnung erhielt, so daß man sich schließlich auf Fritsch einigte.[23] Zugleich erfuhr Adam, daß Hitler nach dem Tode Hindenburgs an die Spitze des Reiches treten wolle und die Reichswehr auf ihn vereidigt würde.[24]

Den 30. Juni 1934, den Tag der Ermordung Röhms und anderer SA-Führer, erlebte Adam in München in höchster Alarmbereitschaft. Auf Grund seines eigenen Lagebildes hütete er sich, sich und die ihm unterstellten Truppen in eine unsichere Situation zu begeben. Mit Hitler traf er an diesem Tag nicht zusammen, sondern erhielt von ihm über Major Vincenz Müller die knappe Erklärung über die als „reine Sache der Partei“ bezeichnete Aktion und den Hinweis auf eine Beteiligung der ebenfalls ermordeten Generale von Schleicher und von Bredow.[25] Zugleich ließ Hitler Adam wissen, daß für ihn „das Heer der einzige Waffenträger des Reiches" sei.[26] Von Berlin über die Lage ungenügend orientiert, wollte Adam gegen die in Dachau exekutierende SS vorgehen. „Fassungslos" erfuhr er aber von Sepp Dietrich, daß sein Exekutionskommando den Auftrag habe, ohne jedes Gerichtsverfahren „alle festgenommenen SA-Führer zu erschießen"[27]; Adam blies daraufhin das Dachauer Unternehmen ab.

Nach Hindenburgs Tod fand im Herbst 1934 die Verdoppelung des Reichsheeres statt. Dabei richtete Adam sein Hauptaugenmerk auf die Einrichtungen der neuen Unterkünfte und auf die Erziehung des Offizierskorps, das durch die Übernahme von Landespolizeioffizieren, Reaktivierung ehemaliger Offiziere, Beförderung von Unteroffizieren zu Offizieren, kürzere Ausbildung des Offiziersnachwuchses in kürzester Zeit verstärkt wurde und durch die Einrichtung des Ergänzungs-Offizierskorps eine neue Struktur erhielt.

1935 zum Oberbefehlshaber eines Gruppenkommandos vorgesehen und darüber informiert, erhielt Adam dann aber durch den Chef des Personalamts die Mitteilung, daß er im Herbst verabschiedet würde. Damit wurde Blombergs mehrfach vorgebrachter Grundsatz durchgesetzt, daß „jeder Offizier (...) zum Nationalsozialismus eine positive Haltung einnehmen" müsse und daß „ein General, der das nicht will, (...) rücksichtslos entfernt werden" müsse, „und wenn er der Beste wäre"[28]. Doch änderte Blomberg nochmals seine Absicht, indem er Adam für die Leitung der im Herbst 1935 zu gründenden Wehrmachtakademie vorsah. Nur mit Mühe gelang es Fritsch, dafür Adams Zustimmung zu erwirken. Nach ruhiger Überlegung sah auch er in der neuen Aufgabe „eine große Lockung", hatte er es doch „von Jugend an geliebt (...) zu lehren". Zudem empfand er den „besonderen Reiz", sich bei seiner Lehrtätigkeit „in der hohen Atmosphäre militärischen und politischen Denkens und in den Bahnen der Strategie höherer Art zu bewegen"[29]. Als Lehrkräfte wurden nebenamtlich Fachleute aus allen militärischen Bereichen herangezogen. Dazu kamen „hohe Beamte aller Ministerien, Diplomaten, Universitätsprofessoren, Wirtschaftler, Gelehrte auf allen Gebieten"[30]. Adam selbst reservierte sich einen Tag in der Woche für das Thema „Kriegführung". Dabei widmete er den „schwierigen Problemen des Führungsapparates und -'Organismus' sein besonderes Augenmerk"[31]. Planspiele[32], Vorträge der Lehrgangsteilnehmer und gemeinsame Reisen gehörten ebenfalls zum Programm der Akademielehrgänge.

Wie schon bei seinen Planspielen als Chef des Truppenamtes lehrte Adam „den Primat der Politik" und beschwor seine Hörer, „daß die richtige Beurteilung der eigenen und gegnerischen Ausgangsposition für eine erfolgreiche Kriegführung ausschlaggebend sei"[33]. Militärischen Wunschvorstellungen – von welcher Seite sie auch kamen – trat er grundsätzlich entgegen.

Der sich hinziehende Kampf um die Spitzengliederung ließ das Interesse der Wehrmachtteile an der Weiterbildung von erfahrenen General- und Admiralstabsoffizieren erkalten, so daß die Wehrmachtakademie schon kurz nach dem 4. Februar 1938 ihr Dasein beendete.

Im Zuge der personellen Änderungen nach der Eingliederung des österreichischen Bundesheeres in die Wehrmacht kam Adam, der fest mit seiner Verabschiedung gerechnet hatte, auf Vorschlag Keitels auf die Stelle des Oberbefehlshabers der Heeresgruppe 2 in Kassel.[34] Als solcher hatte er die ihm im Kriegsfall unterstehende deutsche Westfront durch den Bau von Befestigungsanlagen verteidigungsbereit zu machen. Bereits im Mai 1938 unternahm er mit 30 Generälen eine operative Reise, bei deren Schlußbesprechung er die Umwälzung in der neuen Kriegführung herausstrich, die durch den Einsatz von Panzerarmeen und ihre Abwehr verursacht würden. Am 31. Mai teilte Brauchitsch, der neue Oberbefehlshaber des Heeres, Adam den Befehl Hitlers mit, „die Westgrenze blitzartig durch ein etwa der Grenze folgendes Bunkersystem zu festigen“. 10 000 Bunker und 2500 andere Werke müßten bis zum Herbst fertiggestellt sein. Auf Adams Zornausbruch über diesen undurchführbaren Befehl antwortete Brauchitsch mit der die Stellung Hitlers und die Abhängigkeit der militärischen Führung von ihm charakterisierenden Erwiderung, dies sei ein „Führerbefehl“[35]. Trotz der ersten Ablehnung des laienhaften Auftrages führte Adam diesen dann doch mit großem Eifer aus, freilich mit der von ihm verantwortbaren Gründlichkeit bezüglich Auswahl und Qualität der Anlagen.

Auf einer zum 4. August 1938 einberufenen Sitzung der Oberbefehlshaber und Kommandierenden Generale berichtete Adam im Anschluß an General Becks Beurteilung der Lage von dem völlig ungenügenden Zustand und Verteidigungswert des Westwalls und seiner Bemannung und versprach Brauchitsch, diesen Standpunkt auch Hitler gegenüber zu vertreten. Bei einer Besichtigungsfahrt Hitlers am 27. August 1938 wies Adam in einem Lagevortrag darauf hin, daß „der von Hitler geforderte Ausbau des Westwalls (…) für dieses Jahr bei weitem nicht erreicht“ werden könne.[36] Hitlers Luftwaffenadjutant erinnert sich: „Die ganze Verachtung, die er für Hitler empfand, war weder zu übersehen noch zu überhören. Hitler brach den Vortrag abrupt ab.“[37] Hitlers Wunschdenken und die Meinung der bei einer Mobilmachung im Westen vorgesehenen Armeeführer über die politischen und militärischen Aussichten klafften weit auseinander. Im Frühherbst 1938 erklärte sich Adam dann bereit, an einer Verschwörung gegen Hitler teilzunehmen.[38] Als diese infolge des Münchener Abkommens illusorisch geworden war, teilte er Ende Oktober Brauchitsch mit, daß er gewillt sei, 61jährig seinen Abschied zu nehmen. Brauchitsch und Hitler stimmten der Entlassung Adams unter Verleihung des Charakters als Generaloberst zum

31. Dezember 1938 zu.[39] Obwohl seit dem 1. Januar 1939 zur Verfügung des Heeres (z. V.) gestellt und weiterhin in den geheimen Dienstalterslisten des Heeres 1940–1944 geführt, erhielt Adam während des Zweiten Weltkrieges kein Kommando. Auch in die Widerstandsaktivitäten der Männer des 20. Juli wurde er nicht einbezogen. Ein von Hitler so gehaßter Mann wurde zweifellos von der Gestapo laufend beobachtet und kam daher für eine aktive Rolle im Widerstand kaum in Frage.

Nach dem Zweiten Weltkrieg, in dem er beide Söhne verlor, schrieb Adam auf Anregung einer amerikanischen Journalistin seine Erinnerungen nieder, womit er schon 1939 begonnen hatte. Doch gab er sie nach ihrer Fertigstellung im Dezember 1945 nicht zur Veröffentlichung frei, da er einerseits mit seinem Werk nicht zufrieden war und andererseits in den von US-Brigadegeneral William Draper bekanntgegebenen wirtschaftspolitischen Plänen „die kaltblütige Erdrosselung des deutschen Volkes" sah. Trotzdem blieb er davon überzeugt, daß seine Erinnerungen „ein Dokument dieser schrecklichen Zeit bleiben" würden.[40] Adam starb am 8. April 1949.

Anmerkungen

1 BA-MA Freiburg: N 738/3, Bl. 49.
2 Ebenda, Bl. 66 ff.
3 BA-MA Freiburg: Pers 6/67.
4 BA-MA Freiburg: N 738/3, Bl. 68.
5 Manstein, Aus einem Soldatenleben, S. 108.
6 BA-MA Freiburg: N 738/3, Bl. 107.
7 Groehler, Selbstmörderische Allianz, S. 62; vgl. auch: Das Deutsche Reich und der Zweite Weltkrieg, Bd. 4, S. 53 f.
8 Rosenfeld, Von der Rapallo-Politik, S. 145.
9 Speidel, Aus unserer Zeit, S. 47.
10 Nehring, Geschichte der deutschen Panzerwaffe, S. 74.
11 Kehrig, Die Wiedereinrichtung des deutschen militärischen Attachédienstes, S. 148.
12 Jodl, Jenseits des Endes, S. 109.
13 Näheres bei Erfurth, Die Geschichte des deutschen Generalstabes, S. 125 ff.
14 Meinck, Hitler und die deutsche Aufrüstung, S. 10.
15 Ebenda, S. 11.
16 Ebenda, S. 19; vgl. auch: Das Deutsche Reich und der Zweite Weltkrieg, Bd. 1, S. 400, und Geyer, Aufrüstung oder Sicherheit, S. 372 ff.
17 Reynolds, Beck, S. 37.
18 Görlitz, Kleine Geschichte des Generalstabes, S. 289.
19 BA-MA Freiburg: N 738/3, Bl. 193.
20 Ebenda, N 738/4, Bl. 217.

[21] Ebenda, Bl. 218.
[22] Ebenda, Bl. 227.
[23] Ebenda, Bl. 230.
[24] Ebenda, Bl. 231.
[25] Müller, Ich fand das wahre Vaterland, S. 356.
[26] Müller, Das Heer und Hitler, S. 147.
[27] BA-MA Freiburg: N 738/4, Bl. 250.
[28] Ebenda, Bl. 226.
[29] Ebenda, Bl. 321 f.
[30] Ebenda, Bl. 322.
[31] Ebenda, Bl. 341.
[32] Z. B. Planspiele eines Angriffskrieges durch Frankreich, die Tschechoslowakei und Rußland gegen Deutschland, Italien, Österreich und Ungarn (März 1937). Vgl. Bernhardt, Die deutsche Aufrüstung, S. 85.
[33] Boog, Die deutsche Luftwaffenführung, S. 406.
[34] Generalfeldmarschall Keitel. Verbrecher oder Offizier?, S. 193 f.
[35] BA-MA Freiburg: N 738/5, Bl. 415 ff.
[36] Vgl. dazu die biographische Skizze zu Beck in diesem Band, S. 9 ff.; siehe auch Müller, General Ludwig Beck, S. 342–350. Ferner BA–MA Freiburg: N 738/5, Bl. 464.
[37] Below, Als Hitlers Adjutant, S. 117.
[38] Krausnick, Zum militärischen Widerstand gegen Hitler, S. 63.
[39] BA-MA Freiburg: N 738/1, Bl. 35–38 und 43: Schreiben Brauchitschs an Adam vom 19. 10. und 2. 11. 1938.
[40] BA-MA Freiburg: N 738/2, Bl. 740 f. Näheres in: Hoch/Weiß, Die Erinnerungen des Generalobersten Wilhelm Adam, S. 32–62.

Bibliographische Hinweise

(Vgl. auch die weiteren Literaturangaben in der Gesamtbibliographie ab S. 290 ff.)

Ungedruckte Quellen

Die von Adam 1939/40 und 1945 verfaßten Erinnerungen wurden nach seinem Tode im Kloster Ettal aufbewahrt und gelangten 1970 mit einem Teil des übrigen Nachlasses in den Besitz des Instituts für Zeitgeschichte. Das Original wird heute unter der Signatur N 738 im BA-MA Freiburg aufbewahrt. Amtliche Unterlagen: im: BA-MA Freiburg: Pers 6/67 Personalakte; RH 2 Truppenamt; RH 53-7 Wehrkreiskommando VII.

Gedruckte Quellen und Literatur

Below, Nicolaus von: Als Hitlers Adjutant 1937–1945. Mainz 1980.

Hoch, Anton und Hermann Weiß: Die Erinnerungen des Generalobersten Wilhelm Adam. In: Miscellana. Festschrift für Helmut Krausnick zum 75. Geburtstag. Hrsg. von Wolfgang Benz. Stuttgart 1980, S. 32–62.

Müller, Klaus-Jürgen: General Ludwig Beck, Studien und Dokumente zur politisch-

militärischen Vorstellungswelt und Tätigkeit des Generalstabschefs des deutschen Heeres 1933–1938. Boppard 1980.
Nehring, Walter: Geschichte der deutschen Panzerwaffe 1916 bis 1945. Augsburg 1995.

Klaus-Jürgen Müller

Generaloberst Ludwig Beck

Ulrich von Hassell nannte Ludwig Beck einmal die „Zentrale“ des Widerstandes.[1] Zweifellos war der 1938 aus Protest gegen Hitlers Kriegspolitik aus dem Amt ausgeschiedene Generalstabschef des Heeres die zentrale Persönlichkeit des national-konservativen Widerstandes. In der umfangreichen Literatur zum deutschen Widerstand wird sein Name daher neben dem Stauffenbergs, Tresckows und Goerdelers mit Recht immer an erster Stelle genannt.

Lange Zeit waren dementsprechend Skizzen und Würdigungen einseitig auf den Widerstandsaspekt seines Lebens abgestellt.[2] Nun war Beck jedoch – wenn man die Zeit seines Widerstandes gegen Hitler von 1938 bis 1944 ansetzt – die überwiegende Mehrzahl seiner Lebensjahre kein 'Widerständler', sondern Soldat, Offizier erst der preußischen Armee, dann der Reichswehr und der Wehrmacht. Vor allem war er von Herbst 1933 bis zum Sommer 1938 Chef des Truppenamtes bzw. Generalstabschef des deutschen Heeres; damit war er einer der geistigen Väter und Architekt der deutschen Aufrüstung. Diese Tatsache ist erst relativ spät umfassend gewürdigt und wissenschaftlich angemessen dargestellt worden.[3] Das hat seine Ursache nicht zuletzt in der spezifischen Art und Weise, mit der längere Zeit hierzulande der Widerstand gegen Hitler dargestellt wurde. Widerstand auf der einen Seite und Kooperation, ja Komplizenschaft mit dem NS-Regime auf der anderen wurden meist nicht nur begrifflich säuberlich getrennt, sondern auch gleichsam streng isoliert voneinander dargestellt. Es gab weder eine Korrelation zwischen diesen derart willkürlich separierten Sphären, noch wurden historische Persönlichkeiten, Institutionen und Faktenkomplexe unter beiden Aspekten zusammen betrachtet. Das führte zu Blickverengungen, die eine tiefere Erkenntnis der historischen Phänomene erschwerten. Die biographische Behandlung Ludwig Becks machte in dieser Hinsicht lange Zeit keine Ausnahme.[4] Erst allmählich wurde klar, daß eine einseitig unkritische Widerstandsperspektive untauglich ist, um die historische Bedeutung General Becks zu erfassen. Vielmehr muß der General zunächst einmal als das betrachtet werden, was er vierzig Jahre seines Lebens gewesen ist, nämlich preußisch-deutscher Offizier. Als Angehöriger des Generalstabes und insbesondere als Generalstabschef war er einer der Repräsentanten der national-konservativen Führungselite des Reiches, deren vielschichtige, in Motivation und Verhalten im einzelnen recht verschiedenartige Mitwirkung das NS-System wesentlich mitgeprägt hat. Um den Widerstandskämpfer Beck angemessen erfassen zu können, ist dieser Tatbestand in die Interpretation und Darstellung einzubeziehen. War doch die Opposition und der spätere Widerstand von Teilen der national-konservativen Führungselite – von wenigen Ausnahmen abgesehen – erwachsen aus der Reaktion auf die zuvor eingegangene und praktizierte Kooperation mit den Nationalsozialisten. In diesem Sinne ist der national-konservative Widerstand eine extreme Komplementärerscheinung zur Kooperation traditioneller Machteliten.

Ludwig Becks Werdegang fand ganz im Rahmen der das wilhelminische Deutschland tragenden Gesellschaftsschichten statt. Er war von Herkunft und Geburt Rheingauer: Am 29. Juni 1880 wurde er in Biebrich am Rhein geboren, das mit der Annexion Kurhessens und Nassaus 1866 durch Preußen zu einem Teil der preußischen Provinz Hessen-Nassau geworden war. Sein Vater betrieb dort die bis in unsere Tage noch im Familienbesitz befindliche Eisengießerei „Rheinhütte". Von väterlicher Seite konnte Beck auf eine stattliche Anzahl von hessischen Offizieren zurückblicken. Der Vater allerdings hatte aus gesundheitlichen Gründen eine Ausnahme von dieser generationenlangen Familientradition gemacht und war in Heidelberg nach einem Chemiestudium promoviert worden. Becks Mutter entstammte der hessischen Juristenfamilie Draudt, in deren Reihen aber auch Soldaten zu finden waren. Ein Bruder der Mutter war hessischer General. Neben dieser Familientradition soll es nicht zuletzt der Einfluß dieser Verwandten gewesen sein, der ihn nach dem Abitur 1898 den Soldatenberuf wählen ließ. Auch die Erziehung innerhalb dieser konservativ-liberal eingestellten, kultur- und musikbeflissenen Familie des wilhelminischen Bildungsbürgertums, die im Gegensatz zu dem eher äußerlichen und aufdringlichen Stil der wilhelminischen Epoche eine kultiviert-einfache Lebensführung bevorzugte, hat Beck stark geprägt. Diese Sozialisation mag seine Berufsentscheidung für ein Offizierskorps beeinflußt haben, das in seinen besten Vertretern immer noch der Devise „Mehr sein als scheinen" zu folgen versuchte.

Nach dem Abitur auf dem Humanistischen Gymnasium Wiesbaden im Frühjahr 1898 wählte er keines der beiden die hessische Militärtradition repräsentierenden Regimenter, sondern trat in das 1. Ober-Elsässische Artillerie-Regiment Nr. 15 in Straßburg ein. Das mag ein Indiz dafür sein, daß die Generation, der Ludwig Beck angehörte, sich doch bereits primär preußisch fühlte. Für diese Generation war offensichtlich das 1871 unter Preußens Führung geeinte Deutschland und nunmehr von Preußen dominierte Deutsche Reich etwas Selbstverständliches geworden. Beck kann also als ein Preuße hessischer Herkunft bezeichnet werden. Er hat auch sein

Leben lang eine innere Bindung an dieses preußisch-deutsche Reich und an die Hohenzollern-Dynastie gehabt. Im Ersten Weltkrieg konnte er persönlichen Kontakt zum Thronerben knüpfen, als er in einer wichtigen Phase des Krieges im Stab der vom Kronprinzen geführten Heeresgruppe Dienst tat. Im Zweiten Weltkrieg gehörte Beck zu jenen Persönlichkeiten im nationalkonservativen Widerstand, die eine gewisse Zeit lang noch eine Restauration der Monarchie für wünschenswert hielten.

Beck erhielt also in der preußischen Armee des wilhelminischen Deutschlands seine zweite entscheidende Sozialisation: zwanzig Jahre lang war er im Kaiserreich Offizier der preußischen Armee; zehn Jahre davon gehörte er deren herausgehobener Elite an. Er absolvierte seit 1908 die Kriegsakademie, die berühmte Pflanzstätte des preußisch-deutschen Generalstabes, die er 1911 als einer der besten des Jahrganges verließ; bis Kriegsbeginn 1914 – er war damals 34 Jahre alt – gehörte er dem nur 625 Offiziere umfassenden Generalstab an, der Elite des preußisch-deutschen Offizierkorps, das sich selbst als besonders herausgehobener Stand in der Nation empfand. Bis zum Sturz der Monarchie 1918 hatte Beck somit die meisten Jahre seines Lebens – achtunddreißig von seinen nur 64 Lebensjahren – im Kaiserreich verbracht.

Sein politisches Denken war tief von dieser spezifischen Sozialisation geprägt. Eine Analyse seiner Schriften und dienstlichen Memoranden läßt zwei grundlegende Ideen erkennen, die tief in der Tradition des preußisch-deutschen Militärstaates verwurzelt waren[5]: erstens die Vorstellung von der besonderen Rolle der Armee und des Offizierskorps in Staat und Gesellschaft und zweitens der Anspruch, die Repräsentanten der militärischen Institution müßten an der Macht, also an den grundlegenden militärischen und politischen Entscheidungen im Staat, teilhaben. Das entsprach nicht nur altpreußischer Tradition, das entsprach in Becks Augen auch den Erfordernissen des Zeitalters moderner „gesamtgesellschaftlicher"[6] Kriege.

Beck war ein militärischer Fachmann hohen Grades und eine intellektuell bestimmte Persönlichkeit. Das zeigen seine Verwendungen im Ersten Weltkrieg. Er tat in Divisions- und Korpsstäben Dienst und wurde schließlich Ende 1916 zum Major befördert sowie als Stabsoffizier zur besonderen Verwendung ins Oberkommando der Heeresgruppe Deutscher Kronprinz kommandiert. Er gewann bald die Achtung und Freundschaft nicht nur des Kronprinzen, sondern auch des Generalstabschefs General Graf von der Schulenburg, eines ebenso bedeutenden Militärfachmannes wie erzkonservativen Nationalisten. Beide Männer beeindruckten ihn tief. In dieser Verwendung erhielt er bald genaueren Einblick in die politischen Entscheidungsmechanismen und in die ausweglose Kriegslage. Niederlage und Zusammenbruch des Kaiserreiches trafen Beck, den monarchischen Nationalisten, schwer, zumal er die entscheidenden Ereignisse um die Abdankung des Kaisers und das Ringen um die Kriegsbeendigung im Großen Hauptquartier miterlebte. Auch persönliche Schicksalsschläge hatten ihn tief getroffen; im Jahr 1917 war seine Frau nach nur einjähriger Ehe gestorben, er stand mit einer gerade geborenen Tochter allein da. Kurz zuvor war sein Bruder gestorben, bald danach auch sein Vater. Und nun der Zusammenbruch einer Welt, in der er aufgewachsen war! Ein Brief[7], den er Ende November 1918 seiner Schwägerin schrieb, zeigt seine Verwirrung, zeigt eine eigentümliche Mischung von Klarsicht und Legendenbildung: Einerseits kritisierte er scharf die faktische Diktatur Ludendorffs, der für die nationale Katastrophe verantwortlich sei; andererseits schob er die Niederlage des Reiches der „von langer Hand vorbereiteten Revolution“ zu, welche dem schwer ringenden Heer „in den Rücken gefallen“ sei. „Keine Revolution in der Geschichte“ sei je „so feige unternommen“ worden.

Nach Kriegsende konnte Beck in der neuen Armee bleiben. In der Reichswehr der Weimarer Republik wechselte er turnusmäßig zwischen Verwendungen in Truppenkommandos und dem Dienst im Truppengeneralstab. Er war u. a. vier Jahre Chef des Stabes im Wehrkreis IV, Dresden, und gegen Ende der zwanziger Jahre längere Zeit Kommandeur des Artillerie-Regiments 5 in Fulda. In dieser Zeit fiel er Hitler im Ulmer Reichswehrprozeß durch seine verständnisvolle Haltung gegenüber den drei wegen NS-Umtriebe angeklagten jungen Offizieren seines Regimentes auf. Es wird die Ansicht vertreten, daß Hitler ihn deshalb 1933 anstelle des dem Nationalsozialismus distanziert gegenüberstehenden bayerischen Generals Adam zum ‘Chef des Truppenamtes’, also des damals aus Tarnungsgründen so genannten Generalstabes des Heeres, ernannt habe. Fest steht, daß Beck in einem Privatbrief den „politischen Umschwung“ des 30. Januar 1933 als „den ersten große[n] Lichtblick seit 1918“ begrüßt hat.[8] Fest steht auch, daß er als einer der glänzendsten operativen Köpfe des Heeres galt und insofern für diesen Posten qualifiziert war, hatte er doch gerade die zentrale Vorschrift für die operative Führung entworfen, eine Arbeit, die internationale Wirkung hatte! Ebenso fest steht aber auch, daß er – im Gegensatz zu all seinen Vorgängern auf diesem Posten – zuvor keine Erfahrungen in der obersten Führung des Heeres und im politischen Zentrum der Reichswehr in Berlin hatte sammeln können. Zusammen mit dem einige Monate später zum Oberbefehlshaber des Heeres ernannten General Frhr. von Fritsch und dem Reichswehrminister Generaloberst von Blomberg gehörte er im übrigen zu jener Gruppe hoher Offiziere, die bisher im Gegensatz zur Militär- und Außenpolitik des Reichskanzlers General von Schleicher gestanden hatten. Sie waren kompromißlose Vertreter einer umfassenden Revision des Vertrages von Versailles, sie befürworteten eine sofortige einseitige Aufrüstung auf der Grundlage der allgemeinen Wehrpflicht, und zwar ohne Absprachen mit dem Ausland. Daher begrüßten sie die Regierung Hitler.

Beck ging folgerichtig auch sofort daran, entsprechende Pläne zu entwickeln. Schon im Winter 1933/34 forderte er die Einführung der allgemeinen Wehrpflicht und die Besetzung der entmilitarisierten Rheinlande – also den Bruch der Verträge von Versailles und Locarno. Er drang damit jedoch zunächst noch nicht durch. Hitler schwankte zeitweilig noch und spielte sogar mit dem Gedanken an eine von Beck kategorisch abgelehnte, vom Auswärtigen Amt befürwortete Rüstungskonvention mit den Versailles-Mächten. Erst 1935 und 1936 hat Hitler die Forderungen Becks in den bekannten Überraschungscoups jener Jahre erfüllt. Überhaupt hat Beck die Aufrüstung intensiv vorangetrieben. Er war der Planer jener Aufrüstung und damit einer der Schöpfer der Wehrmacht des 'Dritten Reiches'. Sein Konzept sah vor, zunächst so rasch wie möglich Streitkräfte aufzubauen, die den Garantiemächten von Versailles eine militärische Intervention zu risikoreich erscheinen ließen; danach sollte man eine moderne und schlagkräftige Armee aufbauen, die aufgrund ihres Umfanges und ihrer Struktur – ein Drittel sollten gepanzerte und mechanisierte Verbände bilden – auch eine offensive Kriegsführung erlauben würde.[9] Das war für ihn die Voraussetzung, das eigentliche Ziel deutscher Politik zu erreichen: die Herstellung einer deutschen Hegemonie in Zentraleuropa. Einen kriegerischen Einsatz der Wehrmacht zu diesem Zweck schloß er nie aus, aber er konnte sich auch eine Konstellation vorstellen, in der diese Armee nur als massives machtpolitisches Drohmittel zur Erreichung solcher Ziele einzusetzen sei. Krieg gehörte für Beck immer noch zu „Gottes Weltordnung“, war aber nicht unbedingt das einzige, sondern nur das letzte Mittel, nur die „ultima ratio“ der Politik. In dem Ziel der Herstellung einer deutschen Hegemonialstellung in Mitteleuropa glaubte er sich mit Hitler einig. Daß dieser letztlich einen rassen-ideologischen Eroberungs- und Ausrottungskrieg gegen die Sowjetunion im Sinne hatte, war ihm nicht klar. Beck teilte also den grundlegenden Irrtum vieler national-konservativer Persönlichkeiten, die als Endziel ansahen, was für Hitler nur die Vorstufe zu viel weitergehenden Plänen war.

Gegen diese Militärpolitik wandte sich der Staatssekretär im Auswärtigen Amt, von Bülow, der zwar die Zielsetzung teilte, aber die Methode für zu riskant hielt: Die einseitige Aufrüstung würde Gegenreaktionen der anderen Großmächte hervorrufen; Deutschland würde isoliert werden und in eine gefährliche Lage geraten. Beck verschloß sich jedoch diesen Vorhaltungen, die auch von einigen hohen Militärs gemacht wurden.[10] Vielmehr forcierte er Umfang und Geschwindigkeit der Aufrüstung. Im Generalstab hat ihn sogar einer seiner engsten Mitarbeiter, General Karl-Heinrich von

Stülpnagel – später auch eine bedeutende Gestalt des Widerstandes –, vor den Folgen einer zu forcierten Aufrüstung vergeblich gewarnt.[11]

Die Konsequenz war, daß Hitler in seiner bekannten Ansprache vor den militärischen und diplomatischen Spitzen des Reiches am 5. November 1937[12] dahingehend argumentieren konnte, daß man im Moment einer günstigen internationalen Konstellation selbst dann schon losschlagen müsse (und zwar gegen Österreich und die Tschechoslowakei), wenn die Aufrüstung noch nicht vollkommen beendet sei. Die Zeit liefe Deutschland davon, die anderen Großmächte würden bald die augenblickliche deutsche Überlegenheit aufgeholt, ja überrundet haben. Damit hatte er das Dilemma präzise auf den Begriff gebracht, in das die von Beck entworfene, von Hitler genehmigte Militärpolitik das Reich gebracht hatte. Becks Militärpolitik hatte ungewollt Hitler die Möglichkeit zur Vabanque-Politik an die Hand gegeben.

Beck war immer davon ausgegangen, daß eine auf das militärische Instrument gestützte Hegemonialexpansion erst nach vollständigem Abschluß der Aufrüstung und auch nur unter der Voraussetzungen, daß die Großmächte – vor allem Großbritannien – nicht eingriffen, durchgeführt werden dürfe. Er hatte aus den Erfahrungen des Ersten Weltkrieges die Lehre gezogen, daß ein europäischer Krieg, in dem Großbritannien auf der Seite der Gegner Deutschlands stünde, nie gewonnen werden könne. Ein solcher Krieg war für ihn eine verantwortungslose Gefährdung der Existenz Deutschlands. Er war allerdings auch alles andere als ein Pazifist, denn begrenzte Kriege in Mitteleuropa hatte er nie ausgeschlossen[13], der Einsatz der Wehrmacht in einem raschen Waffengang oder als diplomatisches Druckmittel gehörte für ihn zu den legitimen Mitteln im Prozeß der Erlangung einer mitteleuropäischen Hegemonialstellung. Auf keinen Fall aber dürfe die Existenz des Reiches aufs Spiel gesetzt werden.

Das war die zentrale Frage, über die im Sommer 1938 sein großer Konflikt mit Hitler ausbrach, als der Diktator seit Ende April 1938 Weisungen erließ, einen Krieg gegen die Tschechoslowakei für den Herbst vorzubereiten. General Beck stimmte mit Hitlers mitteleuropäischer Zielsetzung im Prinzip überein, nicht aber mit Methode, Zeitpunkt und außenpolitischer Opportunität. Damit begann sein Kampf gegen den Krieg: Seit Ende Mai – so bekannte er im November 1938 gegenüber einem Vertrauten – habe er nur noch einen Gedanken gehabt: „Wie verhindere ich einen Krieg?" Die Sorge, daß eine aggressive deutsche Politik zum unrechten Zeitpunkt das Risiko eines nicht zu isolierenden europäischen Krieges im Konflikt mit der Tschechoslowakei herbeiführte, noch obendrein solange die deutsche Rüstung nicht abgeschlossen war, ließ Beck zum entschiedenen Gegner einer bedenkenlosen Machtpolitik werden, deren Voraussetzungen er indessen zu einem Gutteil mitgeschaffen hatte. In dem Bemühen, einen großen Krieg zu verhindern, wußte er sich einig mit dem Chef des militärischen Geheimdienstes, Admiral Canaris, und dem Staatssekretär des Auswärtigen, von Weizsäcker. Diese Männer bildeten gleichsam eine informelle Anti-Kriegs-Partei, die in einem System, das keine verfassungsmäßige Opposition kannte, rasch an die Grenze der formalen Legalität geriet. Beck versuchte zunächst auf dem Weg normaler dienstlicher Einwirkungen, mit Denkschriften und Vortragsnotizen den neuen Heeres-Oberbefehlshaber von Brauchitsch zu veranlassen, Hitler von seinen kriegerischen Plänen abzubringen. Als dies offensichtlich nichts nützte, erwog er auf einer zweiten Stufe seiner Auseinandersetzung mit dem Diktator außergewöhnliche Maßnahmen: Durch die Androhung und notfalls Durchführung eines kollektiven Rücktritts der höchsten Generäle sollte Hitler zur Aufgabe seiner Kriegspläne veranlaßt werden. Diese Drohung – so schrieb Beck – könne „nicht eindrucksvoll und brutal genug" sein. Auf einer dritten Stufe nahm er einen in der militärischen Abwehr zur Zeit der Fritsch-Krise entwickelten Plan wieder auf: Die Heeresführung solle gewaltsam gegen jene vermeintlich „radikalen Kräfte" innerhalb des Regimes – SS, Gestapo und Außenminister von Ribbentrop – vorgehen. So mündete Becks Versuch, die Folgen seiner Militärpolitik zu bewältigen, in den Kampf gegen den Krieg ein, und dieser ging gleichzeitig über in die Auseinandersetzung mit den innenpolitischen Gegnern des Militärs. Das war noch keine grundsätzliche Systemfeindschaft, die auf Umsturz abzielte; es war eher eine mit der Kriegsverhinderung einhergehende innerpolitische Säuberungsaktion, welche die ursprüngliche Struktur des Regimes – wie Beck sie bisher aufgefaßt hatte, nämlich als ein auf den beiden Säulen der Wehrmacht und der Partei beruhendes System – wiederherstellen und gleichzeitig die verhängnisvollen Folgen seiner Aufrüstungspolitik beseitigen sollte.[14] Becks systemimmanente Opposition gewann indessen dadurch eine stark moralische Note, daß er Hitlers Art der Entschlußfassung in einer Frage, in der es um Leben und Tod ging, für verantwortungslos und leichtfertig hielt, da dieser die zuständigen militärischen Fachleute nicht in einen verantwortungsbewußt strukturierten Entscheidungsprozeß einbezogen hatte.

Daß Beck 1938 noch nicht an einen das System grundsätzlich überwindenden Widerstand dachte, geht schon daraus hervor, daß er zurücktrat, als der Oberbefehlshaber des Heeres und die kommandierenden Generäle ihm nicht folgten – ein Zeichen eher der Resignation denn der Auflehnung. Hitler versetzte ihn kurz darauf unter Beförderung zum Generalobersten in den Ruhestand. Sein Nachfolger und bisheriger Stellvertreter, General Halder, ging einen Schritt weiter als Beck: Zusammen mit einer zu allem entschlossenen Gruppe in der Abwehr um Oberst Oster plante er für den

Fall einer britischen Kriegserklärung den Staatsstreich. Es kam aber bekanntlich über die ČSR nicht zu einem europäischen Krieg. Briten und Franzosen akzeptierten vielmehr auf der Konferenz von München Hitlers Forderungen. Die Voraussetzungen für einen Staatsstreich entfielen damit. Vor allem: Becks Voraussagen über die Reaktion der Westmächte hatten sich als unzutreffend erwiesen.

Die Zeit nach München muß für Beck hart gewesen sein. Er saß in seinem Heim im Süden Berlins als der General, dessen Prognose falsch gewesen war: Hitlers Aggressionspolitik hatte nicht den von ihm prophezeiten Krieg gebracht. Ein Jahr nach München erfüllte sich seine alptraumhafte Prophezeiung dann aber doch. Hitler brach jenen Krieg vom Zaun, der – wie Beck vorausgesagt hatte – im Untergang Deutschlands enden sollte. Von dieser Zeit an wuchs er in die Position der unumstrittenen Zentralfigur des national-konservativen Widerstandes hinein. Die These, Beck habe sich zum Widerstand gleichsam als einer Art Wiedergutmachung entschlossen, weil seine Aufrüstung Hitlers Kriegspolitik erst ermöglicht habe, ist auf den ersten Blick bestechend;[15] indessen wird man nicht nur eine längere Entwicklung seiner Oppositionshaltung in Ansatz bringen müssen, sondern man wird diese auch eher aus den Prinzipien seines Denkens herleiten können als lediglich aus einem individual-ethischen Impuls der Reue. Aber letztlich lassen uns in dieser Frage die Quellen weitestgehend ohne Antwort. Beck hat sich fortan selbst intensiv um die Sammlung von systemfeindlichen Kräften bemüht. Sein Haus in Berlin-Lichterfelde wurde zu einem Treffpunkt der Hitler-Opposition. Schon Ende 1938 hat Beck den Diktator einen „Psychopathen durch und durch" genannt, der „eine Auslese der Minderwertigen" betreibe. Die Hitler hörigen Militärs kritisierte er heftig: Preußische Tugenden seien über Bord geworfen worden; in der militärischen Führung seien „Dumme, Mediokritäten und Verbrecher" am Werk. Der blinde Glaube der Männer im OKW an den 'Führer' mache alles noch schlimmer.[16] Folgerichtig stand er bei allen Umsturzplänen seit Ende 1939 an führender Stelle. Trotz seiner Skepsis gegenüber den militärischen Führern hoffte er dann im Jahr 1941, daß aus dem Offizierskorps heraus Kräfte aufstehen würden, die sich den verbrecherischen Befehlen widersetzen würden, welche Hitler und sein militärischer Stab für den geplanten rassen-ideologischen Ausrottungs- und Unterjochungskrieg gegen die Sowjetunion erließen. Aber keiner der Feldmarschälle ließ sich für die Verschwörung gewinnen. Vielmehr wurde die Wehrmacht als Institution und viele ihrer Vertreter in den Ausrottungskrieg mit einbezogen. Das hat Beck wohl erkannt, aber er hat dennoch nicht davon abgelassen, die Armee als Sachwalter der res publica anzusehen; so hat er noch im Sommer 1944 beschwörend ausgerufen: „Ich muß mich vor die Armee stellen!"[17]

Gleichwohl sorgte er dafür, daß die Verschwörung ihre politische Dimension behielt, nachdem aktivistische Militärs innerhalb der Verschwörung im Laufe der von Stauffenberg seit Herbst 1943 dynamisch vorangetriebenen Umsturzvorbereitungen naturgemäß in den Vordergrund getreten waren. Die Formulierungen der für den Staatsstreich vorbereiteten politischen Grundsatzerklärungen waren maßgeblich von Beck bestimmt. Nach einem erfolgreichen Umsturz sollte er das Amt des Reichspräsidenten bzw. eines Reichsverwesers übernehmen. Er selbst rang sich in dieser Zeit auch zur Bejahung eines Attentates gegen Hitler als notwendigen Auftakt des Umsturzversuches durch. Folgerichtig befand sich Beck am 20. Juli 1944 als oberster politischer Repräsentant der Verschwörung in der Bendlerstraße, dem Zentrum des Umsturzunternehmens. Dort fand er am späten Abend dieses Tages auch den Tod.

Generaloberst Ludwig Becks Leben umspannt einen weiten Bogen: der dem wilhelminischen Bildungs- und Besitzbürgertum entstammende preußische Offizier gelangte unter Hitler an die Spitze des deutschen Generalstabes, schuf das Instrument für Hitlers Kriegspolitik, wurde dann aber zum Verschwörer und Umstürzler. Damit verkörperte er gleichsam idealtypisch eine bestimmte Entwicklungsmöglichkeit national-konservativer Eliten, nämlich den Weg von der bereitwilligen Kooperation mit Hitler zum grundsätzlichen radikalen Widerstand gegen dieses System.

Anmerkungen

1 Hassell, Tagebücher 1938–1944, S. 228, Eintragung vom 24. 3. 1942.

2 Vgl. Foerster, Ein General; vgl. auch die mehr hagiographische Biographie von Buchheit, Ludwig Beck, und die einzige wissenschaftlichen Ansprüchen genügende Biographie von Reynolds, Beck.

3 Müller, General Ludwig Beck.

4 Vgl. ders., Ludwig Beck. Probleme seiner Biographie.

5 Vgl. Müller, Staat und Politik im Denken Ludwig Becks; vgl. auch ders., Beck, Reflexionen und neuere Forschungsergebnisse, hier speziell S. 60–65.

6 Zu diesem Ausdruck vgl. Geyer, Aufrüstung oder Sicherheit.

7 Abgedruckt bei Müller, General Ludwig Beck, S. 323–328 (ebenfalls in Auszügen abgedruckt in Müller, Heer und Hitler, S. 589–591).

8 Brief vom 17. 3. 1933 an Julie v. Goßler, abgedruckt bei Müller, General Ludwig Beck, S. 337f.

9 Der bekannte Panzergeneral Guderian kritisierte nach dem Krieg, Beck habe die Bedeutung der Panzerwaffe nicht erkannt; das ist ebenso unhaltbar wie die These späterer Beck-Verehrer, Beck sei gegenüber dem Aufbau der Panzertruppe zurückhaltend gewesen, weil er Hitler nicht das Instrument für seine Aggressionen an die

Hand geben wollte. Der Streit zwischen Beck und Guderian ging in Wirklichkeit um die sinnvolle Methode des Aufbaues dieser Waffe. Beck hat in seiner Planung sogar mehr Panzer angesetzt, als Guderian ursprünglich gefordert hatte. Vgl. hierzu Müller, General Ludwig Beck, S. 207–211, sowie Senfft, Die Entwicklung der Panzerwaffe.

[10] Vgl. Müller, General Ludwig Beck, S. 176–183, und ausführlicher: ders., Revision, Aufrüstung und nationale Sicherheit, S. 19–30.

[11] Vgl. Müller, Stülpnagel.

[12] Überliefert durch den Wehrmachtsadjutanten Oberst i.G. Hoßbach, abgedruckt in: ADAP, Serie D, Bd. I, Nr. 19 und in IMT, Bd. 25, Dokument PS-386 sowie bei Hoßbach, Zwischen Wehrmacht und Hitler, S. 207 ff.

[13] Am 20. 5. 1937 schrieb er: „Deutschland ist in Bezug auf sein Heer noch nicht in der Lage, das Risiko eines mitteleuropäischen Krieges herauszufordern" (abgedruckt bei Müller, General Ludwig Beck, S. 469); und in seiner Stellungnahme zu Hitlers Rede vom 28. Mai 1938 schrieb er, „daß die Tschechei (…) für Deutschland unerträglich ist und ein Weg, sie als Gefahrenherd für Deutschland auszuschalten, notfalls auch durch eine kriegerische Lösung gefunden werden muß. Doch muß bei letzterer den Einsatz auch der Erfolg lohnen" (ebd. S. 521).

[14] So auch Reynolds, Beck, S. 9 u. ö. Die Gegenthese vertritt Peter Hoffmann in seinen zahlreichen Werken über den Widerstand, vgl. insbesondere Hoffmann, Ludwig Beck, S. 35–37.

[15] Das ist die zentrale These von Reynolds, Beck, S. 10 und passim.

[16] Zit. Nach Reynolds, Beck, S. 166.

[17] Überliefert ist der Ausspruch bei Gisevius, Bis zum bitteren Ende, Bd. II, S. 304.

Bibliographische Hinweise

(Vgl. auch die weiteren Literaturangaben in der Gesamtbibliographie ab S. 290 ff.)

Ungedruckte Quellen

BA-MA Freiburg: N 28, Nachlaß Ludwig Beck.

Gedruckte Quellen und Literatur

Buchheit, Gert: Ludwig Beck. Ein preußischer General. München 1964.

Foerster, Wolfgang: Ein General kämpft gegen den Krieg. München 1949 (2. Auflage u. d. T.: Generaloberst Ludwig Beck. Sein Kampf gegen den Krieg. München 1953).

Geyer, Michael: Aufrüstung oder Sicherheit. Wiesbaden 1980.

Gisevius, Hans Bernd: Bis zum bitteren Ende. 2 Bde. Hamburg 1947.

Hassell, Ulrich von: Vom anderen Deutschland. Aus den nachgelassenen Tagebüchern 1938–1944. Frankfurt a. M. 1964.

Hoffmann, Peter: Ludwig Beck. Oberhaupt der Verschwörung. In: Für Deutschland. Die Männer des 20. Juli. Hrsg. von Klemens v. Klemperer, Enrico Syring, Rainer Zitelmann. Frankfurt a. M., Berlin 1994.

Hoßbach, Friedrich: Zwischen Wehrmacht und Hitler. Wolfenbüttel/Hannover, 2. Aufl. 1965.

Müller, Klaus-Jürgen: Revision, Aufrüstung und nationale Sicherheit – Der Grundsatzkonflikt zwischen Militär und Diplomatie in Deutschland 1933–1935. In: Deutschland zwischen Krieg und Frieden. Festschrift für Hans-Adolf Jacobsen. Hrsg. v. Karl Dietrich Bracher u. a. Düsseldorf 1991.

Ders.: Carl-Heinrich von Stülpnagel – Die „Zentralfigur" in Paris. In: Für Deutschland. Die Männer des 20. Juli. Hrsg. v. Klemens v. Klemperer, Enrico Syring, Rainer Zitelmann. Frankfurt a. M., Berlin 1994.

Ders.: Staat und Politik im Denken Ludwig Becks. In: Historische Zeitschrift 215 (1972), S. 608–631.

Ders.: Generaloberst Ludwig Beck: Generalstabschef des deutschen Heeres 1933–1938. Einige Reflexionen und neuere Forschungsergebnisse. In: ders., Armee, Politik und Gesellschaft in Deutschland 1933–1945. Paderborn 1979, 3. Aufl. 1981.

Ders.: Das Heer und Hitler. Armee und nationalsozialistisches Regime 1933–1940. Stuttgart 1969, 2. Aufl. 1989.

Ders.: General Ludwig Beck. Studien und Dokumente zur politisch-militärischen Vorstellungswelt und Tätigkeit des Generalstabschefs des deutschen Heeres 1933–1938. Boppard 1980.

Ders.: Ludwig Beck. Probleme seiner Biographie. In: Militärgeschichtliche Mitteilungen Bd. 11/1972, S. 167–176.

Reynolds, Nicholas: Beck. Gehorsam und Widerstand. Das Leben des deutschen Generalstabschefs 1933–1938. Wiesbaden/München 1977.

Senfft, Hubertus: Die Entwicklung der Panzerwaffe im deutschen Heer. Frankfurt a. M. 1969.

Friedrich-Christian Stahl

Generaloberst Johannes Blaskowitz

Johannes Blaskowitz, am 10. Juli 1883 in Paterswalde, Kreis Wehlau/Ostpreußen, als Sohn eines Pfarrers geboren, zog bereits als zehnjähriger Kadett den Soldatenrock an, verbrachte die Leutnantsjahre in Osterode in Ostpreußen und ließ sich nach seinem dreijährigen Kommando von der Kriegsakademie aus Gesundheitsgründen nach Baden versetzen. Den Ersten Weltkrieg erlebte er als Kompaniechef und Generalstabsoffizier in Frankreich, Südtirol, Galizien und im Baltikum. Nach dem Krieg wurde er bis 1932 ausschließlich in Württemberg und Baden im Generalstabs- und Truppendienst verwendet. Als Kommandeur des 14. (Badischen) Infanterie-Regiments wurde er im Oktober 1930 zugleich zum Landeskommandanten in Baden ernannt. Diese Funktion ermöglichte es ihm, mit den badischen Landesbehörden und der Presse ein anerkanntes Vertrauensverhältnis herzustellen. War es den Soldaten verboten, sich parteipolitisch zu betätigen – sie waren auch nicht wahlberechtigt –, so gehörte Blaskowitz doch zu den Offizieren, die mit kritischem Blick die politische Entwicklung beobachteten. Aus der Sicht der damaligen politischen Situation Deutschlands sind Äußerungen Blaskowitz' auf dem Truppenübungsplatz Ohrdruf vom August 1932 zu verstehen, über die der spätere, nach dem 20. Juli 1944 hingerichtete Generalmajor Hellmuth Stieff seiner Frau berichtete. Man hoffe, „daß die Nazis vernünftig bleiben ...". Falls sie „aber Dummheiten machen, wird ihnen mit aller Gewalt entgegengetreten werden, und man wird selbst vor blutigsten Auseinandersetzungen nicht zurückschrecken". Die Parteien seien „das Unglück Deutschlands", sie verhinderten „durch ihre Eigenbrötelei jegliche stabile und nützliche Regierungsarbeit". Daher müsse die Regierung „von den Fesseln des Parlamentarismus befreit werden, um unabhängig arbeiten zu können, gestützt auf das Vertrauen des Reichspräsidenten und die Macht der Reichswehr".[1] Diese Sicht dürfte weitgehend die politische Einstellung des Offizierskorps zum damaligen Zeitpunkt wiedergeben.

Anfang Februar 1933 wurde Blaskowitz als Generalmajor zum Inspekteur der Waffenschulen ernannt. Angesichts der seit langem beabsichtigten Heeresvermehrung hatte er in kürzester Zeit eine neue Organisation der Ausbildungsstätten für den stark ansteigenden Bedarf an Offiziersanwärtern zu schaffen. Am 1. April 1935 wurde Blaskowitz zum Befehlshaber im Wehrkreis II und im gleichen Jahr zum Kommandierenden General des II. Armeekorps in Stettin ernannt. Unter seiner Führung vollzog sich in dem

Pommern und Mecklenburg umfassenden Wehrkreis der Übergang vom Berufsheer zum Heer der allgemeinen Wehrpflicht. Wie schnell der Aufbau der Wehrmacht auch die feldmäßige Ausbildung einbezog, erwies das große Wehrmachtmanöver – das einzige seiner Art – im September 1937, woran neben Verbänden aller Wehrmachtteile auch Blaskowitz' Armeekorps teilnahm. Auf dem zu seinem Korpsbereich gehörenden Truppenübungsplatz Groß-Born wurde Blaskowitz im August 1938 mit zwei ihn stark berührenden Ereignissen konfrontiert: mit der Übergabe des Artillerieregiments 12 an den inzwischen von jedem Verdacht der Homosexualität freigesprochenen ehemaligen Oberbefehlshaber des Heeres, Generaloberst Freiherr von Fritsch, und – wenige Tage später – mit dem Besuch Hitlers, der in seiner neuen Funktion als Oberbefehlshaber der Wehrmacht eine Übung mit Panzern nutzte, um sich über die künftige operative Verwendung dieser Waffe zu äußern. Nach Berlin zurückgekehrt, kritisierte Hitler „die Ansichten Blaskowitz' über den Einsatz von Panzern", da er „genau wie die Franzosen die Panzer als schwere Waffe der Infanterie" betrachtete. Statt dessen bringe „der operative Einsatz den Schwung für die Vorwärtsbewegung und damit die Überlegenheit"[2].

Obwohl Hitler seine Abneigung gegen Blaskowitz zum Ausdruck gebracht hatte, wurde er am 10. November 1938 zum Oberbefehlshaber der Heeresgruppe 3 in Dresden ernannt. Trotz der Zusage Hitlers an den britischen Premierminister Chamberlain, nach dem Abkommen von München keinerlei Besitzansprüche mehr in Europa zu stellen, befahl er im März 1939 den Einmarsch in die Resttschechei. Nach dem Einmarsch in Prag, wo Blaskowitz auf dem Hradschin noch am 15. März mit Hitler zusammentraf, wurde er vom Oberbefehlshaber des Heeres mit der vollziehenden Gewalt in Böhmen beauftragt. Schon wenige Wochen danach sah Blaskowitz seine Aufgabe mit der „Befriedung" des Landes als erfüllt an.[3] Noch hielt er sich für ein „soldatisches Glückskind", dem „diese geschichtliche Aufgabe (...) unversehens anvertraut" worden sei.[4] Doch schon einen Monat später hatte er sich mit seinem Stab auf einen möglichen Feldzug gegen Polen vorzubereiten.

Im Rahmen eines von zwei Heeresgruppen geführten Zangenangriffs auf Warschau sollte Blaskowitz mit der 8. Armee die nördliche Flanke der Heeresgruppe Süd decken und dafür Sorge tragen, daß polnische Kräfte den Hauptstoß der 10. Armee nicht behinderten. Bereits eine Woche nach Kriegsbeginn traf die 8. Armee an der Bzura auf starke polnische Kräfte, die sich bemühten, die Front der 8. Armee zu durchbrechen. Harte Tage hatten die nach Norden sichernden Verbände zu bestehen, bis es gelang, der Krise Herr zu werden. Am 14. September besuchte Hitler in Lodz Blaskowitz' Hauptquartier. Hitlers kritische Fragen konnten von Blaskowitz und von dem verwundeten General von Briesen befriedigend beantwortet werden.[5] Die 8. Armee wurde danach mit dem Endkampf um Warschau beauftragt. Als der polnische Oberbefehlshaber, General Juliusz Rommel, nach erfolgter Kapitulation General Blaskowitz den Abmarsch seiner 118000 Mann zählenden Truppen in die Gefangenschaft meldete, äußerte dieser, „daß er die Gefühle seines Gegners soldatisch durchaus verstände und würdige, daß aber der Krieg nur ganze Lösungen gestatte. Er habe alles getan, um den polnischen Offizieren den Schritt in die Gefangenschaft ehrenvoll zu gestalten." Rommel dankte in polnischer Sprache mit den Worten: „Das militärische Los ist veränderlich."[6]

Fast am neuen Standort im Westen eingetroffen, erhielt Blaskowitz den Befehl, Generaloberst von Rundstedt als Oberbefehlshaber Ost abzulösen. Mit seiner Befehlsübernahme trat zugleich eine Neuordnung in den besetzten Ostgebieten ein. Dem Heer wurde die vollziehende Gewalt entzogen, offenbar weil sich einige Generale – wie List, Blaskowitz und Küchler – gegen die dortigen Ausschreitungen der SS gewandt hatten.[7] Unter ziviler Verwaltung von Reichsminister Dr. Frank[8] wurde das Generalgouvernement mit dem Regierungssitz in Krakau errichtet. Blaskowitz unterstanden die im Generalgouvernement und im Wehrkreis I (Ostpreußen) stationierten Truppen, um den Schutz der Ostgrenze zu übernehmen. In Spala errichtete er sein Hauptquartier. Frank fühlte sich in Krakau als Herr über Polen und erhob den Anspruch, als Repräsentant Hitlers auch über die im Generalgouvernement befindlichen Truppen zu verfügen. Blaskowitz dagegen sah sich ausschließlich an die Weisungen des Oberbefehlshabers des Heeres gebunden, der ihm befohlen hatte, daß „Verwaltungsaufgaben jeglicher Art im zivilen Bereich (...) damit aus dem Pflichtenkreis des Oberbefehlshabers Ost sowie seiner nachgeordneten Kommandobehörden" auszuscheiden hätten.[9] Zwischen Frank und Blaskowitz bestand daher ein gespanntes Verhältnis, um so mehr, als es Frank nicht gelang, die Himmler unterstehenden SS- und Polizeiverbände, die im Lande nach Gutdünken mordeten und plünderten, zur Raison zu bringen.

Wenn Blaskowitz auch kein Recht hatte, sich in die inneren Angelegenheiten des Generalgouvernements einzumischen, so spürte er doch als religiöser Christ die Mitverantwortung dafür, was in dem unter seinem militärischen Schutz stehenden Gebiet an von Deutschen begangenen Verbrechen geschah.[10] In Lageberichten und Vortragsnotizen sowie bei persönlichen Rücksprachen hat er daher mehrfach die in Polen herrschenden Zustände in einer Deutlichkeit gebrandmarkt, wie dies von seiten verantwortlicher Militärs wohl als einzigartig bezeichnet werden kann. So befaßt sich sein Lagebericht vom 27. November 1939 mit der Stimmung in der Wehrmacht, mit den Nöten der polnischen Bevölkerung, mit dem Verhältnis zur Generalgouvernementsverwaltung, deren Dienststellenleiter „sehr junge Amtsträger ohne jegliche Verwaltungskenntnis" waren, mit der „ziemlich gestörten" Verbindung zu den Organen der Polizei und mit den Verhältnissen im sowjetisch besetzten Polen. Die Truppe lehne es ab, „mit den Greueltaten der Sicherheitspolizei identifiziert zu werden". Der „Blutrausch" der Polizei stelle für die Wehrmacht „eine unerträgliche Belastung" dar, „da dies ja alles im 'Feldgrauen Rock' geschieht".[11] Als Hitler diesen Bericht auf Brauchitschs Weisung vorgelegt wurde, nahm er ihn „zunächst ruhig zur Kenntnis, begann dann aber mit schweren Vorwürfen gegen 'kindliche Einstellungen' in der Führung des Heeres. Mit Heilsarmee-Methoden führe man keinen Krieg. Auch bestätige sich eine lang gehegte Aversion. Er habe General Blaskowitz niemals das Vertrauen geschenkt."[12]

Blaskowitz bemühte sich insgesamt um eine korrekte Behandlung der Polen in seinem Verantwortungsbereich und setzte sich dafür ein, „die jüdischen Arbeiter in den Fabriken zu belassen und nicht in Konzentrationslager zu schicken."[13] Als sich trotz seiner kritischen Berichte über die Behandlung der Polen und Juden im Generalgouvernement nichts änderte, gab er seiner Überzeugung mit den Worten Ausdruck: „Die Ansicht, man könne das polnische Volk mit Terror einschüchtern und am Boden halten, wird sich bestimmt als falsch erweisen. Dafür ist die Leidensfähigkeit des Volkes viel zu groß."[14]

Mitte Mai 1940 mit seinem Stab nach dem Westen verlegt und zum Armeeoberkommando 9 umgebildet, befahl Hitler, daß Blaskowitz in die „Führerreserve" zu versetzen sei.[15] Als er vierzehn Tage später – noch während des Westfeldzuges – als Militärbefehlshaber von Nordfrankreich eingesetzt wurde, kümmerte er sich vorrangig um die Flüchtlingsprobleme, da etwa sieben bis acht Millionen Franzosen ihren Wohnort verlassen hatten, die Straßen füllten, untergebracht sowie verpflegt werden mußten.[16] Nach Beendigung des Frankreichfeldzuges erneut in die Führerreserve versetzt, wurde Blaskowitz im Oktober 1940 zum Oberbefehlshaber der 1. Armee ernannt, die nicht für den Einsatz im Osten vorgesehen war, sondern als Besatzungsarmee in Frankreich und als Ausbildungsstätte für neu aufgestellte Divisionen diente. Blaskowitz war „in jedem Falle froh, wieder wirken zu können". Mehr erwartete er „von dieser Ernennung nicht"[17].

Nachdem Hitler am 11. Dezember 1941 den Vereinigten Staaten den Krieg erklärt hatte, wurde das Armeeoberkommando 1 nach Bordeaux verlegt, um die Sicherung der französischen Atlantikküste zwischen der Loire-Mündung und der spanischen Grenze zu übernehmen. Am 10. November 1942 befahl Hitler den generalstabsmäßig längst vorbereiteten Einmarsch in das unbesetzte Südfrankreich.[18] Um diese Aufgabe möglichst reibungslos zu lösen, nahm Blaskowitz persönlich Verbindung mit französischen Militär- und Zivildienststellen auf. Die neue Situation forderte zudem, Vorbereitungen für mögliche Angriffe der Anglo-Amerikaner in Spanien und Portugal zu treffen. So sah die Aufmarschanweisung für die 1. Armee im Fall „Gisela" die Besetzung der nordspanischen Häfen bis zur portugiesischen Grenze vor.[19]

Am 12. Mai 1944 wurde Blaskowitz mit der Führung der neu gebildeten Armeegruppe G unter dem Oberbefehlshaber West beauftragt, um „die Verteidigung der Biskayafront südlich der Loire, der Pyrenäen und der französischen Mittelmeerküste zu leiten"[20]. Knapp vier Wochen nach Übernahme des neuen Kommandos begann die lang erwartete Invasion in der Normandie. Sofort wurden der Armeegruppe G laufend Verbände, darunter bis auf die 11. Panzerdivision sämtliche motorisierten Verbände, entzogen. Besondere Sorge bereitete Blaskowitz die Entwicklung der Aufstandsbewegungen in den rückwärtigen Gebieten, die sich nach Beginn der Invasion zunehmend bemerkbar machten. Harten Gegenmaßnahmen gegen die Terroristen setzte er am 17. Juni – wenige Tage nach dem Massaker in Oradour – klare Grenzen, die jeglicher Willkür den Boden entziehen sollten. Es dürfe „nicht vorkommen, daß Frauen und Kinder von diesem Kampf in Mitleidenschaft gezogen werden, Gehöfte angesteckt werden, in denen nie ein Terrorist gewesen ist, oder Männer, die nie etwas mit den Terroristen zu tun gehabt haben, der Kugel zum Opfer fallen".[21]

Obwohl kein Anhänger Hitlers und dessen Regimes sandte Blaskowitz an Hitler nach dem Attentat vom 20. Juli – möglicherweise von Feldmarschall von Kluge dazu aufgefordert – ein Telegramm, in dem er ihn der Treue der Armeegruppe G versicherte. Dem Feldmarschall von Mackensen vertraute er an, daß „die düsteren Ereignisse" des 20. Juli außerhalb seiner Gedankenwelt lägen.[22]

Anfang August 1944 wies Blaskowitz auf die fast unkontrollierbaren Räume des Zentralmassivs und ostwärts der Rhône hin. Der Begriff „Terroristenbewegung" sei nicht mehr zutreffend, vielmehr handle „es sich jetzt bereits um eine organisierte Armee, die im Rücken der Armeegruppe" stehe.[23] Am 15. August, dem 175. Geburtstag Napoleons, landeten die Alliierten an der französischen Mittelmeerküste.[24] Hitler entschloß sich überraschend schnell, den Rückzug der deutschen Verbände aus Südfrankreich zu genehmigen. Blaskowitz hatte diesen Rückzug zu koordinieren, was ihm durch eine nahezu totale Luftüberlegenheit der Alliierten und durch die große Landstriche beherrschende Résistance-Bewegung erheblich erschwert wurde. Das erkannte nunmehr selbst Hitler an, der in einer Lagebesprechung am 1. September äußerte: „Wenn der [Blaskowitz] das fertig bringt, dann leiste ich ihm feierliche Abbitte von allem (...)."[25] Dennoch versetzte er Blaskowitz kurz darauf wiederum in die Führerreserve, weil er dessen Führungsmaßnahmen bei Nancy nicht billigte.[26] Als Generalfeldmarschall von Rundstedt für Blaskowitz eintrat, lenkte Hitler ein, verlieh ihm sogar das Eichenlaub zum Ritterkreuz und beauftragte ihn Ende Dezember mit der Führung der Heeresgruppe G. Seit 10. April 1945 Oberbefehlshaber der „Festung Holland", verhandelte er mit dem alliierten Oberkommando erfolgreich, um die Ernährungskrise der holländischen Zivilbevölkerung zu beheben.[27] Kapitulationsangebote lehnte er jedoch ab, solange die deutsche Führung nicht selbst kapitulierte oder dies befahl, und ging als einziger Offizier des Heeres, der den Kriegsbeginn und das Kriegsende als verantwortlicher Oberbefehlshaber erlebte, in die Gefangenschaft, die er u. a. in Dachau und als Lagerältester in Allendorf verbrachte.

Anfang 1948 im Nürnberger OKW-Prozeß wegen Kriegsverbrechen angeklagt,[28] bereitete er am 5. Februar vor der Verlesung der Anklageschrift seinem Leben durch einen Sprung in die Rotunde des Justizpalastes ein Ende. Sein Grab fand er im Bommelsen in der Lüneburger Heide. Blaskowitz' Selbstmord stellt die Frage nach der Mitverantwortung der militärischen Führer an Hitlers Verbrechen in aller Deutlichkeit. Zugleich bleibt durch seinen Tod offen, ob er sich als mitschuldig ansah, obwohl er ein Gegner Hitlers war und die Verbrechen in Polen 1939/40 heftig kritisiert hatte, oder ob er sich zu seinem Freitod entschloß, weil er befürchtete, durch seine Aussagen Kameraden zu belasten.

Anmerkungen

1 Brief vom 21. 8. 1932, in: Ausgewählte Briefe von Generalmajor Helmuth Stieff, S. 96f.

2 Below, Als Hitlers Adjutant, S. 116.

3 Umbreit, Deutsche Militärverwaltung, S. 59f.; hierin auch Näheres zur Tätigkeit von Blaskowitz in Prag.

4 Blaskowitz an Feldmarschall von Mackensen vom 13. 4. 39, in: BA-MA Freiburg: N 39/69.

5 Vgl. Below, Als Hitlers Adjutant, S. 211; Heusinger, Befehl im Widerstreit, S. 62f.

6 Auszug aus Briefen und Tagebuchaufzeichnungen während des Polenfeldzuges von Generalmajor Felber, in: BA-MA Freiburg: N 67/3.

7 Näheres über den Aufgabenbereich der Einsatzgruppen des SD im Polenfeldzug bei Höhne, Der Orden unter dem Totenkopf, S. 273–283, und Krausnick/Wilhelm, Die Truppen des Weltanschauungskrieges.

8 Vgl. Kleßmann, Hans Frank, S. 41–51.

9 Umbreit, Deutsche Militärverwaltungen, S. 117f.

10 Graf von der Schulenburg, „Dann sind's die besten Köpfe, die man henkt", S. 208f.

[11] BA-MA Freiburg: RH 1/v. 58.

[12] Engel, Heeresadjutant bei Hitler 1938–1943, S. 67f.

[13] Herwarth, Zwischen Hitler und Stalin, S. 245f.

[14] Lagebericht des O. B. Ost v. 6. 2. 40, in: BA-MA Freiburg: RH 53–23/23, Bl. 15; Zitat im Original durch Unterstreichung herausgehoben.

[15] Ebenda: RH 20–9/2.

[16] Umbreit, Der Militärbefehlshaber in Frankreich, S. 9.

[17] Blaskowitz an Feldmarschall von Mackensen v. 10. 11. 40, in: BA-MA Freiburg: N 39/69.

[18] Näheres in: Boog/Rahn/Stumpf/Wegener, Die Welt im Krieg 1941–1945, S. 855–859.

[19] Vgl. Burdick, Planungen für das Einrücken deutscher Kräfte, S. 164–178.

[20] Kriegstagebuch des Oberkommandos der Wehrmacht (Wehrmachtführungsstab), Bd. IV, S. 300 (zit. KTB/OKW).

[21].BA-MA Freiburg: RH 19 XII/2.

[22] Schreiben v. 27. 7. 44, in: BA-MA Freiburg: N 39/69.

[23] Ebenda: RH 19 XII/2.

[24] Näheres in: Staiger, Rückzug durchs Rhônetal, und Ludewig, Der deutsche Rückzug.

[25] Warlimont, Im Hauptquartier, S. 509.

[26] KTB/OKW, S. 393.

[27] Ebenda, S. 1469.

[28] Vgl. Auszug aus der Anklageschrift gegen von Leeb und andere (mit Randbemerkungen von Blaskowitz), in: BA-MA Freiburg: MSg 1/2435.

Bibliographische Hinweise

(Vgl. auch die weiteren Literaturangaben in der Gesamtbibliographie ab S. 290ff.)

Ungedruckte Quellen

BA-MA Freiburg: MSg 1/1814, 1931, 2435 und 2603 (von Blaskowitz hinterlassene Schriftstücke); Personalakte Pers 6/20; RH 64: Heeresgruppenkommando 3; RH 20–8: 8. Armee; RH 53–23: Oberbefehlshaber Ost; RH 20–9: 9. Armee; RH 20–1: 1. Armee; RH 19 XII: Armeegruppe G; RH 19 XIII: Heeresgruppe H; Generallandesarchiv Karlsruhe, Abt. 456, Bd. 13, Nr. 17 und Abt. 233, Nr. 12362.

Gedruckte Quellen und Literatur

Clark, Joachim: Der christliche General. In: Die Militärelite des Dritten Reiches. Hrsg. v. Ronald Smelser und Enrico Syring. Berlin 1995, S. 28–49.

Giziowski, Richard: The Enigma of General Blaskowitz. London 1997.

Ludewig, Joachim: Generaloberst Johannes Blaskowitz im Zweiten Weltkrieg. In: Militärgeschichte 5 (1995), H. 1, S. 12–19.

Möller-Witten, Hanns: Generaloberst Blaskowitz. In: Deutscher Soldatenkalender 1958, S. 172f.

Munzel, Oskar: Blaskowitz. In: Kampftruppen 1967, Nr. 3, S. 94. Gerd Brausch: Blaskowitz. In: Altpreußische Biographie, Bd. III. Marburg 1975, S. 865f.
Stahl, Friedrich-Christian: Blaskowitz. In: Badische Biographien, Neue Folge, Bd. II. Stuttgart 1987, S. 41–45.
Ders.: Blaskowitz. In: Ostdeutsche Gedenktage, Bonn 1997, S. 65–69.

Samuel W. Mitcham, Jr.

Generalfeldmarschall Werner von Blomberg*

Werner Eduard Fritz von Blomberg wurde am 2. September 1878 in Stargard/Pommern als ältester Sohn des Oberstleutnants Emil von Blomberg und seiner Frau Emma geboren.[1] 1894 trat er in die Hauptkadettenanstalt Groß-Lichterfelde ein, und drei Jahre später, im März 1897, wurde er mit 19 Jahren Leutnant im 73. Füsilier-Regiment.

Die nächsten sieben Jahre verbrachte Blomberg in der Infanterie – und mit dieser Waffengattung sollte er während seiner ganzen Laufbahn verbunden bleiben. Den Dienstgrad eines Oberleutnants erreichte Blomberg erst 1907, kurz vor seinem 30. Geburtstag und drei Jahre nach seinem Eintritt in die Kriegsakademie. Nachdem er diese absolviert hatte, diente er von 1908 bis 1911 im Großen Generalstab in Berlin und wurde 1911 zum Hauptmann befördert.

Anfang 1914 wurde er Kompaniechef in einem Infanterie-Regiment. Bei Ausbruch des Ersten Weltkriegs versetzte man ihn jedoch als Generalstabsoffizier an die Westfront, zunächst als Ia (1. Generalstabsoffizier) der 19. Reserve-Division, dann des XVIII. Reserve-Korps und schließlich der 7. Armee. Hier bewährte er sich als hervorragender Planer und Organisator, so daß er 1916 zum Major befördert und schließlich mit dem „Pour le mérite“, dem höchsten preußischen Orden, ausgezeichnet wurde.[2]

Der im Juni 1919 unterzeichnete Friedensvertrag von Versailles beließ Deutschland ein Heer von 100000 Mann, von denen nur 4000 Offiziere sein durften. Blomberg gehörte zu denjenigen, die in das neue Reichsheer übernommen wurden. Als er 1920 die Beförderung zum Oberstleutnant erhielt, war er beim Stab der Brigade Döberitz. 1921 wurde er Chef des Stabes des Wehrkreiskommandos V in Stuttgart. 1924 holte ihn der Chef der Heeresleitung, General Hans von Seeckt, als Chef der Heeres-Ausbildungsabteilung ins Reichswehrministerium; im darauffolgenden Jahr beförderte er ihn zum Oberst.[3]

Generaloberst Wilhelm Heye, der Nachfolger Seeckts, ernannte Blomberg 1928 zum Generalmajor und zum Chef des Truppenamtes. Das bedeutete, daß Blomberg im Alter von 48 Jahren praktisch Chef des Generalstabes war, obwohl es diesen Titel nach den Bestimmungen des Versailler Vertrags (der den Generalstab verboten hatte) offiziell nicht mehr gab. Bald

* Aus dem Englischen übersetzt von Karl Nicolai.

betrachtete Heye den hochgewachsenen Pommern als seinen rechtmäßigen Erben und als zukünftigen Chef der Heeresleitung.[4]

Wie seine Vorgänger versuchte General Heye den verhaßten Versailler Vertrag, der die deutschen Streitkräfte in den zwanziger und dreißiger Jahren lähmte, zu umgehen. Alle vier wichtigen militärischen Innovationen des Ersten Weltkriegs – Panzer, Flugzeuge, Unterseeboote und Giftgas – waren den Deutschen verboten. Infolgedessen entzog sich das Reichsheer einigen dieser Beschränkungen, indem es durch Geheimvereinbarungen mit Moskau geheime Stützpunkte in Rußland errichtete. Blomberg war in diese heimlichen Operationen stark verwickelt und besuchte während der zwanziger Jahre die Sowjetunion. Die Rote Armee und das totalitäre Regime Stalins beeindruckten ihn. Hier genoß das Militär – anders als im demokratischen Deutschland – Macht und Ansehen. Blomberg bekannte später: „Es fehlte nicht viel, und ich wäre als vollendeter Bolschewist nach Hause gekommen.“[5]

Diese Äußerung enthüllt eine grundlegende Schwäche von Blombergs Charakter: politische Naivität und eine romantische Neigung zu phantastischen Höhenflügen. Er sah deutlich die Vorteile, die eine totalitäre Regierungsform für das deutsche Volk und seine Streitkräfte haben konnte, war jedoch blind für deren möglicherweise negative Auswirkungen. Diese Kurzsichtigkeit behinderte seine militärische Karriere unter Heye allerdings nicht: 1929 wurde er zum Generalleutnant befördert.[6]

Blombergs rapider Aufstieg und die Tatsache, daß er die Förderung Heyes genoß, führte zu seinem ersten Zusammenstoß mit Kurt von Schleicher, dem damaligen Chef des Ministeramtes der Reichswehr. Dieser ehrgeizige Offizier war auf Blomberg eifersüchtig, denn er erstrebte das Amt des Chefs der Heeresleitung für einen seiner eigenen Verbündeten – und letzten Endes für sich selbst. Schleicher kam zu der Überzeugung, Blomberg stehe seiner persönlichen Karriere im Weg. Der idealistische Blomberg war dem rücksichtslosen Schleicher in einem Intrigenspiel zweifellos nicht gewachsen. Schleicher verschwor sich gegen Blomberg mit dem Reichswehrminister Wilhelm Groener, der seine Ernennung einer früheren Intrige Schleichers verdankte, und gemeinsam übertrugen sie Blomberg die Verantwortung für einige illegale Sicherheitsmaßnahmen an der Grenze. Als die Falle zuschnappte, mußte Blomberg in Schande zurücktreten. Generaloberst Heye mußte persönlich intervenieren, um Blombergs Karriere überhaupt noch zu retten. Er schickte seinen unglücklichen Kollegen vorläufig auf eine Dienstreise in die Vereinigten Staaten, damit die Skandalgeschichten in den öffentlichen Medien verblassen und die Gemüter der Politiker sich beruhigen konnten. Anschließend versetzte er Blomberg als Befehlshaber des Wehrkreises I in das durch den Versailler Vertrag vom Reich abgetrennte Ostpreußen. Es schien ein Posten ohne Aufstiegschancen zu sein, aber Blomberg durfte wenigstens im aktiven Dienst bleiben. Der Kandidat Schleichers, Generalleutnant Kurt Freiherr von Hammerstein-Equord, löste Blomberg als Chef des Truppenamtes ab und wurde schließlich im Oktober 1930 Heyes Nachfolger als Chef der Heeresleitung.[7]

Inzwischen trat Blomberg in seinem neuen Hauptquartier in Königsberg sein erstes Truppenkommando seit 1914 an. Wie die übrigen sechs Wehrkreise hätte der Wehrkreis I – zumal bei seiner besonderen territorialen Verantwortung – ein Armeekorps haben müssen, verfügte aber nur über eine einzige Division.

In Königsberg zeigte sich deutlich eine zweite Schwäche in Blombergs Charakter: er war allzu anfällig für die Beeinflussung durch eine starke Persönlichkeit. In Ostpreußen geriet er unter den Einfluß des Obersten Walter von Reichenau, seines energischen und intelligenten Stabschefs. Der äußerst ehrgeizige Reichenau war einer der ersten und fähigsten NS-freundlichen Offiziere in der Reichswehr. Nach seiner Auffassung sprach nichts dagegen, im Falle eines Krieges mit Polen die paramilitärischen SA-Einheiten als militärische Hilfstruppen unter dem Wehrkreiskommando einzusetzen, und Blomberg stimmte dem zu.[8] Deshalb war Blomberg sehr daran interessiert, freundliche Beziehungen zu den Nationalsozialisten zu pflegen. Später schrieb er: „Der Nationalsozialismus war mir, sofern sein Schwergewicht auf dem Nationalismus lag, in der bedrohten, abgetrennten Provinz Ostpreußen sehr nahe.“[9]

Mehr als das: Blomberg war bald von Adolf Hitler völlig fasziniert. Er begegnete dem Führer der NSDAP zum ersten Mal im August 1930, als dieser auf einer Wahlkampfreise nach Königsberg kam. Sie waren sich über die Ostpolitik im allgemeinen einig und über die Frage des Einsatzes der SA als militärischer Hilfstruppe im besonderen. Noch wichtiger: Der General gelangte zu der Auffassung, daß der ehemalige Gefreite für die Reichswehr schließlich das gleiche tun würde, was Stalin für die Rote Armee getan hatte: er würde sie mit Zustimmung des ganzen Volkes zu einer wahrhaft nationalen Einrichtung machen. Blombergs Unterstützung des Nationalsozialismus war – anders als bei Reichenau – eher auf die Anziehungskraft von Hitlers Persönlichkeit zurückzuführen als auf die Weltanschauung der NSDAP.

1931 erlitt Blomberg bei einem Sturz vom Pferd eine schwere Gehirnerschütterung. Diese Verletzung – vielleicht zusammen mit der Krankheit und dem Tod seiner Frau – steigerte die Nervosität und Labilität Blombergs. Deshalb berief ihn Groener 1932 aus Königsberg ab. Darauf übertrug man dem unglücklichen General wieder eine Aufgabe, die ihn kaltstellen sollte: Man ernannte ihn zum Leiter der deutschen Militärdelegation bei der Internationalen Genfer Abrüstungskonferenz. Diese Position war jedoch politisch wichtiger, als es schien, denn sie gewährte Blomberg unmittelbaren Zutritt zum Reichspräsidenten Hindenburg – damals ein ganz seltenes Privileg. Der Pommer mit seiner imposanten Statur war jetzt in der Lage, den alternden Generalfeldmarschall zu beeinflussen, und das zu einem Zeitpunkt, als dieser Einfluß für die deutsche Geschichte entscheidend war. Jetzt rächte sich Blomberg. Seine negativen Berichte an den Reichspräsidenten über die Abrüstungspolitik Brünings trugen zu dessen Sturz im Juni 1932 wesentlich bei. Auf Brüning folgte Franz von Papen, und ein halbes Jahr später Kurt von Schleicher. Als Hindenburg Ende Januar 1933 den Reichskanzler von Schleicher entließ, endlich dem Druck nachgab und Hitler zum Regierungschef ernannte, beförderte er gleichzeitig Blomberg in das Amt des Reichswehrministers.

Obwohl die Nationalsozialisten mit Blombergs Ernennung nichts zu tun hatten, waren sie darüber zweifellos erfreut. Blomberg und Hitler kamen von Anfang an gut miteinander aus. Während der ersten Kabinettssitzung, am Nachmittag des 30. Januar 1933, sicherte Blomberg dem 'Führer' seine unbedingte Loyalität zu. Innerhalb einer Woche hatte Blomberg seine grundsätzliche Taktik festgelegt: Zusammenarbeit zwischen dem Regime und den Streitkräften. Zunächst befahl er der Reichswehr, an Wochenenden kurze Ausbildungskurse für die Braunhemden der NSDAP einzuführen.[10] Es folgten Anweisungen an die Angehörigen der Reichswehr, alle uniformierten Mitglieder der NSDAP und ihre Fahnen zu grüßen. Blomberg öffnete die Schleusen für die Verbreitung von NS-Propaganda in den niedrigeren Rängen der Reichswehr/Wehrmacht; er wies die Soldaten an, mit „Heil" zu grüßen, wenn sie in Zivil waren, und er befahl, an den Uniformen der Reichswehr den neuen Hoheitsadler zu tragen – so machte er das Symbol der NSDAP zum Bestandteil der Uniform eines jeden deutschen Soldaten.

Blomberg erließ auch die ersten antisemitischen Befehle an Angehörige der Reichswehr. Am 8. Dezember 1933 wies er die lokalen Kommandeure an, alle SA-Boykotte gegen jüdische Warenhäuser und Läden zu respektieren. Schließlich befahl er, alle Juden aus der Reichswehr zu entlassen und in allen Offiziersausbildungsschulen – einschließlich der Kriegsakademie – politische NS-Schulungskurse einzurichten bzw. die bestehenden auszudehnen. Er verbot Soldaten die Eheschließung mit „nicht-arischen" Frauen, und 1935 verbot er den Soldaten, überhaupt in jüdischen Warenhäusern und Läden einzukaufen.[11] Im Juli 1935 gab Blomberg Anweisung, daß alle Offiziere die nationalsozialistische Weltanschauung zu bejahen hätten. Mitte Juli 1936 befahl er, politisch unzuverlässige Offiziere der Gestapo zu melden. Andere Befehle Blombergs beschränkten die Privilegien der Militärgeistlichen, verfügten, daß die Teilnahme an dem gemeinsamen Marsch zum sonntäglichen Militärgottesdienst nicht mehr obligatorisch sei, und verlangten, daß Angehörige der Wehrmacht SS-Männer als Kameraden behandeln sollten.[12]

Die Nazifizierung der Reichswehr erfolgte stufenweise; sie wurde vor allem dadurch ermöglicht, daß dieser Prozeß – mit voller Unterstützung durch Blomberg – weitgehend intern ablief. Blomberg ersetzte eine Anzahl von Offizieren, die gegen den Nationalsozialismus und für Schleicher waren, durch seine eigenen Leute. Ende Januar 1934 mußte schließlich auch Hammerstein zurücktreten.[13]

Als die Zusammenarbeit zwischen Reichswehr/Wehrmacht und NSDAP immer enger wurde, nahm Blombergs Popularität beim Offizierskorps beträchtlich ab. Einst hatte man ihn in Heereskreisen als „Siegfried mit einem Monokel" bezeichnet; um die Mitte der dreißiger Jahre nannte man ihn öfter den „Gummilöwen" oder – nach einem damals beliebten deutschen Film, der einen abenteuerlustigen (und idealisierten) Hitlerjungen schilderte – „Hitlerjunge Quex". Nur in einer einzigen Frage trat Blomberg Hitler mutig gegenüber: 1934 ergriff er für Hindenburg Partei und verlangte nachdrücklich von Hitler, daß er gegen Ernst Röhm und die SA vorgehe. Denn die SA-Führer drängten auf eine zweite Revolution und wollten die Aufgaben der Reichswehr übernehmen. Bei der Säuberung der SA, in deren Verlauf auch die Generale von Schleicher und von Bredow (der ehemalige Chef des Ministeramtes) ermordet wurden, stellte sich Blomberg auf die Seite Hitlers. Blomberg spielte auch eine zwielichtige Rolle bei der offiziellen Rechtfertigung der „Nacht der langen Messer" und bei der Vertuschung der Morde an Schleicher und Bredow sowie an Frau von Schleicher. Dafür brach ein Sturm von Protesten hochrangiger Heeresoffiziere über ihn herein.

Blombergs wachsender Ansehensverlust beim Offizierskorps und bei der Generalität hemmte seine persönliche Karriere nicht. Im August 1933 beförderte Hitler ihn zum Generaloberst; im Mai 1935 ernannte er ihn zum Oberbefehlshaber der Wehrmacht. Schließlich benutzte Hitler die Feier seines 47. Geburtstages am 20. April 1936 dazu, Blomberg als ersten Offizier des 'Dritten Reiches' zum Generalfeldmarschall zu erheben.[14] Damit hatte Werner von Blomberg den Gipfel seiner militärischen Karriere erreicht.

Blombergs Ansehen beim 'Führer' begann zu sinken, als er während der Rheinlandbesetzung nach Hitlers Auffassung völlig die Nerven verlor. Der Diktator meinte später, Blomberg habe sich während dieser Krise wie eine „hysterische alte Jungfer" benommen, und äußerte gegenüber General von Rundstedt, Blombergs Vorschlag, seine Bataillone auf dem Höhepunkt der

Krise zurückzuziehen, sei geradezu ein Akt der Feigheit gewesen.[15] Auch in der Frage einer deutschen Beteiligung am Spanischen Bürgerkrieg dachte Blomberg anders als Hitler, und er vertrat seine abweichende Auffassung frei und offen. Außerdem waren Blombergs strategische Planungen von 1936 ab zunehmend defensiv orientiert – zum Ärgernis des 'Führers'. Während der sogenannten Hoßbach-Konferenz vom 5. November 1937 schien der Generalfeldmarschall von Hitlers Aggressionsplänen nicht begeistert. Er stellte fest, die Wehrmacht werde erst 1943–45 für einen großen europäischen Krieg gerüstet sein; auf keinen Fall solle man 1938 gegen die Tschechoslowakei vorgehen, wie es der 'Führer' wünschte. Seine Haltung (die von Generaloberst von Fritsch, dem Oberbefehlshaber des Heeres, geteilt wurde) verärgerte und bestürzte Hitler, der von seinen Generalen erwartete, daß sie sich für die Aussicht auf einen weiteren Krieg begeisterten.[16]

Blomberg war nach dieser Konferenz nervös und erregt – anscheinend erschrak er über seinen eigenen Mut. Jedenfalls gab er seinen Widerstand gegen den 'Führer' bald auf. Mitte Dezember billigte er einen Plan für die Besetzung der Tschechoslowakei, der feststellte, das Land könne – auch bevor die Wehrmacht voll gerüstet sei – erfolgreich angegriffen werden, falls Prag keinen Bundesgenossen außer Rußland habe. Dieses Schwanken Blombergs führte zu Reibereien mit Fritsch, dessen eigene Haltung – trotz Hitlers Feindseligkeit – unnachgiebig blieb.[17]

Blomberg hatte Anfang 1938, als er den Fehler beging, der seine Karriere beendete, praktisch keine Verbündeten mehr. Am 12. Januar 1938 heiratete der fast 60jährige Witwer plötzlich in aller Stille die 24jährige Margarethe Gruhn; Hitler und Göring fungierten als Trauzeugen. Blomberg wußte, daß Margarethe Gruhn eine Vergangenheit hatte, er wußte aber nicht, daß sie auch für pornographische Fotos posiert hatte und im Prostituierten-Milieu bekannt war.[18]

Innerhalb von vierzehn Tagen gelangte Frau Blombergs polizeiliche Akte in die Hände Hermann Görings, der Blomberg absetzen wollte, um selbst Kriegsminister zu werden. „Blomberg hat eine Hure geheiratet!" rief Göring, als er dem 'Führer' am 24. Januar die explosiven Dokumente überreichte. Im Gegensatz zu Göring war Hitler über diese Entwicklung der Dinge überhaupt nicht erfreut und äußerte sogar die Hoffnung, es werde nicht nötig sein, den Generalfeldmarschall zu entlassen; aber Göring überzeugte ihn, daß Blomberg gehen müsse. In diesem Punkt hatte Göring zweifellos recht: Wegen seiner NS-freundlichen Maßnahmen besaß Blomberg im deutschen Offizierskorps keinen Rückhalt mehr. Am nächsten Tag reichte Blomberg sein Abschiedsgesuch ein, und Hitler entließ den ruinierten General.[19]

Jodl vermerkte in seinem Tagebuch, Hitler behandle Blomberg mit

„übermenschlicher Freundlichkeit", und das war anscheinend tatsächlich der Fall. Hitler riet dem Pommern, ein Jahr lang Deutschland fern zu bleiben und schenkte ihm 50000 Reichsmark für eine Weltreise. Er verwarf die Bildung eines Ehrengerichtes für Blomberg, wie es mehrere hochrangige Offiziere gefordert hatten, sorgte dafür, daß der Generalfeldmarschall im Ruhestand weiterhin sein volles Gehalt bekam und beriet sich sogar mit Blomberg über seinen eventuellen Nachfolger. In dieser Unterredung versetzte Blomberg – den es tief verwundete, wie rasch und einmütig das Offizierskorps sich gegen ihn gestellt hatte – seinen Offizierskameraden einen letzten, vernichtenden Schlag. Er legte Hitler nahe, den Titel des Reichskriegsministers selbst anzunehmen. Eine Woche später übernahm der 'Führer' tatsächlich dieses Amt.

Danach lebte Blomberg mit seiner Frau zurückgezogen und unbeachtet bis zum Kriegsende im bayerischen Bad Wiessee.[20] Er war weiterhin ein Anhänger Hitlers und glaubte bis zum Schluß an den Endsieg.[21] Im Krieg verlor er beide Söhne, und als die Amerikaner im Mai 1945 in Bayern einmarschierten, nahmen sie ihn fest. Selbst im Gefängnis wurde Blomberg von vielen seiner ehemaligen Kameraden ignoriert; denjenigen, die mit ihm sprachen, erzählte er früher oder später, seine zweite Ehe sei eine glückliche.

Werner von Blomberg hatte viel dazu beigetragen, den Nationalsozialismus in der Reichswehr bzw. in der Wehrmacht zu fördern, und er hatte auch mitgeholfen, Hitler dasjenige Instrument zu liefern, das er zur Führung seines Krieges benötigte. Am 14. März 1946 starb er, „ein mitleiderregender, bettlägeriger Greis", in der Nürnberger Untersuchungshaft an Krebs.[22] Er wurde ohne Zeremoniell in einem unbezeichneten Grab bestattet.[23]

Anmerkungen

1 Huebsch, Field Marshal Werner von Blomberg, S. 16f.

2 Cooper, The German Army, S. 21; Huebsch, Field Marshal Werner von Blomberg, S. 25–31, 44; O'Neill, The German Army, S. 186f.

3 Taylor, Sword and Swastika, Nachdruck Chicago 1969, S. 61; O'Neill, The German Army, S. 186f.; Huebsch, Field Marshal Werner von Blomberg, S. 58.

4 Brett-Smith, Hitler's Generals, S. 183; Taylor, Sword and Swastika, S. 61.

5 Wheeler-Bennett, Die Nemesis der Macht, S. 318; Snyder, Encyclopedia of the Third Reich, S. 29f.

6 O'Neill, The German Army, S. 186f.

7 Shirer, Aufstieg und Fall des Dritten Reiches, S. 144f.; O'Neill, The German Army, S. 190; Taylor, Sword and Swastika, S. 61f.

[8] Irving, The War Path, S. 28. Bei Kriegsausbruch kämpften tatsächlich SA-Einheiten als Teil der 3. Armee (früher Wehrkreis I) gegen die Polen.

[9] Taylor, Sword and Swastika, S. 77.

[10] Shirer, Aufstieg und Fall des Dritten Reiches, S. 204; O'Neill, The German Army, S. 34.

[11] O'Neill, The German Army, S. 36; Cooper, The German Army, S. 28–34.

[12] Cooper, The German Army, S. 33–48.

[13] Wheeler-Bennett, Die Nemesis der Macht, S. 320–323; O'Neill, The German Army, S. 6f.

[14] O'Neill, The German Army, S. 17.

[15] Shirer, Aufstieg und Fall des Dritten Reiches, S. 280–283; Deutsch, Das Komplott, S. 44; Cooper, The German Army, S. 54.

[16] Irving, The War Path, S. 63; Wheeler-Bennett, Die Nemesis der Macht, S. 382–384; Shirer, Aufstieg und Fall des Dritten Reiches, S. 293–297.

[17] Cooper, The German Army, S. 64; Wheeler-Bennett, Die Nemesis der Macht, S. 384–386.

[18] Deutsch, Das Komplott, S. 80f.; Cooper, The German Army, S. 59.

[19] Cooper, The German Army, S. 59; Shirer, Aufstieg und Fall des Dritten Reiches, S. 301.

[20] Huebsch, Field Marshal Werner von Blomberg, S. 2.

[21] Ebenda, S. 3f., 314f.

[22] Wistrich, Who's Who in Nazi Germany, S. 20.

[23] Seine Überreste wurden später eingeäschert und in der Nähe seines Hauses in Bad Wiessee beigesetzt. Vgl. Huebsch, Field Marshal Werner von Blomberg, S. 315f.

Bibliographische Hinweise

(Vgl. auch die weiteren Literaturangaben in der Gesamtbibliographie ab S. 290ff.)

Ungedruckte Quellen

BA-MA Freiburg: N 52, Nachlaß mit unveröffentlichten Aufzeichnungen Blombergs und Akten zum Reichskriegsministerium.

Gedruckte Quellen und Literatur

Brett-Smith, Richard: Hitler's Generals. San Rafael, Calif. 1977.

Deutsch, Harold C.: Hitler and His Generals. The Hidden Crisis. Minneapolis 1974.

Görlitz, Walter: Blomberg. In: Hitler's Generals. Hrsg. v. Correlli Barnett. London 1989, S. 129–138.

Huebsch, Norbert A.: Field Marshal Werner von Blomberg and the Politicization of Wehrmacht. University of Cincinnati 1961.

Janßen, Karl-Heinz und Tobias Fritz: Der Sturz der Generale. Hitler und die Blomberg-Fritsch-Krise 1938. München 1994.

Mitcham, Samuel W.: Hitler's Field Marshals and their Battles. London 1988, Chelsea 1990.

Moll, Otto E.: Die deutschen Generalfeldmarschälle 1939–1945. Rastatt 1961.
Müller, Klaus-Jürgen: Das Heer und Hitler. Armee und nationalsozialistisches Regime 1833–1940. Stuttgart 1969.
Müller, Richard R.: Werner von Blomberg. Hitlers „idealistischer“ Kriegsminister. In: Die Militärelite des Dritten Reiches. 27 biographische Skizzen. Hrsg. v. Ronald Smelser und Enrico Syring. Berlin/Frankfurt a.M. 1995, S. 50–85.
O'Neill, Robert J.: The German Army and the Nazi Party, 1933–1939. New York 1966.
Taylor, Telford: Sword and Swastika. Generals and Nazis in the Third Reich. New York 1952, Chicago 1969.
Wheeler-Bennett, John M.: The Nemesis of Power. The German Army in Politics 1918–1945. London 1964.

Samuel W. Mitcham, Jr.

Generalfeldmarschall Fedor von Bock*

Fedor von Bock, Sohn des preußischen Generals Moritz von Bock, wurde am 3. Dezember 1880 in Küstrin/Neumark geboren. Von Jugend auf war es sein einziger Wunsch, Soldat zu werden und in die höchsten Ränge des Heeres aufzusteigen; sein Leben lang verachtete er praktisch alles, was nicht preußisch oder militärisch war. Er entwickelte sich zu einem allzu ernsten, höchst ehrgeizigen, arroganten, eigensinnigen und humorlosen jungen Mann. Ein Offizier erinnerte sich an seine „stechenden grauen Augen, (...) die einen durchbohrten und deren prüfender Blick durch keine freundliche Maske gedämpft wurde (...); seine kühle Distanziertheit würde ebensogut zu einem Scharfrichter passen."[1]

Bock stürzte sich mit dem Eifer eines Fanatikers in den Soldatenberuf. In den Kadettenanstalten von Potsdam und Groß-Lichterfelde erzogen, wurde er 1898 Leutnant im 5. Preußischen Garde-Regiment zu Fuß in Potsdam, in dem er acht Jahre später zum Regimentsadjutanten aufstieg. Bald darauf wählte man ihn für die Kriegsakademie aus. 1912 wurde er Hauptmann im Großen Generalstab.[2]

Fedor von Bock war für die militärische Laufbahn begabt, aber er war nicht brillant. Schon als junger Offizier war er bekannt für sein seriöses Auftreten, seine Zielstrebigkeit, seine aristokratische Haltung und seine Begeisterung, wenn es um Beruf und Karriere ging. Diese Eigenschaften, zusammen mit seinem unbestreitbaren physischen Mut, brachten ihm schließlich den höchsten militärischen Rang ein.

Obwohl Hauptmann von Bock im August 1914 unbedingt an die Front wollte, wurde er zunächst im Generalstab des Gardekorps verwendet; 1916 erfolgte die Beförderung zum Major.[3] Im gleichen Jahr erhielt er endlich ein Truppenkommando als Bataillonskommandeur im 4. Preußischen Garde-Regiment zu Fuß. Er führte sein Bataillon in den Schlachten an der Somme und bei Cambrai mit geradezu fanatischem Mut. So bekam er schließlich den höchsten preußischen Orden, den „Pour le mérite". Normalerweise wurde diese Auszeichnung für „hervorragenden" Mut verliehen; Bocks Mut wurde in der lobenden Erwähnung als „unglaublich" bezeichnet.[4]

Dann wurde er zum 1. Generalstabsoffizier (Ia) der 200. Infanteriedivision ernannt. Bock war bei fast allen seinen Offizierskameraden unbeliebt,

* Aus dem Englischen übersetzt von Karl Nicolai.

hauptsächlich wegen seiner Schroffheit und weil er ihre Ideen sich selbst zuschrieb.[5] Trotz dieser internen Reibereien hielt sich die Division gut und galt als „eine der besten Divisionen im deutschen Heer".[6] Während der letzten anderthalb Jahre des Krieges war Bock Ia-Offizier im Generalstab der Heeresgruppe Deutscher Kronprinz. Die Niederlage von 1918 traf ihn als überzeugten Soldaten schwer.

Nach dem Waffenstillstand wurde Bock Mitarbeiter des Chefs der Heeresleitung, General Hans von Seeckt. Als Chef des Stabes des Wehrkreiskommandos III in Berlin war er während der frühen zwanziger Jahre in die Aktivitäten der 'Schwarzen Reichswehr' verstrickt – einer Geheimorganisation illegaler militärischer Verbände, die sich als freiwilliger Arbeitsdienst tarnte. Im Herbst 1923 geriet diese Organisation außer Kontrolle, und Seeckt mußte sie mit Gewalt zerschlagen. Im darauf folgenden Prozeß sagte Oberstleutnant von Bock als Zeuge aus, er habe von der 'Schwarzen Reichswehr' nicht gewußt. Das war natürlich eine Lüge, aber man ließ sie ihm wie auch anderen Offizieren (z.B. Kurt v. Hammerstein und Kurt v. Schleicher) durchgehen. Die Linkspresse warf Bock auch vor, in mehrere „Fememorde" verwickelt zu sein, konnte aber ihre Behauptungen nie beweisen.

Bocks spätere Karriere in der Reichswehr war weniger umstritten. 1924 wurde er Bataillonskommandeur, 1926 Regimentskommandeur, 1929 Divisionskommandeur und 1931 Befehlshaber des Wehrkreises II in Stettin. In diesen Jahren stieg er vom Oberstleutnant zum Generalleutnant auf.

Bock war kein Anhänger, aber zweifellos auch kein Gegner des Nationalsozialismus. Uneingeschränkt unterstützte er die Militärpolitik Hitlers; seine Außen- und Innenpolitik war ihm weitgehend gleichgültig. Für den 'Führer' und seine NS-Freunde war eine solche Einstellung akzeptabel. Als viele Standesgenossen und Kameraden Bocks entlassen oder in den Ruhestand geschickt wurden, äußerte er keinerlei Protest, um ihnen zu helfen. So betrachtete ihn Hitler immer mehr als williges Werkzeug. 1935 wurde Bock als General der Infanterie zum Oberbefehlshaber des Gruppenkommandos 3 (in Dresden) ernannt und im März 1938 zum Generaloberst befördert.

Im selben Jahr wurde er Oberbefehlshaber der rasch aufgestellten 8. Armee und erhielt den Auftrag, Österreich zu besetzen; dann sollte er Verbände des früheren österreichischen Heeres in die Wehrmacht eingliedern. In Wien zeigte Bock unverhüllt seine Verachtung für alles Österreichische, einschließlich der k.u.k. Kriegsorden, die er als „Alteisen" bezeichnete. Bald mußte Hitler ihn nach Dresden zurückversetzen, doch schon im Herbst 1938 befehligte Bock einen Teil der Truppen, die das Sudetenland besetzten. Dann wurde er als Oberbefehlshaber des Heeresgruppenkommandos 1 nach Berlin berufen.[7]

Im Spätsommer 1939 wurde Bocks Hauptquartier in Heeresgruppe Nord umbenannt und auf rund 630000 Mann verstärkt; ihr Angriffsziel war, Nordpolen zu überrollen. Bock freute sich über diesen Auftrag, denn die Polen mochte er noch weniger als Süddeutsche oder Österreicher. Er fiel in den Polnischen Korridor ein und stieß bis Brest-Litowsk in Ostpolen vor, wo er der Roten Armee die Hand reichte. Gegen die Greueltaten, die die Einsatzgruppen des SD in seinen rückwärtigen Gebieten begingen, protestierte er nicht. Ende Oktober hatte Bocks Hauptquartier alle seine Aufgaben erfolgreich erfüllt und war auf dem Weg zur Westfront.

Nach dem ursprünglichen deutschen Aufmarschplan sollte Bocks Heeresgruppe (die jetzt Heeresgruppe B hieß) den deutschen Hauptangriff führen. Dieser Plan war jedoch ein einfallsloser Aufguß des alten Schlieffen-Planes, der 1914 gescheitert war. Bock kritisierte ihn in einer Denkschrift scharf, und Hitler pflichtete ihm bei. Als General Erich von Manstein – der Chef des Stabes der Heeresgruppe A – eine weit bessere Lösung vorschlug, übernahm sie der 'Führer'. Abermals vertraute er Bock eine untergeordnete, jedoch äußerst wichtige Aufgabe an: Er sollte durch die Niederlande so kraftvoll vorstoßen, daß die Alliierten dies für den Hauptangriff halten würden. Niemand kann bezweifeln, daß Bock einen glänzenden Erfolg errang. Seine beiden verhältnismäßig schwachen Armeen überrollten die Niederlande und den größten Teil Belgiens, erledigten die Überreste der französischen Hauptarmee bei Dünkirchen und machten dabei Zehntausende von Gefangenen. Dann wurden Bocks Truppen nach Süden verlegt, wo sie Westfrankreich überrollten, bis zur spanischen Grenze vorstießen und dabei die Reste des französischen Heeres besiegten. Nach der Kapitulation von Paris wurde Bock – wie einige andere Oberbefehlshaber – am 19. Juli 1940 von Hitler zum Generalfeldmarschall befördert.

Vorübergehend war Bock mit dem Kommando über Besatzungstruppen in Frankreich und der Vorbereitung der Landung in Großbritannien betraut. Als diese nicht stattfand, erhielt er von Hitler im Herbst 1940 ein neues Kommando in Polen, wo er den Aufmarsch gegen die UdSSR leiten sollte. Die Gesundheit des Generalfeldmarschalls begann allerdings nachzulassen, und in den Wintermonaten war er magenkrank.

Anfang 1941 mißbilligte Bock die geplante ideologische Verschärfung des Krieges gegen die Sowjetunion. Er ging sogar so weit, wissentlich Mitglieder der Verschwörung gegen Hitler in seinem Stab zu dulden. Diejenigen, die auf seine Unterstützung bei einem Staatsstreich gegen den Diktator hofften, wurden freilich bald enttäuscht. Bocks Einstellung war bezeichnend für allzu viele deutsche Generale im Zweiten Weltkrieg: er war bereit, sich den Verschwörern anzuschließen, falls sie erfolgreich waren, wollte jedoch nichts mit ihnen zu tun haben, falls sie scheiterten. An diesem Standpunkt hielt Bock den ganzen Krieg hindurch fest. Leutnant Fabian von Schlabrendorff schrieb später: „Obgleich auch Bock das Getriebe des Nationalsozialismus innerlich zuwider war, war er nie gewillt, jemals seine Hand gegen Hitler zu erheben. Von seinem Charakter waren die Hypotheken der Eitelkeit und des Egoismus in Abzug zu bringen. Was übrig blieb, war wenig genug.“[8]

Beim Angriff auf die Sowjetunion im Juni 1941 hatte Bocks Heeresgruppe Mitte die wichtigsten Aufgaben des Feldzuges, z.B. die Einnahme von Moskau. Obwohl er in bezug auf die Chancen Deutschlands pessimistisch war, errang er anfänglich glänzende Erfolge. So waren zum Beispiel seine Panzerspitzen binnen einer Woche nach Beginn des Rußlandfeldzuges im Begriff, Minsk – immerhin 270 km hinter der russischen Grenze – einzuschließen. Als der Kessel von Minsk am 3. Juli genommen war, hatten Bocks Verbände 324000 Gefangene gemacht und Tausende von Panzern und Geschützen erbeutet oder zerstört.[9] Truppen unter seinem Oberbefehl gewannen unter anderem die Kesselschlachten von Smolensk, Roslawl und Gomel und waren Ende August nur noch 200 km von Moskau entfernt. Der Weg zur sowjetischen Hauptstadt lag offen vor ihnen, als – zu Bocks großer Empörung und unter seinen lautstarken Protesten – Hitler der Heeresgruppe Mitte vier ihrer fünf Panzerkorps entzog und den Schwerpunkt des Feldzuges nach Norden und Süden – gegen Leningrad und Kiev – verlagerte. Bock verlor dadurch seine eigentliche Angriffsspitze. Diese Umgruppierungen gaben Stalin die Zeit, die er so verzweifelt benötigte, um die Verteidigung seiner Hauptstadt zu organisieren. Man könnte durchaus sagen, daß diese Entscheidung Hitlers – mehr als irgendeine andere – ihn um den Sieg im Zweiten Weltkrieg brachte.

Nachdem Kiew Anfang September gefallen war, hofften Bock und Generaloberst Halder, der Chef des Generalstabes des Heeres, immer noch, Moskau ohne eigene Panzerspitze einnehmen zu können – obwohl die Truppen erschöpft, ihre Ausstattung unzureichend, die Panzer abgenutzt und die Wetteraussichten für einen Feldzug schlecht waren. Hitler gab grünes Licht für das Unternehmen „Taifun“.

Als die Heeresgruppe Mitte am 7. Oktober 1941 die Offensive wiederaufnehmen konnte, standen ihr fast 2 Millionen Russen gegenüber. Trotzdem gelang es Bock, in der Doppelschlacht von Vjasma und Brjansk, die man als „die vollkommenste Umfassungsschlacht der Weltgeschichte“ bezeichnet hat,[10] 81 sowjetische Divisionen zu vernichten. Als die Schlacht am 17. Oktober beendet war, hatte Bock 663000 Russen gefangengenommen und 1242 Panzer und 5412 Geschütze erbeutet oder vernichtet.[11] Aber 110 km vor Moskau hielten die Truppen Bocks, völlig erschöpft, an. Inzwischen hatten sich die russischen Straßen durch starken Regen und Schneefall in Schlammflüsse verwandelt; motorisierte Nachschubkolonnen konnten kaum 8 km pro Tag zurücklegen. Außerdem besaßen die deutschen Truppen keine Winterbekleidung und litten schrecklich. Rundstedt und Leeb, die beiden anderen Heeresgruppen-Oberbefehlshaber an der Ostfront, appellierten an Hitler, zur Defensive überzugehen; aber Bock bestand eigensinnig darauf, den Vorstoß wiederaufzunehmen, sobald die Erde gefroren und damit die Zufuhr von Lebensmitteln und Munition wieder möglich war.

Am 15. November trat Bock erneut zum Angriff an. Ohne Winteruniformen kämpften sich die Soldaten bei Temperaturen von bis zu minus 40 Grad vorwärts. Obwohl 70 Prozent ihrer Fahrzeuge infolge von Kälte, Pannen und Überbeanspruchung lahmgelegt waren, kamen deutsche Truppen bis auf 30 km an den Kreml heran, konnten aber die Stadt nicht einnehmen. Am 6. Dezember begann Stalin eine massive Gegenoffensive, und bald zeigte sich, daß Bock durch seinen Eigensinn seine ganze Heeresgruppe schwer gefährdet hatte. Die Kampfverbände standen am Ende einer langen, dünnen Nachschublinie, mehrere Divisionen meldeten täglich 1000 Ausfälle durch Erfrierungen, und viele Einheiten lebten tagelang nur vom Fleisch ihrer geschlachteten Pferde. Trotz Hitlers Befehlen, die Stellungen um jeden Preis zu halten, wurde die Heeresgruppe Mitte in schweren Kämpfen langsam zurückgedrängt. Bald war die 9. Armee in Gefahr, eingeschlossen zu werden; überall waren die Verluste erschreckend.

Fedor von Bock hatte seine erste Niederlage erlitten – und zwar eine schwere. Als die Katastrophe über seine Front hereinbrach, nahm Bock Verbindung mit Oberst Rudolf Schmundt, dem Wehrmachtsadjutanten Hitlers, auf. Er klagte über seinen sich verschlechternden Gesundheitszustand, besonders seine Magengeschwüre, und bat Schmundt, das dem 'Führer' zu melden. Zwei Tage später, am 18. Dezember 1941, rief der Chef des OKW, Generalfeldmarschall Keitel, Bock an, um ihm mitzuteilen, Hitler empfehle ihm einen längeren Genesungsurlaub. Bock ergriff diese Gelegenheit. Noch am selben Tag wurde er durch Generalfeldmarschall von Kluge abgelöst. Hitler machte jedoch nicht Bock, sondern Brauchitsch für das Scheitern vor Moskau verantwortlich, und die Ablösung Bocks war nicht endgültig.

Tatsächlich dauerte Bocks Beurlaubung nur einen Monat. Am 17. Januar 1942 erlag Generalfeldmarschall von Reichenau, der Rundstedt als Oberbefehlshaber der Heeresgruppe Süd abgelöst hatte, einem Schlaganfall. Am nächsten Tag berief Hitler den auf wundersame Weise genesenen Bock ins Führerhauptquartier und ernannte ihn zum neuen Oberbefehlshaber der Heeresgruppe Süd. Der neue Befehlsbereich, den Bock am 20. Januar übernahm, war bald einem schweren sowjetischen Angriff ausgesetzt, aber die Lage war bei weitem nicht so ernst wie im Dezember bei der Heeresgruppe Mitte. Im März 1942 war die Offensive der Roten Armee an allen Frontabschnitten abgewehrt, und beide Seiten begannen, Nachschublinien für die Frühjahrskämpfe aufzubauen.

Der Generalfeldmarschall von Bock, der die Heeresgruppe Süd führte, war in mancherlei Hinsicht nicht mehr derselbe General, der sich in Polen, Frankreich und beim Unternehmen „Barbarossa" als schneidiger Draufgänger hervorgetan hatte. Er operierte viel vorsichtiger als früher; seine Niederlage vor Moskau hatte ihn offenbar verändert. Als die Sowjets am 12. Mai plötzlich ihre Frühjahrsoffensive eröffneten (bevor Bock die Vorbereitungen für seine eigene abgeschlossen hatte), reagierte der Generalfeldmarschall nervös und wollte voreilig seine Reserven einsetzen. Hitler lehnte mehrere aufgeregte Bitten Bocks ab und ließ die Russen bis auf 20 km an Charkow herankommen, bevor er den Vorstoß der deutschen Panzer genehmigte. Das Ergebnis war ein glänzender Sieg der Deutschen. Die Heeresgruppe Süd machte 240000 Gefangene und erbeutete oder vernichtete mehr als 1200 Panzer und 2000 Geschütze. Die deutschen Verluste betrugen nur 20000 Mann. Hitler war jedoch verständlicherweise enttäuscht über die Nervosität, die Bock bei Charkow gezeigt hatte.[12]

Jetzt eröffnete der 'Führer' die zweite Phase seiner Frühjahrsoffensive, indem er Bock befahl, als Vorbereitung für die Angriffe gegen Stalingrad und gegen den Kaukasus den Don zu nehmen. Bock übte offen Kritik an dem Plan Hitlers, weil dieser sich zu stark darauf verlasse, daß die Flanken des deutschen Heeres beim Vormarsch durch Truppen von Verbündeten gedeckt würden, und er äußerte seine Gedanken auf die für ihn bezeichnende taktlose Weise. Trotzdem rückte Bock am 28. Juni mit 1 Million Mann vor. Sein Tempo war jedoch weit langsamer als 1941. Gegen ausdrückliche Befehle Hitlers ließ er sich bei Woronesch vom Gegner in schwere, fruchtlose Kämpfe verwickeln – und er führte diese Schlacht sogar noch weiter, nachdem Hitler ihm befohlen hatte, sie abzubrechen. Infolgedessen gelang es mehreren russischen Armeen, über den Don zu entkommen; Hitler, der auf Hunderttausende von Gefangenen gehofft hatte, war enttäuscht. Am 15. Juli enthob er Bock seines Kommandos und verwendete ihn nie wieder. Trotz dieser Demütigung stellte er sich jedoch nicht gegen Hitler.

Anfang Mai 1945, als Hitler tot und Berlin schon in russischer Hand war, erfuhr Bock, der inzwischen in Ostholstein wohnte, durch ein Telegramm Mansteins, daß Großadmiral Dönitz bei Hamburg eine neue Regierung bilde. Der ehrgeizige Feldmarschall brach sofort auf – selbst jetzt noch versuchte er, sich ein neues Kommando zu sichern. Am 3. Mai wurde sein Auto auf dem Weg zu Manstein von einem britischen Jagdbomber beschossen.[13] Bock wurde schwer verletzt und starb am 4. Mai 64jährig; mit ihm kamen seine Frau und seine Tochter ums Leben. Er war der einzige Generalfeldmarschall Hitlers, der feindlichen Kugeln zum Opfer fiel.

Gewöhnlich gilt Fedor von Bock als unsympathischer Mensch. Telford Taylor schrieb über ihn: „Er verschloß sich gegenüber allem, was nicht unmittelbar mit 'Kämpfen für den König' zu tun hatte. [...] Das friderizianische Preußentum war ihm in Fleisch und Blut übergegangen; er war ein leidenschaftlicher Nationalist, ein strenger Vorgesetzter und nur darauf aus, das Heer zu stärken und seine eigene militärische Karriere zu fördern, in der er sich mehr durch Eifer und Zielstrebigkeit als durch Intelligenz hervortat."[14] Trotz seiner keineswegs makellosen Persönlichkeit war er jedoch während der ersten drei Kriegsjahre ein fähiger Truppenkommandeur. Und er stellte sich dem 'Führer' als Befehlshaber mehrfach zur Verfügung, obwohl er – beispielsweise durch Generalmajor von Tresckow, seinen Neffen und 1. Generalstabsoffizier – von den Verbrechen der Nationalsozialisten und von Massakern an jüdischen Frauen und Kindern wußte. Umstritten ist, ob auch er zu seinem 60. Geburtstag im Dezember 1940 von Hitler eine Dotation in der üblichen Höhe von 250000 Reichsmark entgegennahm, wie der ehemalige Reichsfinanzminister Schwerin von Krosigk in seinen Erinnerungen angab.

Anmerkungen

1 Hart, Hitler's Generals, S. 154.

2 Brett-Smith, Hitler's Generals, S. 64 f.; Snyder, Encyclopedia of the Third Reich, S. 4.

3 Bradley u. a., Die Generale des Heeres, Bd. 2, S. 40. Nach Wistrich, Who's Who in Nazi Germany, S. 21, wurde Bock erst 1918 zum Major befördert.

4 Hart, Hitler's Generals, S. 160.

5 Ebenda, S. 160 ff.

6 United States Army, Intelligence Section of the General Staff, American Expeditionary Force, Histories of Two Hundred and Fifty-One Divisions of the German Army, S. 647.

7 Hart, Hitler's Generals, S. 177.

8 Schlabrendorff, Offiziere gegen Hitler, S. 44.

9 Lucas, War on the Eastern Front, S. 176.

10 Carell, Hitler Moves East, S. 134.

11 Ebenda, S. 134–142.

12 Shaw, Red Army Resurgent, S. 35; Seaton, The Russo-German War, S. 260 f.; Ziemke, Stalingrad to Berlin, S. 33.

13 Schröter, Der Soldatentod, S. 167 ff.; vgl. Brett-Smith, Hitler's Generals, S. 84 f.; Keilig, Die Generale des Heeres.

14 Taylor, Sword and Swastika, S. 240 f.

Bibliographische Hinweise

(Vgl. auch die weiteren Literaturangaben in der Gesamtbibliographie ab S. 290ff.)

Ungedruckte Quellen

BA-MA Freiburg, N 22: Nachlaß v. Bock; ebenda, Pers. 6/2: Personalakte.

Gedruckte Quellen und Literatur

Brett-Smith, Richard: Hitler's Generals. San Rafael, Calif. 1977.

Generalfeldmarschall Fedor von Bock zwischen Pflicht und Verweigerung. Das Kriegstagebuch. Hrsg. v. Klaus Gerbet. München/Berlin 1995.

Lidell Hart, Basil H.: The German Generals Talk. New York 1948.

Moll, Otto E.: Die deutschen Generalfeldmarschälle 1939–1945. Rastatt 1961.

Mühleisen, Horst: Fedor von Bock – Soldat ohne Fortune. In: Die Militärelite des Dritten Reiches. 27 biographische Skizzen. Hrsg. von Ronald Smelser und Enrico Syring. Berlin/Frankfurt a. M. 1995, S. 66–82.

Reinhardt, Klaus: Die Wende vor Moskau. Das Scheitern der Strategie Hitlers im Winter 1941/42. Stuttgart 1972.

Schlabrendorff, Fabian von: Revolt against Hitler. London 1948 (dt. Ausgabe u. d. T.: Offiziere gegen Hitler. Berlin 1984).

Schröter, Bernhard: Der Soldatentod des Generalfeldmarschalls Fedor von Bock bei Lensahn. In: Jahrbuch für Heimatkunde im Kreis Oldenburg-Holstein 10 (1966), S. 167–175.

Shaw, John: Red Army Resurgent. Alexandria 1979.

Taylor, Telford: Sword and Swastika. Generals and Nazis in the Third Reich. New York 1952, Chicago 1969.

Turney, Alfred W.: Disaster at Moscow: von Bock's Campaign 1941–1942. Albuquerque 1970.

United States Army, Intelligence Section of the General Staff. American Expeditionary Force, Histories of Two Hundred and Fifty One Divisions of the German Army Which participated in the Great War (1914–1918). Washington 1920.

Ziemke, Earl F.: Stalingrad to Berlin. The German Defeat in the East. Washington 1966.

Samuel W. Mitcham, Jr. und Gene Mueller

Generalfeldmarschall Walther von Brauchitsch*

Walther von Brauchitsch – der letzte Berufssoldat, der im Dritten Reich Oberbefehlshaber des Heeres werden sollte – wurde am 4. Oktober 1881 in Berlin als Sohn eines preußischen Generals der Kavallerie geboren. Er war von Geburt an für eine militärische Laufbahn bestimmt. Der junge von Brauchitsch wuchs als Mitglied des Pagenkorps am Kaiserhof auf und war eine Zeitlang Leibpage der Kaiserin Auguste Victoria, der Gattin Wilhelms II. Im März 1900 wurde der Achtzehnjährige zum Leutnant im elitären 3. Garde-Regiment zu Fuß ernannt, aber schon ein Jahr später zum 3. Garde-Feldartillerieregiment versetzt, und er blieb fast während seiner ganzen übrigen Laufbahn mit der Artillerie verbunden.

Brauchitsch durchlief eine Karriere, wie sie für einen zukünftigen General durchaus üblich war. Er absolvierte eine Artillerieausbildung, tat Dienst bei der Truppe und wurde 1906 zum Adjutanten eines Artilleriebataillons ernannt. Im April 1909 übernahm er den Posten eines Regimentsadjutanten im 3. Garde-Artillerieregiment. Ein halbes Jahr später wurde er zum Oberleutnant befördert und an die Kriegsakademie versetzt, wo er zum Generalstabsoffizier ausgebildet wurde. Folgenreich für sein Leben und seine Karriere sollte die Eheschließung mit Elisabeth von Karstedt am 29. Dezember 1910 werden.

1912 wurde Brauchitsch zum Großen Generalstab in Berlin abkommandiert, 1913 zum Hauptmann befördert, und als der Erste Weltkrieg ausbrach, arbeitete er im Generalstab des Heeres.[1] Während des ganzen Krieges war er Generalstabsoffizier bei verschiedenen Truppeneinheiten an der Westfront. Bei Kriegsende war er Major und Träger des Hohenzollerischen Hausordens – selbstverständlich wurde er in das Reichsheer übernommen.

In der Zeit der Weimarer Republik setzte Brauchitsch seinen Aufstieg in die höchsten Ränge des Heeres stetig fort. Er war im Stab des Wehrkreiskommandos II, dann im Stab des Artillerieführers II, bevor er von 1921 bis 1922 Truppendienst als Batterieführer im 2. Artillerieregiment absolvierte. Die folgenden drei Jahre verbrachte er im Truppenamt (d.h. im Generalstab des Heeres); dann tat er wieder zwei Jahre Dienst bei der Truppe, diesmal als Kommandeur der II. Abteilung des 6. Artillerieregiments. 1927 bis 1930 war er Chef des Stabes der 6. Division im Wehrkreis VI in Münster; danach

* Aus dem Englischen übersetzt von Karl Nicolai.

kehrte er ins Truppenamt nach Berlin zurück, wo er zunächst Chef der Heeresausbildungsabteilung und dann von 1932 bis 1933 Inspekteur der Artillerie war. Als Hitler die Macht übernahm, war Brauchitsch gerade im Begriff, seinen nächsten Posten anzutreten: den des Befehlshabers im Wehrkreis I in Königsberg. Während der Weimarer Republik war Brauchitsch stetig befördert worden: 1925 zum Oberstleutnant, 1928 zum Oberst und 1931 zum Generalmajor. Im Dritten Reich setzte sich sein Aufstieg bruchlos fort: im Oktober 1933 wurde er Generalleutnant, 1936 General der Artillerie.[2]

Brauchitsch war alles andere als ein NS-freundlicher Offizier; seine Einstellung zu den Nationalsozialisten schwankte zwischen distanzierter Mißbilligung und regelrechter Feindschaft. Selbst nach Hitlers Machtergreifung nahm er gegenüber Erich Koch, dem radikalen Gauleiter von Ostpreußen, eine feste Haltung ein, und er schloß sogar SS-Einheiten, deren Benehmen ihm mißfiel, von den Manövern seines Wehrkreises aus. Als Brauchitsch einmal zu einem Reichsparteitag der NSDAP in Nürnberg eingeladen war, sagte er offen zu General Wilhelm Adam, dem Chef des Truppenamtes, er würde sich wünschen, im Ausland zu leben. Später, als Joseph Goebbels ein diffamierendes Gerücht über sein Privatleben verbreitete, forderte General von Brauchitsch ihn zum Duell. Brauchitsch bekannte sich auch zu seiner evangelischen Religion; man wußte, daß auf seinem Nachttisch immer eine Bibel lag.[3] Er galt keineswegs als ein Mensch, der den Nationalsozialisten zu gefallen suchte.

Dafür war er bei der deutschen Generalität als „ein hervorragender Repräsentant aristokratischer preußischer Tradition" geachtet,[4] und General Werner von Fritsch, der Oberbefehlshaber des Heeres, bezeichnete ihn als sein „bestes Pferd".[5] 1937 beförderte ihn Fritsch zum Oberbefehlshaber des Gruppenkommandos 4 in Leipzig, womit ihm sämtliche Panzer-, Panzergrenadier- und leichten Divisionen, d. h. alle damaligen mobilen Angriffstruppen des Deutschen Reiches unterstanden. Das war eine höchst verantwortungsvolle Aufgabe und ein Anzeichen dafür, daß auf den General noch höhere Ämter warteten.

Brauchitsch aber sah sich keinesfalls kurz vor der glänzenden Krönung seiner Karriere; er hatte vielmehr das Gefühl, seine Karriere nähere sich ihrem Ende. Der Grund für diese düstere Aussicht war eine Frau – genauer gesagt: zwei Frauen.

Elisabeth v. Brauchitsch und der General lebten schon fünf Jahre lang getrennt. Aber als sie noch zusammenlebten, hatte Brauchitsch mindestens ein außereheliches Verhältnis gehabt: mit der bezaubernden Charlotte Rüffer, der geschiedenen Frau eines Offizierskameraden. Brauchitsch hatte sie 1925/26 in Breslau kennengelernt und damals seine Gattin gebeten, in eine

Scheidung einzuwilligen; diese aber hatte abgelehnt. Die unerlaubte Beziehung endete, Charlotte heiratete einen Bankdirektor namens Schmidt. Nach dessen frühem Tod war es ihr möglich, die Liaison mit Brauchitsch wiederaufzunehmen, als dieser 1937 aus Ostpreußen zurückkehrte.

Anfang 1938 war Brauchitsch fest entschlossen, die verwitwete Frau Schmidt zu heiraten; aber seine Gattin lehnte eine Scheidung immer noch ab – es sei denn, er würde sie mit einer hohen Summe in bar abfinden. Der General war bereit, ihr einen beträchtlichen Teil seines Gehaltes als Unterhalt zu zahlen, aber damit gab sie sich nicht zufrieden. Es drohte also ein öffentlicher Skandal. Trotzdem entschloß sich Brauchitsch, die Scheidung zu betreiben, selbst wenn ihn das seine Karriere kosten sollte; denn seine Lage schien ihm unerträglich.[6] Da kam – aus einer gänzlich unerwarteten Richtung – plötzlich eine Lösung für sein Problem.

Am 26. Januar 1938 wurde Generalfeldmarschall Werner von Blomberg als Reichskriegsminister und Oberbefehlshaber der Wehrmacht entlassen. Der nächste Anwärter für sein Amt war Generaloberst Freiherr von Fritsch, der Oberbefehlshaber des Heeres; er war jedoch kein ausdrücklicher Freund des Nationalsozialismus. Man beschuldigte ihn homosexueller Vergehen, was frei erfunden war. Aber diese Vorwürfe lieferten Hitler einen Vorwand, Fritsch seines Postens zu entheben. Am 28. Januar 1938 übernahm Hitler die Aufgaben des Reichskriegsministers selbst, und General Wilhelm Keitel, den er zum Chef des Oberkommandos der Wehrmacht (OKW) ernannte, wurde sein oberster militärischer Büroleiter. Hitler brauchte nun aber einen neuen Oberbefehlshaber des Heeres. Zuerst schlug er den NS-freundlichen General Walter von Reichenau vor; als dieser von Keitel und anderen hohen Generalen abgelehnt wurde, verzichtete Hitler auf seine Ernennung. Rundstedt, der rangälteste Heeresgeneral, wurde verworfen, da er zu alt sei; Stülpnagel galt als „illoyal" (d.h. als NS-Gegner); Leeb wurde wegen seiner Frömmigkeit abgelehnt – und weil man nicht erwarten durfte, daß er mit den Nationalsozialisten zusammenarbeiten würde. Schließlich nannte Keitel seinen eigenen Kandidaten: Walther von Brauchitsch. Der Chef des OKW empfahl ihn als einen unpolitischen Soldaten, als Könner in Fragen der Organisation und der Ausbildung und als erprobten Truppenführer. Hitler war nicht begeistert; vielleicht erinnerte er sich an Berichte über die skeptische Haltung Brauchitschs gegenüber dem Nationalsozialismus in Ostpreußen. Schließlich erklärte er sich aber bereit, selbst mit Brauchitsch zu sprechen, damit er sich eine eigene Meinung über ihn bilden könne.[7]

Als Brauchitsch am nächsten Tag, dem 29. Januar, bei Hitler erschien, hatte er bereits von Keitel erfahren, daß seine Beförderung an Bedingungen geknüpft war; er war jedoch willens, Kompromisse zu schließen. Jodl, Keitels Gehilfe, vermerkte in seinem Tagebuch: „Dieser Mann ist zu allem bereit.“[8]

Dem ‘Führer’ war Reichenau (der den Nationalsozialismus aufrichtig unterstützte) immer noch lieber als Brauchitsch (der das nicht tat). Aber schließlich ernannte er Brauchitsch zum Oberbefehlshaber des Heeres, nachdem auch dessen Scheidungsangelegenheit geregelt werden konnte: Brauchitschs Gattin war mit einer Scheidung einverstanden, falls ihre finanziellen Forderungen erfüllt würden. Zudem stellte Göring Nachforschungen über Charlotte Schmidt an und erfuhr, daß das Objekt der Zuneigung des Generals eine begeisterte Nationalsozialistin war und einen starken Einfluß auf Brauchitsch ausübte. Deshalb empfahl er dem ‘Führer’, Frau von Brauchitsch auszuzahlen und Brauchitschs Ernennung bekanntzugeben.

Von dem Augenblick an, als Brauchitsch Hitler und den Nationalsozialisten erlaubte, sich in sein Privatleben einzumischen, war er in seinem Handeln nicht mehr frei. Seine Wahlmöglichkeiten waren ebenso offensichtlich wie eingeschränkt. Wenn er sich mit Hitler arrangierte, wurden alle seine persönlichen Probleme gelöst; er konnte die Frau, die er liebte, heiraten und gleichzeitig den Gipfel seiner militärischen Karriere erreichen. Die Alternative war: in Schande seinen Abschied zu nehmen oder aber mit einer Frau verheiratet zu bleiben, mit der er nicht mehr zusammenlebte und die er nicht liebte.

So verkaufte sich Brauchitsch an die Nationalsozialisten. Am 4. Februar wurde er zum Generaloberst befördert und zum Oberbefehlshaber des Heeres ernannt. Dafür erklärte er sich bereit, das Heer näher an die nationalsozialistische Weltanschauung heranzuführen, als Fritsch dies bisher getan hatte. Frau von Brauchitsch bekam eine hohe Abfindung in bar, direkt aus der Kasse der NSDAP; am 23. September heiratete Brauchitsch Charlotte Schmidt-Rüffer. Und es kam zu einem umfassenden personellen Revirement, denn Brauchitsch hatte auch erheblichen Personalveränderungen in den höchsten Rängen des Heeres zugestimmt. So wurden zahlreiche Generale verabschiedet, z. B. Generalleutnant Viktor von Schwedler, der Chef des Heerespersonalamtes; der nach Rundstedt rangälteste Heeresgeneral, Wilhelm von Leeb; der Monarchist Ewald von Kleist und der bayerische Freiherr Franz Kress von Kressenstein; ferner Oswald Lutz, der erste General der Panzertruppen, sowie die späteren Generalfeldmarschälle Georg von Küchler, Maximilian von Weichs und Günther von Kluge. Im November wurde auch General von Rundstedt in den Ruhestand versetzt, zusammen mit den Generalen Curt Liebmann, Wilhelm Adam, Hermann Geyer, Wilhelm Knochenhauer und Wilhelm Ulex. Insgesamt wurden 16 hochrangige Generale des Heeres ihres Kommandos enthoben und 44 weitere auf andere Posten versetzt.[9] An ihre Stelle traten überwiegend Männer, die zu diesem Zeitpunkt als NS-freundlich galten.

Der amerikanische Historiker Telford Taylor charakterisierte diese Situation treffend: „Um seinen neuen Posten zu erlangen, fand sich Brauchitsch zu den schändlichsten Zugeständnissen bereit und verpflichtete sich zu ewigem Dank gegenüber Göring und Keitel wie auch gegenüber Hitler. Diese schmähliche Preisgabe der Moral um der Karriere willen kam das deutsche Offizierskorps bald teuer zu stehen."[10]

Brauchitsch gelang es nie mehr, sich der Verpflichtung, die er eingegangen war, zu entziehen, und während seiner gesamten Amtszeit als Oberbefehlshaber des Heeres zeigte er im allgemeinen keinerlei Rückgrat. Angewidert von seinem Wankelmut, seiner Gewissenlosigkeit und seiner mangelnden Zivilcourage trat Ludwig Beck, der Chef des Generalstabes, im August 1938 zurück. Sein Nachfolger, General Franz Halder, blieb bis 1942 in seinem Amt, ärgerte sich aber ebenfalls über Brauchitschs Mangel an Zivilcourage.

Brauchitsch selbst mußte sich abfinden mit Hitlers Tiraden und mit den ständigen Eingriffen des Diktators in militärische Angelegenheiten, die sehr bald sogar die Details militärischer Operationen betrafen. Außerdem glaubte Brauchitsch, Deutschland könne einen zweiten Weltkrieg nicht gewinnen; er war jedoch nicht imstande, Hitler davon abzuhalten, sich Hals über Kopf in einen solchen zu stürzen.

Fachlich und taktisch war seine Amtsführung von Operation zu Operation unterschiedlich, im großen ganzen jedoch mittelmäßig. In der Regel bestimmte Generalstabschef Halder die Operationsplanung und -führung, zumal er die stärkere Persönlichkeit in dieser Konstellation war. In die taktischen Operationen des Polenfeldzuges griff Hitler nicht ein, und diese verliefen nach Plan. Die Pläne des OKH für die Eroberung Frankreichs und der Niederlande enthielten jedoch Schwächen, und Hitler tat recht daran, einer weit besseren Alternative – nämlich dem Vorschlag des Generals Erich von Manstein – zuzustimmen. Auf der anderen Seite hätten die deutschen Panzertruppen, wenn es nach dem Willen Brauchitschs gegangen wäre, vor Dünkirchen nicht angehalten, und die britischen Expeditionsstreitkräfte wären fast mit Sicherheit vernichtet worden.

Brauchitsch, nach dem Sieg über Frankreich im Juli 1940 zum Generalfeldmarschall befördert, betrachtete die für Herbst 1940 vorgesehene Landung in Großbritannien mit gemischten Gefühlen. Trotzdem unterzeichnete er am 9. September 1940 eine Anweisung, die vorsah, daß nach der Eroberung der Insel alle männlichen Personen zwischen 17 und 45 Jahren als Zwangsarbeiter auf den Kontinent verbracht werden sollten.[11] Dieses Dokument (und es gibt noch weitere ähnlichen Inhalts) beweist, wie weit Brauchitsch zu gehen bereit war, um seinen Herrn zufriedenzustellen und die eigene Stellung zu behalten.

Brauchitsch stellte Hitler oder dem OKW nie die Frage, ob der ab Juli 1940 betriebene Angriff gegen die Sowjetunion ratsam sei – obwohl dieser zu dem gleichen gefürchteten Zweifrontenkrieg führen mußte, der das Kaiserreich nachweislich ins Verderben gestürzt hatte. Als alle drei Oberbefehlshaber der vorgesehenen Heeresgruppen Bedenken gegen Hitlers beabsichtigten rassenideologischen Vernichtungskrieg im Osten äußerten, erwiderte Brauchitsch lediglich, er teile ihre Befürchtungen, könne aber nichts unternehmen. Er erhob auch keinerlei Einspruch, als Hitler direkt befahl, im Osten einen „erbarmungslosen Rassenkrieg“[12] zu führen, und wehrte sich nicht einmal gegen den ‘Kommissarbefehl’ vom 6. Juni 1941. Mehrere Offiziere forderten Brauchitsch auf, gegen einen so offenkundig völkerrechtswidrigen Befehl zu protestieren, aber Brauchitsch tat nichts dergleichen. Er hatte aufgegeben. Manstein schrieb später: „Ich bin überzeugt, daß er sich im Kampf mit diesem rücksichtslosen Willensmenschen [Hitler] innerlich aufgerieben hat. [...] Brauchitsch fraß seinen Ärger, seine Empörung in sich hinein, zumal er Hitler dialektisch keineswegs gewachsen war.“[13]

Während der Operation „Barbarossa“ drängte Brauchitsch – zusammen mit Halder – den ‘Führer’, Moskau zum Hauptziel des Feldzuges zu erklären, und erhielt dafür wieder einmal eine scharfe Abfuhr. Schließlich blieb ihm nichts anderes übrig, als sich Hitler zu beugen, nach dessen Willen zuerst Kiev erobert werden sollte. Nachdem die ukrainische Hauptstadt gefallen war, gehörte Brauchitsch mit Halder zu denjenigen, die Hitler dringend aufforderten, doch noch gegen die sowjetische Hauptstadt vorzustoßen, obwohl das OKH praktisch keinerlei Vorsorge für einen Winterfeldzug getroffen hatte. Der ‘Führer’ erklärte sich einverstanden.

Ende 1941 hatte Brauchitsch vier Jahre unaufhörlich von seiten Hitlers Demütigungen, haßerfüllte Zornausbrüche und grobe Verunglimpfungen hingenommen. Am 10. November erlitt er seinen ersten Herzanfall. Im Lazarett erfuhr er, daß er an einer bösartigen Herzkrankheit leide, die wahrscheinlich unheilbar sei.[14] Trotzdem nahm er schon Mitte November seinen Dienst wieder auf – mehr als je entschlossen, Moskau einzunehmen. Das aber war unmöglich – selbst für das deutsche Heer, das fast in Sichtweite Moskaus in Schlamm und Frost steckenblieb. Brauchitsch war psychisch und physisch angeschlagen und ahnte wahrscheinlich, daß man ihn zum Sündenbock für die erste schwere Niederlage der deutschen Wehrmacht machen würde. Am 6. Dezember – genau an dem Tag, an dem Stalin seine große Winteroffensive eröffnete – legte Brauchitsch dem ‘Führer’ sein Rücktrittsgesuch vor. Dieser erwiderte darauf, ein Wechsel im OKH komme im Augenblick nicht in Frage. Brauchitsch erhob sich und verließ den Raum, ohne eine Wort zu sagen.[15] Der Generalfeldmarschall hatte richtig geahnt: Man machte ihn zum Sündenbock für das Scheitern des deutschen

Heeres vor Moskau – und das mit einem gewissen Recht. Am 19. Dezember entließ ihn Hitler und übernahm selbst den direkten Oberbefehl über das Heer, um ihn nie wieder abzugeben.

Wie viele andere vor ihm zog sich Brauchitsch aus dem öffentlichen Leben zurück. Eine Zeitlang überwachte ihn die Gestapo, aber bald verzichtete man darauf. Der ehemalige Oberbefehlshaber des Heeres war nur noch ein müder, kranker, gebrochener Greis. Nach dem Attentat Stauffenbergs auf Hitler vom 20. Juli 1944 distanzierte er sich öffentlich von seinen früheren Generalstabsoffizieren im OKH und gratulierte „als Nationalsozialist" dem 'Führer' zur Überwindung des Putschversuches. Er begrüßte sogar die Ernennung des Reichsführers-SS Heinrich Himmler zum Befehlshaber des Ersatzheeres.

Im Mai 1945 wurde Brauchitsch in Schleswig-Holstein von den Briten festgenommen. Obwohl er inzwischen fast erblindet war, zwang man ihn, eine Zwei-Mann-Zelle mit fünf anderen Gefangenen zu teilen. Später brachte man ihn nach Hamburg, um ihn dort als Kriegsverbrecher vor ein britisches Militärgericht zu stellen. Er starb jedoch vor Eröffnung des Verfahrens am 18. Oktober 1948 in einem britischen Militärhospital in Hamburg-Barmbek an Herzversagen.

Anmerkungen

1 O'Neill, The German Army and the Nazi Party, S. 187; auch zum Folgenden.

2 Ebenda; vgl. dazu Bradley u. a., Die Generale des deutschen Heeres, Bd. 2, S. 215 f.

3 Irving, The War Path, S. 79.

4 Deutsch, Das Komplott, S. 190.

5 Ebenda, S. 191.

6 Ebenda, S. 191, 419.

7 Taylor, Sword and Swastika, S. 167; Deutsch, Das Komplott, S. 189 f.; Shirer, Aufstieg und Fall, S. 302–306.

8 Deutsch, Das Komplott, S. 192.

9 Taylor, Sword and Swastika, S. 170 f.; Wheeler-Bennett, Die Nemesis der Macht, S. 395 f.; Irving, The War Path, S. 161. Die meisten der zwangsweise in den Ruhestand Versetzten wurden beim Ausbruch des Zweiten Weltkrieges reaktiviert. Man kann sich vorstellen, was sie damals von Brauchitsch hielten.

10 Taylor, Sword and Swastika, S. 173.

11 Brett-Smith, Hitler's Generals, S. 48.

12 Seaton, The Russo-German War, S. 54.

13 Manstein, Verlorene Siege, S. 73.

14 Wheeler-Bennett, Die Nemesis der Macht, S. 547 f.

15 Irving, The Trail of the Fox, S. 351.

Bibliographische Hinweise

(Vgl. auch die weiteren Literaturangaben in der Gesamtbibliographie ab S. 290ff.)

Ungedruckte Quellen

BA-MA Freiburg: Pers. 6, Personalakte v. Brauchitsch und BA Berlin-Lichterfelde (ehem. BDC Berlin): Personalunterlagen v. Brauchitsch; Archiv IfZ München: Zeugenschrifttum.

Gedruckte Quellen und Literatur

Bond, Brian: Brauchitsch. In: Hitler's Generals. Ed. by Correlli Barnett, London 1989, S. 75–100.

Brett-Smith, Richard: Hitler's Generals. San Rafael, Calif. 1977.

Deutsch, Harold C.: Hitler and His Generals. The Hidden Crisis. January–June 1938. Minneapolis 1974 (dt. Ausgabe u. d. T.: Das Komplott).

Halder, Generaloberst Franz: Kriegstagebuch. Tägliche Aufzeichnungen des Chefs des Generalstabes des Heeres 1933–1942, 3 Bde. Hrsg. v. Hans-Adolf Jacobsen. Stuttgart 1962–1964.

Janßen, Karl-Heinz: Walther von Brauchitsch – Der überfordete Feldherr. In: Die Militärelite des Dritten Reiches. Hrsg. von Ronald Smelser u. Enrico Syring. Berlin, Frankfurt a. M. 1995, S. 33–98.

Janßen, Karl-Heinz/Tobias Fritz: Der Sturz der Generäle. Hitler und die Blomberg-Fritsch-Krise 1938. München 1994.

Manstein, Erich von: Aus einem Soldatenleben 1887–1939. Bonn 1958.

Ders.: Verlorene Siege. München 1981.

Mitcham, Samuel W.: Hitler's Field Marshals and Their Battles. London 1988, Chelsea 1990.

Müller, Klaus-Jürgen: Das Heer und Hitler. Armee und nationalsozialistisches Regime 1933–1940. Stuttgart 1969.

O'Neill, Robert: The German Army and the Nazi Party, 1933–1939. New York 1986.

Taylor, Telford: Sword and Swastika. Generals and Nazis in the Third Reich. New York 1952, Chicago 1969.

Wheeler-Bennett, John W.: The Nemesis of Power. The German Army in Politics, 1918–1945. London 1964 (dt. Ausgabe u. d. T.: Die Nemesis der Macht).

Westphal, Siegfried: Der deutsche Generalstab auf der Anklagebank. Nürnberg 1945–1948. Mainz 1978.

Heinz Höhne

Admiral Wilhelm Canaris

Den meisten seiner Zeitgenossen war er ein Rätsel, selbst die Historiker bemühen sich noch immer, die Legenden zu enträtseln, die sich um seine Person ranken. Admiral Wilhelm Canaris, der Chef des OKW-Amtes Ausland/Abwehr und zugleich Beschützer des konservativen Widerstands gegen das NS-Regime, bleibt der *mystery man* unter den deutschen Militärs: flüchtig und unstet, politisch schwer zu fassen, schemenhaft wie seine berühmten Tagebücher, die spurlos verschwunden sind.

Skurrile Wesenszüge verstärkten noch das Mysteriöse seiner Erscheinung. Canaris war ein Hypochonder und sternengläubig, er traute nur wenigen unter seinen Mitarbeitern und beurteilte Menschen gern nach der Reverenz, die sie seinen beiden Rauhhaardackeln erwiesen. Er war wortkarg und liebte es, sich in dunklen Andeutungen zu ergehen, die oft falsch verstanden wurden, was mancherlei Verwirrung anrichtete.

Gleichwohl war es just seine Geheimniskrämerei, die vermeintliche Kenner nach 1945 verlockte, Canaris zur grauen Eminenz des Widerstands emporzustilisieren, gar zum „gefährlichsten Gegner Hitlers“[1]. Für sie war er die „Spinne im Netz“, die im Fuchsbau der Abwehrzentrale tausenderlei Fäden gegen die Nazis gesponnen hatte, mit den Alliierten im Bund und geheimste Pläne der Wehrmacht verratend.

Die Wirklichkeit sah anders aus, wie die Forschung inzwischen weiß. Wilhelm Canaris war so wenig ein Todfeind der braunen Diktatur wie der Stichwortgeber eines patriotisch verstandenen Landesverrats, sondern nur der schier allgegenwärtige Exponent der Geheimdienstbranche, der auf allen Ebenen mitmischte, ohne sich je endgültig festzulegen, Opfer seines Berufes und seiner Veranlagung, die ihn inmitten der Barbarei und Massenverbrechen des NS-Staates widersprüchlichste Doppelrollen spielen ließen.

Hinter all seiner ruhelosen Unrast aber verbarg sich die tiefe Ratlosigkeit eines Konservativen und Nationalisten, der den Glauben an die Zukunft verloren hatte. Verzweifelt versuchte er, wenigstens einen Rest jener von den totalitären und demokratischen Mächten der Zeit gleichermaßen bedrohten bürgerlich-restaurativen Welt zu retten, die ihn, den Abkömmling italienischer Einwanderer, der 1887 als Sohn eines späteren Hüttendirektors in Aplerbeck nahe Dortmund geboren wurde, von Jugend an bestimmt hatte.

Er wuchs auf in der Blütezeit des wilhelminischen Imperialismus, dessen

Träume von Weltmacht und Seegeltung auch ihn mitrissen, den schon früh maritime Abenteuer und fremde Länder faszinierten. Folgerichtig drängte es den jungen Canaris zur Marine, in der er zügig Stufe um Stufe der Karriereleiter erklomm: 1905 Eintritt in die Kaiserliche Marine, Ausbildung auf der Kreuzerkorvette „Stein“, 1908 Beförderung zum Leutnant, 1911 Oberleutnant und anschließend Dienst auf Auslandskreuzern, zuletzt im Atlantik an den Küsten Lateinamerikas. Der „tüchtige, fleißige und unbedingt zuverlässige Offizier“ (so eine Eintragung in seiner Personalakte)[2] zeigte sehr bald diplomatische und linguistische Fähigkeiten, die ungewöhnlich waren. In der Venezuela-Krise von 1908 erwies sich Canaris als geschickter Unterhändler, und auf dem Kleinen Kreuzer „Dresden“ geriet gar sein Faible für die Welt der Spionage zur einzigen Überlebenschance des Schiffes, als es in der Karibik jäh vom Kriegsausbruch 1914 überrascht wurde.

Es waren vor allem seine konspirativen Verbindungen, die es der „Dresden“ ermöglichten, sich in den Südatlantik zu schmuggeln und vor den Geschützrohren britischer Übermacht einen munteren Kaperkrieg zu führen. Als sie dann doch im März 1915 die Flagge streichen mußte, machte Canaris weiter. Er floh mit einem falschen Paß aus chilenischer Internierungshaft und schlug sich nach Deutschland durch, um gleich darauf wieder in Spanien aufzutauchen: als Agentenchef „Kika“, Herr über eine geheime Nachrichten- und Versorgungsorganisation, die nicht wenig zu den Erfolgen des deutschen U-Boot-Krieges im Mittelmeer beitrug. Am Ende schoß er, mitlerweile Kommandant eines eigenen U-Boots, noch selber mit, zielsicher auch hier.

Desto heftiger trafen ihn Niederlage und Umsturz des November 1918, die für den Kapitänleutnant Canaris die aufwühlendste Erfahrung seines Lebens waren. Verbittert schloß er sich den Freikorps an, deren Aktivitäten so recht seiner Stimmungslage entsprachen, zumal er ihren ungezwungenen Lebensstil als den Beginn eines neuen, freieren Soldatentums mißverstand. Kein Wunder, daß er als Noskes Verbindungsoffizier bei den Freikorps bald zu deren führenden Köpfen zählte, ein vielgesichtiger Mann, der sich darauf verstand, die militante Bürgerkriegstruppe vor den ärgsten Folgen ihrer oft blutigen Übergriffe zu bewahren. Im Kriegsgerichtsverfahren gegen die Mörder Luxemburgs und Liebknechts organisierte der Beisitzer Canaris heimlich deren Verteidigung, als „Oberleutnant Lindemann“ befreite er einen der Haupttäter aus der Haft und ließ ihn untertauchen.

Als jedoch im Kapp-Putsch von 1920 sein Doppelspiel allzu durchsichtig wurde, mußte er die Marineleitung verlassen. Man schob ihn in das Stationskommando Ostsee ab, was ihn freilich nicht hinderte, in die Illegalität abdriftende Freikorpshaufen weiterhin zu unterstützen.

Canaris frustrierte der Dienst in der Marine zusehends, das dort wieder auflebende rigide System von Befehl und Gehorsam altpreußischer Machart verdroß ihn. 1924 wollte er, inzwischen I. Offizier auf dem Schulkreuzer „Berlin“, den Dienst quittieren, was ihm jedoch sein Stationschef ausredete – mit der Aussicht auf neue Abenteuer, diesmal im Interesse der geheimen Aufrüstung der Marine. „Kika“ erwachte zu neuem Leben. Rastlos war er unterwegs, um mit seinen V-Männern aus der Kriegszeit in Spanien, Argentinien und Japan neue Verbindungen zu Marinestäben, Reedereien und Werften anzuknüpfen, die allesamt nicht abgeneigt waren, den Deutschen die ihnen durch Versailles verbotenen Kriegsschiffe zu bauen. Schon galt der Dezernent Canaris in der Marineleitung als einer der kommenden Männer, da holte ihn die eigene Vergangenheit ein. Der „Helfershelfer der Mörder“ von 1919, wie ihn ein Ankläger im Reichstag nannte,[3] geriet 1928 in die Schußlinie der linken Presse, die mit gepfefferten Enthüllungen über seine wahre Rolle im Fall Luxemburg/Liebknecht aufwartete.

Einen so belasteten Mann aber mochte der neue Marinechef Raeder, damals noch um republikanische Reputation bemüht, nicht länger in der Marineleitung dulden, ja in der Marine überhaupt. Eine große Zukunft gab er ihm nicht mehr: noch ein Kommando auf der alten „Schlesien“, dann ein Festungskommando, am Ende das Kapitänspatent – dann sollte es zu Ende sein mit der „unordentlichen“ Karriere des Wilhelm Canaris.

Derartig ins Abseits gestellt, geriet Canaris zunehmend in das Fahrwasser des anwachsenden Nationalsozialismus, der radikalen Wandel in Deutschland versprach. Zwar stieß Canaris der Massenkult der Braunen ab, gleichwohl verband ihn der gemeinsame Haß auf Bolschewismus und Versailles mit einigen ihrer Führer. Dem Hamburger Gauleiter Kaufmann bot er 1932 Waffen für den Fall eines Putsches der KPD an, Himmler vermittelte er Führungspersonal für die SS, und auch zum SA-Chef Röhm mit dessen Milizplänen er, der alte Freikorpsler, sympathisierte, bestanden Kontakte

Das machte Canaris zwar noch nicht zu dem „begeisterten Nationalsozialisten“, für den ihn Kameraden hielten,[4] wohl aber zu einem Mitträger des neuen Regimes – Grund genug für den Reichswehrminister von Blomberg, ihn Ende 1934 als troubleshooter ins Ministerium zu holen, als die Abwehr und ihre neue Konkurrenz rund um Gestapo und SD immer unversöhnlicher aufeinandertrafen. Den bisherigen Abwehrchef Patzig wollte Blomberg durch den beweglicheren Canaris ersetzen, wogegen Raeder sofort protestierte. Doch Blomberg verließ sich auf die kecken Canaris-Sprüche: „Seien Sie ganz beruhigt, mit diesen Jungs werde ich schon fertig.“[5]

Er wurde es in der Tat, zumindest auf einige Zeit. Canaris, seit 1. Januar 1935 Chef der Abwehrabteilung des Reichswehrministeriums, schottete seinen Apparat gegen alle Übergriffe der SS-gesteuerten Konkurrenz ab, ohne sich freilich mit ihr frontal anzulegen. Im Gegenteil: Er propagierte engste

Zusammenarbeit mit Gestapo und SD, wobei er sich den Zufall zunutze machte, daß der Herausforderer auf der Gegenseite, der Chef der Sicherheitspolizei Reinhard Heydrich, einst unter ihm auf der „Berlin“ gedient hatte und fast ein Hausfreund der Familie Canaris gewesen war, dessen sensibles Geigenspiel die sonst so spröde Erika Canaris erfreut hatte.

Der Abwehrchef und der Sipochef, unersättlich in ihrer Lust am gegenseitigen Belauern und Ausforschen, schienen fortan unzertrennlich. Gemeinsam inspizierten sie ihre Dienststellen, schrieben die Kompetenzen ihrer Ämter in förmlichen Abkommen fest und tauschten Nachrichten sowie gelegentlich auch Personal aus. Das band Canaris, nun bereits Konteradmiral, immer mehr in den Repressionsapparat des NS-Regimes ein, in dem sein Geheimdienst keineswegs nur militärische Erkundungs- und Abwehraufgaben wahrnahm. Auch die Überwachung der Arbeiterschaft in den Rüstungsbetrieben gehörte dazu, ebenso die grenznahen Kontrollen und die Propaganda gegen Sabotage und Landesverrat.

Canaris aber hatte kaum einen Blick dafür, wie sehr er damit zum Gehilfen des skrupellosen Systems wurde, das ganz Deutschland in seinem eisernen Griff hielt. Er sah nur, daß die Abwehr von Jahr zu Jahr wuchs und mit ihr der Einfluß ihres Chefs, der zusehends zu den Wortführern der militärischen Interessenpolitik im Machtdreieck von Wehrmacht, Partei und Bürokratie zählte. Selbst in der Außenpolitik spielte Canaris kräftig mit: Seine Agenten waren es, die die Intervention im Spanischen Bürgerkrieg ermöglichten, seine Liaison mit Japans Nachrichtendienst, die den Pakt mit Tokio vorbereitete.

Erst der Sturz Blombergs und die schmutzige Gestapo-Intrige gegen Generaloberst Freiherr von Fritsch im Februar 1938 ernüchterten Canaris, sosehr ihm auch der Skandal eine neuerliche Erweiterung seiner Macht eintrug: Die Abwehr übernahm die alte Auslandsabteilung und mauserte sich zur OKW-Amtsgruppe Ausland/Abwehr. Doch die gerade erst erlebte Unmoral Hitlers und der Polizeiorgane erschütterte Canaris so schwer, daß er sich nun zum erstenmal den Argumenten regimekritischer Abwehroffiziere um den mit ihm befreundeten Oberstleutnant Hans Oster, bald die Nr. 2 des künftigen Amtes Ausland/Abwehr im OKW, öffnete, die auf ihren Zusammenkünften die Entmachtung der Gestapo, ja des ganzen Regimes forderten.

Von da an saß Canaris mit am Tisch der Verschwörer, freilich meist nur als ein zuhörender Partner, der anderen das Pläneschmieden überließ. Immerhin ließ er es zu, daß Oster seine gerade entstehende Zentralabteilung in der Abwehr nebenbei zu einer Lenkungszelle des Widerstands ausbaute, wobei alte Canaris-Vertraute aus der Freikorpszeit wie Friedrich Wilhelm Heinz[6] und Franz Liedig, die der Admiral vor den Nachstellungen der

Gestapo bei sich in Sicherheit gebracht hatte, zu den treibenden Elementen gehörten.

Doch just deren Mitwirkung bestärkte Canaris eher in seiner aufkeimenden Skepsis. Daß der politische Phantast Heinz, der ihn schon früher mit seinem prosowjetischen „deutschen Sozialismus" genervt hatte, nun China zur Zähmung Hitlers mobilisieren wollte und Oster die Sowjets durch eine Defensivallianz, mußte dem militanten Antikommunisten Canaris recht bizarr erscheinen, ganz zu schweigen von ihren Attentatsplänen gegen Hitler, die er nicht guthieß.

Wie wenig das alles zusammenpaßte, zeigte sich im September 1938, als Hitler in der Sudetenkrise das Land in den Krieg stürzen wollte. Da liierte sich Canaris mit einer Gruppe hoher Militärs um den Generalstabschef Halder, entschlossen, Hitler im letzten Augenblick das Kriegsinstrument aus der Hand zu schlagen. Oster aber drang auf die völlige Beseitigung des NS-Regimes, Heinz will gar mit einem Stoßtrupp die Ermordung Hitlers beabsichtigt haben, was indes nur noch wohlmeinende Heinz-Chronisten vorbehaltlos glauben mögen.[7]

Die Kriegsgefahr ging noch einmal vorüber, doch die Spannungen zwischen den Verschwörern am Tirpitzufer wuchsen weiter. Während sich Oster und sein neuer Gehilfe Hans von Dohnanyi auf den Krieg als einzig wirkliche Chance zum Sturz des Regimes einstellten, blieb Canaris' geheime Aktivität allein auf die Erhaltung des Friedens ausgerichtet, mußte doch in seiner Optik jeder neue Weltkrieg mit der Zerstörung des deutschen Machtstaates enden, der ihm alles bedeutete. Als die Katastrophe dann doch 1939 kam, resignierte der Abwehrchef: „Das ist das Ende Deutschlands."[8]

Und dennoch war er im Winter 1939/40 wieder mit dabei, als Hitler nach dem Polenkrieg die Militärs zum Angriff gegen den Westen trieb. Deren Bestürzung über eine so hemmungslose Kriegsausweitung machte sich Canaris zunutze, um die Heeresführung gegen Hitler aufzuwiegeln. Wie stürmisch er aber auch zum sofortigen Handeln drängte, es blieb stets ein Stück Vagheit in seinen Forderungen, was Oster und Dohnanyi bewog, ihn nicht in alle ihre Pläne einzuweihen. Über Details von Josef Müllers Friedensmission am Vatikan war Canaris kaum informiert, und völlig ahnungslos traf ihn die Preisgabe der Offensivpläne durch Oster und Müller – eine böse Überraschung für den Mann, der jeden Landesverrat verabscheute.

Canaris deckte noch einmal Oster und würgte eine interne Untersuchung ab, doch von da an trennten sich ihre Wege. Seit Sommer 1940 sahen sich Osters aktivste Anhänger (mit der Ausnahme Dohnanyis) zusehends aus der Zentrale verdrängt, meist auf Auslandsposten versetzt, während der Abwehrchef – inzwischen Admiral – trotz seiner tendenziell noch immer gegen die Politik Hitlers gerichteten Intentionen wieder im weitesten Sinne der regimekonforme Funktionär wurde, der er früher gewesen war.

Das gab ihm seine verwirrende Janusköpfigkeit: Seine Abwehrtrupps bahnten den deutschen Invasionsarmeen den Weg in einen immer uferloseren Krieg, den er um jeden Preis abbrechen wollte. Er unterstützte die Opposition gegen Hitlers wahnwitzigen „Barbarossa"-Beschluß und inszenierte doch sein größtes Täuschungsspiel, um die Welt von den deutschen Angriffsabsichten abzulenken. Er rettete bedrohte Juden wie im „Unternehmen 7" vor den SS-Häschern[9] und instrumentalisierte zugleich Hitlers Judenhaß, um ihm suspekte Sondierungsgespräche mit Moskau zu hintertreiben.

So geriet Canaris allmählich in eine ausweglose Situation. Ohne Zutrauen zum Widerstand, weder den Sieg Hitlers wünschend noch die deutsche Niederlage, sah der Abwehrchef schließlich nur noch eine Lösung, riskant zwar und zwielichtig, aber gerade deshalb so recht nach seinem Geschmack: das Zusammenspiel mit den westlichen Geheimdiensten, an dessen Ende ein Sonderfrieden mit Deutschland stehen sollte. Menzies und Donovan, die Spionagechefs Englands und der USA, waren nicht abgeneigt und peilten schon Ende 1942 ein Treffen mit Canaris an, doch ihre Regierungen unterbanden die sich jäh anbahnende Annäherung der drei Top-Spione.

Der Admiral verfiel und mit ihm die Organisation der Abwehr, deren Leistungsfähigkeit allerdings immer umstritten gewesen war. Schon der Sturz Osters und Dohnanyis im Zuge einer Devisenaffäre im April 1943 zeigte, wie wenig Canaris noch Herr seines Apparats war. Hilflos, ohne die verhafteten Mitarbeiter zu entlasten, ließ er die Untersuchung durch die Wehrmachtjustiz über sich ergehen und hielt sich nur noch mühsam im Amt, bis die nie schlafende SS-Konkurrenz neue Pannen der Abwehr dazu nutzte, bei Hitler auf eine radikale Änderung zu dringen. Am 12. Februar 1944 wurde Canaris abgesetzt und das Gros der Abwehr kurz darauf dem SD zugeschlagen.

Was folgte, hatte der Fatalist Canaris seit langem vorausgeahnt. Nach dem Anschlag des 20. Juli geriet auch er in das Blutbad der nazistischen Rachejustiz, aus dem es für ihn, den Unbeteiligten, kein Entrinnen gab. Dohnanyis fatale Leidenschaft für Aktennotizen lieferte einem SS-Standgericht im KZ Flossenbürg am 8. April 1945 genügend Vorwände, um Canaris wegen der Beteiligung an den Putschplänen von 1938/40 zum Tode durch Erhängen zu verurteilen. Ehe Wilhelm Canaris am nächsten Morgen vor seine Mörder trat, klopfte er eine letzte Botschaft an die Zellenwand: „Meine Zeit ist um. War kein Landesverräter. Habe als Deutscher meine Pflicht getan."[10]

Anmerkungen

[1] Pechel, Admiral Canaris, in: Die Zeit, 8. 8. 1946.

[2] Qualifikationsbericht zum 1. Dezember 1913, in: Personalakte Canaris, Fotokopie im IfZ München.

[3] Das Werk des Untersuchungsausschusses 1919–1928. 9. Bd., 1. Halbband, S. 126.

[4] MGFA Potsdam: Bericht von Admiral a. D. Conrad Patzig an das Militärgeschichtliche Forschungsamt am 18./19. 1. 1966.

[5] IfZ München, ZS 540: Patzig an Prof. Walter Baum, 10. 11. 1953.

[6] Meinl/Krüger, Friedrich Wilhelm Heinz, S. 45f.

[7] Ebenda, S. 48.

[8] Gisevius, Bis zum bitteren Ende, S. 280.

[9] Meyer, Unternehmen Sieben.

[10] Lunding, Stemplet fortroligt, S. 107.

Bibliographische Hinweise

(Vgl. auch die weiteren Literaturangaben in der Gesamtbibliographie ab S. 290ff.)

Ungedruckte Quellen

BA-MA Freiburg: Handakte Canaris II M 65/2, II M (Pr) RM 5/v. 2228: 2. Admiralstab Erster Weltkrieg. OKM Box 20, 48903: Spanien-Aktivitäten; Amt Ausland/Abwehr in: RW 5; Personalakten Pers 6/2293 und 105; Abwehrstellen in: RW 49; MSg 120: Arbeitsgemeinschaft ehem. Angehöriger der Abwehr. Nachlässe Groscurth N 104 und Buchheit N 612; Archiv, Institut für Zeitgeschichte München: Personalakte Canaris (Fotokopie) in: 1858/56. Personalnachweis H. Oster (Fotokopie) in: F 87. Sammlung Dr. Josef Müller in: ED 92. Abwehr II Diensttagebuch in: F 23. Zeugenaussagen u. Ermittlungen im Prozeß Huppenkothen in: ZS 249. Niedersächsisches Hauptstaatsarchiv, Hannover: Nds. 721, Lüneburg Acc. 69/76: Ermittlungsverfahren Roeder. National Archives, Washington: Record Group 238: Vernehmungen von Bürkner, Lahousen, Schellenberg, Höttl. Noch weitgehend unausgewertet: Studien u. Vernehmungen des CIC zum Thema Abwehr im Zentralarchiv des U.S. Army Intelligence and Security Command, Fort Meade.

Gedruckte Quellen und Literatur

Abshagen, Karl Heinz: Canaris. Stuttgart 1949.

Brissaud, André: Canaris. Frankfurt a. M. 1976.

Buchheit, Gert: Der deutsche Geheimdienst. München 1966.

Chowaniec, Elisabeth: Der „Fall Dohnanyi“ 1943–1945. München 1991.

Das Werk des Untersuchungsausschusses 1919–1928. Hrsg. v. Albrecht Philip. Berlin 1928.

Gisevius, Hans Bernd: Bis zum bitteren Ende, 2 Bde. Hamburg 1947 und einbändige Neuauflage Berlin/Frankfurt a. M. 1964.

Hettler, Friedrich Hermann: Josef Müller („Ochsensepp“). München 1991.

Höhne, Heinz: Canaris. München 1976.
Kahn, David: Hitler's Spies. New York 1978.
Meinl, Susanne/Krüger, Dieter: Der politische Weg von Friedrich Wilhelm Heinz: Vom Freikorpskämpfer zum Leiter des Nachrichtendienstes im Bundeskanzleramt. In: VfZG 42 (1994), S. 39–69.
Meyer, Winfried: Unternehmen Sieben. Frankfurt a. M. 1993.
Paine, Lauran: The Abwehr. London 1984.
Thun-Hohenstein, Romedio Galeazzo Graf von: Der Verschwörer. Berlin 1982.

Horst Mühleisen

Generaloberst Werner Freiherr von Fritsch

In den Vormittagsstunden des 22. September 1939 fällt vor Praga, einer Vorstadt von Warschau, Generaloberst a. D. Freiherr von Fritsch, der ehemalige Oberbefehlshaber des Heeres. Immer noch, fast sechzig Jahre nach seinem Tode, wuchern die Legenden, die dieses Ende umgeben. War es Selbstmord? Suchte Fritsch in Polen den Tod, weil er die Schmach, die ihm im Frühjahr 1938 widerfahren war, nicht vergessen konnte?

Werner Freiherr von Fritsch wurde am 4. August 1880 im Schloß Benrath bei Düsseldorf geboren. Seine Eltern Georg von Fritsch, zuletzt preußischer Generalleutnant, und Adelheid, geborene von Bodelschwingh, erzogen ihren Sohn streng. Vaterlandsliebe und Pflichttreue, Zuverlässigkeit und Ehrenhaftigkeit gehörten ebenso zur Richtschnur für den künftigen Offizier wie eine strenge Dienstauffassung und gesellschaftliche Formen.

Im September 1898 trat Fritsch in das Großherzoglich Hessische Feldartillerie-Regiment 25 in Darmstadt ein und wurde am 27. Januar 1900 zum Leutnant ernannt. Zu seinen wenigen Freunden gehörte Georg von Küchler, sein Regimentskamerad und spätere Generalfeldmarschall.

Der junge Offizier bewährte sich außerordentlich. Das Heer bot indessen für einen Truppenoffizier kaum Aufstiegsmöglichkeiten. Fritsch war ehrgeizig und bestand die Aufnahmeprüfung für die Kriegsakademie, die er ab Herbst 1908 besuchte. Am 1. April 1910, nach Abschluß der Akademie, wurde Oberleutnant von Fritsch zum Großen Generalstab kommandiert und drei Jahre danach, im April 1913, in die Kriegsgeschichtliche Abteilung II versetzt, die die Kriege Friedrichs des Großen bearbeitete. Im März 1914 erfolgte seine Versetzung in die Aufmarsch-Abteilung des Generalstabes.

Im Weltkriege war er lange erster Generalstabsoffizier der 1. Garde-Division, die Prinz Eitel Friedrich von Preußen, der zweite Sohn des Kaisers, kommandierte und für die Fritsch „mit allen Fähigkeiten des Geistes und Herzens" arbeitete, „der er wahrhaft diente in verstehender und belebender Fürsorge, mit der er aber auch jedes Schwere teilte", wie Generaloberst von Brauchitsch am 26. September 1939 in seiner Trauerrede sagen wird.[1]

Im Dezember 1918 fand der polnische Aufstand in Posen statt. Die Oberste Heeresleitung begann, nachdem polnische Insurgenten ihre Überfälle verstärkt hatten, Freiwilligentruppen aufzustellen, um diese im Osten einzusetzen. Mitte Dezember bildete sie das Armeeoberkommando (AOK) Heimatschutz Ost, das im Januar 1919 in die Kommandos Nord und Süd aufgeteilt wurde. Das AOK Grenzschutz Nord befand sich in Bartenstein/Ostpreußen. Generalmajor von Seeckt war dort Chef des Generalstabes und Major von Fritsch erster Generalstabsoffizier. „Es war eine stürmische Zeit", schrieb Fritsch rückblickend über diese Verwendung.[2] Die Zusammenarbeit mit Seeckt prägte ihn entscheidend, und der spätere Chef der Heeresleitung (ab 1920) förderte Fritsch bis zu seinem Rücktritt im Herbst 1926. Damit erfüllte sich der Wunsch des Obersten Albrecht von Thaer, der im November 1918 notiert hatte, man müsse „Männer wie Bock, Beck und Fritsch auch für eine sehr kleine heruntergesetzte Armee sich reservieren. Alle 3 sind Männer 1. Klasse."[3]

In den Jahren, die nach Fritschs Rückkehr aus Ostpreußen und dem Baltikum, wo er Chef des Generalstabes des VI. Reservekorps gewesen war, folgten, verlief seine Laufbahn in stetem Wechsel zwischen Stabs- und Truppendienst. Wie aber stand er zur Weimarer Republik? Mitte November 1924 schrieb Fritsch, Chef des Stabes der 1. Division in Königsberg, an Joachim von Stülpnagel, Oberstleutnant und Chef der Operationsabteilung im Truppenamt des Reichswehrministeriums, nach allgemeinen Betrachtungen zur politischen Lage: „Ich bitte mir es nicht übel zu nehmen, wenn ich vor zu großem Optimismus in Bezug auf Ebert u[nd] Marx warne. Ersteren halte ich für einen ganz einseitigen sozialdemokratischen Parteimann u[nd] großen Schweinehund (trotz Schleicher). Letzterer Marx ist vielleicht ehrlich, ist aber zu unbedeutend [...]." Er fuhr fort: „In letzterer Beziehung macht mich aber immer das Vertrauen auf einen Ebert stutzig. Denn letzten Endes sind Ebert, Pazifisten, Juden, Demokraten, Schwarzrotgold u[nd] Franzosen alles das Gleiche, nämlich die Leute, die die Vernichtung Deutschlands wollen."[4]

Fritschs Ansichten sind bezeichnend für einen höheren Reichswehroffizier; es sind die eines Antidemokraten und Antisemiten, der die Republik verachtete, weil sie zu einem schwachen Staat führte. Nur die Armee war – wie in der Monarchie – der Garant der Stärke, nicht die parlamentarische Demokratie. Fritsch hatte sich sein Feindbild bewahrt, das im Kaiserreich verkündet worden war, und das mit dem nationalsozialistischen Gedankengut viele Gemeinsamkeiten besaß. Er vergaß indessen, daß es demokratische Kräfte waren, die sich 1919 zusammengeschlossen hatten, diese Republik zu bilden, mit Ebert, dem Präsidenten, der sich bereit erklärte, diesen Staat zu stabilisieren; auch vergaß Fritsch, daß Hindenburg und Groener am Ausgang des Jahres 1918 mit Scheidemann, Ebert und Noske zusammenarbeiten wollten, um das Reich zu retten.

Im Februar 1926 übernahm Fritsch die Operationsabteilung. Militärisch hochbegabt hatte er in allen Verwendungen vorzügliche Beurteilungen erhalten. Er besaß Autorität. Ein Jahr vor seinem Tode schrieb er: „Ich habe es mir zur Richtschnur gemacht, mich nur auf mein militärisches Gebiet zu beschränken und mich von jeder politischen Betätigung fern zu halten. Meine militärische Arbeit füllt mich mehr wie reichlich aus, und zur Politik fehlt mir alles."[5] Außenstehenden erschien Fritsch verschlossen und schroff, kühl und hochmütig, gehemmt und unpersönlich; er hatte nicht geheiratet. Er war indessen hilfsbereit und kameradschaftlich, gütig und liebenswürdig; er vereinte starke Gegensätze in sich, die seine Antriebskräfte waren, die aber auch seinen ambivalenten Charakter ausmachten. Er sei „eben ein stiller u. wortkarger Geselle, der selbst am Klatsch über seinen lieben Nächsten keine Freude hat, sondern dem der Klatsch in jeder Form aufs äußerste verhaßt ist", teilte er Margot von Schutzbar-Milchling, seiner Vertrauten, mit.[6] Derselben Empfängerin bekundete er: „Wenn Sie ferner schreiben, ich sei oft so schwer zu verstehen, so haben Sie damit zweifellos recht. Schon seit jeher habe ich niemals mit Jemand über mich selbst gesprochen. Das kann ich einfach nicht u. falls Jemand in dieser Beziehung in mich eindringen will, erreicht er nur das Gegenteil."[7]

Dies ist das Psychogramm eines Offiziers, eines Nur-Soldaten, der selbst während des Urlaubs nur militärische Veröffentlichungen las und der am 1. Februar 1934 als Nachfolger von Generaloberst v. Hammerstein-Equord Chef der Heeresleitung wurde. „Schaffen Sie mir ein Heer in größtmöglicher Stärke u. innerer Geschlossenheit und Einheitlichkeit auf dem denkbar besten Ausbildungsstand", sagte Hitler zu Fritsch bei der Amtsübernahme, und dieser fügte später stolz hinzu: „Nach diesem Auftrag habe ich seitdem gehandelt."[8] Die Generale von Blomberg, der Reichswehrminister, von Fritsch und von Reichenau, der Chef des Wehrmachtamtes, setzten auf Hitler. „Nationaler Umbruch" lautete die Losung für die politische wie militärische Führung: Revision des Versailler Vertrages und Wiederaufrüstung.

Bei seinem Amtsantritt fand Fritsch bereits das zweite Rüstungsprogramm vor, das Anfang April 1933 angelaufen und bis Ende März 1938 geplant war. Dieses Programm umfaßte alle materiellen Rüstungsmaßnahmen des Heeres. Ende Februar 1934 fand eine Besprechung mit Hitler statt, an der u. a. Blomberg, Fritsch und Beck, der Chef des Truppenamtes, teilnahmen. Sie legten fest, das Verteidigungsheer innerhalb von fünf Jahren und die Angriffsarmee in acht Jahren aufzustellen. Bereits im Oktober 1933 hatte Hitler dem britischen Botschafter in Berlin, Sir Eric Phipps, angeboten, die deutsche Aufrüstung auf ein Friedensheer von dreihunderttausend Mann zu beschränken. Dieses Angebot war möglich geworden, weil die materielle Ausstattung des „A[ufstellungs]-Heeres", für das eine Verdreifachung der sieben (Infanterie-)Divisionen vorgesehen war, rasch verwirklicht werden konnte. Nun war es möglich, das A-Heer (Kriegsheer) zum Friedensheer umzubilden.

Anfang Oktober 1934 umfaßte die Reichswehr noch nicht dreihunderttausend Mann. Doch Hitler kannte die Erwartungen und Stimmungen der Offiziere und verstand, sie zu motivieren. Er setzte auf ihren Ehrgeiz und Sinn für nationale Töne. Am 16. März 1935 führte er die allgemeine Wehrpflicht ein und befahl ein Friedensheer von zwölf Korpskommandos und sechsunddreißig Divisionen aufzustellen. Sorgenvoll beurteilten Fritsch und Beck die überstürzte Heeresvergrößerung, aber nicht aus politischen, sondern aus sachlichen Gründen. Auch nachdem Ende Mai desselben Jahres das Wehrgesetz erlassen und die Wehrhoheit wiederhergestellt worden war, protestierten die Westmächte England, Frankreich und Italien nur formell gegen den Bruch des Versailler Vertrages durch die Regierung Hitler.

Nun war das Heer, neben der Partei, zur zweiten Säule des nationalsozialistischen Staates geworden. Das Bündnis, das Hitler und Fritsch eingegangen waren, hatte sich bewährt. Und seit dem Mord an Röhm und an anderen SA-Führern war diese Organisation bedeutungslos geworden. Zu den Mordopfern zählten auch zwei ehemalige Generale, von Bredow und von Schleicher, der letzte Reichskanzler der Weimarer Republik. Indes hatte sich Fritsch während dieser Liquidierungen völlig passiv verhalten, obgleich Wehrkreisbefehlshaber und auch Vizekanzler von Papen ihn bedrängt hatten zu handeln. Fritsch, sich der Ungeheuerlichkeit der Morde bewußt, tat nichts und duldete diese Gewaltaktionen; so machte er sich mitschuldig.

Am 5. November 1937 fand jene durch das „Hoßbach-Protokoll" bekannt gewordene Besprechung in Berlin statt, über die viel Falsches berichtet worden ist. Ausführlich erläuterte Hitler sein außenpolitisches Programm und kündete seine Kriegsabsichten an. Indes sagte er nichts Neues. Blomberg, Fritsch und Neurath widersprachen Hitlers Plänen nicht; sie waren ihnen schon bekannt. Ihre Einwände waren sachlich und gering. Fünf Tage danach, am 10. November, fuhr Fritsch nach Ägypten und kehrte Anfang Januar 1938 zurück.[9] Nun aber bahnten sich wichtige personelle Umwälzungen an.

Am 12. Januar heiratete der Witwer Blomberg in zweiter Ehe Margarethe Gruhn. Nur Hitler und Göring, die beiden Trauzeugen, waren zuvor unterrichtet worden. Einige Tage nach der Eheschließung erfuhr die Kriminalpolizei, daß die Berliner Sittenpolizei Unterlagen über Blombergs Gattin besaß. Groß war das Entsetzen. Am 4. Februar trat der Reichskriegsminister zurück. Er selbst hatte seinen Sturz verursacht.

„Ich erlebe zur Zeit viel Schweres", äußerte Fritsch Ende Januar 1938.[10] Fünf Tage zuvor, am 26. Januar, hatte zwischen Hitler und Fritsch eine Unterredung stattgefunden, in der der Oberbefehlshaber des Heeres dem 'Führer' und Reichskanzler sein Ehrenwort gegeben hatte, nicht homosexuell zu sein. Auch war die Gegenüberstellung mit dem angeblichen Belastungszeugen, dem Erpresser Otto Schmidt, erfolgt. Fritsch war über die Vorwürfe fassungslos. Er hatte alles getan, um seinen Auftrag zu erfüllen: „Ganz unabhängig davon ist, daß die Grundlage unseres heutigen Heeres nationalsozialistisch ist und sein muß [...]", notierte er.[11] Nie war er wankend geworden. Und fast ein Jahr nach seinem Sturz bekannte er: „Ich habe mir eingebildet, ein guter Nationalsozialist gewesen und noch zu sein."[12] Er blieb es bis zu seinem Tode.

Dennoch mußte Fritsch am selben Tage wie Blomberg aus seinem Amt ausscheiden. Was folgte, war sein Kampf, seine Ehre wiederzuerlangen, waren die Untersuchungen der Geheimen Staatspolizei, die für Fritsch sehr entwürdigend waren, und die des Reichskriegsgerichts. Dann stellte sein Rechtsanwalt Graf von der Goltz fest, daß eine Namenverwechslung vorlag: nicht Werner von Fritsch, sondern Achim von Frisch, Rittmeister a. D., war der Erpreßte. Der Urteilspruch des Reichskriegsgerichts vom 18. März 1938 lautete: „Die Hauptverhandlung hat die Unschuld des Generaloberst a. D. Freiherr von Fritsch in allen Punkten ergeben."[13]

Was war nun der 'Fall Fritsch'? Er bildete den Endpunkt einer Entwicklung, des Machtkampfes zwischen der Partei, der rivalisierenden SS und dem Heer, das diesen Kampf verlor.

Schwer haderte Fritsch mit seinem Schicksal, seiner Verabschiedung und der Schmach. Er fühlte sich nicht rehabilitiert, auch nicht nach seiner von seinem Nachfolger Brauchitsch betriebenen Ernennung zum Chef des Artillerie-Regiments 12 in Schwerin; denn dies war nur eine äußere Geste. Margot von Schutzbar-Milchling wollte ihn heiraten. Fritsch aber lehnte ab: „Ich bin durch die Ereignisse des letzten Jahres in meinem inneren Gleichgewicht gestört. Das gilt in rechter Linie für das persönliche Erleben, das ich durchgemacht habe. Aber auch die Entwicklung der innen- und außenpolitischen Lage hat mich nicht zur Ruhe kommen lassen. Wenn ich auch mit einem Fußtritt aus meiner Lebensarbeit entfernt bin, das Geschehen der letzten 4 1/2 Jahre ist doch unlösbar innerlich mit mir verknüpft. Darum kann ich der weiteren Entwicklung nicht gleichgültig gegenüberstehen. Ich ringe darum, endlich zur Ruhe zu kommen."[14]

Die Ruhe und die Einsamkeit, die er sich wünschte, fand er indessen nicht. „Ich komme immer noch nicht darüber hinweg, daß der Mann, für den ich auch persönlich 4 Jahre gearbeitet habe, und gerade dieser Mann mich verraten und im Stich gelassen hat", schrieb er Ende November 1938 an seine Vertraute.[15] Zutiefst hatte Fritsch resigniert und litt an Depressionen. Im selben Brief, den er nach dem Pogrom gegen die Juden schrieb, notierte er: „Der Kampf mit dem Weltjudentum hat allerdings jetzt schon offiziell begonnen. Folgerichtig muß das zum Krieg mit England u[nd] U.S.A., den politischen Hochburgen des Judentums, führen."[16] Indes ist diese

Äußerung nur die Vorankündigung einer noch übleren Entgleisung. Wenige Wochen später, im Dezember, schrieb Fritsch: „Bald nach dem Kriege kam ich zur Ansicht, daß 3 Schlachten siegreich zu schlagen seien, wenn Deutschland wieder mächtig werden sollte. 1. die Schlacht gegen die Arbeiterschaft, sie hat Hitler siegreich geschlagen. 2. gegen die katholische Kirche, besser gesagt gegen den Ultramontanismus u. 3. gegen die Juden. In diesen Kämpfen stehen wir noch mitten drin. Und der Kampf gegen die Juden ist der schwerste. Hoffentlich ist man sich über die Schwere dieses Kampfes klar.“[17] Der Antisemit Fritsch offenbarte, wieder einmal, sein diffuses und dumpfes Weltbild.

Dann aber, wenige Tage nach dieser Hetze, bekundete er: „Ich kann das Gefühl nicht loswerden, als ob die Dinge doch noch zu einem großen Kriege treiben, obwohl ich mir keinen rechten Vers daraus machen kann.“[18] Dies war eine nüchterne Beurteilung der Lage, die er, der geschulte Generalstabsoffizier, gelernt hatte. Ahnte Fritsch, daß der Weg in den Krieg nun unaufhaltsam war? Er kannte Hitlers oft wiederholte Absicht, im Osten 'Lebensraum' zu gewinnen. Bereits Mitte Januar 1939 aber schrieb er: „Da ich den nächsten Krieg als Frontsoldat erleben will, muß man den Körper trainieren.“[19] Hoffte er nun auf eine militärische Auseinandersetzung?

Anfang Februar 1939 zog Fritsch von Achterberg, seinem „Asyl“, wie er das Jagdhaus bei Soltau in der Lüneburger Heide bezeichnete, nach Berlin-Zehlendorf. Dort, in der Albertinenstraße, hatte ihm das Heer ein Haus geschenkt, „Haus Treue“. Brauchitsch hatte dazu den Anstoß gegeben.

Dennoch war Fritsch verbittert. Er hatte keine Aufgabe mehr, und je länger er über die Geschehnisse im Frühjahr 1938 nachdachte, desto mehr resignierte er. Er mied die Hauptstadt nicht nur, weil er keine Ruhe und Einsamkeit fand, sondern auch, weil Berlin und die Menschen, denen er begegnete, Erinnerungen in ihm wachriefen, die er verdrängen wollte. Erneut suchte Fritsch Achterberg auf. „Aber auch für mich persönlich ist es schwer zu sehen, wie jeder Soldat fieberhaft militärisch beschäftigt ist, für mich gibt es aber weder im Frieden noch im Krieg eine Tätigkeit in Deutschland des Herrn Hitler. Denn im Kriege begleite ich mein Regiment nur als Scheibe, da ich nicht zu Hause bleiben kann“, schrieb er im August an seine Vertraute.[20] Mit „Scheibe“ meinte Fritsch, er wäre als Chef seines Regiments nur nutzlos.

Mitte August kehrte er in die Hauptstadt zurück. Wenig später teilte ihm Brauchitsch mit, Hitler betrachte den Krieg mit Polen als unvermeidlich. Fritsch beabsichtigte, wie er es im September 1938 während der Krise mit der Tschechoslowakei auch getan hatte, sich wieder seinem Artillerie-Regiment anzuschließen, das sich in Ostpreußen befand; dies war für ihn eine selbstverständliche Pflicht.

Am 21. August 1939 verließ Fritsch Berlin und erreichte am folgenden Tag sein Regiment in Ortelsburg. Leutnant der Reserve Werner Rosenhagen wurde sein Begleitoffizier. Launig notierte er Ende August: „Hier erwarten wir bei Schwüle, großer Hitze u. viel Staub die Dinge, die da kommen sollen. Ein klares Urteil über die Lage habe ich natürlich nicht. [...] Hoffentlich werden uns die nächsten Tage eine Entscheidung bringen.“[21]

Die Entscheidung kam bald. Am 1. September überschritt die 12. Infanterie-Division, zu deren Verband das Artillerie-Regiment 12 gehörte und die dem Armeeoberkommando 3 unterstand, im Süden Ostpreußens die polnische Grenze. Der Zweite Weltkrieg begann.

Die 3. Armee mit ihrem Oberbefehlshaber, General der Artillerie von Küchler, trat am 14. September zum Angriff in Richtung Praga, einer Vorstadt von Warschau, an. Eine gewaltsame Erkundung war indessen noch notwendig, die für den 22. September befohlen wurde. Einen Tag zuvor schrieb Fritsch: „Zu tun habe ich hier nichts, absolut gar nichts. Dieser ganz unwürdige Zustand ist nicht nur schwer zu ertragen, sondern auch bodenlos langweilig, da wir nur wenig mit dem Feind in Berührung gekommen sind.“[22] Es war daher Langeweile, die Fritsch veranlaßte, sich dem Unternehmen anzuschließen.

Fritsch bricht am 22. September 1939 gegen acht Uhr vom Gefechtsstand des Artillerie-Regiments 12 in Drewnica mit dem Kraftwagen auf. Rosenhagen begleitet ihn. Aufmerksam beobachtet er den Feuerüberfall seines Regiments auf Praga, der um neun Uhr einsetzt, und begibt sich mit Rosenhagen in die vorderste Linie. Nach neun Uhr vierzig, bereits auf dem Rückweg, trifft ihn am linken Oberschenkel ein Querschläger, der ihn schwer verletzt. Fritsch bricht sofort zusammen. Seine letzten Worte sind: „Lassen Sie nur.“ Sie sind an Rosenhagen gerichtet, der versucht, das Bein abzubinden. Nach einer Minute ist Fritsch tot.

Soldaten bergen seinen Leichnam unter erheblichen Mühen und bringen ihn in die Kirche von Struġa. Dort nimmt Küchler Abschied von seinem Freund und Regimentskameraden. Am nächsten Tag, dem 23. September, bevor der Sarg in die Hauptstadt abtranportiert wird, hält er eine kurze Ansprache vor den in der Kirche versammelten Offizieren und Angehörigen des Artillerie-Regiments 12 und anderen Offizieren. Der von Hitler angeordnete Staatsakt findet am 26. September in Berlin, Unter den Linden, statt. Brauchitsch hält die Trauerrede. Danach wird der Sarg auf dem Invalidenfriedhof beigesetzt.

Ein Jahr danach, zum ersten Todestag, bat der Kommandeur des Artillerie-Regiments 12 einen Stabsoffizier, einen Kranz am Grabe niederzulegen. Der Kranz war bereits bestellt, als dieser Offizier einen Anruf des

Amtes Ausland/Abwehr mit dem Hinweis erhielt, daß der 'Führer' solche Ehrungen verbiete. Es war derselbe 'Führer', der am 26. September 1939 einen Tagesbefehl an die Wehrmacht erlassen hatte: „Die Deutsche Wehrmacht senkt ehrend ihre Fahnen vor der Größe dieses Soldatentums."[23] Jetzt, im September 1940, nach dem siegreichen Feldzug gegen Frankreich, hatte nur der 'Führer' und Oberste Befehlshaber der Wehrmacht das Heer aufgebaut – und kein anderer.

Anmerkungen

[1] Vgl. BA-MA Freiburg, Nachlaß Fritsch N 33/15: Rede des Oberbefehlshabers des Heeres, Generaloberst von Brauchitsch, am 26. 9. 1939.

[2] Vgl. ebenda, N 33/11, fol 4^{r}: Fritsch an Margot von Schutzbar-Milchling, 28. 1. 1939.

[3] Vgl. Albrecht von Thaer, hrsg. v. Siegfried A. Kaehler, S. 278.

[4] Vgl. BA-MA, Nachlaß Stülpnagel N 5/20, fol. 47^{r}, 48^{r}: Stülpnagel an Fritsch, 16. 11. 1924.

[5] Vgl. ebenda, Nachlaß Fritsch N 33/9, fol. 16–17: Fritsch an Margot von Schutzbar-Milchling, 17. 5. 1938.

[6] Vgl. ebenda, N 33/10, fol. 75^{r}: Fritsch an Margot von Schutzbar-Milchling, 4. 9. 1938 (?).

[7] Ebenda, fol. 74^{v}–75^{r}.

[8] Vgl. ebenda, Nachlaß Beck N 28/3, fol. 3^{v}: Aufzeichnung Fritschs vom 1. 2. 1938.

[9] Vgl. ebenda, N 33/10, fol. 2^{rv}: Fritsch an Margot von Schutzbar-Milchling, 4. 1. 1938.

[10] Vgl. ebenda, fol. 10^{r}: Fritsch an Margot von Schutzbar-Milchling, 31. 1. 1938.

[11] Vgl. ebenda, N 28/3, fol. 3^{r}: Aufzeichnung Fritschs vom 1. 2. 1938.

[12] Vgl. ebenda, Nachlaß Fritsch N 33/20, fol. 114^{r}: Aufzeichnung Fritschs vom 18. 1. 1939.

[13] Vgl. ebenda, fol. 49^{r}: Schreiben Fritschs an die Kommandierenden Generale (undat. Entwurf, Mai 1938, nicht abgesandt).

[14] Vgl. ebenda, N 33/10, fol 68^{v}–69^{r}: Fritsch an Margot von Schutzbar-Milchling, 3. 11. 1938.

[15] Vgl. ebenda, N 33/30, fol. 52^{r}: Fritsch an Margot von Schutzbar-Milchling, 22. 11. 1938.

[16] Ebenda, fol. 53^{r}–54^{r}.

[17] Nicholas Reynolds, Der Fritsch-Brief vom 11. Dezember 1938, S. 370. – Eine Kopie in: BA-MA Freiburg, Nachlaß Fritsch N 33/30, fol 57^{r}–66^{r}.

[18] Vgl. ebenda, N 33/18: Fritsch an Margot von Schutzbar-Milchling, 19. 12. 1938.

[19] Vgl. ebenda, N 33/11, fol. 3^{r}: Fritsch an Margot von Schutzbar-Milchling, 13. 1. 1939.

[20] Vgl. ebenda, N 33/3, fol. 91^{r}–92^{r}: Fritsch an Margot von Schutzbar-Milchling, 7. 8. 1939.

[21] Vgl. ebenda, N 33/8, fol. 1–2: Fritsch an Hauptmann Otto-Heinrich Großkreutz, seinen letzten Adjutanten, 28. 8. 1939.
[22] Vgl. ebenda, N 33/11, fol. 56r: Fritsch an Margot von Schutzbar-Milchling, 21. 9. 1939.
[23] Ebenda, N 33/21: Tagesbefehl des Armeeoberkommandos 14 vom 26. 9. 1939.

Bibliographische Hinweise

(Vgl. auch die weiteren Literaturangaben in der Gesamtbibliographie ab S. 290ff.)

Ungedruckte Quellen

BA–MA Freiburg: Nachlaß Fritsch, N 33; ebenda: Archivalien, die wenige Briefe einschließen, in den Nachlässen Beck, Hoßbach, Mackensen und Stülpnagel (N 28, 24, 39, 5); ebenda, MSg 1/45: Bericht von Rechtsanwalt Rüdiger Graf von der Goltz, 1938 Fritschs Verteidiger, von 1945/46, über den Prozeß gegen den Generaloberst v. Fritsch; MSg 2/1999: Artikelserie „Der Streich gegen Fritsch" in: „Die Welt" vom 1. 2.–12. 2. 1949; BA Koblenz: Kleine Erwerbungen Nr. 653/3, fol. 167–229. Lebenserinnerungen des Rechtsanwalts Rüdiger Graf von der Goltz (1894–1976); nach 1954 abgeschlossen; darin Kap. VI: „Der Fritschprozeß", die Ereignisse.

Gedruckte Quellen und Literatur

Bradley, Dermot/Karl Friedrich Hildebrand/Markus Rövekamp: Die Generale des Heeres 1921–1945. Die militärischen Werdegänge der Generale, sowie der Ärzte, Veterinäre, Intendanten, Richter und Ministerialbeamten im Generalsrang. Band 4. Osnabrück 1996, S. 115–116.

Brausch, Gerd: Der Tod des Generalobersten Werner Freiherr von Fritsch. In: Militärgeschichtliche Mitteilungen, Bd. 1/1970, S. 95–113.

Deutsch, Harold C.: Das Komplott oder die Entmachtung der Generale. Blomberg- und Fritsch-Krise. Hitlers Weg in den Krieg. Zürich 1974.

Foertsch, Hermann: Schuld und Verhängnis. Die Fritsch-Krise im Frühjahr 1938 als Wendepunkt in der Geschichte der nationalsozialistischen Zeit. Stuttgart 1951.

Janßen, Karl-Heinz/Fritz Tobias: Der Sturz der Generäle. Hitler und die Blomberg-Fritsch-Krise 1938. München 1994.

Kielmansegg, Johann Adolf Graf von: Der Fritsch-Prozeß 1938. Ablauf und Hintergründe. Hamburg 1949.

Messerschmidt, Manfred: Die Wehrmacht im NS-Staat. Zeit der Indoktrination. Hamburg 1969.

Mühleisen, Horst: Die Fritsch-Krise im Frühjahr 1938. Neue Dokumente aus dem Nachlaß des Generalobersten. In: Militärgeschichtliche Mitteilungen, Bd. 56/1997, Heft 2.

Müller, Klaus-Jürgen: Das Heer und Hitler. Armee und nationalsozialistisches Regime. Stuttgart 1969.

Murray, Williamson: Werner Freiherr von Fritsch – Der tragische General. In: Die Militärelite des Dritten Reiches. Hrsg. v. Ronald Smelser und Enrico Syring. Frankfurt a. M. 1995, S. 153–170.

O'Neill, Robert: Fritsch, Beck and the Führer. In: Hitler's Generals. Ed. by Correlli Barnett, London 1989, S. 19–41.

Reynolds, Nicholas: Der Fritsch-Brief vom 11. Dezember 1938. In: Vierteljahrshefte für Zeitgeschichte 28 (1980), S. 358–371.

Zeitgeschichte. Fritsch-Prozeß. Dieser Dreck. (Anonym.) In: Der Spiegel (1965), Heft 36 v. 1. 9. 1965, S. 46–57.

Gene Mueller

Generaloberst Friedrich Fromm*

Im Jahr 1938, und erneut im Jahr 1939, waren viele Generale der Wehrmacht wegen eines eventuellen Kriegsausbruchs beunruhigt. Selbst nach dem Sieg im Blitzkrieg gegen Polen machten sich manche von ihnen weiterhin Sorgen über den bevorstehenden Kampf gegen England und Frankreich. General Friedrich Fromm hatte im Gegensatz zu ihnen großes Vertrauen zu Hitler und zur Wehrmacht. Im April 1940 sagte er zu Ulrich von Hassell: „Durch Holland und Belgien würden wir in einem Schwunge durchstoßen, dann in vierzehn Tagen Frankreich erledigen; die Franzosen würden so laufen wie die Polen. Frankreich würde dann Frieden machen, England allein noch etwas weiter fechten und schließlich auch erledigt werden. Dann aber würde der Führer einen ganz maßvollen, staatsmännischen Frieden machen.“[1]

Friedrich Fromm, am 8. Oktober 1888 geboren, stammte aus einer Familie des Mittelstandes. Sein Großvater war königlich-preußischer Steuer-Inspektor, sein Vater preußischer Generalleutnant.[2]

Während des Ersten Weltkriegs kämpfte er zunächst in Frankreich, dann in Rußland und in Rumänien. Nach der Niederlage von 1918 blieb er als Hauptmann und Generalstabsoffizier im Reichsheer. Als Hitler Reichskanzler wurde, war Fromm Oberst im Wehramt des Reichswehrministeriums. Ab 1934 war er Chef dieser Dienststelle, die im folgenden Jahr „Allgemeines Heeresamt“ genannt wurde und seit Kriegsausbruch zur Dienststelle „Chef der Heeresrüstung und Befehlshaber des Ersatzheeres“ ausgebaut wurde. 1935 wurde Fromm zum Generalmajor, 1938 zum Generalleutnant, 1939 zum General der Artillerie und 1940 zum Generaloberst befördert.

Selbstbewußt, ehrgeizig und stolz auf seine Stellung, beteiligte sich Fromm an der Auseinandersetzung über die Organisation des Oberkommandos. Er schlug ein zweiteiliges System – Führung und Rüstung – vor.[3] Indem er gegen einen kombinierten Wehrmachtsstab argumentierte, gewann er das Wohlwollen des Oberkommandos des Heeres (OKH); indem er andererseits für eine Aufhebung der führenden Position des Generalstabes eintrat, stellte er auch ein Organisationsmodell vor, das vielleicht dem Reichswehrminister Werner von Blomberg zusagen würde. Die Argumente

* Aus dem Englischen übersetzt von Karl Nicolai.

Fromms erwecken den Eindruck, daß er „alle Zielpunkte im Schußfeld hatte“ und zugleich hoffte, seine gelehrten Ausführungen würden ihm eine Beförderung einbringen.[4] Diese Auseinandersetzung wurde erst 1938 beendet, als Hitler den Posten des Reichskriegsministers selbst übernahm und das Oberkommando der Wehrmacht (OKW) schuf.

Als Chef des Allgemeinen Heeresamtes befürwortete Fromm die Pläne für eine Verstärkung des deutschen Heeres. Gegen den Widerstand von Generalstabschef Ludwig Beck unterstützte er Hitlers Forderungen nach einem 300000-Mann-Heer. Er argumentierte, diese Vergrößerung würde die organisatorische Leistungsfähigkeit des Heeres maximieren. Das Erreichen dieses Zieles mußte auch seinen eigenen Ruf als begabter und fähiger Offizier steigern.

Im August 1936 legte Fromm eine Untersuchung über die Erfordernisse eines Aufrüstungsprogramms im Falle eines totalen Krieges vor. Auf Ersuchen des Oberbefehlshabers des Heeres, Generaloberst von Fritsch, listete er detailliert auf, welche Geldmittel, welches Menschenpotential und welche wirtschaftlichen Ressourcen man für einen totalen Krieg benötige. Er kam zu der Schlußfolgerung, mit seinem Menschenpotential könne Deutschland ein Jahr lang Krieg führen; seine Kraftstoffreserven würden jedoch nur sieben Monate ausreichen.[5] Diese grundlegende Untersuchung behielt Fromm stets im Gedächtnis; je länger der Krieg dauerte, desto besorgter wurde der Chef der Heeresrüstung.

Der begabte Fromm war ein Überlebenskünstler. Seine harte Arbeit wurde belohnt, und er fand zu einer reibungslosen Zusammenarbeit mit seinen jeweiligen Vorgesetzten: Fritsch, Hammerstein, Blomberg und Brauchitsch. Fromm begrüßte auch, daß Hitler ein neues Regierungssystem und eine neue Richtung der Außenpolitik versprach. Er glaubte, das neue Deutschland werde die 1918/19 verlorenen Gebiete zurückgewinnen. Zudem sah er Chancen für einen beruflichen Aufstieg voraus.[6]

Als Chef der Heeresrüstung und Befehlshaber des Ersatzheeres hatte Fromm während des Krieges und schon vorher eine wichtige Stellung inne. Nach der Neuorganisation des Oberkommandos von 1938 unterstand er – zu seinem Bedauern – unmittelbar Generaloberst von Brauchitsch, dem Oberbefehlshaber des Heeres. Er wollte unbedingt direkten Zugang zu Hitler. Das aber wußte General Keitel, der neue Chef des OKW, zu verhindern. Zudem kam es zu einem „heftigen Zwist und ständigen Kampf“ zwischen den beiden Generalen.[7] Auch mit dem Propagandaminister Goebbels hatte Fromm Schwierigkeiten. Die feindselige Haltung Goebbels’ gegenüber Fromm begann im Juli 1940 anläßlich eines Vorbeimarsches der aus Frankreich zurückkehrenden Truppen; dabei gewann der kleinwüchsige Goebbels fälschlicherweise den Eindruck, er sei von dem hünenhaften Fromm in den

Hintergrund gedrängt worden.[8] In seinen Tagebüchern tadelte er den General, zog seine Loyalität in Zweifel und erhob Vorwürfe gegen ihn.

Fromms Stellung als Befehlshaber des Ersatzheeres („im Heimatkriegsgebiet“) war entscheidend für die Offiziere, die sich gegen Hitler verschworen hatten. Schon 1938 verweigerte Fromm die Teilnahme an einem Plan, Hitler während der Sudetenkrise zu stürzen. 1939 nahm General Franz Halder, der Chef des Generalstabes des Heeres, abermals Kontakt zu Fromm auf. Im Oktober/November sagte er zu Fromm, die geplante Offensive im Westen müsse verhindert werden; vielleicht werde man Hitler und die Reichsregierung festnehmen und ausschalten müssen, um zu einer friedlichen Regelung des Konflikts zu kommen. Fromm weigerte sich, Halder eine Antwort zu geben. Anschließend fragte er seinen Stabschef, Oberstleutnant Kurt Haseloff, wie er über Halders Bemerkungen denke. Haseloff antwortete, nach seiner Auffassung sei Halder zu einem Staatsstreich entschlossen, und das sei glatter Hochverrat. Einige Tage danach meldete Fromm die Äußerungen Halders Brauchitsch. Wieder einmal war es Fromm gelungen, durch eine gefährliche Situation zu lavieren, indem er Halder eine Antwort verweigerte (ob das eine endgültige Absage war, blieb offen); und er hatte seine Pflicht getan, indem er Brauchitsch darüber informierte.[9] Brauchitsch wurde nervös, die Widerstandsgruppe glaubte, Fromm habe eindeutig abgelehnt, und bald schwand jede Hoffnung, einen erfolgreichen Putsch durchführen zu können. Fromms Verhältnis zur Opposition gegen Hitler blieb während des ganzen Krieges zweideutig. Er ging niemals eine Verpflichtung ein, sich den Verschwörern anzuschließen; er versuchte aber auch nicht, sie von der Ausführung ihrer Pläne abzuhalten. Diese Unentschlossenheit mußte er schließlich mit seinem Leben bezahlen.

Interessanterweise gab es ein hochrangiges Mitglied der NS-Führung, das die Fähigkeiten des Generals bewunderte: Albert Speer, der während des Krieges das Amt des Rüstungsministers innehatte. Fromm war beeindruckt von Speers Bericht über das Rüstungspotential der USA um 1942.[10] Speer entschloß sich, den General zu den Besprechungen mit Hitler einzuladen – eine Entscheidung, über die Fromm hoch erfreut war, denn schon lange hatte er direkten Zugang zum ‘Führer’ gewünscht. In seinen Memoiren hat Speer das Auftreten des Generals in den Besprechungen geschildert: „Fromm verfügte über eine klare Vortragsweise, er trat bestimmt auf und besaß diplomatischen Takt. Den Säbel zwischen die Knie gepreßt, die Hand auf dem Säbelknauf, saß er energiegeladen da (...).“[11] Fromms Ansehen bei Hitler stieg – was Keitel beunruhigte. Auch Goebbels ärgerte sich und „stellte ihm bei Hitler ein denkbar schlechtes Zeugnis aus“.[12]

Da Fromm naiverweise glaubte, er besitze das uneingeschränkte Vertrauen des ‘Führers’, verfaßte er im November 1942 eine schonungslose

Denkschrift über die personelle und materielle Auszehrung Deutschlands. Er stand unter beträchtlichem Druck, der Ostfront Munition und Ersatzbedarf zu liefern, und er sah, daß die deutschen Produktionskapazitäten bis zum äußersten beansprucht waren. Keitel war damit einverstanden, daß Fromm seine Denkschrift dem 'Führer' persönlich vorlas. Darin hieß es: „Bei weiterer Fortdauer des Krieges muß die Unterlegenheit Deutschlands, besonders gegenüber der Rüstung Amerikas, sich immer fühlbarer machen. Die Erschöpfung des deutschen Volkes macht sich immer mehr bemerkbar. In dieser Situation ist ein militärischer Sieg nicht mehr zu erwarten. Vielmehr muß der Zweifrontenkrieg beendet werden, wenn ein militärischer Zusammenbruch vermieden werden soll. Chef H. Rüst u. BdE kommt daraus zu folgender aus der Lage sich ergebender Forderung: Sofortige Einleitung politischer Verhandlungen mit dem Ziele eines Friedensschlusses, solange die Deutsche Wehrmacht noch unbesiegt im Felde steht."[13] Des weiteren schlug Fromm vor, die Führung der militärischen Operationen „einem Soldaten und militärischen Fachmann zu übertragen, während der Führer sich ausschließlich den entscheidenden politischen Verhandlungen widmen sollte". Aufgrund dieser Feststellungen wurde Fromm für Hitler *persona non grata*, und Speer erhielt Anweisung, Fromm nicht mehr zu Besprechungen mitzubringen. Doch selbst als Fromm in Ungnade fiel, setzte er immer noch auf Hitler. Am 10. November sagte er zu von Hassell, als dieser von dem furchtbaren Ernst der Lage sprach: „Ja, aber unser Führer hat in seinem kleinen Finger mehr strategisches Können als alle Generäle zusammen."[14] Im gleichen Monat fiel Fromms einziger Sohn an der Ostfront.

Inzwischen ging Fromm weiter seinen Dienstgeschäften nach; er interessierte sich immer mehr für das Rüstungsprogramm und für neue Waffen. Ein weiteres Mal stieß er mit Goebbels zusammen, als er sich beklagte, Goebbels belüge die Menschen über die Stärke der deutschen Rüstungsproduktion. Spätestens im Sommer 1943 stand es für Fromm fest, daß die Niederlage Deutschlands unvermeidlich war. Der Menschenmangel machte es immer schwieriger, die Forderungen der Truppenkommandeure nach Ersatz zu erfüllen. Außerdem wurde Fromm bei der Rekrutierung von Ersatzeinheiten für das Heer durch Ansprüche der SS behindert. Fromm protestierte gegen deren Übergriffe, was zu einem ernsten Streit mit dem Reichsführer-SS Heinrich Himmler führte.[15] Infolgedessen versuchten Himmler, Goebbels und Martin Bormann, der „Sekretär des Führers", jemanden zu finden, der Fromm ablösen konnte. Sie fanden jedoch keinen Nachfolger, der ihre Bedingungen erfüllte: dieser mußte die von Hitler verlangten Referenzen aufweisen und gleichzeitig ihren Forderungen gegenüber willfährig sein. Deshalb behielt Fromm seinen Posten.

Fromm bemerkte auch, daß sein Stellvertreter, der Chef des Allgemeinen Heeresamtes General Friedrich Olbricht, der Militäropposition angehörte. Erneut lehnte es Fromm ab, sich dem Widerstand gegen Hitler anzuschließen. Er war fest davon überzeugt, daß dieser scheitern müsse; die Mehrzahl der Truppen sei gegenüber Hitler allzu loyal und würden daher den Verschwörern den Gehorsam verweigern.[16] Fromm wußte auch, daß Olbrichts Stabschef, Oberstleutnant i.G. Claus von Stauffenberg, in die Verschwörung gegen Hitler verwickelt war. Fromm schwieg dazu – und dieses Schweigen war sein Verderben. Stauffenberg wurde schließlich sogar als Oberst i. G. sein Chef des Stabes, und ein weiterer Verschwörer, Oberst i. G. Ritter Mertz von Quirnheim, wurde Stabschef bei Olbricht.

Am 20. Juli 1944 schlugen die Verschwörer los. Gegen 16 Uhr teilte Olbricht seinem Chef in Berlin mit, Hitler sei durch ein Attentat ums Leben gekommen. Fromm wollte sich nicht zu übereiltem Handeln zwingen lassen und antwortete, er müsse sich bei Keitel im 'Führerhauptquartier' in Ostpreußen vergewissern. Keitel, der Chef des OKW, teilte ihm mit, daß Hitler lebe und nur leicht verletzt sei. Da befahl Fromm Olbricht, die „Operation Walküre“ (die getarnte Operation zum Sturz des Hitler-Regimes) abzubrechen. Nach Stauffenbergs Ankunft in der Bendlerstraße wurde Fromm von den Adjutanten Olbrichts überwältigt. Sie nahmen ihn fest und stellten ihn in einem der Amtszimmer des Bendlerblocks unter Bewachung.[17]

Nachdem der Putsch gescheitert und er von Offizieren seines Amtes unter Oberst Bolko von der Heyde befreit worden war, ließ Fromm Mertz von Quirnheim, Olbricht, Stauffenberg und dessen Adjutanten von Haeften im Hof des Bendlerblocks standrechtlich erschießen. Zudem ließ er Generaloberst a.D. Hoepner, der vorübergehend seinen Posten eingenommen hatte, verhaften, Generaloberst a.D. Beck beging Selbstmord. Ganz offenkundig war Fromm darauf bedacht, dem 'Führer' seine unwandelbare Treue zu beweisen und sich auf die Seite der 'Sieger' zu stellen.[18]

Eine zweite von Fromm angeordnete Runde von Exekutionen wurde durch ankommende Gestapo-Beamte verhindert. Immer noch hoffend, sich entlasten zu können, schickte Fromm folgendes Fernschreiben hinaus: „Putschversuch von unverantwortlichen Generalen blutig niedergeschlagen. Alle Anführer erschossen. Befehle des Gen.Feldmarschall v. Witzleben, Genobst. Hoepner, General Beck und General Olbricht sind nicht zu befolgen. Ich habe die Befehlsgewalt wieder übernommen, nachdem ich vorübergehend durch Waffengewalt festgenommen war.“[19] Im Hof des Bendlerblocks hielt Fromm noch eine zündende Ansprache, in der er den 'Führer' pries und der Vorsehung dankte. Dann brachte er ein dreifaches „Sieg Heil!“ auf Hitler aus, ehe er wegfuhr, um sich bei Goebbels zu melden.

Doch die Würfel waren bereits gefallen. Daß Fromm es nicht fertiggebracht hatte, den Putsch schon im Keim zu ersticken, sah man als Versagen und Feigheit an. Am 21. Juli wurde er von der SS verhaftet und am 14. September 1944 von Hitlers Ehrenhof aus der Wehrmacht ausgestoßen. In der Zwischenzeit war er zunächst im Berliner Gestapogefängnis, später im Zuchthaus Brandenburg-Göhrden inhaftiert.[20]

Dort blieb Fromm bis März 1945, als sein erbitterter Feind Goebbels nachdrücklich von Hitler seine Hinrichtung verlangte. Nur Albert Speer versuchte noch, Fromm durch ein fünfseitiges Schreiben an den Justizminister Thierack zu entlasten.[21] Es war vergeblich. Am 9. März vermerkte Goebbels in seinem Tagebuch, Fromm sei „wegen Feigheit vor dem Feinde" zum Tode verurteilt worden.[22] Vor seiner Exekution am 12. März 1945 erklärte Fromm stolz: „Ich sterbe, weil es befohlen wurde. Ich habe immer nur das Beste für Deutschland gewollt." Die kolportierte Version, seine letzten Worte seien „Es lebe der Führer!" gewesen, wurde später von einem Augenzeugen kategorisch bestritten.[23] Nachdem Fromm von einem Erschießungskommando hingerichtet worden war, wurde sein Leichnam eingeäschert und dem Reichsjustizministerium übergeben. Damit endete das Leben eines der schillerndsten Generale der höheren militärischen Führung des NS-Staates, der lange Zeit für äußerste Effizienz im Ersatzwesen und in der Heeresrüstung im 'Heimatkriegsgebiet' gesorgt hatte, obwohl er die Niederlage des Reiches realistischerweise kommen sah.

Anmerkungen

[1] Die Hassell-Tagebücher, S. 193.

[2] Kroener, Generaloberst Fritz Fromm, S. 559.

[3] O'Neill, The German Army, S. 107.

[4] Das würde zu seinem Charakter passen. So schrieb Gerhard Ritter (Carl Goerdeler und die deutsche Widerstandsbewegung, S. 359), Fromm sei „ein Streber und Opportunist" gewesen. Nach Fritz-Dietlof v. der Schulenburg und Olbricht war Fromm auch „träge und ohne Mut".

[5] O'Neill, The German Army, S. 92f. (BA-MA Freiburg, RH 15/70).

[6] Kroener, Generaloberst Fritz Fromm, S. 560.

[7] US Army, Historical Division: German Army, MS P-041dd (1946), S. 172. Der Abschnitt über Fromm wurde von Generalmajor a. D. Hellmuth Reinhardt verfaßt. Im folgenden zitiert als: Reinhardt, P-041dd.

[8] Kroener, Generaloberst Fritz Fromm, S. 563.

[9] Hoffmann, Widerstand, München [3]1979, S. 173f.; Ueberschär, Generaloberst Franz Halder, S. 41.

[10] Reinhardt, P-041dd, S. 177.

[11] Speer, Erinnerungen, S. 248 f.
[12] Ebenda.
[13] Reinhardt, P-041dd, S. 178 f. [in der deutschen Fassung S. 214 f.], auch zum Folgenden.
[14] Die Hassell-Tagebücher, S. 338.
[15] Reinhardt, P-041dd, S. 195.
[16] Liddell-Hart, The German Generals Talk, S. 110 (Interview mit General Edgar Röhricht).
[17] Wheeler-Bennett, Die Nemesis der Macht, S. 671 f.
[18] Ebenda, S. 679–682.
[19] Hoffmann, Widerstand, S. 904.
[20] Ebenda, S. 629.
[21] Speer, Erinnerungen, S. 450 f.
[22] Die Tagebücher von Joseph Goebbels, Teil II, Bd. 15, S. 468.
[23] Kroener, Generaloberst Fritz Fromm, S. 571 mit Anm. 70.

Bibliographische Hinweise

(Vgl. auch die weiteren Literaturangaben in der Gesamtbibliographie ab S. 290 ff.)

Ungedruckte Quellen

BA-MA Freiburg, RH 15: Wehramt und Allgemeines Heeresamt, ferner Chef der Heeresrüstung und Befehlshaber des Ersatzheeres sowie Diensttagebuch des Chefs des Stabes beim Chef der Heeresrüstung und Befehlshaber des Ersatzheeres; US Army, Historical Division: German Army, MS P-041, dann Hellmuth Reinhardt, P-04 dd.

Gedruckte Quellen und Literatur

Hoffmann, Peter: The History of the German Resistance 1933–1945. Cambridge Mass. 1977 (dt. Ausgabe u. d. T.: Widerstand, Staatsstreich, Attentat. München 1979).

Kroener, Bernhard: Generaloberst Fritz Fromm und der deutsche Widerstand. Annäherung an eine umstrittene Persönlichkeit. In: Aufstand des Gewissens. Militärischer Widerstand gegen Hitler und das NS-Regime 1933–1945. Hrsg. v. Heinrich Walle, Berlin 1994, S. 556–578.

Ders.: Friedrich Fromm. Der „starke Mann im Heimatkriegsgebiet“. In: Die Militärelite des Dritten Reiches. 27 biographische Skizzen. Hrsg. v. Ronald Smelser und Enrico Syring. Berlin/Frankfurt a. M. 1995, S. 171–186.

Ders.: Die personellen Ressourcen des Dritten Reiches im Spannungsfeld zwischen Wehrmacht, Bürokratie und Kriegswirtschaft 1939–1942. In: Das Deutsche Reich und der Zweite Weltkrieg. Bd 5/1: Organisation und Mobilisierung des deutschen Machtbereichs. Kriegsverwaltung, Wirtschaft und personelle Ressourcen 1939–1942. Stuttgart 1988, S. 693–1002.

Ders.: Der Kampf um den „Sparstoff Mensch“. Forschungskontroversen über die

Mobilisierung der deutschen Kriegswirtschaft 1939–1942. In: Der Zweite Weltkrieg. Analysen – Grundzüge – Forschungsbilanz. Hrsg. v. Wolfgang Michalka. München 1989, S. 402–417.

Liddell-Hart, B. H.: The German Generals Talk. New York 1948.

O'Neill, Robert: The German Army and the Nazi Party 1933–1939. New York 1966.

Ritter, Gerhard: The German Resistance. Carl Goerdeler's Struggle Against Tyranny. New York 1958 (deutsche Ausgabe u.d.T.: Carl Goerdeler und die deutsche Widerstandsbewegung. Stuttgart 1984).

Speer, Albert: Inside the Third Reich. New York 1970.

The Von Hassell-Diaries 1938–1944. London 1948 (dt. Ausgabe u. d. T.: Die Hassell-Tagebücher 1938–1944. Hrsg. v. Frhr. Hiller von Gaertringen. Berlin 1988).

Wheeler-Bennett, John W.: The Nemesis of Power. The German Army in Politics 1918–1945. London 1964.

Gerd R. Ueberschär

Generaloberst Franz Halder

Generaloberst Franz Halder erlebte wie kaum ein anderer Soldat Höhepunkte und Tiefpunkte einer militärischen Laufbahn vom deutschen Kaiserreich bis zum Dritten Reich.[1] Während der ersten drei Jahre des Zweiten Weltkrieges war er als Generalstabschef des Heeres in einer der höchsten militärischen Führungspositionen und maßgeblicher Berater Hitlers, zugleich aber in führender Position am Widerstand gegen dessen Regime beteiligt. Ab Sommer 1944 wurde er als Gefangener der Nationalsozialisten in mehrere Konzentrationslager verschleppt. Hätten ihn die Amerikaner nicht im Mai 1945 aus der NS-Haft befreit, wäre er wohl von Himmlers Sicherheitsdienst erschossen worden. In den ersten Jahren nach 1945 galt er als aufrechter Hitler-Kritiker und NS-Gegner. Als seine Verstrickung in die NS-Verbrechen mit Hilfe der von den Westalliierten an die Bundesrepublik zurückgegebenen Akten immer exakter nachgewiesen werden konnte, kam es zu heftigen Vorwürfen wegen seines Versagens und der schweren politischen Irrtümer; denn sie verhinderten, daß Hitler in seiner verheerenden Kriegspolitik und bei seinen verbrecherischen Aktionen aufgehalten werden konnte. Insgesamt schwanken so das Bild von Halder und das Urteil über seine Haltung in der NS-Zeit.

Franz Halder wurde am 30. Juni 1884 in Würzburg geboren. Er stammte aus einer im schwäbischen Allgäu bei Isny beheimateten bayerischen Offiziersfamilie.[2] Sein Vater Maximilian Halder brachte es bis zum bayerischen Generalmajor und Festungskommandanten. Wie seine Mutter Mathilde geb. Steinheil wurde Franz Halder im evangelisch-lutherischen Glauben getauft und erzogen.[3] Bereits in der Schule zeigte er sehr großen Fleiß, lobenswerte Leistungen und besonderes Pflichtgefühl. Nach dem Abitur an einem humanistischen Gymnasium im Juli 1902 trat er als Offiziersanwärter in das 3. königlich bayerische Feldartillerie-Regiment ein. Dort erhielt er auch im März 1904 seine Beförderung zum Leutnant. Im September 1907 heiratete der junge Offizier Gertrude Erl, Tochter des bayerischen Majors a.D. Rudolf Erl. Aus der Ehe gingen drei Töchter hervor.

Die Generalstabsausbildung absolvierte Franz Halder, ab 1912 Oberleutnant, an der königlich-bayerischen Kriegsakademie von Oktober 1911 bis August 1914. Nach glänzendem Abschlußzeugnis kam er im Ersten Weltkrieg sogleich in mehrere Generalstabsdienststellungen. Zuletzt war er ab

Dezember 1917 als Führungsgehilfe (Id-Offizier) im Stab der Heeresgruppe „Kronprinz Rupprecht von Bayern" eingesetzt. Seit dieser Zeit verband ihn eine besondere gegenseitige Wertschätzung mit dem bayerischen Thronfolger, welche die Kriegszeit überdauerte.

Nach dem Ende des Ersten Weltkrieges wurde Halder als befähigter Generalstabsoffizier im Mai 1919 in das bayerische Ministerium für militärische Angelegenheiten übernommen und hatte dort allgemeine Organisationsfragen im Zusammenhang mit dem Neuaufbau der Wehrstruktur des demokratischen Deutschen Reiches zu bearbeiten. Als die bayerische Armee im August 1919 aufgelöst wurde, kam er zur neuen Heeresleitung der vorläufigen Reichswehr nach Berlin. Bereits im folgenden Jahr unterrichtete er wieder in München als Taktiklehrer der 7. Division bei der dezentralisiert durchgeführten Führungsgehilfenausbildung.

Dem Wirken der politischen Parteien stand Halder reserviert gegenüber, zumal er dadurch eine Schwächung der nationalen Wehrhaftigkeit befürchtete. Er mißbilligte das „Parteiengezänk" um den Ausbau der Landesverteidigung des Reiches. Nach weiteren Dienststellungen – unter anderem in der Heeresausbildungsabteilung des Truppenamtes in Berlin ab März 1929 – rückte er im August 1931 in die Stelle des Chefs des Stabes der 6. Division im Wehrkreis VI in Münster auf. Hier unterhielt er als Oberst gute Kontakte zu Industriekreisen in Westfalen, Hannover und Oldenburg.

In dieser Zeit erlebte er Hitlers Regierungsantritt als Reichskanzler. Dessen Vorstellungen von der Wiederwehrhaftmachung des Volkes und der Wehrertüchtigung der Jugend entsprachen Halders Ideal einer starken militärischen Macht des Staates. Trotz dieser „Teilidentität der Ziele" betrachtete er aber die Radau- und Gewaltmethoden der NSDAP mit Distanz. Als Urheber dieser kritisch beobachteten Aktionen erkannte er nicht den Parteiführer Hitler, sondern nachgeordnete, „völlig unzulängliche, z.T. wahrhaft minderwertige Ausführungsorgane"[4] der vielen NS-Gliederungen. Halders Berichte als Generalmajor (seit Oktober 1934) und Artillerieführer VII in München an den Chef der Heeresleitung, Generaloberst Freiherr von Fritsch, bezeugen denn auch seine sorgenvolle Betrachtungsweise der Gewalttaten beim Auf- und Ausbau des NS-Staates nach 1933.

Wie viele andere Offiziere hat sich Halder damals über Hitlers Absichten und Ziele gewaltig geirrt. Er erkannte dies erst einige Jahre später.

Im Zuge der raschen Aufrüstung wurde er im Oktober 1935 zum Kommandeur der neu aufgestellten 7. Division und im August 1936 zum Generalleutnant ernannt. Bereits im November 1936 übertrug ihm von Fritsch die Vorbereitung und Leitung der großen Wehrmachtsmanöver von 1937, die er anschließend mit großem Erfolg vor Hitler präsentierte.[5] Danach blieb Halder als Oberquartiermeister II im Generalstab des Heeres unter

General Beck in Berlin. Er war zuständig für Ausbildungsfragen sowie militärwissenschaftliche und kriegsgeschichtliche Arbeiten.

Die Blomberg-Fritsch-Affäre im Februar 1938 brachte in Halders Einstellung zu Hitler eine Wende. Er suchte die beschämende Behandlung des von ihm verehrten Generalobersten von Fritsch abzuwenden und rückgängig zu machen. Dabei stieß er zum Kreis der zum NS-Regime kritisch und oppositionell eingestellten Stabsoffiziere hinzu und war bereit, die Veränderung oder Abschaffung von Hitlers Herrschaft in seine Überlegungen zur Neuformung der innenpolitischen Situation im Reich einzubeziehen.

Aber erst nach General Becks Entlassung und der eigenen Ernennung zu dessen Nachfolger als Chef des Generalstabes des Heeres und zum General der Artillerie Ende August 1938 gelangte Halder in eine Stellung, aus der er selbst gegen Hitler und dessen Regime handeln konnte. Als Generalstabschef arbeitete er als zuverlässiger und „unermüdlicher Arbeiter"[6] eng mit Generaloberst von Brauchitsch, dem neuen Oberbefehlshaber des Heeres, zusammen. Beide verstanden sich gut. Obwohl sich Hitler im Februar 1938 mit dem Oberkommando der Wehrmacht unter General Keitel einen eigenen militärischen Stab geschaffen hatte, verstand sich Halder weiterhin als wichtigster Berater des Staatschefs. Zugleich erfuhr er nun aber die gleichen Schwierigkeiten wie noch wenige Monate zuvor General Beck. Auch er fand nur sehr wenige Generale wie z. B. von Witzleben und Hoepner, die als überzeugte Hitlergegner bereit waren, mit ihm direkt in einer militärischen Oppositionsgruppe gegen den Diktator zusammenzuarbeiten. Als verantwortlicher Generalstabschef des Heeres war es zudem zweifellos nicht einfach, zur gleichen Zeit sowohl höchster Operationschef als auch Spitze und Leitfigur der Militäropposition gegen Hitler zu sein.

Bei allen Widerstandsplänen gegen Hitler war Halder kein blinder Draufgänger. Auf politischem Gebiet fühlte er sich unsicher. Außerdem war er von Hitlers außenpolitischen Erfolgen ab 1938 beeindruckt. Trotz gelegentlich scharfer Kritik an Hitlers rücksichtsloser und rechtswidriger Politik wurde Halders Tatkraft durch sensible Gemütsregungen und Zögern gerade im ungewohnten Bereich des politischen Handelns gebremst. Mehrfach war er während der Sudetenkrise, als Hitlergegner den vom Diktator angestrebten Kriegsausbruch zu verhindern suchten, unsicher, ob hinter den militärischen Widerstandskreisen größere Bevölkerungsgruppen standen und ihn bei einem Putsch unterstützen würden. Nach wie vor ist nicht leicht zu beurteilen, wie weit Halder als Planer des militärischen Widerstandes im September 1938 bei der Sudetenkrise gegen Hitler gegangen wäre, wenn das Münchener Abkommen den Krieg nicht verhindert hätte. Wiederholt zweifelte der Generalstabschef, ob der richtige Zeitpunkt für einen Staatsstreich gegen Hitler gegeben war, denn die militärischen und politischen Erfolge

Hitlers durch das Münchener Abkommen und in der Blitzkriegszeit vom Herbst 1939 bis zum Sommer 1941 versprachen einen enormen Machtzuwachs für das Reich und für den eigenen Berufsstand. Auch Halder erhielt dadurch Ehrungen und Beförderungen: Ende Oktober 1939 verlieh ihm Hitler das Ritterkreuz zum Eisernen Kreuz, und am 19. Juni 1940 ernannte ihn der 'Führer' nach dem Sieg über Frankreich zum Generalobersten. Letztlich blieben Widerstandsaktionen – trotz einiger Planungen – sowohl bei Kriegsbeginn als auch vor dem Angriff auf Frankreich und die Benelux-Staaten aus. Halder hat es 1938 und 1939/40 nicht vermocht, den Oberbefehlshaber des Heeres von Brauchitsch eindeutig auf die Seite der zum Staatsstreich bereiten Hitlergegner zu ziehen.

Die militärischen Erfolge der Wehrmacht in den Feldzügen gegen Polen, Frankreich, Holland, Belgien und Luxemburg sowie auf dem Balkan hoben Halders Ansehen als Generalstabschef. Erfolgreich hatte er den von Generalleutnant von Manstein entwickelten „Sichelschnitt-Plan" in Nordwestfrankreich in die Tat umgesetzt und souverän geleitet. Zweifellos hatten diese Siege Auswirkungen, als im Sommer 1940 erkennbar wurde, daß Hitler seinen schon lange beabsichtigten Vernichtungskrieg gegen die UdSSR als den Hort des jüdischen Bolschewismus in Angriff nehmen wollte. Obwohl Halder wie Brauchitsch noch im Januar 1941 der Sinn des neuen Krieges gegen die seit August 1939 mit Berlin verbündete Sowjetunion „nicht klar" war,[7] hat er bereits im Sommer 1940 eigenständig im Generalstab die Planungen für einen Angriff auf die UdSSR aufnehmen lassen, denn er wußte spätestens seit 1938 von Hitlers Eroberungsabsicht im Osten[8] und wollte dem Diktator bereits bei konkreter Auftragserteilung einen fertigen Operationsplan vorlegen.[9]

Halder und Brauchitsch machten sich ferner durch unmittelbare Anweisungen für die Truppe bereitwillig an die Umsetzung der von Hitler ausgegebenen verbrecherischen Befehle. Hatte Halder bis dahin Eingriffe Hitlers in die Operationsführung weitgehend abwehren können, so zeigte sich ab Sommer 1941, daß der Diktator beim ideologisch begründeten Weltanschauungskrieg gegen die Sowjetunion immer häufiger und stärker in den Befehlsbereich des Oberkommandos des Heeres eingriff. Hitler bestimmte nicht nur die allgemeine Kriegführung im Osten, sondern auch Kiev und Leningrad statt Moskau als vorrangige Operationsziele in der ersten Phase des „Unternehmens Barbarossa", das am 22. Juni 1941 mit dem vertragswidrigen Angriff der Wehrmacht auf die UdSSR begann.

Noch einmal erlebte der Generalstabschef danach aufgrund seiner Operationsplanung gegen die Rote Armee herausragende Schlachtenerfolge und Siege in den großen Kesselschlachten. Fälschlicherweise nahm Halder an, der Feldzug gegen Rußland sei „innerhalb 14 Tagen" gewonnen.[10] Als

Mißerfolg endete jedoch die von Halder im September und Oktober 1941 durchgesetzte Angriffsoperation „Taifun“ gegen Moskau. In fataler Weise hatte er dabei ganz im Sinne Hitlers zur letzten Willensanstrengung und zum „äußersten Einsatz“ der deutschen Soldaten aufgefordert, um das Angriffsziel Moskau trotz unzureichender Ausstattung und Versorgung im Winter 1941 zu erreichen. Die Niederlage vor Moskau symbolisierte insgesamt das Scheitern des erhofften Blitzkrieges gegen die UdSSR. Während Generalfeldmarschall von Brauchitsch als Oberbefehlshaber des Heeres im Dezember 1941 um seinen Abschied bat und abgelöst wurde, blieb Halder – mit Zustimmung Brauchitschs – auf seinem Posten.

Er hoffte auf eine neue, fruchtbare Zusammenarbeit mit dem Diktator, der selbst den Oberbefehl über das Heer übernahm und dem er nun direkt unterstellt war. Mit großer Energie betrieben Hitler und Halder dann auch die neue Sommer-Offensive 1942 („Operation Blau“), die die Wehrmacht bis an die Wolga und in das südrussische Erdölgebiet führte. Die Zweiteilung der Angriffsspitze nach Stalingrad und in Richtung Kaukasus führte allerdings zu neuen fachlichen Auseinandersetzungen zwischen Hitler und dem Generalstabschef. Noch bevor sich die Katastrophe in der Wolgametropole und der Untergang der 6. Armee abzeichneten, wurde Halder nach mehrfachen Auseinandersetzungen mit Hitler am 24. September 1942 als Generalstabschef entlassen.

Halder, der in den letzten Jahren und Monaten Hitler mit voller Arbeitskraft gedient hatte, war durch die abrupte und kühle Ablösung – obwohl er sie selbst mehrfach erwogen hatte – schmerzlich berührt und tief verärgert, denn er hatte trotz kritischer Distanz zur NS-Führung Heer und Generalstab zu beachtlichen Leistungen und Erfolgen geführt. Dies rechnete er sich zweifellos zugute. Seine glanzlose Verabschiedung empfand er als unwürdig und ungerecht. Er zog sich als Pensionär nach Berlin und nach Aschau im Chiemgau zurück.

Als 1943/44 jüngere Offizier um Claus Schenk Graf von Stauffenberg, Henning von Tresckow und Albrecht Ritter Mertz von Quirnheim neue Widerstandskreise gegen Hitler aufbauten, kam Halder noch einmal am Rande mit Hitlerkritikern im Kreis um den bayerischen Reichsstatthalter General Ritter von Epp und den früheren bayerischen Gesandten in Berlin, Franz Sperr, in Kontakt. Ein Gespräch mit Stauffenberg hatte offensichtlich bereits im Dezember 1942 zur Erkenntnis geführt, daß der frühere Generalstabschef in seiner resignierten Haltung für weitere Widerstandspläne nicht zur Verfügung stand. Zudem wurde Halder von der Gestapo beobachtet. Von dieser Observierung wußten die Verschwörer in Berlin um Beck, Goerdeler und Stauffenberg, so daß sie den Kontakt zu Halder mieden, um nicht unnötige Spuren zu hinterlassen.

Vom Attentatsversuch gegen Hitler am 20. Juli 1944 wurde Halder überrascht. Im nachhinein kritisierte er dessen organisatorische und führungsmäßige Unzulänglichkeiten, gleichwohl sprach er den Akteuren um Stauffenberg seine besondere Hochachtung aus. Bereits am 21. Juli 1944 wurde Halder unter dem Vorwurf des Hochverrats in Aschau von der Gestapo verhaftet. Er kam ins Polizeigefängnis nach München und in die Konzentrationslager Dachau und Ravensbrück/Fürstenberg sowie in das SD-Gefängnis in der Prinz-Albrecht-Straße in Berlin. Auch seine Ehefrau und die älteste Tochter wurden Mitte August 1944 in Sippenhaft genommen. Noch in der Einzelhaft erfolgte am 31. Januar 1945 Halders Entlassung aus dem aktiven Wehrdienst. Nach weiteren Haftstationen im Konzentrationslager Flossenbürg ab Februar 1945 und im Lager Dachau ab April 1945 sowie der Verschleppung nach Toblach wurden Halder und seine Frau am 5. Mai 1945 in Südtirol durch vorrückende US-Truppen aus der SD-Haft befreit.

Danach erfüllte sich allerdings nicht die Hoffnung, sogleich in Freiheit nach Bayern zurückkehren zu können. Als Kriegsgefangener der Alliierten und ab 1. Juli 1946 als Zivilinternierter kam Halder über Italien und Frankreich in das Lager Falkenstein im Taunus. Als Zeuge trat er im Sommer 1946 im Nürnberger Prozeß und nochmals beim Nürnberger Nachfolgeprozeß gegen das OKW (im sogenannten „Fall XII") auf. Wiederholt befürchteten Halder und seine Familie, er werde wie andere führende Militärs als Kriegsverbrecher in Nürnberg angeklagt. Mit Zufriedenheit registrierte er dann im September 1946, daß der Generalstab des Heeres von der Anklage, eine verbrecherische Institution gewesen zu sein, freigesprochen wurde.

Wie viele andere Generale und Feldmarschälle wies Halder für sich als Angehöriger der militärischen Führungselite eine persönliche Schuld oder Mitschuld an Hitlers verbrecherischer Politik zurück. Es entsprach der Verteidigungslüge, die Verwicklung von OKW und OKH in die NS-Verbrechen insbesondere im Osten zu leugnen und die von Halder maßgeblich mitgeplante Aggression gegen die UdSSR als angeblich „militärische Notwendigkeit" im Abwehrkrieg gegen den Bolschewismus zu bezeichnen. Die Nürnberger Prozesse waren für Halder dann auch „keine Stätte des Rechts, sondern der Politik"[11].

Das gegen ihn im September 1948 in München im Rahmen der allgemeinen „Entnazifizierung" in Deutschland durchgeführte Spruchkammerverfahren fand in der deutschen Presse große Beachtung und unter stärkster Anteilnahme der Öffentlichkeit statt.[12] Das Ergebnis, ihn als „nicht belastet" einzustufen,[13] wurde überwiegend begrüßt. Nur wenigen blieb unverständlich, daß sich ausgerechnet Halder, der beim Zustandekommen der „verbrecherischen Befehle" beteiligt war, als uninformiert über das Wüten der SD-Einsatzgruppen hinter der Ostfront 1941/42 bezeichnete. Zudem konnte in seinem wieder aufgetauchten privaten Kriegstagebuch,[14] das alsbald zur herausragenden Quelle für die Erforschung des Zweiten Weltkrieges bis 1942 wurde, sein Anteil an Mitarbeit, Mitschuld und Verstrickung bei den völkerrechtswidrigen Befehlen Hitlers überprüft werden.

In dieser prekären Situation kam es Halder zugute, daß er seit Sommer 1946 für die Historische Abteilung der US-Armee als Leiter einer umfangreichen Forschungsgruppe von teilweise mehr als 150 deutschen Offizieren kriegswissenschaftliche Studien über den Verlauf des Zweiten Weltkrieges erstellte. In dieser Funktion setzte der frühere Generalstabschef alles daran, den Alliierten das fachliche Können der deutschen Generalstabsoffiziere und deren 'saubere' Denkweise in der Tradition von Clausewitz, Moltke, Schlieffen und Ludendorff ebenso wie die besondere „Kunst der deutschen Truppen- und Operationsführung" zu beweisen.[15] Heeresführung und Generalstabsdienst wurden dabei als von Hitlers verbrecherischer Politik mißbrauchte Institutionen hingestellt. Letztlich hatte er damit Erfolg, so daß eine Revision gegen den Freispruch beim eigenen Entnazifizierungsverfahren verhindert werden konnte. Die US-Regierung unter Präsident Kennedy würdigte sogar im November 1961 den Abschluß der kriegsgeschichtlichen Studien unter Halder als Leiter der Control Group der „Historical Division" und die langjährige, loyale Zusammenarbeit mit der Verleihung des „Meritorious Civilian Service Award".

Halder erlangte dadurch in den fünfziger und sechziger Jahren als Doyen der deutschen Kriegsgeschichtsschreibung über den Zweiten Weltkrieg großen Einfluß. Vor dem Hintergrund der erlangten Anerkennung durch den ehemaligen Gegner hatte Halder für Vorwürfe wegen der NS-Verbrechen wenig Verständnis. Er sprach jüngeren Wissenschaftlern und Historikern die Fähigkeit ab, die schwierige Situation in der NS-Zeit erfassen zu können, die sowohl zur Opposition, zum Konflikt als auch in die Verstrickung mit Hitlers verbrecherischen Befehlen und dessen grausamer Politik führen konnte. Gleichwohl kritisierte er sehr deutlich die bekanntgewordenen Verbrechen, die in deutschem Namen und unter Verantwortung der Wehrmacht erfolgt waren. Er unterließ es aber, ein öffentliches Schuldbekenntnis abzugeben oder etwa im Rahmen der Niederschrift von Memoiren das Eingeständnis persönlicher oder institutioneller Verstrickung und Mitschuld zu erklären. So hinterließ er keine Erinnerungen, als er am 2. April 1972 in Aschau/Bayern im 88. Lebensjahr starb. Die Trauerfeier fand mit militärischen Ehren durch die Bundeswehr statt.

Bei aller Anerkennung seiner persönlichen Leistung als Stratege der militärischen Operationen fällt heute das Urteil über Generaloberst Halder erheblich kritischer aus als in den ersten Jahren nach dem Ende des Dritten Reiches. Denn im Spannungsverhältnis zwischen Widerstand und Resignation auf der einen Seite und Anpassung sowie Mitwirkung auf der anderen Seite ist Halder in hohem Maße mitverantwortlich, daß der Soldat an der Front „Zubringerdienste für Henkersknechte" leisten mußte,[16] die nicht selten im Einzelfall zu schweren Gewissenskonflikten der Soldaten und Offiziere führten. Im vertraulichen Gespräch bekannte Halder allerdings, daß es falsch war, sich von Hitlers militärpolitischen Zielen „einfangen zu lassen"[17] und daß auch er „auf diesem Gebiet schwere Fehler gemacht" habe.[18] Moralische und kriminelle Schuld beim verbrecherischen Wüten der Nationalsozialisten wies er für sich persönlich jedoch zurück. Er wich damit bis zu seinem Tod der Beantwortung der für die Kriegsgeneration so überaus wichtigen Frage nach der Verantwortung und dem Versagen der militärischen Funktionselite im Dritten Reich aus, so daß sein Bild trotz militärischer und menschlicher Qualitäten und Leistungen von großer Zwiespältigkeit geprägt bleibt.

Anmerkungen

[1] Zur Biographie siehe Hartmann, Halder und Ueberschär, Generaloberst Halder. Der Verf. dankt Herrn Hans U. Stenger, Frankfurt, für freundliche Hinweise und Anregungen.

[2] Halder, Die Halder in der Bayerischen Armee; Gräfin Schall-Riaucour, Aufstand und Gehorsam; Ueberschär, Generaloberst Halder, S. 9f.

[3] Es trifft somit nicht zu, daß Halder katholisch war, wie gelegentlich behauptet wird und wie es auch Hitler vermutete.

[4] BA-MA Freiburg, N 28/1: Brief Halders an Generalleutnant Beck v. 6. 8. 1934.

[5] Heeresadjutant bei Hitler 1938–1943, S. 24; vgl. Ueberschär, Generaloberst Halder, S. 24.

[6] Archiv IfZ München, ZS/A 33/3: Stellungnahme von General v. Blumentritt, November 1946.

[7] Halder, Kriegstagebuch, Bd. 2, S. 261 (28. 1. 1941).

[8] Vgl. IMT, Bd. 28, S. 238ff. (Aussage Halders gegenüber dem US-Konsul R. H. Geist vom Dezember 1938).

[9] Archiv IfZ München, ED 115/5: Aussage Jodls v. 22. 8. 1945; siehe ferner Ueberschär, Generaloberst Halder, S. 61f.

[10] Halder, Kriegstagebuch, Bd.3, S. 28 (3. 7. 1941).

[11] Ueberschär, Generaloberst Halder, S. 86, zit. nach Brief Halders in: BA-MA Freiburg, N 220/76.

[12] Vgl. dazu die Sammlung im Archiv/Registratur S des Amtsgerichts München: Spruchkammerverfahren gegen Halder.

[13] Ebenda: Urteil der Spruchkammer München X gegen Halder v. 19. 10. 1948.

[14] Halder, Kriegstagebuch, 3 Bde.

[15] BA-MA Freiburg, N 220/80; ebenda 118: Halders Ansprache vor US-Offizieren

in Washington v. 6. 12. 1955; vgl. dazu Ueberschär, Generaloberst Halder, S. 82ff.; Wegner, Erschriebene Siege, S. 287ff.

[16] Briefwechsel Halder mit Heinrich Uhlig in: BA-MA Freiburg, N 220/88 und 85 (Brief von Uhlig an Halder v. 17. 11. 1963).

[17] Ebenda, N 220/91: Briefwechsel Halder mit Helmut Krausnick v. 10. 2. 1956.

[18] Ebenda, N 220/88: Halder an Uhlig v. 3. 2. 1954.

Bibliographische Hinweise

(Vgl. auch die weiteren Literaturangaben in der Gesamtbibliographie ab S. 290ff.)

Ungedruckte Quellen

BA-MA Freiburg, N 220: Nachlaß Halder; ebenda, RH 2: OKH, Generalstab des Heeres; Bayerisches Hauptstaatsarchiv/Kriegsarchiv München, OP 41450: Personalunterlagen; Archiv des Instituts für Zeitgeschichte München, ZS 240: Zeugenschrifttum; Amtsgericht München, Registratur S: Akten zum Spruchkammerverfahren gegen Halder.

Gedruckte Quellen und Literatur

Bor, Peter: Gespräche mit Halder. Wiesbaden 1950.

Burdick, Charles B.: Vom Schwert zur Feder. Deutsche Kriegsgefangene im Dienst der Vorbereitung der amerikanischen Kriegsgeschichtsschreibung über den Zweiten Weltkrieg. Die organisatorische Entwicklung der Operational History (German) Section. In: Militärgeschichtliche Mitteilungen Bd. 10/1971, S. 69–80.

Erfurth, Waldemar: Generaloberst a.D. Halder zum 70. Geburtstag. In: Wehrwissenschaftliche Rundschau 4 (1954), S. 241–251.

Halder, Franz: Hitler als Feldherr. Der ehemalige Chef des Generalstabes des Heeres berichtet die Wahrheit. München 1949.

Halder, Generaloberst Franz: Kriegstagebuch. Tägliche Aufzeichnungen des Chefs des Generalstabes 1939–1942. Bearb. v. Hans-Adolf Jacobsen in Verb. mit Alfred Philippi. 3 Bde., Stuttgart 1962–64.

Halder, Max: Die Halder in der Bayerischen Armee 1689 bis 1910. Entwicklungsgeschichte einer bayerischen Offiziersfamilie. Erlangen 1911.

Hartmann, Christian: Halder. Hitlers Generalstabschef 1938–1942. Paderborn 1991.

Ders.: Franz Halder – Der verhinderte Generalstabschef. In: Die Militärelite des Dritten Reiches. 27 biographische Skizzen. Hrsg. v. Ronald Smelser und Enrico Syring. Berlin 1995, S. 209–222.

Ders. u. Sergej Slutsch: Franz Halder und die Kriegsvorbereitungen im Frühjahr 1939. Eine Ansprache des Generalstabschefs des Heeres. In: VfZG 45 (1997), S. 467–495.

Horn, Martin: Halder. Schuld oder Tragik? München 1948.

Leach, Barry A.: Halder. Colonel-General Franz Halder. In: Hitler's Generals. Ed. by Correlli Barnett. London 1989, S. 101–126.

Müller, Klaus-Jürgen: Das Heer und Hitler. Armee und nationalsozialistisches Regime 1933–1940. Stuttgart 1969, 2. Aufl. 1988.

Schall-Riaucour, Heidemarie Gräfin: Aufstand und Gehorsam. Offizierstum und Generalstab im Umbruch. Leben und Wirken von Generaloberst Franz Halder, Generalstabschef 1938–1942. Wiesbaden 1972.

Ueberschär, Gerd R.: Generaloberst Franz Halder. Generalstabschef, Gegner und Gefangener Hitlers. Göttingen 1991.

Ders.: Generaloberst Halder im militärischen Widerstand 1938–1940. In: Wehrforschung H. 1/1973, S. 20–31.

Ders.: General Halder and the Resistance to Hitler in the German High Command 1938–40. In: European History Quaterly 18 (1988), S. 321–347.

Bernd Wegner: Erschriebene Siege. Franz Halder, die „Historische Division" und die Rekonstruktion des Zweiten Weltkrieges im Geiste des deutschen Generalstabes. In: Politischer Wandel, organisierte Gewalt und nationale Sicherheit. Festschrift für Klaus-Jürgen Müller. Hrsg. v. Ernst Willi Hansen, Gerhard Schreiber und Bernd Wegner. München 1995, S. 287–302.

Samuel W. Mitcham, Jr.

SS-Oberstgruppenführer und Generaloberst der Waffen-SS Paul Hausser*

Paul Hausser, der die militärische Entwicklung der Waffen-SS wahrscheinlich stärker beeinflußte als irgend jemand sonst, wurde am 7. Oktober 1880 in Brandenburg als Sohn eines preußischen Offiziers geboren.[1] Er wurde in der Kadettenanstalt Berlin-Lichterfelde ausgebildet und trat 1899 als Leutnant in das 155. Infanterieregiment in Ostrow/Posen ein. Nachdem er dort acht Jahre Dienst getan hatte, besuchte er von 1907 bis 1912 die Kriegsakademie. 1912 wurde er in den Großen Generalstab versetzt und 1914 zum Hauptmann befördert. Während des Ersten Weltkriegs war er in verschiedenen dienstlichen Funktionen als Generalstabsoffizier tätig. Er kämpfte in Frankreich, Kurland und Rumänien und erhielt zahlreiche Tapferkeitsauszeichnungen. Nach Kriegsende gehörte er einem Freikorps an der Ostgrenze an, bevor er 1920 in das Reichsheer übernommen wurde.[2]

Von 1930 bis 1932 war er Infanterieführer IV und stellvertretender Kommandeur der 4. Infanteriedivision. Im Januar 1932, im Alter von 51 Jahren, wurde Generalmajor Hausser mit dem Ehrenrang eines Generalleutnants in den Ruhestand versetzt.[3] Jetzt engagierte sich Hausser, der immer ein leidenschaftlicher Nationalist gewesen war, für den Nationalsozialismus. Nach vorübergehender Tätigkeit als 'Stahlhelm'-Führer war er SA-Standartenführer im Gebiet Berlin-Brandenburg, als ihm Heinrich Himmler, der Reichsführer-SS, 1934 die Ausbildung der SS-Verfügungstruppe (SS-VT) – der Keimzelle der späteren Waffen-SS – anbot. Im November 1934 wurde Hausser als Standartenführer in die SS übernommen. Seine erste Aufgabe war die Leitung der SS-Führerschule in Braunschweig.

In der SS-VT fand Hausser begeisterte, aber unausgebildete junge Nationalsozialisten vor, die dem 'Führer' fanatisch ergeben waren. Man brauchte und schätzte die Führungs- und Organisationserfahrung des ehemaligen Generalstabsoffiziers Hausser. Rasch machte er das Ausbildungsprogramm der Schule zu einem Modell, das nicht nur von anderen SS-Führerschulen, sondern von Unteroffiziers- und Waffenschulen im gesamten Reich – später in ganz Europa – kopiert wurde. Unter seiner Führung übertraf die SS-Elite bald alles, was das Heer auf den Truppenübungsplatz schicken konnte – wenigstens dem Anschein nach. Himmler war so beeindruckt, daß er Hausser

* Aus dem Englischen übersetzt von Karl Nicolai.

zum Inspekteur der SS-Führerschulen ernannte, dem die Junkerschulen in Braunschweig und Bad Tölz sowie die SS-Ärztliche Akademie in Graz unterstanden. Am 20. April 1936 wurde er zum SS-Oberführer, fünf Wochen später zum SS-Brigadeführer befördert. Im Oktober desselben Jahres wurde Hausser – aufgrund der rapiden Expansion der SS – zum Inspekteur der SS-Verfügungstruppe ernannt; damit war er für die militärische Ausbildung aller SS-Einheiten mit Ausnahme der 'Totenkopf'-Verbände verantwortlich.

Hausser erwies sich als intelligenter und großzügiger Ausbildungschef. Er sorgte beispielsweise dafür, daß die SS-VT als erste Truppe im Feld Tarnuniformen trug, und er hielt an dieser Entscheidung fest, obwohl die Soldaten des Heeres seine SS-Männer deswegen als „Laubfrösche" verspotteten. Während der nächsten drei Jahre überwachte Hausser die Organisation, Entwicklung und Ausbildung der SS-Standarten „Deutschland", „Germania" und „Der Führer" als motorisierte Verbände, die für die innenpolitische Sicherung des NS-Regimes vorgesehen waren.

Im Spätsommer 1939 war Hausser gerade dabei, die erste Division der SS-VT aufzubauen; aber der Kriegsausbruch überraschte ihn, und nicht alle seine Einheiten hatten ihre Ausbildung abgeschlossen; deshalb war keine SS-Division als solche am Polenfeldzug beteiligt. Die erste vollständige Division der „Waffen-SS" wurde am 10. Oktober 1939 aufgestellt; ihr Kommandeur war der soeben zum SS-Gruppenführer beförderte Paul Hausser.[4] Ab Dezember 1939 wurde der Name „Waffen-SS" dann auch offiziell verwendet.

Im Frühsommer 1940 führte Hausser seine motorisierte Division ruhmreich bei der Eroberung von Holland, Belgien und Frankreich, wo er bis zur spanischen Grenze vorstieß. Aufgrund der Erfolge der Waffen-SS bei diesem Feldzug erlaubte Hitler im Winter 1940/41 die Aufstellung neuer Waffen-SS-Divisionen. Den Kern dieser Divisionen bildete die Division Haussers, die zuerst als Division „Deutschland", seit Anfang 1941 als SS-Division „Das Reich", später als 2. SS-Panzerdivision „Das Reich" bezeichnet wurde. Im April 1941 nahm diese Division an der Eroberung Jugoslawiens teil. Dann wurde sie in das Aufmarschgebiet für das „Unternehmen Barbarossa", nach Polen, verlegt.

Dort war ihr Umbildungsprozeß immer noch im Gange, als am 22. Juni 1941 der Angriff gegen die Sowjetunion begann. Haussers Division war an den Kesselschlachten im Bereich der Heeresgruppe Mitte beteiligt. Innerhalb von fünf Monaten hatte sie in schweren Kämpfen 40 Prozent Verluste. In der Schlacht bei Gjatsch erlitt Paul Hausser eine schwere Gesichtsverletzung und verlor das rechte Auge. Man brachte ihn nach Deutschland, wo er mehrere Monate brauchte, um zu genesen.

Im Mai 1942 kehrte Hausser – seit Oktober 1941 SS-Obergruppenführer und General der Waffen-SS – als Kommandeur des neugeschaffenen SS-Panzerkorps, das in Nordfrankreich stationiert war, zur Truppe zurück. Damit war er der erste SS-Führer, der Kommandierender General eines Armeekorps der Waffen-SS wurde. Ihm unterstanden die 1., 2. und 3. SS-Division, die jetzt zu modern ausgestatteten Panzergrenadier-Divisionen („Leibstandarte Adolf Hitler", „Das Reich" und „Totenkopf") umgerüstet wurden.

Im Januar 1943, als die Ostfront in größter Gefahr war, beorderte Hitler das SS-Panzerkorps schleunigst von Frankreich nach Charkov, zur viertgrößten Stadt der Sowjetunion, die aus Prestigegründen „bis zum letzten Mann" gehalten werden sollte. Am 15. Februar mittags war Hausser von zwei sowjetischen Armeen nahezu eingeschlossen. Anstatt seine beiden Elite-SS-Divisionen (die Division „Totenkopf" war noch nicht in Rußland eingetroffen) zu opfern, befahl Hausser seinem Korps, nach Südwesten auszubrechen – ohne sich um die Befehle Hitlers oder der Heeresgenerale zu kümmern. Haussers direkter Vorgesetzter, General Hubert Lanz, war entsetzt: Ein Führerbefehl wurde bewußt nicht befolgt! Deshalb funkte er an Hausser: „Charkov ist unter allen Umständen zu verteidigen!"[5] Hausser ignorierte auch diesen Befehl. In den Morgenstunden des 16. Februar zog sich die letzte deutsche Nachhut aus Charkov zurück. Hausser hatte durch seine Entscheidung auch die 320. Infanteriedivision des Heeres sowie die bewährte Panzergrenadierdivision „Großdeutschland" gerettet. Die Frage war nun: Wie würde Hitler auf diese bewußte Befehlsverweigerung reagieren?

Die Mentalität Adolf Hitlers verlangte nach einem Sündenbock für diese jüngste Katastrophe; aber Hausser eignete sich dafür nicht. Er war schließlich SS-Offizier und Träger des Goldenen Parteiabzeichens, das Hitler ihm gerade drei Wochen zuvor verliehen hatte. An seiner Stelle entließ Hitler keinen anderen als Hubert Lanz – eben den General, der bis zuletzt darauf bestanden hatte, daß der Befehl des 'Führers' zu befolgen sei.[6] Hitler verzieh Hausser jedoch nicht sofort, selbst als Berichte allen Einsichtigen bewiesen, daß Hausser richtig gehandelt hatte. Zur Strafe wurde ein Vorschlag, Hausser mit dem Eichenlaub zum Ritterkreuz auszuzeichnen, bis Juli 1943 nicht ausgeführt.

Inzwischen ersann Generalfeldmarschall von Manstein, der Oberbefehlshaber der Heeresgruppe Süd, einen glänzenden Plan, um den Südabschnitt der Ostfront zu stabilisieren. Er ließ die Sowjets vorwärtsdrängen und hielt seine Panzerverbände für eine massive Gegenoffensive zurück. Dieses Manöver erforderte eine Zangenbewegung, um den massierten Durchbruch der Sowjets südlich von Charkov zu stoppen; danach wollte man versuchen, die Stadt zurückzuerobern. Hausser, mittlerweile durch die SS-Division

„Totenkopf" verstärkt, sollte den linken Flügel der Zangenbewegung kommandieren.

Diese dritte Schlacht von Charkov begann am 19. Februar 1943. Die Kämpfe waren erbittert, aber am 9. März waren die 6. sowjetische Armee samt der Panzergruppe Popow vernichtet. Am folgenden Tag drangen Haussers Angriffsspitzen wieder in die brennende Stadt Charkov ein und eröffneten eine der umstrittensten Schlachten dieses Generals. Die meisten Militärhistoriker sind sich darüber einig, daß Charkov zu diesem Zeitpunkt für die Rote Armee bereits verloren war und daß Hausser die Stadt hätte einschließen sollen; statt dessen griff er sie von Westen her frontal an und ließ sich auf sehr verlustreiche Straßenkämpfe ein, die bei dem fanatischen Widerstand der Sowjets sechs Tage lang dauerten.

Im Juli 1943 stellte Hausser dann seinen militärischen Ruf wieder her – in der Schlacht von Kursk („Unternehmen Zitadelle"), der größten Panzerschlacht der Geschichte. Seine Truppe, jetzt als II. SS-Panzerkorps bezeichnet, stieß dabei weiter vor als irgendein anderer deutscher Verband und vernichtete über 1000 sowjetische Panzer. Trotzdem erlitten die Deutschen bei Kursk eine Niederlage. Am 25. Juli 1943 kam der Sturz des italienischen Diktators Benito Mussolini hinzu. Sofort ordnete Hitler die Verlegung des II. SS-Panzerkorps nach Norditalien an, obgleich am Ende nur das Hauptquartier und die 1. Panzergrenadierdivision die Ostfront verließen. Hausser blieb bis Dezember 1943 in Italien, wurde jedoch nicht in Kämpfe verwickelt. Dann wurde er nach Frankreich versetzt, wo sein Korpsstab die neu aufgestellten SS-Panzerdivisionen „Hohenstaufen" und „Frundsberg" übernahm.

Das Korps Haussers sollte bis zu der erwarteten „D-Day"-Invasion in Reserve gehalten werden. Als aber im April 1944 die 1. Panzerarmee in Galizien eingeschlossen war, holte man das II. SS-Panzerkorps an die Ostfront zurück, um sie zu retten, was auch gelang. Anstatt das SS-Korps nun aber nach Frankreich zurückzuschicken, verlegte Hitler es nach Polen, wo es eine Reserve gegen die Russen bildete. Erst am 11. Juni – fünf Tage nach den Landungen der Alliierten in der Normandie – beorderte Hitler das Korps nach Frankreich zurück, wo es einen Abschnitt westlich von Caen zugewiesen bekam.

Die Schlacht um die Normandie war die schwierigste und härteste in der Karriere Haussers. Zahlenmäßig weit unterlegen, stand er einem Feind gegenüber, der die Luft und das Meer unangefochten beherrschte und es ihm fast unmöglich machte, seine Truppen zu bewegen oder ihnen Nachschub zuzuführen. Nichtsdestoweniger hielt Hausser, trotz schwerer Verluste, seine Stellungen. Unterdessen befand sich die linke Hälfte der Front in der Normandie, für die Generaloberst Dollmann mit der 7. Armee verantwortlich war, in ernsten Schwierigkeiten. Kurz nach dem Fall von Cherbourg erlag der schwerbedrängte Oberbefehlshaber einem Herzanfall. Seinen Posten übernahm Paul Hausser, der bald danach zum SS-Oberstgruppenführer und Generaloberst der Waffen-SS befördert wurde. Er war damit der erste SS-Führer, der auf Dauer als Oberbefehlshaber einer Armee eingesetzt wurde.[7]

Die Armee Haussers war weit schwächer als die rechts von ihr stehende 5. Panzerarmee. Seine Divisionen wurden allmählich zurückgedrängt und langsam aufgerieben. Mitte Juli mußte Hausser zu taktischem Flickwerk greifen, um überhaupt noch eine Reserve bilden zu können.

Der entscheidende Durchbruch der Alliierten in der Normandie erfolgte im Abschnitt Haussers am 25. Juli 1944. An diesem Tag warfen in der „Operation Cobra" 2500 alliierte Flugzeuge etwa 5000 Tonnen hochbrisanten Sprengstoff, gelartiges Benzin (Napalm) und Phosphor auf eine Fläche von 15 Quadratkilometern und fügten so den Divisionen Haussers verheerende Verluste zu. Zweifellos verhielt sich Hausser gegenüber der ganzen „Operation Cobra" falsch: er hatte es versäumt, die Panzerdivisionen aus der Front in die rückwärtige Reserve zu ziehen, wie es ihm Generalfeldmarschall von Kluge vorgeschlagen hatte. „Hausser beschränkte sich praktisch darauf, Ersatz für die Verluste, zusätzliche Artillerie, Nachschub und eine sichtbare Luftunterstützung anzufordern", heißt es in der offiziellen US-Darstellung des Zweiten Weltkriegs.[8] Während des Kampfes kamen die rasch vorstoßenden US-Verbände bis auf wenige hundert Meter an den vorgeschobenen Gefechtsstand der 7. Armee – 5 km nördlich von Avranches – heran. Derart abgeschnitten, mußten Hausser und viele seiner hohen Stabsoffiziere versuchen, zu Fuß durch die Zwischenräume der amerikanischen Wagenkolonnen zu entkommen. So konnte Hausser nichts unternehmen, um den Verlauf der Schlacht zu beeinflussen.

Als Kluge schließlich vom Ausmaß der Katastrophe der 7. Armee erfuhr, erreichte seine Unzufriedenheit mit der Führung dieser Armee ihren Höhepunkt. Da er nicht befugt war, den SS-General abzulösen, entließ er den Stabschef Haussers und den Kommandeur des LXXXIV. Armeekorps und ersetzte sie durch eigene Leute.[9] Aber die Schlacht war längst verloren.

Als die 3. Armee des US-Generals Patton die 5. Panzerarmee und die 7. Armee südlich von Caen einzuschließen drohte, widersetzte sich Hausser – zusammen mit Kluge – dem unrealistischen Plan Hitlers, neun dezimierte Panzerdivisonen am westlichen Rand der Frontausbuchtung zu konzentrieren, um nach Westen bis zur Küste durchzustoßen und Patton abzuschneiden. Statt dessen wollten Kluge und Hausser sich hinter die Seine zurückziehen. Kluge konnte sich aber nicht durchsetzen, und es ist bezeichnend, daß auf Hitlers Befehl der letzte Versuch, die Westküste zu erreichen, von einer *ad hoc* gebildeten Panzergruppe unter General Heinrich Eberbach, dem früheren Kommandeur der 5. Panzerarmee, durchgeführt wurde – nicht von Hausser. Auf jeden Fall scheiterte dieser Versuch, und das Gros der Heeresgruppe B wurde am 17. August im Kessel von Falaise eingeschlossen. Hausser, der sich mit seinen Männern noch im Kessel befand, befahl allen kampffähigen Einheiten, in der Nacht vom 19./20. August in einzelnen Kampfgruppen auszubrechen. Es war charakteristisch, daß er persönlich dabei die Führung übernahm. Diese Entscheidung Haussers rettete etwa ein Drittel seiner Armee. Der General selbst schloß sich der 1. SS-Panzerdivision „Leibstandarte Adolf Hitler“ an und marschierte am 20. August mit umgehängter Maschinenpistole, als ihn eine amerikanische Granate schwer verwundete. Einigen Männern der „Leibstandarte“ gelang es schließlich, ihn hinter die deutschen Linien zurückzubringen, so daß er versorgt werden konnte und in ein Lazarett in Greifswald kam.

Sechs Tage nach seiner Verwundung erhielt Hausser das Eichenlaub mit Schwertern zum Ritterkreuz. Er konnte jedoch erst am 23. Januar 1945 wieder an die Front zurückkehren, wo er den Oberbefehl über die Heeresgruppe Oberrhein übernahm. Schon sechs Tage später wurde diese aufgelöst, und er wurde Oberbefehlshaber der Heeresgruppe G mit dem Auftrag, Süddeutschland zu verteidigen. Der Krieg war jedoch längst verloren, und Hausser blieb kaum etwas anderes übrig, als sich in hinhaltenden Kämpfen durch das Saarland und die Pfalz zurückzuziehen. Im Februar 1945 erließ Hausser einen berüchtigten und radikalen Durchhaltebefehl, der die sofortige Erschießung eigener versprengter Soldaten androhte.[10] Auch er schien bemüht, den „Endkampf um das Reich“ zu verlängern.

Bald aber war Hausser nicht nur von der NS-Führung völlig enttäuscht, sondern auch durch Hitlers ständiges Eingreifen in Details seiner militärischen Operationen verärgert. Das persönliche Verhältnis zwischen den beiden Männern, das sich seit der zweiten Schlacht um Charkov allmählich verschlechtert hatte, erreichte im Frühjahr 1945 einen neuen Tiefpunkt. Am 30. März 1945 äußerte Hitler, weder Sepp Dietrich noch Hausser zählten zu den großen operativen Begabungen.[11] Drei Tage später schlug Hausser vor, eine Lücke zwischen der 1. und der 7. Armee durch einen weiteren Rückzug nach Süddeutschland zu schließen. Unverzüglich enthob ein wütender Hitler Hausser seines Kommandos und ersetzte ihn durch den General der Infanterie Friedrich Schulz. Für die restlichen Wochen des Krieges war Hausser unbeschäftigt; im Mai ergab er sich in Österreich den Amerikanern. Bei den Nürnberger Prozessen war er 1946 der wichtigste Entlastungszeuge für die Waffen-SS, indem er aussagte, seine Männer seien Soldaten wie alle anderen gewesen. Trotzdem wurde die gesamte SS, einschließlich der Waffen-SS, als „verbrecherische Organisation“ verurteilt. Hausser selbst blieb bis 1948 im Gefängnis.

Paul Hausser war weitgehend verantwortlich für die Entwicklung der Waffen-SS zu einer starken bewaffneten Macht, die von ihm maßgeblich geprägt worden war. Gern stellte er sie als vierten Zweig der Wehrmacht dar, die im Grunde von anderen SS-Organisationen unabhängig gewesen sei, obwohl es einen Personalaustausch zwischen Waffen-SS und KZ-Wachmannschaften gab. Als General war Hausser ein überdurchschnittlicher Divisionskommandeur und ein begabter – manchmal sogar glänzender – Korpskommandeur. Dagegen gab seine Leistung als Oberbefehlshaber der 7. Armee in der Normandie Anlaß zu Kritik. Hausser besaß nicht nur persönlichen Mut, sondern auch Zivilcourage: Oft trotzte er 'Führerbefehlen', weil er seine Männer nicht sinnlos opfern wollte. In der Nachkriegszeit war er aktives Mitglied der 'Hilfsorganisation der Waffen-SS auf Gegenseitigkeit' (HIAG), besuchte häufig Veranstaltungen von Veteranen der Waffen-SS und verfaßte zahlreiche Artikel für deren Zeitschrift („Wiking-Ruf", später „Der Freiwillige"). 1953 schrieb er sein erstes Buch, „Waffen-SS im Einsatz", das er 1966 erweiterte und mit dem Untertitel „Soldaten wie andere auch" versah. Er starb am 21. Dezember 1972, im Alter von 92 Jahren, in Ludwigsburg.[12] An seiner Bestattung nahmen einige Tausend seiner ehemaligen Soldaten der Waffen-SS teil.

Anmerkungen

[1] Sein Vater, Kurt Hausser, stieg bis zum Rang eines Majors auf. Vgl. dazu und zum Folgenden Krätschmer, Die Ritterkreuzträger, S.159; ferner Preradovich, Die Generale der Waffen-SS, S.26f.

[2] Yeager, Hausser, S.10.

[3] Ebenda.

[4] Bender/Taylor, Uniforms, Organization and History, Bd. II, S.80.

[5] Carell, Verbrannte Erde, S.162.

[6] Bis zum Fall von Charkov war Lanz Kommandeur der *ad hoc* gebildeten „Armee-Abteilung Lanz", zu der Reste der Heeresgruppe B und das Korps Haussers gehörten. Lanz wurde durch Werner Kempf abgelöst. Kurz darauf wurde die Armee-Abteilung zur 8. Armee aufgewertet. Lanz übernahm den Befehl über das XXII. Gebirgsjägerkorps.

[7] Der erste SS-Führer, der vorübergehend den Oberbefehl über eine Armee erhielt, war Sepp Dietrich, der am 9. und 10. Juni 1944 als Vertreter des schwerverwundeten Generals Geyr v. Schweppenburg die Reste der Panzergruppe West (später 5. Panzerarmee) führte.

[8] Blumenson, Breakout and Pursuit, S.226.

[9] Ebenda, S.328. An die Stelle von Generalmajor Max Pemsel, Haussers Chef des Stabes, trat Oberst i. G. Rudolf-Christoph v. Gersdorff. Generalleutnant Otto Elfeldt übernahm vorübergehend das Kommando über das LXXXIV. Armeekorps; er geriet

am 20. August in Gefangenschaft. Der Mann, den er ablöste, Dietrich v. Choltitz, wurde drei Tage nach seiner Ablösung zum General der Infanterie befördert. Als Wehrmachtsbefehlshaber in Groß-Paris übergab er die Stadt am 24. August 1944 kampflos.

[10] BA-MA Freiburg, RH 20–19/196.

[11] Die Tagebücher von Joseph Goebbels, Teil II, Bd. 15, S. 649.

[12] Krätschmer, Die Ritterkreuzträger, S. 181.

Bibliographische Hinweise

(Vgl. auch die weiteren Literaturangaben in der Gesamtbibliographie ab S. 290 ff.)

Ungedruckte Quellen

BA Koblenz und BA-MA Freiburg: kleine Erwerbungen und Sammlungen; N 756: Sammlung Vopersal zur Geschichte der Waffen-SS, RS-1: Kommandoamt der Waffen-SS, RS-2: SS-Panzerkorps, RS-3: SS-Divisionen; BA Berlin-Lichterfelde: SS-Unterlagen und Personalakte Hausser.

Gedruckte Quellen und Literatur

Befehl des Gewissens. Charkow Winter 1943. Hrsg. v. Bundesverband der Soldaten der ehem. Waffen-SS e.V. Osnabrück 1976.

Bender, Roger J. /Hugh P. Taylor: Uniforms, Organization, and History of the Waffen-SS. Mountain View 1969–82.

Blumenson, Martin: Breakout and Pursuit. Washington DC 1969.

Carell, Paul: Scorched Earth. New York 1964.

Goebbels Tagebuch 1945. Die letzten Aufzeichnungen. Hamburg 1977.

Hausser, Paul: Waffen-SS im Einsatz. Göttingen 1953.

Ders.: Soldaten wie andere auch. Der Weg der Waffen-SS. Osnabrück 1966.

Höhne, Heinz: Der Orden unter dem Totenkopf, Die Geschichte der SS. Gütersloh 1967.

Klietmann, Kurt: Die Waffen-SS. Eine Dokumentation. Osnabrück 1965.

Koehl, Robert: The Black Corps. Madison 1983.

Krätschmer, Ernst-Günther: Die Ritterkreuzträger der Waffen-SS. Preußisch Oldendorf 1983.

Prerodovich, Nikolaus v.: Die Generale der Waffen-SS. Berg am See 1965.

Seaton, Alfred: The Fall of Fortress Europe 1994–1945. York 1981.

Stadtler, Sylvester: Die Offensive gegen Kursk 1943. II. SS-Panzerkorps als Stoßkeil im Großkampf. Osnabrück 1980.

Stein, Georg H.: Geschichte der Waffen-SS. Düsseldorf 1978.

Wegner, Bernd: Hitlers politische Soldaten. Paderborn 1988.

Yeager, Mark C.: SS-Obergruppenführer und Generaloberst der Waffen-SS Paul Hausser. Winnipeg 1986.

Gerhard Hümmelchen

Generaloberst Hans Jeschonnek

Jan Hans Wenzel Ernst Jeschonnek wurde am 9. April 1899 in Hohensalza/Westpreußen als Sohn des späteren Studiendirektors Dr. phil. Friedrich Karl Jeschonnek, Hauptmann der Reserve, und dessen Ehefrau Klara Emma Karoline geboren. Von 1905 bis April 1908 besuchte Jeschonnek die Bürgerschule in Bromberg, danach ein Jahr das dortige Gymnasium. Schon früh war sein Berufswunsch, Offizier zu werden[1], und so trat er 1909 in die Kadettenanstalt Köslin/Pommern ein. Im April 1913 wechselte er in die Kadettenanstalt Groß-Lichterfelde bei Berlin über. Nach Ausbruch des Krieges meldete er sich am 10. August 1914 als Fähnrich aus der Obersekunda zum Kriegseinsatz. Als er im Herbst 1914 zum Leutnant befördert wurde, war er gerade 15 Jahre alt. Er kämpfte an der Westfront und wurde im Oktober 1915 verwundet. Im November 1916 übertrug ihm sein Regimentskommandeur die Führung einer Maschinengewehr-Kompanie. Sommer 1917 meldete sich Jeschonnek zur Fliegertruppe und wurde zum Flugzeugführer ausgebildet, bis er im Frühjahr 1918 zur Jagdstaffel 40 versetzt wurde. Bis zum Kriegsende errang er zwei Luftsiege und erhielt das Eiserne Kreuz I. Klasse.

Nach dem Krieg flog Jeschonnek bis Anfang 1920 im niederschlesischen Grenzschutz in der Fliegerabteilung 401 in Gleiwitz und der Fliegerstaffel 129. Danach übernahm ihn die Reichswehr als Zugführer ins Reiterregiment 11: Auf Grund der Versailler Friedensvertragsbestimmungen durfte Deutschland keine Luftstreitkräfte unterhalten. 1924–1928 diente er im Heereswaffenamt, ab 1. 4. 1925 als Oberleutnant. Als planmäßiger Hilfsoffizier der Abteilung T-3 im Truppenamt beim Reichswehrministerium absolvierte Jeschonnek 1928–1931 eine Führergehilfenausbildung, 1930 unterbrochen durch eine Blindflugausbildung bei der Deutschen Verkehrsfliegerschule Braunschweig. Sein fliegerisches Können wurde als „guter Durchschnitt“ beurteilt. Als Hauptmann (ab 1. 6. 1932) gehörte Jeschonnek ab Februar 1933 zur Inspektion der Waffenschulen (L) und zwei Monate später zum Luftschutzamt. Am 21. August 1933 schied er aus dem Heer aus, um zum Reichsluftfahrtministerium als Führungsstabsoffizier (Adjutant) beim Staatssekretär Milch[2] und Verbindungsoffizier zum Reichswehrministerium überzutreten. In dieser Position erhielt er am 1. 4. 1935 die Beförderung zum Major. Der rasche Aufbau der Luftwaffe förderte auch Jeschonneks Karriere. Am 1. 4. 1936 erhielt er das Kommando über die Fliegergruppe Greifswald (II./K.G. 152 „Hindenburg“) und den dortigen Fliegerhorst. Wenige Monate später folgte die Lehrgruppe Greifswald. Daraus entstand am 1. 10. 1936 das Lehrgeschwader 1. Ihr erster Kommodore war Jeschonnek. Wegen dreier Totalverluste im Übungsbetrieb beim zu tiefen Fliegen über See kam es allerdings zur Zerrüttung des bisher guten Verhältnisses zum Staatssekretär im Reichsluftfahrtministerium Milch[3].

Als Oberstleutnant (1. 4. 1937) wurde Jeschonnek am 1. 10. 1937 zum Chef der Operationsabteilung des Generalstabs der Luftwaffe ernannt. Damit trat er in den Kreis der Offiziere ein, die den Auf- und Ausbau der jungen Luftwaffe unter Göring, ihre Organisation und Ausbildung maßgeblich beeinflußten. Am 1. 2. 1938 stieg Jeschonnek zum Chef des Führungsstabes des Generalstabs der Luftwaffe auf und wurde am 1. 11. 1938 Oberst. Am 1. 2. 1939 ernannte Göring den 39jährigen zum Chef des Generalstabs der Luftwaffe. Die Beförderung zum Generalmajor folgte am 14. 8. 1939. Das war ein wahrhaft kometenhafter Aufstieg eines Offiziers, der durch seine kritiklose Verbundenheit mit dem NS-Regime ermöglicht wurde. Richard Suchenwirth, Autor der einzigen Biographie Jeschonneks, bemerkt: „Vom Oberst angefangen war seine Beförderung jedenfalls überstürzt und nicht mehr gesund. Sie war und wurde sein Schicksal!“[4]

Jeschonneks Jugend war in den Augen Görings zunächst keineswegs von Nachteil. Dieser war im Gegenteil „glücklich“, einen so jungen Generalstabschef zu haben. Er war ihm auch deshalb willkommen, weil er zunächst als potentieller Konkurrent bei Hitler ausschied. Auch dieser war von der Jugendfrische Jeschonneks begeistert. Ihm gefiel die ausgesprochen soldatische Erscheinung des jungen Offiziers. Auf Jeschonnek wirkte Hitler „wie ein geheimnisvoller Magnet“. Der Diktator war in seiner spartanischen Lebensführung sein Ideal. Trotz seiner mangelhaften Sachkenntnis in Luftwaffenfragen und seines pompösen schauspielerhaften Auftretens übte aber auch Göring auf seinen Kreis von Untergebenen eine seltsame Anziehungskraft aus, gegen die auch Jeschonnek nicht gefeit war, so sehr ihn Görings Gehabe während des Krieges irritiert haben mag. Ihm muß das selbst aufgefallen sein, denn er sagte einmal: „Ich kann nicht gegen Göring, ich bin Soldat!“[5] Und dies war er auch, aber nur dieses[6]. Schließlich hatte er Göring viel zu verdanken.

Bezeugt sind Jeschonneks militärisches Leistungsvermögen und Können. Generalleutnant Rieckhoff bescheinigt ihm eine rasche Auffassungsgabe und eine gute formale Intelligenz, die ihn schnell das Wesentliche einer Sache erkennen ließ. Seine Energie habe sich ausgewirkt in Fleiß und rascher Entschlußkraft. Rieckhoff bemängelte jedoch, daß es ihm an persönlichen Werten fehlte, um eine Rolle als Erzieher zu spielen. Wohl vermochte er sich als Vorgesetzter durchzusetzen und als Kamerad Achtung zu verschaffen. „Er besaß die Kraft und zeitweilig auch das diplomatische Geschick, um Göring und Hitler für seine Auffassung zu gewinnen, aber er verfügte nicht über die durchsetzerische Kraft, um sich diesen beiden Phantasten und Dilettanten der Kriegführung entgegenzustemmen.“[7] Politisch hat sich Jeschonnek nie geäußert, aber er galt als treuer Gefolgsmann Hitlers.[8] Dadurch, daß er zusammen mit Göring Hitler eine viel stärkere und schlagkräftigere Luftwaffe vorgaukelte, als diese wirklich war, hat er Hitler in seinen Aggressionsplänen bestärkt und trägt dadurch Mitschuld am Krieg. Verständlicherweise war es für Jeschonnek nicht leicht, sich gegenüber den anderen Führungskräften der Luftwaffe, den meist an Dienst- und Lebensalter überlegenen Generalen durchzusetzen. Nur mit dem späteren Feldmarschall von Richthofen und General der Flieger Otto Hoffmann von Waldau (1898–1943) bestand ein engeres Verhältnis. In der Luftwaffe gab es allerdings verschiedene Ansichten über die Freundschaft Jeschonneks mit von Richthofen. Generaloberst Kurt Student war überzeugt, daß diese nur eine „Vernunftsehe“ sei und keine echte Freundschaft, während von Richthofens Stabschef, Oberst i. G. Torsten Christ, von einer „herzlichen Freundschaft“ sprach. Dies bestätigte auch Jeschonneks langjährige Sekretärin, Frau Lotte Kersten.[9]

Eine nicht zu unterschätzende Rolle spielte ein Freundeskreis um Göring, gegen den der Generalstabschef nicht ankam. Zu diesem Kreis gehörten der Generaloberst Bruno Lörzer, der Staatssekretär Paul Körner und General der Flieger Karl Bodenschatz, Görings Verbindungsmann bei Hitler. Diese drei hatten kaum Verständnis für einen in so jungen Jahren zum Generalstabschef aufgestiegenen Offizier wie Jeschonnek.

Nach dem Polenfeldzug verlieh Hitler Jeschonnek 1939 das Ritterkreuz des Eisernen Kreuzes und beförderte ihn bereits nach dem gewonnenen Frankreichfeldzug am 19. Juli 1940 „wegen hervorragender Verdienste in der Leitung der Operationen der Luftwaffe“ unter Überspringung des Generalleutnants zum General der Flieger. Als dann Görings Stern sank und die Luftwaffe an allen Fronten ins Hintertreffen geriet, erging sich Göring oft in ungehemmten Vorwürfen gegen seinen Generalstabschef.[10] Für Jeschonneks Amtsführung war von wesentlicher Bedeutung, daß er Hitler für einen großen Staatsmann hielt und ein militärisches Genie, dessen Forderungen an die Luftwaffe zu erfüllen er für seine vornehmste Aufgabe hielt.[11]

Trotz seines raschen Aufstiegs fehlten Jeschonnek verschiedene für einen hohen militärischen Führer unerläßliche Eigenschaften: Menschenkenntnis, schöpferische Phantasie und Verständnis für Fragen der Technik und der Wirtschaft.[12] Die daraus resultierende innere Unsicherheit führte dazu, daß sich Jeschonnek oft betont kurz gab, nicht aus sich herausging und eine ihm eigene Neigung zu sarkastischer Schärfe übertrieb. Eine andere Meinung konnte er diktatorisch ablehnen. Sein Führungsstil war dadurch gekennzeichnet, daß er sich von seinen Mitarbeitern „im allgemeinen wenig beraten ließ". Aussprachen duldete er kaum. So bestand die Tätigkeit des Luftwaffenführungsstabes oft nur darin, Weisungen Hitlers, die Jeschonnek von den Lagebesprechungen mitbrachte, als Befehle auszufertigen und weiterzuleiten[13].

Jeschonneks war nicht besonders religiös. So verfügte er wohl über keine seelischen Reserven, als die Wende des Krieges sein tiefstes Vertrauen in die Führung zerbrach und seine bis dahin kometenhafte Laufbahn gefährdete – am 1. 2. 1942 war er zum Generaloberst befördert worden. Im Grunde war Jeschonnek, wie von Zeugen ausdrücklich bestätigt wird, ein einsamer Mensch.[14] So fand der von Göring und Hitler enttäuschte und auch gesundheitlich angeschlagene Offizier keinen anderen Ausweg, als am 18. August 1943 freiwillig aus dem Leben zu scheiden. Andere Gründe dürfte es für Jeschonnek nicht gegeben haben. Die Verbrechen des NS-Systems, von denen er sich bis zuletzt nicht distanzierte, waren nicht der Grund für seinen Freitod, vielmehr ließen ihm die fachlichen militärischen Probleme im anstehenden Krieg keinen Ausweg möglich erscheinen. Vergebens hatte er Göring um Ablösung gebeten. Generalleutnant Rieckhoff kam zu kritischer Bewertung der tragischen Persönlichkeit Jeschonneks: „Jeschonneks Fehler waren groß und zahlreich gewesen. Seine Mitschuld am Krieg steht außer Frage. Das Versagen der Heimatluftverteidigung im Sommer 1943 bot den äußeren Anlaß zu dramatischen Auseinandersetzungen zwischen ihm, Göring und Hitler [...] Jeschonnek ging in den Tod, als die beiden Männer sich gegen ihn wandten. Jetzt warfen sie ihm seine Nachgiebigkeit, seine Bereitwilligkeit, mit der er alle Forderungen erfüllt hatte, vor. Sein 'Ja-Sagen' war seine größte Schuld. Sein freiwilliger Tod war sein erstes und letztes 'Nein'."[15] Ähnlich wie im Fall des Todes von Generaloberst Ernst Udet wurde offiziell wahrheitswidrig bekanntgegeben, daß Generaloberst Jeschonnek am 19. August 1943 „einem schweren Leiden" erlegen sei. Auch eine tückische Krankheit „habe seine unerschöpfliche Arbeitskraft bis zur letzten Stunde nicht im geringsten lähmen" können.

Anmerkungen

[1] Auch zwei Brüder Jeschonneks waren aktive Offiziere. Paul kam im Juni 1929 bei einem Flugzeugabsturz ums Leben. Gert, 1912 geboren, trat 1930 in die Reichsmarine ein und war als Vizeadmiral von 1967 bis 1971 Inspekteur der Bundesmarine.

[2] Suchenwirth, Hans Jeschonnek, S. 9. Milch hatte zu dieser Zeit ein gutes Verhältnis zu Jeschonnek und nannte ihn „Hänschen".

[3] Irving, Die Tragödie der deutschen Luftwaffe, S. 120f.

[4] Suchenwirth, Hans Jeschonnek, S. 11.
[5] Ebenda, S. 135.
[6] Ebenda, S. 21.
[7] Rieckhoff, Trumpf oder Bluff, S. 87f.
[8] Ebenda, S. 89.
[9] Suchenwirth, Hans Jeschonnek, S. 16.
[10] Rieckhoff, Trumpf oder Bluff, S. 15.
[11] Fischer, Über den Entschluß zur Luftversorgung Stalingrads, S. 36.
[12] Aussage von General der Flieger a. D. Rudolf Meister (1897–1958) vom 20. 3. 1956.
[13] Suchenwirth, Hans Jeschonnek, S. 25.
[14] Fischer, Über den Entschluß zur Luftversorgung Stalingrads, S. 36.
[15] Rieckhoff, Trumpf oder Bluff, S. 273.

Bibliographische Hinweise

(Vgl. auch die weiteren Literaturangaben in der Gesamtbibliographie ab S. 290ff.)

Ungedruckte Quellen
BA-MA Freiburg Pers. 6/41: Personalakte Jeschonnek.

Gedruckte Quellen und Literatur
Boog, Horst: Die deutsche Luftwaffenführung 1935–1945. Stuttgart 1982.
Fischer, Johannes: Über den Entschluß zur Luftversorgung Stalingrads. Ein Beitrag zur militärischen Führung im Dritten Reich. In: Militärgeschichtliche Mitteilungen 2/1969, S. 7–67.
Irving, David: Die Tragödie der Deutschen Luftwaffe. Aus den Akten und Erinnerungen von Feldmarschall Milch. Frankfurt a. M. 1970.
Rieckhoff, Herbert J.: Trumpf oder Bluff? 12 Jahre deutsche Luftwaffe. Genf 1945.
Suchenwirth, Richard: Hans Jeschonnek. Ein Versuch über Wesen, Wirken und Schicksal des vierten Generalstabschefs der deutschen Luftwaffe. Studiengruppe „Geschichte des Luftkrieges". Karlsruhe 1957 (unveröffentlichte Studie).
Völker, Karl-Heinz: Die deutsche Luftwaffe 1933–1939. Aufbau, Führung und Rüstung der Luftwaffe sowie die Entwicklung der deutschen Luftkriegstheorie. Stuttgart 1967.

KENNETH MACKSEY

Generaloberst Alfred Jodl*

Am 16. Oktober 1946, um 2 Uhr morgens, wurde Generaloberst Alfred Jodl von den siegreichen Alliierten in Nürnberg gehängt. Er war nicht der einzige deutsche General, den man zum Tod verurteilte, er gehörte jedoch – wie sein Vorgesetzter, Generalfeldmarschall Wilhelm Keitel – zu den wenigen, die am Ende des großen Nürnberger Kriegsverbrecherprozesses in allen vier Anklagepunkten für schuldig befunden wurden: Teilnahme an einer gemeinschaftlichen Verschwörung (die den Bruch von Verträgen, die Planung eines Angriffskrieges, die Verfolgung und Ermordung von Menschen umfaßte), Verbrechen gegen den Frieden, Kriegsverbrechen und Verbrechen gegen die Menschlichkeit.

Wie kam es, daß man diesen hervorragenden und einst angesehenen Generalstabsoffizier, den General Heinz Guderian einmal als „anständigen Mann“ bezeichnete, so unnachsichtig beurteilte und mit dem Tode bestrafte? Wie konnte ein glänzender Stabsoffizier, der sich an die Maxime hielt „Viel leisten, wenig scheinen“, so tief fallen?

In Jodls frühen Jahren gab es keinerlei Hinweise auf verbrecherische Neigungen. Er stammte aus einer intellektuellen Familie, unter deren Vorfahren weit mehr Geistliche, Philosophen und Juristen waren als Soldaten. Der Vater war Artilleriehauptmann im bayerischen Heer, reichte jedoch seinen Abschied ein, als er eine Bauerntochter heiratete, die nicht den erforderlichen gesellschaftlichen Rang aufwies. Alfred Jodl, am 10. Mai 1890 in Würzburg geboren, wurde ebenfalls ein intelligenter und bescheidener junger Artillerieoffizier in bayerischen Diensten. Auch sein jüngerer Bruder Ferdinand wurde Offizier und wie Alfred in der NS-Zeit General. Alfred Jodl war freilich zu beträchtlicher Verstellung fähig und von einem brennenden Ehrgeiz erfüllt. Dies zeigte sich zum ersten Mal, als er die große Chance ergriff und Irma Gräfin von Boullion heiratete, die fünf Jahre älter als er und eine reiche Erbin war. Von nun an konnte er, der sich in Adelskreisen bewegte und weniger mit finanziellen Sorgen belastet war, müheloser als mancher Angehörige des preußischen Landadels das Ziel eines jeden wirklich intelligenten Offiziers verfolgen: die Laufbahn eines Stabsoffiziers. Während des Ersten Weltkriegs bewährte er sich so hervorragend, daß ihn das Truppen-

* Aus dem Englischen übersetzt von Karl Nicolai.

amt der Reichswehr 1920 zu einem Führergehilfenlehrgang nach München einberief; und da er zu den zehn Jahresbesten aller Divisionen gehörte, wurde er schließlich in den elitären Berliner Führergehilfenlehrgang aufgenommen: er war auf dem Weg zum Generalstabsoffizier.

In diesen Entwicklungsjahren wurde Jodl nach seiner eigenen Aussage stark von zwei bayerischen Landsleuten beeinflußt. Der wichtigste war sein Lehrer, General Wilhelm Adam, der – von dem späteren Reichswehrminster Kurt von Schleicher gefördert – 1929 Chef des Truppenamtes wurde. Dieser hatte eine starke Abneigung gegen die Nationalsozialisten, die Jodl während der zwanziger Jahre bis zu einem gewissen Grade teilte. Der andere Landsmann war Oberst Konstantin Hierl, ein überzeugter Nationalsozialist mit revolutionären Ideen, den von Seeckt entließ, als er den unannehmbaren Vorschlag machte, anstelle der vom Versailler Vertrag verbotenen allgemeinen Wehrpflicht eine allgemeine Arbeitsdienstpflicht einzuführen. Vielleicht geriet Jodl infolge seiner Verbindung mit Hierl in den Ruf eines Revolutionärs. Andererseits gibt es keinen Zweifel, daß Jodl – wie fast alle Offiziere der Reichswehr – eine starke Abneigung gegen die Kommunisten empfand, nachdem ihn die Nachkriegswirren, die in Bayern am schlimmsten gewesen waren, tief erschüttert hatten.

Es war Adam, der Major Jodl in die wichtige Operationsabteilung des Truppenamtes brachte. Diese begehrenswerte Tätigkeit war denjenigen vorbehalten, die für höchste Positionen vorgesehen waren. Es war eine Zeit entscheidender institutioneller Veränderungen: Am 30. Januar 1933 ernannte Reichspräsident Hindenburg Hitler zum Reichskanzler; ferner machte er – als politisches Gegengewicht zu Hitler – General Werner von Blomberg anstelle Schleichers zum Reichswehrminister. Es war außerdem die Zeit, in der Hermann Göring und Erhard Milch mit der Aufstellung einer heimlichen Luftwaffe begannen.

Jodl, ein kluger Beobachter, war daher Zeuge folgenschwerer Ereignisse: 1935 wurde aus dem Ministeramt das Wehrmachtamt, Blomberg erhielt den Titel eines Reichskriegsministers und Oberbefehlshabers der Wehrmacht und berief General Walter von Reichenau zu seinem Chef des Stabes, zusammen mit dem ziemlich mittelmäßigen General Wilhelm Keitel, der „das Büro leiten" sollte. Es war logisch, daß diese drei Generale, die an Hitler als potentiellen Retter Deutschlands und der Wehrmacht glaubten, sich von dem Hitlergegner Adam trennten und diesen durch den brillanten General Ludwig Beck ersetzten. Beck hatte, als Adam einmal über Hitler schimpfte, bemerkt: „vielleicht würde doch aus dem Trommler, Propagandisten und Volksverführer [Hitler], der beim Aufbau seiner Macht so große Fähigkeiten bewiesen habe, ein wirklicher Volksführer (...), dessen Staatsmannskunst sich weiter entwickeln würde".[1]

Beck, dem Jodl jetzt mit der für ihn charakteristischen beharrlichen Loyalität diente und den er außerdem immer mehr bewunderte, war Rheinländer und ebenfalls Artillerist. Er war seinerseits von Jodl beeindruckt und bezeichnete ihn in einem Dienstzeugnis als einen „Mann mit Zukunft".[2] Diese Zukunft ging, wie sich herausstellte, ganz auf in den laufenden Auseinandersetzungen zwischen dem Wehrmachtamt, dem Heer, der Kriegsmarine und der Luftwaffe über die Bildung eines gemeinsamen Oberkommandos für die drei Wehrmachtteile. Blomberg und Reichenau befürworteten diesen Gedanken. Aber die Oberbefehlshaber der drei Waffengattungen und ihre Generalstabschefs, vor allem Beck, waren davon keineswegs begeistert; denn es war offensichtlich, daß dadurch ihre Unabhängigkeit und besonders die politische Macht des Generalstabes des Heeres innerhalb der Militärhierarchie bedroht wurden.

Diese Ereignisse bildeten jedoch lediglich den Hintergrund des Kampfes, der sich 1934 innerhalb der NSDAP abspielte: Hitler ließ Röhm, Schleicher und Bredow ermorden; Hindenburg starb und Adolf Hitler nahm den Titel „Führer und Reichskanzler" an. Blomberg ließ die Wehrmacht einen neuen Treueid auf Hitler persönlich als den obersten Befehlshaber ablegen.

Jodl gehörte bereits zu denjenigen, die wie Adam glaubten, Hitler bedeute Krieg. Auch Beck schwenkte zu dieser Meinung um und versuchte das Heer gegen Hitler zu stärken, obwohl dieses durch die Ablegung des Gefolgschaftseides für Hitler Anfang August 1934 schon in eine verhängnisvolle Abhängigkeit geraten war. In der Hoffnung, die Begeisterung für das kommende Oberkommando der Wehrmacht zu dämpfen, entsandte Beck 1935 den von ihm protegierten willensstarken Oberst Jodl ins Wehrmachtamt, damit er dort unter Blomberg und Keitel als Chef der Führungsabteilung arbeite. Er wurde freilich enttäuscht, denn Jodl wandte sich – kühl berechnend, wenn nicht instinktiv – von seinem bisherigen Gönner ab. Bald mußte Beck erkennen, daß Jodl sich ganz an Blomberg und den „großen K" (so nannte Jodl seinen Chef manchmal in Briefen) band, daß er der Idee eines Oberkommandos für alle drei Wehrmachtteile zustimmte und daß er im Begriffe war, sich zu einem Bewunderer Hitlers zu entwickeln, obwohl er einstweilen mit dem 'Führer' noch wenig zu tun hatte. Es liegt auf der Hand, daß es Meinungsverschiedenheiten mit seinem alten Chef gab, die durch Keitels wachsende persönliche Abneigung gegen Beck noch verschlimmert wurden.

Im Laufe der Zeit unterstützte Jodl seinen neuen Vorgesetzten Blomberg „geradezu leidenschaftlich", wie Walter Warlimont bezeugte. Jodl stürzte sich so rückhaltlos in seine Arbeit im Wehrmachtamt, daß er 1937 sogar die Ernennung zum Chef des Generalstabes der Luftwaffe ausschlug. Er tat dies vielleicht deshalb, weil es für ihn einen Abstieg bedeutet hätte, unterhalb der expandierenden Organisation nahe der Machtspitze für Göring statt für

Hitler zu arbeiten. Denn inzwischen war Jodl vom 'Führer' fasziniert und gänzlich davon überzeugt, daß ein Wehrmachtministerium – mit einem eigenen Generalstab – die einheitliche Kommandobefugnis über alle drei Wehrmachtteile übernehmen und damit dem Heer seine traditionelle Zuständigkeit für Militärpolitik und militärische Operationen entziehen sollte.[3]

Das durch diese Pläne hervorgerufene Gerangel erreichte einen Höhepunkt, als der verwitwete Blomberg zurücktrat, nachdem er eine ehemalige Prostituierte geheiratet hatte. Dieses politische Ereignis betrachtete ein schockierter Jodl als „entscheidende Stunde für das deutsche Volk", um so mehr als es zusammenfiel mit der Ablösung des Oberbefehlshabers des Heeres, Generaloberst Werner Freiherr von Fritsch, nachdem die SS ihn fälschlicherweise der Homosexualität beschuldigt hatte (Jodl fand diese Beschuldigung ebenso empörend und unglaubwürdig wie die gesamte übrige Generalität). Ein Wendepunkt war es sicherlich. Denn aufgrund dieser Ereignisse wurde Hitler nach komplizierten Verhandlungen, an denen Jodl beteiligt war, am 4. Februar 1938 selbst Reichskriegsminister und „Oberster Befehlshaber der Wehrmacht"; Keitel wurde Chef des neuen Oberkommandos der Wehrmacht (OKW) im Range eines Reichsministers und Jodl Chef des Wehrmachtführungsamtes.[4]

Den Weg zu dieser Lösung hatte eine Denkschrift eröffnet, die Warlimont ohne Rücksprache mit Blomberg oder Fritsch im September 1937 direkt an Hitler geschickt hatte. Damit verschaffte er dem 'Führer' reichlich Zeit, darüber nachzudenken, wie vorteilhaft es für ihn war, die Generale noch fester an die Kandare zu nehmen; und Hitler war mit dem Gedanken vollständig vertraut, als er den neuen Oberbefehlshaber des Heeres, Generaloberst Walther von Brauchitsch, überredete, „allem zuzustimmen".[5]

Diese Denkschrift hatte auch zur Folge, daß Warlimont in das neugeschaffene OKW eintrat, wo er unter Jodl arbeitete. Als dieser zum Generalmajor befördert und im Oktober 1938 als Artilleriekommandeur 44 nach Wien versetzt wurde, übernahm Warlimont das Amt seines Chefs, der ihm recht sympathisch war.[6]

So begann Jodls enge Verbindung mit Hitler, die – abgesehen von dem einen Jahr als Artilleriekommandeur 44 – bis April 1945 dauern sollte. Zusammen mit Keitel wurde er im März 1938 sogleich in die überstürzte Besetzung Österreichs verstrickt. Wie Keitel unterstützte auch Jodl einige Monate später eifrig Hitlers Absicht, das Sudetenland zu besetzen, und mißbilligte die Haltung von Generalen wie Halder, die zusammen mit Brauchitsch einen Staatsstreich erwogen, um Hitler von einem nach ihrer Auffassung wenn nicht verfrühten, so doch sinnlosen Abenteuer abzuhalten. Damals vertraute er seinem Tagebuch deutliche Ansichten über die Generale und über Hitler an. Den Generalen warf er „mangelnde Seelenstärke" und

„Mangel an Gehorsam“ vor. Ihr Ungehorsam entspringe „letzten Endes ihrer Überheblichkeit. Sie können nicht mehr glauben und nicht mehr gehorchen, weil sie das Genie des Führers nicht anerkennen, in dem sie z.T. sicher noch den Gefreiten des Weltkrieges sehen, aber nicht den größten Staatsmann seit Bismarck.“[7]

Die Bedeutung dieses Tagebucheintrags liegt vielleicht in dem Umstand, daß Jodl damals Hitler im Fach Kriegskunst unterwies; während der Mahlzeiten saß er regelmäßig neben ihm und bildete ihn allmählich in Strategie und Taktik aus. Zwangsläufig wurde Jodl dabei mit der nationalsozialistischen Ideologie indoktriniert. Außerdem spielte er bei der Vorbereitung des von Hitler geplanten Krieges eine weit wichtigere Rolle als Keitel. Ein Artillerieoffizier des Ersten Weltkriegs ohne Kommandoerfahrung, der den Anschluß an die moderne Theorie der beweglichen Kriegführung verpaßt hatte, verführte einen Infanteriegefreiten des Ersten Weltkriegs, dessen militärisches Wissen nur durch vier Jahre Stellungskrieg geprägt war; dabei stand Jodl unter dem hypnotischen Einfluß eines rabiaten Demagogen. Es spricht einiges dafür, daß Jodl für die bizarre Führung des Krieges durch Hitler in weit höherem Maße verantwortlich war als gemeinhin angenommen.

Für den kultivierten Jodl (der nicht nur rauchte, sondern auch gutes Essen und Trinken schätzte) war das Leben in der Nähe Hitlers nicht leicht; er mußte sich abfinden mit den langatmigen und schwülstigen Tischgesprächen des ‘Führers’, der weder rauchte noch Alkohol trank und sich an eine ausgefallene Diät hielt. Jodl begrüßte daher im Sommer 1939 die Ablösung von sechs Jahren Schreibtischarbeit und freute sich darauf, im Oktober das Kommando über die 4. Gebirgsdivision übernehmen zu dürfen – bis Keitel diese Hoffnung plötzlich zunichte machte, indem er ihn am 23. August, unmittelbar vor Kriegsausbruch, auf seinen alten Posten als Chef des Wehrmachtführungsamtes zurückberief.

Anfänglich wurde der Anteil des OKW am Zweiten Weltkrieg überschattet durch die drei Wehrmachtteile, die dazu neigten, bei ihrem Handeln das OKW zu ignorieren. Als Hitler sich jedoch für den Angriff auf Polen entschied, bestand Jodl auf einer „Weisung“, um die Position des OKW durchzusetzen, obgleich diese Weisung lediglich bestätigte, was durch die Vorbereitungen auf den „Fall Weiß“ schon geregelt war.[8] Mit seinem kleinen Stab konnte das OKW kaum mehr tun, als Hitler bei denjenigen Gelegenheiten zu unterstützen, bei denen er die Strategie zu beeinflussen suchte, und im Zusammenhang mit der Verlegung von Truppen an die Westfront einfache Weisungen zu erlassen.

Als jedoch ein Feldzug auf den anderen folgte, kam dem OKW eine immer beherrschendere Rolle zu. Während man die Durchführung des

„Falles Gelb“ (den Angriff im Westen 1940) noch dem Heer überließ, entschied Hitler, von Großadmiral Raeder zur Besetzung Norwegens („Weserübung“) gedrängt, daß für diese kombinierte amphibische Operation das OKW zuständig sei, wobei Jodl die treibende Kraft hinter ihrer Planung und Durchführung war. Sehr wahrscheinlich veranlaßte Jodl den ‘Führer’ zu der Entscheidung, die „Weserübung“ bereits vor dem „Fall Gelb“ anlaufen zu lassen.[9] Daraufhin übernahm Hitler die persönliche Befehlsgewalt, während Jodl die drei Waffengattungen koordinierte, das OKH ausschaltete und das Generalkommando XXI einsetzte, um im April 1940 die Operationen in Dänemark und Norwegen durchzuführen.

„Weserübung“ war ein glänzender Erfolg, bei dem Jodl in großartiger Weise die Ruhe behielt, so oft ein hochgradig nervöser Hitler ein Chaos verursachte, wenn er dilettantisch auf allen möglichen Ebenen eingriff. Es kann kaum einen Zweifel geben, daß Jodl – nicht Hitler – den Norwegenfeldzug gewann.[10] Bald sollten weitere ‘OKW-Kriegsschauplätze’ folgen.

Das Überrollen Hollands, Belgiens und Frankreichs im Mai/Juni 1940 war ein Sieg des Heeres und der Luftwaffe, der vielleicht zu einem Triumph geworden wäre, wenn Keitel und Jodl hätten verhindern können, daß der ‘Führer’ dem berühmten Haltebefehl beipflichtete – was den britischen Truppen das Entkommen aus Dünkirchen ermöglichte. So wie die Dinge lagen, trugen Keitel und Jodl unterwürfig dazu bei, daß die unbedrohte Südflanke verstärkt wurde; dabei überging Jodl sogar das OKH und die Heeresgruppe A, indem er untergeordneten Verbänden direkt Befehle erteilte.[11] Damit lieferte er zweifelhafte Argumente für Behauptungen, Hitler – nicht das Heer – habe letztlich den Sieg errungen (der in Wirklichkeit ein grandioser Fehler war).

So wurde die Grundlage geschaffen für Hitlers Ruf als „Größter Feldherr aller Zeiten“. Infolge dieses Rufes konnte von jetzt ab niemand mehr Hitler im Zaum halten – nicht einmal seine bevorzugten Mitarbeiter wie Göring, Himmler und Ribbentrop, von Keitel oder Jodl ganz zu schweigen. Während Keitel fortan zu einem „Echo der Stimme seines Herrn“ absank, konnte der soeben zum General der Artillerie beförderte Jodl bestenfalls feinsinnige Varianten der großen Strategie Hitlers durchsetzen. So plädierte er etwa 1940 entschieden für eine Landung in England und unterstützte Raeder bei dem Versuch, die Herrschaft im Mittelmeerraum zu erkämpfen und Großbritannien auszuschalten, bevor sich Hitler 1941 in einen Zweifrontenkrieg gegen die Sowjetunion stürzte. Dieses fragwürdige Manöver führte jedoch, unter Mitwirkung Italiens, schon vor dem Angriff auf die Sowjetunion zu einem Mehrfrontenkrieg.

Verführt durch seine eigenen ehrgeizigen Machenschaften und seine Doppelzüngigkeit, wurde Jodl – obgleich nie Mitglied der NSDAP – durch seine Beihilfe zu Hitlers barbarischen und verbrecherischen Maßnahmen ebenso korrumpiert wie nur irgendein Parteigenosse. Zusammen mit den übrigen hohen Offizieren der Wehrmacht hatte er am 22. August 1939 schweigend zur Kenntnis genommen, wie Hitler die Polen zu behandeln gedachte. Als Hitler am 30. März 1941 die Beseitigung von politischen Kommissaren der Roten Armee, von Bolschewisten und Juden forderte und sagte, die Wehrmacht brauche sich bei der Auseinandersetzung mit den Menschen des Ostens nicht an den Buchstaben des Kriegsstrafrechts oder der Disziplinarordnung zu halten, war Jodl bereits damit beschäftigt, entsprechende mörderische Befehle auszuarbeiten – auch wenn er das später beim Nürnberger Prozeß zu leugnen versuchte.

Jodl hatte das Pech, Hitler näher zu sein, als es für ihn gut war. Da er sich unwiderruflich auf blinde Treue gegenüber einem Wahnsinnigen festgelegt hatte und sich durch den Soldateneid gebunden fühlte, wäre Selbstmord für ihn praktisch der einzige Ausweg gewesen, um dem Martyrium einer schlimmen Isolierung zu entfliehen. Vielleicht ahnte Jodl, daß es Verschwörungen zur Beseitigung Hitlers gab, doch er und Keitel waren die letzten Generale, die man aufgefordert hätte, sich an einem Attentat und damit an einem Wechsel des Regimes und der Politik zu beteiligen. Denn sie waren ebenso hoffnungslos verstrickt und durch die Verbrechen belastet wie die Nationalsozialisten.

Jodls Streit mit Hitler wegen der Katastrophen bei Stalingrad, im Kaukasus und in Nordafrika im Februar 1943 verringerte nicht seine Loyalität gegenüber einem Mann, den er immer noch für ein Genie hielt. Aber seitdem waren seine Chancen, der Vernunft Geltung zu verschaffen, stark reduziert, wenn auch nur deshalb, weil sein Urteilsvermögen infolge seiner Isolierung von der wirklichen Welt beeinträchtigt war. Jodl, der nie eine starke Neigung verspürte, andere um Rat zu fragen, zog sich immer mehr zurück. Er machte nur selten Urlaub. Gelegentlich wurde er beauftragt, die Front zu inspizieren. Im November 1943, nach dem Tod seiner ersten Frau, nahm er eine Zeitlang Urlaub, um eine neue Ehe zu schließen. Nach dem Attentat vom 20. Juli 1944, bei dem er an Hitlers Seite verwundet wurde, harrte er in einer Atmosphäre des Schreckens einfach aus; er bestätigte weiterhin Hitlers zunehmend sinnlose Entscheidungen und führte immer noch seine Fehde gegen das OKH – eine Fehde, die infolge des rapiden Machtverlusts des Generalstabes des Heeres zur politischen Destabilisierung Deutschlands und zu dessen schließlicher Niederlage beitrug.

Schon lange vor Kriegsende hatte Jodl seine militärische Tätigkeit in beträchtlichem Umfang der politischen Aktivität untergeordnet. Am 6. Juni 1942 verfaßte Jodl für das OKW einen wichtigen Bericht mit dem Titel

„Wehrkraft 1942“, in dem er die beschränkte Situation Deutschlands glänzend und schonungslos analysierte; er faßte das Ergebnis zusammen in den Worten: „Wehrkraft geringer als im Frühjahr 1941.“ Im Zusammenhang mit der Reaktion auf dieses Dokument findet sich bei Warlimont die aufschlußreiche Bemerkung: es sei zweifelhaft, ob Hitler diese Analyse überhaupt zu Gesicht bekam; denn Keitel habe wohl kaum gewagt, sie weiterzuleiten, und Jodl, der Chef des Wehrmachtführungsstabes, habe für diesen Bereich der Wehrmachtführung letztlich nur geringes Interesse gezeigt.[12]

Zweifellos hätten Jodl und Keitel Hitlers Schicksal in Berlin geteilt, wenn dieser es befohlen hätte. Statt dessen schickte er sie nach dem 22. April 1945 nach Westen mit dem Auftrag, den Kampf fortzusetzen. Fern der Realität machte Jodl dort am 25. April 1945 einen letzten triumphierenden Tagebucheintrag: „Nacht 24./25. unterschreibt Führer den Befehl über die Befehlsführung und die Zusammenlegung der Stäbe.“ Endlich hatte Jodl erreicht, wofür er seit fast zehn Jahren gekämpft hatte: Das OKH existierte nicht mehr; es wurde mit dem OKW zusammengelegt. Hitler gab nun dem OKW, der Kriegsmarine und der Luftwaffe direkt Befehle – bis zum 30. April, als er sich das Leben nahm und das ganze korrupte Regime in den Ruinen Deutschlands, dem Jodl so schlecht gedient hatte, unterging.[13] Zusammen mit der „Regierung“ von Großadmiral Dönitz wurde Jodl am 23. Mai von den Briten verhaftet.

Bei Shakespeare heißt es einmal, der Ehrgeiz sei „die Tugend des Soldaten“, und Francis Bacon bemerkte: „Wenn man einem Soldaten den Ehrgeiz nimmt, raubt man ihm seine Sporen.“ Das mag zutreffen. Trotzdem bleibt die Tatsache bestehen, daß für Jodl – einen maßlosen und indoktrinierten Menschen von beschränkter Phantasie, der sein Ego über das Wohl seines Volkes und die moralische Pflicht stellte – der Ehrgeiz nur zur Niederlage, zur Schande und zum Galgen führte. Jodl war nicht unwissend, was die verbrecherischen Befehle anging; er war vielmehr insgesamt dafür verantwortlich, daß den deutschen Soldaten vom OKW völkerrechtswidrige Befehle erteilt wurden.

Anmerkungen

1 Reynolds, Beck, S. 37.
2 Görlitz, Keitel, Jodl und Warlimont, S. 155.
3 Warlimont, Im Hauptquartier, S. 25.
4 Ebenda, S. 29.
5 Wheeler-Bennett, Nemesis der Macht, S. 453 f.
6 Görlitz, Keitel, Jodl und Warlimont, S. 157.

[7] Warlimont, Im Hauptquartier, S. 32.
[8] Ebenda, S. 44 f.
[9] Ebenda, S. 86 ff.
[10] Ebenda, S. 92–97; Görlitz, Keitel, Jodl und Warlimont, S. 158.
[11] Warlimont, Im Hauptquartier, S. 112–114.
[12] Ebenda, S. 251 f.
[13] Ebenda, S. 545 f.

Bibliographische Hinweise

(Vgl. auch die weiteren Literaturangaben in der Gesamtbibliographie ab S. 290 ff.)

Ungedruckte Quellen

BA-MA Freiburg: N 69 Nachlaß Jodl; ebenda, Personalakten Jodl; BA Koblenz, Kleine Erwerbungen 441–4: Percy Ernst Schramm: Generaloberst Jodl. Ein biographischer Versuch. Juni 1945.

Gedruckte Quellen und Literatur

Feuersenger, Marianne: Mein Kriegstagebuch. Führerhauptquartier und Berliner Wirklichkeit. Freiburg 1983.
Friedrich, Jörg: Das Gesetz des Krieges. Das deutsche Heer in Rußland 1941 bis 1945. Der Prozeß gegen das Oberkommando der Wehrmacht. München, Zürich 1993.
Generalfeldmarschall Keitel. Verbrecher oder Offizier? Hrsg. von Walter Görlitz. Göttingen/Frankfurt am Main 1961.
Görlitz, Walter: Keitel, Jodl und Warlimont. In: Hitler's Generals. Ed. by Correlli Barnett. London 1989, S. 139–174.
Hitler's Generals. Ed. by Correlli Barnett, London 1989.
Jodl, Luise: Jenseits des Endes. Leben und Sterben des Generaloberst Alfred Jodl. Wien 1976.
Kriegstagebuch des Oberkommandos der Wehrmacht 1940–1945. Hrsg. v. Percy E. Schramm. 4 Bde. Frankfurt a. M. 1961–1965.
Lagebesprechungen im Führerhauptquartier. Hrsg. von Helmut Heiber. München 1963.
Loßberg, Bernhard von: Im Wehrmachtführungsstab. Bericht eines Generalstabsoffiziers. Hamburg 1949.
Der Prozeß gegen die Hauptkriegsverbrecher vor dem Internationalen Militärgerichtshof Nürnberg. 14. November 1945–1. Oktober 1946 (IMT), 42 Bde. Nürnberg 1947 ff.
Scheurig, Bodo: Alfred Jodl. Gehorsam und Verhängnis. Berlin/Frankfurt a. M. 1991.
Taylor, Telford: Sword and Swastika. Generals and Nazis in the Third Reich. New York 1962, Chicago 1969.
Trial of the Major War Criminals. Before the International Military Tribunal. Washington, D.C. 1946–48.
Warlimont, Walter: Im Hauptquartier der deutschen Wehrmacht 1939–1945. Frank-

furt am Main 1962 (engl. Ausgabe u. d. T.: Inside Hitler's Headquarters. London 1962).
Wheeler-Bennett, John M.: The Nemesis of Power. The German Army in Politics 1918–1945. London 1964.
Wilt, Alan P.: Alfred Jodl – Hitlers Besprechungsoffizier. In: Die Militärelite des Dritten Reiches. 27 biographische Skizzen. Hrsg. v. Ronald Smelser und Enrico Syring. Berlin/Frankfurt a.M. 1995, S. 236–250.

Samuel W. Mitcham, Jr.

Generalfeldmarschall Wilhelm Keitel*

Wilhelm Keitel wurde am 22. September 1882 auf dem Landgut Helmscherode bei Bad Gandersheim, im damaligen Herzogtum Braunschweig, geboren. Schon als junger Mensch zeigte er diejenigen Eigenschaften, die seinen zukünftigen Charakter prägen sollten: einen bedingungslosen Gehorsam gegenüber der Obrigkeit und eine nur durchschnittliche Intelligenz. Sein ganzes Leben lang war es sein sehnlichster Wunsch, wie seine Vorfahren Landwirt zu werden; aber seine Mutter starb früh, sein Vater heiratete wieder, und das kaum 230 Hektar große Keitelsche Landgut galt als zu klein, um zwei Familien zu ernähren. So trat Wilhelm auf Wunsch seines Vaters 1901 ins 46. Feldartillerie-Regiment in Wolfenbüttel (südlich von Braunschweig) als Fahnenjunker ein, obwohl er die Kavallerie vorgezogen hätte.[1]

Nach dem Zweiten Weltkrieg versuchten amerikanische Psychologen und Journalisten Keitel als einen typischen preußischen Junker darzustellen. Das war er nicht. Er stammte aus einer hannoverschen Familie, und sein Großvater war mit dem Königshaus von Hannover, das 1866 von Bismarck entthront wurde, eng verbunden gewesen. Deshalb erlaubte der Großvater seinem Sohn nicht, sein Haus in einer preußischen Uniform zu betreten.[2]

Keitel, der 1902 sein Leutnantspatent erhielt, galt als guter und strammer, aber gewiß nicht hervorragender Offizier. Er schien jedoch mit jedermann gut auszukommen. Er liebte Pferde, die Jagd, gesellige Veranstaltungen, gutes Essen und Trinken und bewegte sich gern im Freien. Seine Persönlichkeit war kaum ein Hindernis für seine militärische Karriere. 1908 wurde er zum Regimentsadjutanten, 1910 zum Oberleutnant und 1914 zum Hauptmann befördert.[3]

Am 18. April 1909 vermählte sich Keitel mit Lisa Fontaine, der Tochter eines hannoverschen Ritterguts- und Brauereibesitzers. Sie war schön, klug und hegte für ihren Gatten ehrgeizige Hoffnungen. Das Paar hatte schließlich drei Söhne, die alle wie der Vater die Offizierslaufbahn einschlugen, und drei Töchter, von denen eine schon in früher Jugend starb. Lisa, eindeutig die stärkere Persönlichkeit in dieser Partnerschaft, entwickelte sich später zu einer Bewunderin Adolf Hitlers und erwies sich als ein wichtiger Faktor bei der Förderung der militärischen Karriere ihres Gatten.[4]

* Aus dem Englischen übersetzt von Karl Nicolai.

Im Frühjahr 1914 nahm Keitel an einem Vorbereitungskurs für Generalstabsoffiziere teil, zog jedoch Anfang August mit seinem Regiment ins Feld. Er kämpfte in Belgien und Frankreich und wurde im September 1914 durch einen Granatsplitter schwer verwundet. Sofort nach seiner Genesung kehrte er zum 46. Artillerie-Regiment zurück, wo er im November Batteriechef wurde. Im März 1915 erhielt Keitel die Stellung als Generalstabsoffizier und wurde in das Hauptquartier des X. Reservekorps versetzt. Später diente er als Generalstabsoffizier beim XIX. Reservekorps (1916–17), bei der 19. Reserve-Infanteriedivision (1917) und bis zum Ende des Krieges im Generalstab des Heeres in Berlin bzw. in Flandern. 1919 soll er bei einem Freikorps an der polnischen Grenze Dienst getan haben.[5]

Nach dem Weltkrieg setzte Keitel seinen Aufstieg stetig, aber unspektakulär fort. Er verbrachte drei Jahre als Instrukteur an der Kavallerieschule in Hannover (1920–23), bevor er zum Stab des 6. Artillerie-Regiments versetzt wurde. 1923 erhielt er die Beförderung zum Major. Anfang 1925 machte seine Karriere einen gewaltigen Sprung nach vorn: Oberst Erich von dem Bussche-Ippenburg, der Chef des Heerespersonalamtes, wies ihn der Organisationsabteilung des Truppenamtes (so hieß damals der durch den Versailler Friedensvertrag verbotene Generalstab) zu. Keitel und Bussche-Ippenburg hatten sich vor dem Krieg angefreundet und im Frühjahr 1914 zusammen einen Kurs für Generalstabsoffiziere besucht. Zu Keitels Aufgabenbereich gehörte es, bescheidene Reservestreitkräfte zu schaffen, was nach den Bestimmungen des verhaßten Versailler Vertrages illegal war. Trotzdem war Keitel zufrieden mit seiner Arbeit, die er solide und zuverlässig erledigte. Während seines Aufenthalts in Berlin schloß oder erneuerte er Freundschaften mit einigen wichtigen Militärs, darunter Werner von Blomberg, Werner von Fritsch und Walther von Brauchitsch.

Im November 1927 zog Keitel von Berlin nach Münster i.W., um dort im 6. Artillerieregiment die Führung eines Bataillons zu übernehmen. Nachdem er Anfang 1929 zum Oberstleutnant befördert worden war, kehrte er im Oktober als Chef der Organisationsabteilung in den Generalstab zurück. Selbst Erich von Manstein – später einer seiner erbitterten Feinde – gab zu, daß Keitel auf diesem Posten hervorragende Arbeit leistete. Keitel war stark an Vorbereitungen beteiligt, den Umfang der Reichswehr im Falle eines nationalen Notstandes von 10 auf 30 Divisionen erhöhen zu können, und 1931 reiste er mindestens einmal in die Sowjetunion, um dort geheime Ausbildungslager der Reichswehr zu inspizieren.

Trotz seiner imposanten Erscheinung und Statur war Wilhelm Keitel von Natur aus ein nervöser, leicht erregbarer Mensch, diese Veranlagung verstärkte sich noch seit 1929. Seine Tätigkeit umfaßte viele Aspekte, die gegen den Buchstaben des Gesetzes verstießen; das belastete ihn stark, und mit dieser Belastung wurde er schwer fertig. Vielleicht ahnte er auch, daß er seiner hohen Stellung nicht gewachsen war, und unter diesem Streß verschlechterte sich sein Gesundheitszustand. Er zog sich eine schwere Venenentzündung am rechten Bein zu, ignorierte jedoch das Problem und ging weiterhin täglich zu Fuß von seiner Wohnung im Berliner Westen zu seinem Büro im Reichswehrministerium in der Bendlerstraße. Diese physische Anstrengung, zusammen mit der psychischen Belastung, führte schließlich zu einer Thrombose, die durch eine doppelseitige Lungenentzündung kompliziert wurde. Als Adolf Hitler am 30. Januar 1933 die Macht ergriff, erholte sich Keitel in einem tschechoslowakischen Sanatorium in der Hohen Tatra.

Bald nachdem Keitel, seit Ende 1931 Oberst, wieder genesen war und seine Arbeit wiederaufgenommen hatte, begegnete er im Juli 1933 in Bad Reichenhall zum erstenmal Hitler. Er war vom 'Führer' sofort fasziniert und verehrte ihn abgöttisch bis zu seinem Todestag.[6] Im Oktober begann für Keitel ein weiterer Abschnitt des Dienstes bei der Truppe, diesmal als Infanterieführer III und Stellvertretender Kommandeur der 3. Infanteriedivision in Potsdam. Am 1. April 1934 wurde er zum Generalmajor befördert.[7]

Um dieselbe Zeit starb Keitels Vater, und der General erbte das Familiengut in Helmscherode. Wilhelm Keitel hatte schon immer Landwirt werden wollen, und jetzt sah er seine Chance: Er reichte – gegen den Willen seiner Frau – zum 1. Oktober 1934 sein Abschiedsgesuch ein. Als jedoch General von Schwedler, der Chef des Heerespersonalamtes, Keitels Abschiedsgesuch erhielt, bestellte er ihn auf Befehl von Keitels altem Freund, General Werner von Fritsch, der inzwischen Chef der Heeresleitung geworden war, zu sich. Schwedler erklärte dem Abschiedswilligen, Fritsch wolle ihn nicht verlieren; deshalb sei er bereit, ihm das Kommando einer der neuen Divisionen zu übertragen, die demnächst aufgestellt werden würden, wenn Hitler den Vertrag von Versailles aufkündige und den Beginn der militärischen Expansion öffentlich bekanntgebe. Außerdem werde Keitel, nachdem man ihn zunächst nach Liegnitz versetzen wollte, sein Kommando selbst wählen dürfen. Dieser Chance konnte Keitel nicht widerstehen; er suchte sich die 22. Infanteriedivision in Bremen aus, was auch der Wunsch seiner Frau war. „So entscheiden sich menschliche Schicksale", schrieb er später.[8]

Keitel befehligte die 22. Infanteriedivision nicht einmal ein ganzes Jahr. Im August 1935 berief ihn der Reichskriegsminister Blomberg – auf Empfehlung von Fritsch – zum Chef des Wehrmachtamtes. Er wurde Nachfolger des Generals Walter von Reichenau, den man zum Befehlshaber des Wehrkreises VII ernannt hatte. Keitel wäre am liebsten in Bremen geblieben; er wollte „mit der Politik nichts zu tun haben".[9] Aber zum Unglück des willensschwachen Generals drängte ihn seine Gattin, die Ernennung anzunehmen. So trat er im September 1935 sein Amt an. Lisa Keitel hegte für ihren Gatten sehr ehrgeizige Pläne und wußte, daß der neue Posten die Aussicht auf Beförderung bedeutete. Und sie hatte recht: Im Januar 1936 wurde Keitel Generalleutnant, im August 1937 General der Artillerie.

Keitels neues Amt brachte hohe Verantwortung mit sich. Es umfaßte drei Abteilungen: eine für strategische Planung, eine für Landesverteidigung und eine für militärische Führung. Das Amt war zuständig für den gesamten militärischen Nachrichtendienst, für das militärische Fernmeldewesen und für die administrativen Aufgaben des Kriegsministeriums; es hatte außerdem eine Führungsfunktion in bezug auf die einzelnen Wehrmachtteile. Keitel arbeitete mit Reichskriegsminister von Blomberg reibungslos zusammen; er war ihm gegenüber ein Jasager, so wie er später gegenüber Hitler ein Jasager war. Trotzdem blieb ihr Verhältnis ziemlich unpersönlich, selbst nachdem Blombergs Tochter Dorothea sich mit seinem Sohn, dem Leutnant Karl Heinz Keitel, verlobt hatte.[10] Als Blomberg eine Frau heiratete, die früher eine Prostituierte gewesen war, unternahm Keitel nichts, um ihn zu schützen. Im Gegenteil, als Graf Helldorf, der Polizeipräsident von Berlin, Keitel das Belastungsmaterial aushändigte, vernichtete dieser es nicht, was er ohne weiteres hätte tun können; statt dessen wies er Helldorf an, es an Göring weiterzugeben, der – wie Keitel gewußt haben muß – das Amt Blombergs erstrebte. Telford Taylor schrieb später: „Keitel verriet Blomberg regelrecht, sei es mit Absicht, sei es aus Unfähigkeit."[11]

Am 27. Januar 1938 verabschiedete sich Hitler in der Reichskanzlei von Blomberg. Der in Ungnade gefallene Generalfeldmarschall empfahl Hitler, das Amt des Kriegsministers und Oberbefehlshabers der Wehrmacht selbst zu übernehmen. Hitler ging auf diesen Vorschlag zunächst nicht ein, fragte Blomberg jedoch, wen er, falls er das Amt übernehme, als Chef des Wehrmachtstabes empfehle. Blomberg nannte keinen Namen. Da fragte Hitler, wer zur Zeit der Chef von Blombergs Stab sei. Keitel, lautete die Antwort, aber dieser komme nicht in Betracht; der sei nur Vorsteher seines Büros gewesen. „Das ist ja gerade der Mann, den ich suche!" rief der 'Führer' und befahl, Keitel solle sich noch am gleichen Nachmittag bei ihm melden.[12]

In Wilhelm Keitel fand Hitler genau den Offizierstyp, den er brauchte: einen, der seine Befehle buchstäblich und ohne Fragen zu stellen ausführte – einen Jasager, der lediglich ein besserer Verwaltungsbeamter war, ohne selbständige Kommandobefugnisse zu besitzen oder zu erstreben. Mit Wirkung vom 4. Februar 1938 ernannte er Keitel zum Chef des Oberkommandos der Wehrmacht (OKW).

Bei seinem Amtsantritt hatte Keitel zunächst mehr Einfluß bei Hitler, als er jemals wieder haben sollte. Als eine Woche nach der Entlassung Blombergs General von Fritsch seines Postens enthoben wurde, weil man ihn (zu Unrecht) der Homosexualität beschuldigte, wollte Hitler Walter von Reichenau zu seinem Nachfolger ernennen. Aber Keitel, der eine starke Abneigung gegen Reichenau hatte, redete dem 'Führer' ein, dieser Kandidat werde fast von der gesamten Generalität des Heeres abgelehnt. Es gelang Keitel, den Posten für Walther von Brauchitsch zu sichern. Außerdem konnte er durchsetzen, daß sein Bruder, Bodewin Keitel, zum Chef des Heerespersonalamtes und der NS-freundliche Major Rudolf Schmundt – als Nachfolger von Friedrich Hoßbach – zum Wehrmachtsadjutanten Hitlers ernannt wurde. Schließlich erreichte er auch seine eigene Beförderung zum Generaloberst am 1. November 1938.[13]

General Keitel träumte von der Errichtung eines Oberkommandos der Wehrmacht, das wirkliche Befehlsgewalt über das Heer, die Kriegsmarine und die Luftwaffe haben sollte, aber die beiden anderen Wehrmachtteile verweigerten die Zusammenarbeit. Göring schrieb sogar einen persönlichen Brief an Keitel, in dem er feststellte: „Ob (und in bezug auf diesen Punkt möchte ich mich ganz deutlich ausdrücken) diese Befehle unterzeichnet sind 'Im Namen des Führers: Generaloberst Keitel' oder 'Im Namen des Führers: Feldwebel Maier', ist für mich völlig belanglos."[14] Erich Raeder, der Oberbefehlshaber der Kriegsmarine, drückte sich diplomatischer aus, aber auch er lehnte eine gemeinsame Befehlsgewalt des OKW entschieden ab.

Keitel fühlte sich seiner hohen Stellung nie gewachsen (er war es auch nicht); deshalb vertraute er blind auf das Genie des 'Führers', der privat äußerte, Keitel sei ein Mann mit dem Gehirn eines Kinoportiers.[15] Das war Hitler jedoch gerade recht, solange der Chef des OKW seine Befehle weitergab und ihm bedingungslos gehorchte. Keitel war tatsächlich von Natur aus unfähig, sich mit Hitler auseinanderzusetzen, und die wenigen Fälle, in denen er gegen einen „Führerbefehl" etwas einzuwenden versuchte, endeten stets damit, daß er von dem Diktator scharf zurechtgewiesen wurde. Keitel kehrte daher zu seiner alten Gewohnheit zurück, jedem Befehl automatisch zu gehorchen, ohne Fragen zu stellen – mit katastrophalen Folgen für ihn selbst, Hitler, die Wehrmacht, Deutschland und einen Großteil der übrigen Welt. Jede Kritik am 'Führer' oder seinen Befehlen war für Keitel ein Akt der Illoyalität, der an Hochverrat grenzte. Ein Befehl Hitlers war für Keitel wie ein Gebot des allmächtigen Gottes – man mußte ihn sofort befolgen, ohne Rücksicht darauf, was er verlangte. Nach dem Krieg sagte Keitel einem der ihn vernehmenden Offiziere: „Im Grunde meines Herzens war ich ein treuer Schildhalter von Adolf Hitler und meine politische Überzeugung war nationalsozialistisch."[16]

Da Keitel nie wirklich Befehlsgewalt ausübte, sind in dieser biographischen Skizze keine Schlachten zu erörtern; wir haben lediglich (wenigstens teilweise) Keitels Verbrechen aufzulisten. In gewissem Sinne waren es nicht einmal Verbrechen Keitels, denn sie gingen nicht von ihm aus; er war lediglich ein Komplize. Oft bedeutete das nur, daß er einen Befehl unterzeichnete. Im Polenfeldzug erließ Wilhelm Keitel Befehle an die Wehrmacht, der SS und der Gestapo bei der Verwirklichung von Hitlers Politik zu helfen, d.h. polnische Juden, Intellektuelle, Priester und Adlige auszurotten, um den Willen des polnischen Volkes zu brechen. Er billigte auch Maßnahmen, die zu Massenmorden führten.[17]

Im Mai 1941 unterzeichnete Keitel für den geplanten Krieg gegen die Sowjetunion den berüchtigten 'Kommissarbefehl'; dieser wies die deutschen Befehlshaber an, Funktionäre der Kommunistischen Partei nach der Gefangennahme sofort zu erschießen, ohne sie vor ein Kriegsgericht oder ein anderes Gericht zu bringen. Manche Generale protestierten gegen diesen verbrecherischen Befehl, aber Keitel stellte ihn nie in Frage und bestand auf seiner buchstäblichen Befolgung. Am 27. Juli 1941 unterzeichnete Keitel einen Befehl, der dem Reichsführer-SS Heinrich Himmler uneingeschränkte Vollmacht gab, das rassistische Programm Hitlers in Rußland durchzusetzen. Dieser Befehl lief auf Beihilfe zum Massenmord hinaus, und tatsächlich wurden Zehntausende von Juden und Slawen erschossen. Am 16. Dezember 1942 erließ Keitel für die Wehrmacht einen Befehl zur „Bandenbekämpfung", in dem es unter anderem heißt: „Die Truppe ist (...) berechtigt und verpflichtet, in diesem Kampf ohne Einschränkung auch gegen Frauen und Kinder jedes Mittel anzuwenden, wenn es nur zum Erfolg führt. Rücksichten, gleich welcher Art, sind ein Verbrechen gegen das deutsche Volk und den Soldaten an der Front (...)."[18]

Keitel unterzeichnete auch Hitlers 'Nacht-und-Nebel-Erlaß', der die Bevölkerung der besetzten Gebiete Europas, besonders die Franzosen und die Niederländer, terrorisieren sollte. Aufgrund dieses Erlasses verschwanden Menschen, die des Widerstands gegen das nationalsozialistische Deutschland verdächtig waren, einfach bei Nacht und Nebel, so als hätten sie nie existiert. In Wirklichkeit wurden sie der Gestapo übergeben, die sie ermordete. Keitel rechtfertigte diesen Erlaß mit einem einzigen Satz: „Es ist der langerwogene Wille des Führers!"[19]

Für Keitels blinden Gehorsam gegenüber dem Willen des 'Führers' ließen sich Dutzende von weiteren Beispielen nennen; besonders erstaunlich ist jedoch seine Bereitschaft, die Weisungen Hitlers sogar dann zu befolgen, wenn das eine völlige Gleichgültigkeit gegenüber dem Verlust von Menschenleben unter deutschen Frontsoldaten bedeutete. Als zum Beispiel die 6. Armee in Stalingrad eingeschlossen wurde, verweigerte ihr Hitler die Erlaubnis auszubrechen. Wider jede taktische Vernunft unterstützte Keitel gehorsam den Willen des 'Führers' – gegen die Proteste des Generalfeldmarschalls von Manstein, der Generalobersten von Weichs und von Richthofen und aller kommandierenden Generale der eingeschlossenen Armee.

Seit Stalingrad verteidigte Keitel jeden einzelnen „Durchhaltebefehl", den Hitler erließ – mit verhängnisvollen Konsequenzen: Die Heeresgruppe Afrika wurde in Tunesien, die 17. Armee auf der Halbinsel Krim vernichtet; die 1. Panzerarmee wurde in Galizien eingeschlossen; die Heeresgruppe Süd wurde in der Ukraine zerschlagen; die Heeresgruppe Nord wurde vor Leningrad zurückgeworfen und dann in Kurland abgeschnitten, obwohl sie leicht nach Deutschland hätte entkommen können; die Heeresgruppe Mitte wurde in Weißrußland praktisch aufgerieben; die Heeresgruppe B wurde in der Normandie zerschmettert und später im Ruhrkessel vernichtet. Diese Liste ist keineswegs vollständig, enthält jedoch die meisten größeren militärischen Katastrophen. An den Entscheidungsprozessen war Keitel selbst nicht beteiligt; er billigte lediglich die Entscheidungen des 'Führers'. Bei taktischen Diskussionen mit anderen Generalfeldmarschällen wandte sich Hitler in kritischen Augenblicken an seinen OKW-Chef Keitel und fragte ihn nach seiner Meinung: er konnte sich jedesmal darauf verlassen, daß diese mit seiner eigenen genau übereinstimmen würde. Auf diese Weise gewann Hitler jede Diskussion – und verlor fast jede Schlacht.

Keitel, am 19. Juli 1940 zum Generalfeldmarschall befördert, akzeptierte Beschimpfungen von seiten Hitlers als den Preis, den er für seine Stellung bezahlen mußte. Außerdem wurde er – früher ein angesehenes Mitglied des Offizierskorps und des Generalstabes – von seinen Standesgenossen bald verachtet. Selbst rangjüngere Generale bezeichneten ihn als „Lakaitel" und „Nickesel". Zu seinem 60. Geburtstag empfing Keitel von Hitler eine Dotation von 250000 Reichsmark. Bis zum Jahresende 1942 gelang es Keitel, diesen Betrag auf über 1 Million Reichsmark aufzustocken, um sich dafür Landbesitz kaufen zu können.

Schließlich zahlte Keitel für seine Stellung und für seinen blinden Gehorsam den höchsten Preis. Am 9. Mai 1945 unterzeichnete er in Berlin-Karlshorst die bedingungslose Kapitulation der gesamten Wehrmacht; dann wurde er in Nürnberg als Hauptkriegsverbrecher angeklagt. Selbst dort bewahrte er seinem 'Führer' die Treue. Er sagte aus: „Ich bin ein überzeugter Anhänger Adolf Hitlers", fügte allerdings hinzu: „Das schließt nicht aus, daß ich manche Punkte des Parteiprogramms ablehne."[20] In seiner Verteidigungsrede vertrat er die Auffassung, er habe nur Befehle befolgt. Das traf durchaus zu, reichte aber nicht aus, um seinen Kopf zu retten. So wurde er in allen vier Anklagepunkten schuldig gesprochen: Verschwörung zur Planung eines Angriffskrieges, Verbrechen gegen den Frieden, Kriegsverbrechen und Verbrechen gegen die Menschlichkeit. Er war besonders verantwortlich für die Verstrickung der Wehrmacht als Institution in die verbrecherischen Aktionen des NS-Regimes. „Mildernde Umstände liegen nicht vor", erklärte der Richter. „Befehle von oben, auch wenn einer Militärperson erteilt, können nicht als mildernde Umstände betrachtet werden, wenn derart empörende und weitverbreitete Verbrechen bewußt und rücksichtslos begangen worden sind."[21] Schließlich endete Keitel am 16. Oktober 1946 in Nürnberg am Galgen.

Anmerkungen

1 Davidson, The Trial of the Germans, S. 329 f.

2 Generalfeldmarschall Keitel. Verbrecher oder Offizier? Hrsg. von W. Görlitz, S. 11 (im folgenden zitiert als: Görlitz, GFM Keitel). Eine gute Untersuchung über Keitel ist Mueller, The Forgotten Field Marshal.

3 O'Neill, The German Army, S. 192; Görlitz, GFM Keitel, S. 15 f.

4 Davidson, The Trial of the Germans, S. 331; Görlitz, GFM Keitel, S. 17 f.; O'Neill, The German Army, S. 193.

5 O'Neill, The German Army, S. 192 f.; Görlitz, GFM Keitel, S. 18–21; Wistrich, Who's Who in Nazi Germany, S. 186.

6 Görlitz, GFM Keitel, S. 53.

7 O'Neill, The German Army, S. 192 f.; Görlitz, GFM Keitel, S. 64.

8 Görlitz, GFM Keitel, S. 71 f.

9 Ebenda, S. 79 f.

10 Davidson, The Trial of the Germans, S. 331; vgl. Görlitz, GFM Keitel, S. 82 ff., 101 Anm. 170.

11 Taylor, Sword and Swastika, S. 149.

12 Warlimont, Im Hauptquartier, S. 29 Anm. 22; Görlitz, GFM Keitel, S. 105 Anm. 184.

13 Bodewin Keitel wurde im März 1938 zum Generalmajor, im März 1941 zum Generalleutnant und im Oktober 1941 zum General der Infanterie ernannt. Siehe Keilig, Die Generale des Heeres. Vgl. Görlitz, GFM Keitel, S. 108 f., 174.

14 Unveröffentlichtes Manuskript von Richard Suchenwirth, Command and Leadership in the German Air Force, United States Air Force Historical Studies Nr. 174, United States Air Force Historical Division, Aerospace Studies Institute (Maxwell Air Force Base, Montgomery, Alabama: Air University 1969).

15 Die Hassell-Tagebücher, S. 294.

16 Görlitz, GFM Keitel, S. 405.

17 Wistrich, Who's Who in Nazi Germany, S. 169.

18 IMT, Bd. XXXIX, S. 129 (Geheime Kommandosache).

19 Davidson, The Trial of the Germans, S. 338. Vgl. auch Irving, Hitler's War, S. 423 f.; Görlitz, GFM Keitel, S. 420–422.

20 Nazi Conspiracy and Aggression IV, S. 592–597.

21 Gilbert, Nürnberger Tagebuch, S. 434. Zu einer detaillierten Darstellung des Prozesses gegen Keitel siehe: IMT, Band X.

Bibliographische Hinweise

(Vgl. auch die weiteren Literaturangaben in der Gesamtbibliographie ab S. 290ff.)

Ungedruckte Quellen

BA-MA Freiburg, N 54: Nachlaß Keitel, RW 4: Aktenbestand OKW/WFSt.

Gedruckte Quellen und Literatur

Görlitz, Walter: Keitel, Jodl and Warlimont. In: Hitler's Generals. Ed. by Correlli Barnett. London 1989, S. 139–174.

Die Hassell-Tagebücher 1938–1944. Revidierte und erweiterte Ausgabe. Hrsg. v. Friedrich Hiller Frhr. v. Gaertringen. Berlin 1988.

Adolf Hitler. Monologe im Führerhauptquartier 1941–1944. Hamburg 1980.

Irving, David: Hitler's War. New York 1977.

Lagebesprechungen im Führerhauptquartier. Hrsg. v. Helmut Heiber. München 1963.

Mitcham, Samuel W.: Hitler's Field Marshals and Their Battles. London 1988/Chelsea 1990.

Moll, Otto E.: Die deutschen Generalfeldmarschälle 1939–1945. Rastatt 1962.

Mueller, Gene: Wilhelm Keitel. Der gehorsame Soldat. In: Die Militärelite des Dritten Reiches. 27 biographische Skizzen. Hrsg.v. Ronald Smelser und Enrico Syring. Berlin/Frankfurt a.M. 1995, S. 251–269.

Ders.: The Forgotten Field Marshal. Wilhelm Keitel. Durham 1979.

O'Neill, Robert J.: The German Army and the Nazi Party 1933–1939. New York 1966.

Der Prozeß gegen die Hauptkriegsverbrecher vor dem Internationalen Militärgerichtshof Nürnberg. 14. November 1945 bis 1. Oktober 1946 (= IMT). 42 Bände, Nürnberg 1947–1949.

Schneller, Helmut: Hitler und Keitel. An Investigation of the of the Influence of Party Ideology on the Command of the Armed Forces in Germany. Between 1938–1945. Fort Hays 1970.

Taylor, Telford: Sword and Swastika. Generals and Nazis in the Third Reich. New York 1962, Chicago 1969.

Trial of the Major War Criminals. Before the International Military Tribunal. Washington, D.C. 1946–48.

Warlimont, Walter: Im Hauptquartier der deutschen Wehrmacht 1939–1945. Grundlagen, Formen, Gestalten. Frankfurt a.M. 1962.

Elmar Krautkrämer

Generalfeldmarschall Albert Kesselring

Albert Kesselring, geboren 1885 im fränkischen Marktsteft als Sohn eines Lehrers und späteren Stadtschulrats, trat nach dem Abitur 1904 in das in Metz stationierte 2. Bayerische Fußartillerieregiment ein. In seiner vielseitigen Ausbildung stand bald die neue schwere Artillerie des Feldheeres im Vordergrund, was später in seinem Interesse an der Flakartillerie nachgewirkt hat. Das Kriegsende 1918 erlebte er als Hauptmann, und die folgenden Monate erschienen ihm aufgrund der Willkürakte der Räte- und Spartakusbewegung rückblickend als die dunkelste Zeit seines Lebens. 1945 war es ihm eine Genugtuung, daß Deutschland trotz seiner totalen Niederlage eine Wiederholung der Geschehnisse von 1918/19 erspart blieb.[1]

In den zwanziger Jahren nahm Kesselring Truppenkommandos in Bayern und Aufgaben im Reichsministerium wahr, wobei er zum Experten der militärischen Verwaltung und des Finanzwesens wurde und als „Sparkommissar" galt. Die Heeresleitung stellte 1933 den Oberst für den Aufbau der Luftwaffe zur Verfügung, zunächst als Verwaltungschef (Abteilung D) in Görings künftigem Ministerium. Zu seinen Aufgaben gehörte die Überwachung und Finanzierung der Flugzeugproduktion sowie der Bau von Flugzeugen und Kasernen. Seine Fähigkeit zum Management und die joviale Umgangsart brachten ihn bei Industriellen und hohen Militärs in Gunst. 1935 wurde er Generalmajor und 1936 Generalleutnant. Bei diesem beachtlichen Aufstieg dürfte neben dem Können auch sein Talent, sich strikt auf die Wünsche der Vorgesetzten einzustellen, eine Rolle gespielt haben.

Die nationalsozialistische Umwälzung berührte den in der Seecktschen Tradition des unpolitischen Soldaten erzogenen Offizier zunächst wenig, zumal Göring seiner neuen Truppe die unmittelbare politische Indoktrinierung ersparte. Mit den außenpolitischen Erfolgen Hitlers, der Stabilisierung seiner Macht und dem Aufstieg Görings wurde der General zum Bewunderer und Diener des NS-Regimes, ohne der Partei und ihren Machenschaften besonderes Augenmerk zu widmen. Sein gewinnendes Wesen brachte ihm Achtung und Zuneigung ein. Doch wird ihm auch unterstellt, daß sein nach außen getragener Frohsinn Fassade war.[2]

Im Frühjahr 1935 lüftete Hitler den Schleier des Geheimnisses der deutschen Luftrüstung. Göring wurde Oberbefehlshaber der Luftwaffe, die als eigenständige Waffengattung neben Heer und Marine trat. 1936 wurde Kesselring als Nachfolger des tödlich verunglückten Generals Wever Chef des

Generalstabs der Luftwaffe. Als solcher konnte er, 1937 zum General der Flieger befördert, in Fragen der Organisation und Ausbildung, der Koordination von Fliegertruppe, Flakartillerie und Luftnachrichtentruppe sowie beim Aufbau der Fallschirm- und Luftlandeverbände sein Managertalent weiter entfalten. Allerdings wird ihm wegen dieser Zeit auch die Verantwortung für das spätere Scheitern der Luftwaffe zugeschrieben, weil er Göring in der Ablehnung der Produktion des Langstreckenbombers unterstützte.[3]

1936 befürwortete er unbedingt die kriegsmäßige Erprobung der neuen Waffe im Spanischen Bürgerkrieg. Doch fühlte sich Kesselring bald durch Eingriffe Milchs[4] beengt. Nur schwer einen Gott neben sich duldend, ersuchte er um seine Ablösung, wurde zunächst kommandierender General des Luftkreises 3 (Dresden) und übernahm im Oktober 1939 den Oberbefehl über die künftige Luftflotte 1 in Berlin. Sie kam nach Kriegsbeginn 1939 zur Unterstützung der Heeresgruppe Nord unter Generaloberst von Bock zum Einsatz. Kesselrings Taktik entsprach den Lehren des italienischen Generals Douhet.[5] In den ersten zwei Kriegstagen vernichteten seine Flieger einen großen Teil der polnischen Luftwaffe am Boden und wandten sich dann den gegnerischen Nachschublinien zu. Durch den kombinierten Einsatz von Luftwaffe und Heer mit den Panzerverbänden wurde der Polenfeldzug zum „Blitzkrieg". Ein schweres Bombardement Warschaus, bei dem auch Wohngebiete zerstört wurden und die Zivilbevölkerung Verluste erlitt, wurde mit der wiederholt verweigerten Übergabe der polnischen Hauptstadt gerechtfertigt.

Im Januar 1940 übernahm Kesselring den Oberbefehl über die für den Raum Holland, Belgien und Nordfrankreich zuständige Luftflotte 2, die im Westfeldzug eng mit der Heeresgruppe B (wiederum General von Bock) zusammenwirken sollte. Besonders stolz war Kesselring auf die Erfolge der Luftlandetruppen unter General Student bei der Sicherung strategisch wichtiger Brücken und Befestigungsanlagen. Die Bombardierung der Altstadt Rotterdams am 14. Mai 1940 erregte als Terrorangriff die Weltöffentlichkeit. Auch hier ging es darum, die Kapitulation der als verteidigt geltenden Stadt zu erzwingen. Als sie zur Übergabe dann bereit war, konnten die gestarteten Maschinen nicht mehr informiert werden. Kesselring sah sich von der Haager Landkriegsordnung gedeckt, die den Angriff auf eine verteidigte Stadt zuläßt.[6] Gleichwohl stellt sich die Frage, ob militärische Verbände in einer von der Zivilbevölkerung nicht geräumten Stadt oder die Nichtbeantwortung einer Kapitulationsaufforderung bereits deren Verteidigung belegt. Bemerkenswert ist, daß gerade zuvor die irrtümliche Bombardierung Freiburgs durch deutsche Flieger von der deutschen Propaganda als britischer Terrorangriff hochgespielt worden war.[7] Kurz nach Rotterdam begann die Royal Air Force den strategischen Luftkrieg gegen Deutschland.

Als Görings Luftwaffe nach Hitlers Haltebefehl vor Dünkirchen den Auftrag zur „endgültigen Vernichtung des Feindes“ erhielt, waren Kesselrings erschöpfte Besatzungen nicht in der Lage, die sich unter einem Schirm von Jägern der Royal Air Force vollziehende Evakuierung des britischen Expeditionskorps von über 200000 Mann und zusätzlich 123000 Franzosen zu verhindern. Danach war die Luftflotte 2 an der Zermürbung der französischen Armee beteiligt. Kesselring wurde am 19. Juni 1940 unter Überspringung des Ranges des Generalobersten zum Feldmarschall befördert. Im folgenden Kampf um England gelang es der deutschen Luftwaffe nicht, die britische Jagdabwehr auszuschalten. Die deutschen Geschwader mit den bis an die Grenze der physischen Leistungsfähigkeit strapazierten Besatzungen erlitten erhebliche Verluste. Die geplante Luftherrschaft über Südengland zur Vorbereitung einer Landung (Operation „Seelöwe“) konnte nicht erreicht werden.

Anfang Juni 1941 wurde die Luftflotte 2 in den polnisch-ostpreußischen Raum verlegt, um von hier aus beim Angriff auf die Sowjetunion zum Einsatz zu kommen. Zum drittenmal kam es zur Zusammenarbeit mit Feldmarschall von Bock bei dessen Vorstoß bis vor Moskau. Doch im November 1941 wurden die Geschwader nach Sizilien verlegt. Kesselring hatte als Oberbefehlshaber Süd Rommels ‘Panzergruppe Afrika’ zu unterstützen und ihren Nachschub über das Mittelmeer zu sichern. Nach einem Rückzug durch die Cyrenaika bis Tripolitanien verfügte Rommel Mitte Januar über genügend Material und Treibstoff für einen Gegenangriff. Als er am 21. Juni Tobruk einnahm, waren seine Panzerspitzen tief in ägyptisches Gebiet eingedrungen. Kesselring vertrat die Meinung, daß zunächst Malta ausgeschaltet werden müsse, um das in Afrika Eroberte zu halten.[8] Doch Rommel glaubte, in wenigen Tagen Alexandria und Kairo erreichen zu können. Der Oberbefehlshaber Süd aber sah wie der italienische Generalstabschef Cavallero logistische Schwierigkeiten voraus. Dennoch gab er nach, denn der „Wüstenfuchs“ stand auf der Höhe seines Ruhms und war zum Feldmarschall befördert worden. Nach Kesselrings Meinung übte Rommel zu jener Zeit „einen fast hypnotischen Einfluß“ auf Hitler aus, was jede objektive Lagebeurteilung behinderte. Die Rivalität der beiden Marschälle wird wiederholt in Kesselrings Erinnerungen wie in Rommels Aufzeichnungen deutlich. Als Rommels Vorstoß bei El Alamein zum Stehen kam, sah sich Kesselring in seinen Befürchtungen bestätigt.

Nach dem britischen Durchbruch durch die deutsche Abwehrfront am 23. Oktober 1942 befahl Rommel am Morgen des 3. November den Rückzug. Kesselring trug dazu bei, daß Hitler nicht auf seinem zunächst erteilten „Sieg oder Tod“-Befehl bestand. Nach der alliierten Landung in Marokko und Algerien hielt Rommel Afrika für verloren und wollte seine Truppen bereits nach Italien überführen. Doch dafür war der Oberbefehlshaber Süd nicht zu gewinnen, der sich mit Hitler und dem Duce einig war, Tunesien zum Brückenkopf auszubauen, wohin er alle in Italien entbehrlichen Kräfte verlegte. General Nehring, Oberbefehlshaber in Tunis, der zweifelte, den Brückenkopf auf Dauer halten zu können, ließ er an die Ostfront versetzen. Zweifel oder Widerspruch konnte Kesselring schwer ertragen. Das Kommando über die neu gebildete 5. Panzerarmee übernahm Generaloberst von Arnim. Kesselring hatte damit seinen Kriegsschauplatz mit der Verfügung über eine Armee. Sie hatte Ende 1942 eine Stärke von 100000 Mann und wurde weiterhin aufgefüllt. Nach dem Willen Hitlers, und Kesselring stimmte dem zu, sollte Tunesien zum Ausgangspunkt für einen Vorstoß durch Algerien nach Marokko und nach Osten zum Suezkanal werden. Doch das waren Illusionen.

Mit dem Rückzug in Libyen verschärfte sich der Gegensatz zwischen Rommel und Kesselring, zumal dieser mehr zu den Italienern als zum „Wüstenfuchs" hielt. Die Offensive zum Durchbruch der tunesischen Westfront scheiterte am alliierten Widerstand, am unzulänglichen Treibstoffvorrat und an der mangelnden operativen Kooperation von Arnims und Rommels. Dieser war für die radikale Verkleinerung des Brückenkopfes, aber Kesselring unterstützte ihn nicht. Die Ablösung Rommels war jetzt eine zwischen Hitler und Mussolini beschlossene Sache. Nach wenigen Tagen des Oberbefehls über die neu gebildete Heeresgruppe Afrika[9] verließ Rommel schließlich am 9. März Tunesien.

Nun aber kam es zum Konflikt zwischen Kesselring und von Arnim. Dieser erkannte, als am 20. März die britische Offensive begann, die aussichtslose Lage und forderte Konsequenzen. Kesselring aber behinderte eine korrekte Berichterstattung an das OKW und beschönigte die Situation, obwohl die Sizilienstraße ganz unter alliierter Kontrolle war. Am 12. und 13. Mai kapitulierte dann der Rest der Heeresgruppe Afrika, und 240000 deutsche und italienische Soldaten gingen in Gefangenschaft. Wieder war eine Armee in aussichtsloser Lage geopfert worden, und hier hatte Kesselring ein großes Maß an Schuld.

Nach dem Verlust Siziliens und den feindlichen Landungen in Süditalien zog Kesselring seine Verbände auf die gut ausgebaute 'Gustavlinie' zurück. Inzwischen war Mussolini gestürzt und verhaftet worden. Die am 12. September durchgeführte Befreiungaktion mit SS-Hauptsturmführer Skorzeny war in ihren Einzelheiten in Kesselrings Hauptquartier vorbereitet worden. Der Abfall Italiens zog die deutsche Besetzung des Landes und die Entwaffnung der italienischen Streitkräfte nach sich („Fall Achse"). Die in Norditalien stehenden Divisionen wurden zur Heeresgruppe B unter Feldmarschall Rommel zusammengefaßt, dessen Befehlsbereich sich bis zu einer Linie ca. 100 km nördlich von Rom erstreckte. Erneut prallten die gegensätzlichen Lageeinschätzungen der beiden Marschälle aufeinander. Während Rommel für einen Rückzug nach Norden zur 'Gotenlinie' war, wollte Kesselring den Gegner in Süditalien schlagen. Hitler wollte zunächst Rommel den Oberbefehl in ganz Italien geben, aber Kesselring gewann beim Lagevortrag durch Eingehen auf die Wünsche Hitlers und Görings das Spiel. Rommel wurde an die Atlantikküste versetzt und Kesselring Oberbefehlshaber Südwest mit dem Oberkommando über alle zur Heeresgruppe C zusammengefaßten Verbände in Italien. Die beiderseits verlustreichen Kämpfe um die 'Gustavlinie' im Winter 1943/44 konzentrierten sich schließlich um Cassino. Mitte Februar wurde die Benediktinerabtei auf dem Monte Cassino von alliierten Bombern gänzlich zerstört, obwohl Kesselring sie zur neutralen Zone erklärt hatte, die kein deutscher Soldat betreten durfte. Die Kunstschätze und Teile des Archivs hatte er zuvor in Sicherheit bringen lassen. Die Ruine des Klosters wurde nun zur deutschen Festung. Die hohen Verluste auf beiden Seiten standen in keinem Verhältnis zur Bedeutung des Platzes. Im Mai 1944 durchbrach der Gegner die Front, am 4. Juni zogen die Alliierten in Rom ein. Der deutsche Rückzug kam im folgenden Herbst nördlich der 'Gotenlinie' zum Stehen.

Bald darauf erlitt Kesselring bei einem Verkehrsunfall eine schwere Schädelverletzung. Er kehrte erst im Februar 1945 an die Front zurück. Während seiner Abwesenheit vertrat ihn Generaloberst von Vietinghoff. Wenige Wochen später ernannte Hitler Kesselring als Nachfolger Rundstedts zum Oberbefehlshaber West, verantwortlich für die Westfront von Norwegen bis zur Schweizer Grenze.

Als Kesselring am 10. März 1945 in seinem neuen Hauptquartier in Ziegenberg eintraf, schenkte er den Lageberichten seines Stabschefs wie auch Feldmarschall Model, Oberbefehlshaber der Heeresgruppe B, keinen Glauben. Für ihn war nur Hitler maßgebend. Nach mehreren Rheinübergängen jedoch war der Vormarsch der Alliierten mit ihrer unangefochtenen Luftherrschaft nicht mehr aufzuhalten. Trotzdem war Kesselring, wenn er von Besprechungen im Führerhauptquartier zurückkehrte – und das war bis zum 12. April noch dreimal der Fall –, noch immer von Hitlers Durchhaltewillen beeindruckt, und er bemühte sich, ihn auf seine Untergebenen zu übertragen. Stets spielte er den Optimisten. Gegen Kriegsmüdigkeit und Lockerungen der Disziplin gingen fliegende Standgerichte vor. Gegenüber Speers Bemühungen, die Ausführung von Hitlers 'Nero-Befehl' der verbrannten Erde zu verhindern, zeigte er sich unzugänglich.[10]

In der zweiten Aprilhälfte 1945 wurde das noch feindfreie Deutschland gemäß einem Befehl Hitlers in einen Nord- und Südraum eingeteilt. Großadmiral Dönitz erhielt im Norden, Kesselring im Süden den Oberbefehl und die vollziehende Gewalt. Der Feldmarschall erkannte die Aussichtslosigkeit des Krieges, aber er sah sich an seinen dem 'Führer' gegebenen Eid gebunden und stand zugleich im Banne der eigenen Macht. Die von Abgesandten Vietinghoffs und Wolffs in der Schweiz geführten Verhandlungen führten am 29. April in Caserta zur Unterzeichnung der Kapitulation der Italienfront.

Kesselrings spätere Behauptung, die seit dem Spätjahr 1944 geführten geheimen Kontakte hätten mit seiner Billigung stattgefunden, entspricht nicht dem Sachverhalt.[11]

Er versuchte vielmehr noch jetzt, die Teilkapitulation rückgängig zu machen, enthob Vietinghoff seiner Funktion und ersetzte Wolff durch den berüchtigten SS-Obergruppenführer Kaltenbrunner, Chef des Reichssicherheitshauptamtes. Als jedoch die Nachricht von Hitlers Tod eintraf und Dönitz' Entschlossenheit zur Kapitulation vor den Westmächten erkennbar war, schwenkte Kesselring um. Die für Caserta Verantwortlichen wurden wiedereingesetzt, und die Kapitulation erhielt seine Billigung. Sie trat am 2. Mai in Kraft. Am 4. Mai kapitulierte auch die Heeresgruppe G, die aus den Resten der 1. und 19. Armee bestand. Die Kapitulation aller Streitkräfte des süddeutschen Raums trat am 6. Mai in Kraft. Kesselring nahm für sich in Anspruch, damit die Gesamtkapitulation vorbereitet zu haben. Auch das ist unzutreffend. Die Vorgänge im Süden spielten bei den Verhandlungen in Reims keine Rolle.

Für Kesselring begann die Gefangenschaft. Nach Aufenthalten in verschiedenen Lagern und einer fünfmonatigen Einzelhaft im Nürnberger IMT-Gefängnis wurde er im Sommer 1946 in das von der Historical Division der US-Armee geführte Lager Allendorf gebracht. Hier hatten ehemalige Generale und Generalstabsoffiziere ihre Kriegserfahrungen niederzuschreiben, und diese Arbeit war in vieler Beziehung lohnend. Kesselring hatte mehrere Projekte zu beaufsichtigen und arbeitete emsig an seinen eigenen Erinnerungen. Merkmal der in Allendorf entstandenen „studies" ist das Bestreben, eine auf deutscher Seite saubere Kriegsführung nachzuweisen und die Zuverlässigkeit und Kampfesüberlegenheit des deutschen Soldaten zu belegen.[12]

Im Frühjahr 1947 stand Kesselring wegen der Vorgänge in den Ardeatinischen Höhlen im März 1944 vor einem britischen Militärgericht in Venedig. Bei einem von italienischen Partisanen durchgeführten Sprengstoffattentat in der Via Rasella in Rom waren damals 33 Angehörige des Polizeiregimentes Bozen zu Tode gekommen. Die vom OKW befohlene Sühnemaßnahme bestand in der Erschießung von Geiseln im Verhältnis 1:10. Kesselring wie Generaloberst von Mackensen, Oberbefehlshaber der 14. Armee, und Generalleutnant Maelzer, Stadtkommandant von Rom, akzeptierten, daß der Polizei- und SD-Führer Kappler dafür Häftlinge aus römischen Gefängnissen zur Verfügung stellte, die angeblich bereits zum Tode verurteilt waren, was in etlichen Fällen nicht dem Sachverhalt entsprach. Ob die Hinrichtung von 330 Geiseln kriegsrechtlich als gedeckt gelten kann, ist umstritten, nicht aber die das Verhältnis 1:10 überschreitende Hinrichtung von 335 Opfern. Ein Verbrechen war die unbeschreiblich brutale Art der Exekution in den Ardeatinischen Höhlen in Rom. Kesselring hat sich, ebenso wie von Mackensen und Maelzer, wenig darum gekümmert, dürfte aber von Kappler über den Vollzug informiert worden sein. Da ihm als Oberbefehlshaber Südwest auch die SS-Einheiten des Kriegsschauplatzes unterstanden, war er letztlich für den Vorgang mindestens mitverantwortlich.[13]

Bei dem Verfahren zeigte er kein Schuldbewußtsein und bestritt seine damalige Zuständigkeit. Belastend waren zudem zwei im Sommer 1944 erlassene Befehle Kesselrings, die dem Gericht als Verletzung der Gesetze und Gebräuche des Landkriegs galten. Immerhin heißt es im Befehl vom 17. Juni 1944: „Ich werde jeden Führer decken, der in der Wahl und Schärfe des Mittels über das bei uns übliche Maß hinausgeht.“[14] Gerade das hatte Kappler getan, der sicher sein konnte, für sein Vorgehen nicht belangt zu werden. Hatte doch der Oberbefehlshaber Südwest schon zuvor durch etliche Anweisungen für die Art der Durchführung von Sühnemaßnahmen gezielt Enthemmungen bewirkt.[15] Wie Mackensen und Maelzer zuvor in Rom, so wurde auch Kesselring zum Tode durch Erschießen verurteilt. Sein überzogen selbstbewußtes Auftreten mag dazu beigetragen haben, daß ihm ein Schlußwort verweigert wurde. Doch wurde das Urteil in lebenslängliche Haft umgewandelt, worauf er ins Zuchthaus Werl verlegt wurde, wo er die Arbeiten für die Historical Division fortsetzen durfte. Seine Entlassung 1952 war offiziell krankheitsbedingt, in erster Linie aber, wie die Mackensens, Mansteins und anderer, Folge von Bedingungen, die die mit dem deutschen Verteidigungsbeitrag befaßten Persönlichkeiten den Alliierten stellten. Kesselrings im folgenden Jahr erschienene Erinnerungen »Soldat bis zum letzten Tag« waren in Werl vorbereitet worden und dokumentieren das starke Bedürfnis der Selbstdarstellung und Rechtfertigung. Nicht selten stoßen wir auf Arroganz und gelegentlich gar Zynismus. Zwar ging es dem Autor darum, „ein Ehrenmal für unsere Wehrmacht zu schaffen“, doch dringt an vielen Stellen die Hochschätzung des 'Führers' durch, und man kann Kesselring als einen der treuesten Paladine Hitlers bis in dessen letzte Tage bezeichnen. Sogar für die Taten Himmlers als Oberbefehlshaber des Ersatzheeres fand er nach dem Krieg noch Lob.[16]

Gewiß verdankte Kesselring seine Karriere zunächst den Fähigkeiten in Planung, Administration, Organisation und Truppenführung. Doch hinzu kam, besonders in den Kriegsjahren, die Anpassung nach oben und das rechtzeitige Gespür für die richtige Windrichtung. Eine besondere Achtung des menschlichen Lebens hat ihn nicht ausgezeichnet.

In seinen letzten Lebensjahren war Kesselring engagiert in Traditionsverbänden wie „Stahlhelm“ oder „Verband deutsches Afrikakorps“. Von diesen wurde er auch als Held und Märtyrer gefeiert. 1960 verstarb er an Herzversagen. In Bad Wiessee wurde er mit großer Anteilnahme von Veteranen bestattet. Die Grabesrede hielt sein ehemaliger Geschwaderkommodore, der späterer General der Flieger Josef Kammhuber, damals Inspekteur der Bundesluftwaffe.

Anmerkungen

1 Kesselring, Soldat, S. 14.

2 Irving, Rommel, S. 221. Hier dazu: „Sein breites Lachen, bei dem er sein starkes Gebiß entblößte, war sein Markenzeichen.“

3 Lewis, Kesselring, S. 274.

4 Milch war Görings Staatssekretär und Stellvertreter, Generalinspekteur der Luftwaffe und Generalluftzeugmeister.

5 General Giulo Douhets Buch »Il domino dell'aria« erschien in Rom 1921, deutsche Ausgabe u. d. T. »Luftherrschaft«, Berlin 1935.

6 Kesselring, Soldat, S. 77. Kesselring störte es nicht, daß schon der deutsche Einfall in Holland eine Verletzung des internationalen Rechts darstellte.

7 Hierzu Ueberschär/Wette, Bomben und Legenden.

8 Kesselrings Meinung über die Bedeutung des Verzichts auf die Einnahme von Malta erschließt bes. BA-MA Freiburg, T 3 P 1.

9 Kesselring hat später wenig überzeugend behauptet, die Ernennung Rommels zum O. B. der H. Gr. Afrika sei ausschließlich zur Beseitigung der politischen und militärischen Schwierigkeiten mit dem italienischen Verbündeten erfolgt. BA-MA Freiburg, C 066 S. 2f.

10 Vgl. Speer, Erinnerungen, S. 446 und 454. Daß der O.B. West den Befehl am 20. März 1945 zunächst mit Nachdruck an die Armeen weitergab, belegt BA-MA Freiburg, RH 20–19/212, Bl. 12f.

11 Hierzu Smith/Argagossi, Unternehmen „Sonnenaufgang“.

12 Nahezu alle „studies“ sind im BA-MA Freiburg zugänglich. Die von Kesselring verfaßten und mitverfaßten Arbeiten erschließt: Guide to Foreign Military studies 1945–1954. Catalogue and Index. Headquarter of the United States Army, Europe.

13 Zu dem Vorgang Schreiber, Deutsche Kriegsverbrechen, S. 120ff.

14 Kesselring, Soldat, S. 437ff.

15 Das belegt nunmehr Schreiber, Deutsche Kriegsverbrechen, S. 100ff., gestützt auf die dazu einschlägigen Akten im BA-MA Freiburg.

16 BA-MA Freiburg, T 123, Bd.1, S. 640.

Bibliographische Hinweise

(Vgl. auch die weiteren Literaturangaben in der Gesamtbibliographie ab S. 290ff.)

Ungedruckte Quellen

BA-MA Freiburg, Pers. 6/6: Personalakte Kesselring; N 750: Nachlaß Kesselring; verschiedene von Kesselring verfaßte „studies", so bes. T 3 P 1 (Ansichten über den Krieg in Afrika), C 064 (Feldzug in Italien), T 123 (Geschichte des O.B. West, T III. Febr. bis Mai 1945, 3 vols.), RH 19–20 (Oberbefehlshaber Süd, Südwest, Heeresgruppe C), RH 20–19/212 (Kriegstagebuch der 19. Armee).

Gedruckte Quellen und Literatur

Andrae, Friedrich: Auch gegen Frauen und Kinder. Der Krieg der deutschen Wehrmacht gegen die Zivilbevölkerung in Italien 1943–1945. München 1995.

Bidwell, Shelford: Kesselring. In: Hitler's Generals. Ed. by Corelli Barnett. London 1989, S. 261–289.

Boog, Horst: Die deutsche Luftwaffenführung 1935–1945. Stuttgart 1982.

Fraser, David: Rommel. Berlin 1995.

Heuer, Gerd F.: Die deutschen Generalfeldmarschälle und Großadmirale 1939–1945. 2. Aufl. Rastatt 1988.

Irving, David: Die Tragödie der deutschen Luftwaffe. Berlin/Frankfurt a. M. 1970.

Kesselring, Albert: Soldat bis zum letzten Tag. Bonn 1963.

Ders.: Gedanken zum Zweiten Weltkrieg. Bonn 1955.

Kurowski, Franz: Generalfeldmarschall Albert Kesselring. Berg am See 1985.

Lewis, Samuel J.: Albert Kesselring – Der Soldat als Manager. In: Die Militärelite des Dritten Reiches. Hrsg. v. Ronald Smelser/Enrico Syring. Berlin 1995, S. 270–287.

Moll, Otto E.: Die deutschen Generalfeldmarschälle 1939–1945. Rastatt 1961.

The Rommel Papers. Ed. by Lidell Hart. London 1953.

Gene Mueller

Generalfeldmarschall Günther von Kluge*

Nach dem Zweiten Weltkrieg schrieb Walter Warlimont, die „Haltung seines ehemaligen verehrten Kommandierenden Generals [v. Kluge]“ sei ihm „vorbildlich“ erschienen.[1] Andere hingegen bewerteten Generalfeldmarschall von Kluge überaus kritisch, so daß das Urteil über ihn insgesamt ambivalent ausfällt.

Hans Günther von Kluge wurde am 30. Oktober 1882 in Posen als Sohn eines preußischen Offiziers geboren. 1901 trat er als Leutnant in das 46. Feldartillerie-Regiment in Wolfenbüttel ein, dem auch der spätere Generalfeldmarschall Wilhelm Keitel angehörte. Nach dem Besuch der Kriegsakademie wurde er 1910 zum Großen Generalstab kommandiert. Am Ersten Weltkrieg nahm er als Hauptmann in verschiedenen Stäben teil und wurde bei Verdun schwer verwundet.[2] Nach dem Krieg wurde Kluge in die Reichswehr übernommen, wo er abwechselnd bei der Truppe und in diversen Stabsstellungen Dienst tat. 1930 erfolgte seine Beförderung zum Oberst, 1933 zum Generalmajor und schon 1934 zum Generalleutnant; gleichzeitig wurde er Kommandeur der 6. Infanteriedivision in Münster. Im August 1936 ernannte ihn Hitler zum General der Artillerie.[3]

Die Blomberg-Fritsch-Krise Anfang 1938 war ein schwerer Schlag für Kluge. Er hatte Werner Freiherr von Fritsch, den Oberbefehlshaber des Heeres (1934–1938), immer bewundert. Als Hitler Fritsch entließ, weil man ihn (zu Unrecht) der Homosexualität beschuldigte, bekam Kluge allmählich Zweifel am NS-Regime. Vor allem beunruhigte ihn Hitlers Außen- und Kriegspolitik. Seine Besorgnis wurde akut, als Hitler 1938 seine aggressive Politik gegen die Tschechoslowakei realisierte. Kluge gehörte zu denjenigen Generalen, die nach der Fritsch-Krise im Februar 1938 von dem neuen Oberbefehlshaber des Heeres, General von Brauchitsch, in den Ruhestand versetzt wurden.

Obgleich Kluge eine Abneigung gegen den Nationalsozialismus hatte, lehnte er es aber ab, sich gegen das NS-Regime zu stellen. Der US-Historiker Matthew Cooper charakterisiert ihn als „energisch, ehrgeizig, nicht zu Halbheiten und Kompromissen bereit“.[4] Andere Historiker halten Kluge jedoch für einen wankelmütigen Charakter und schwächlichen Opportunisten.

* Aus dem Englischen übersetzt von Karl Nicolai.

Seit 1937 wandten sich Oppositionskreise bei verschiedenen Gelegenheiten an Kluge, aber dieser wollte sich nicht festlegen. Er zögerte ständig, irgendeine Entscheidung hinsichtlich seiner Haltung gegenüber der Oppositionsgruppe um Generaloberst Ludwig Beck zu treffen. Kluge interessierte sich offenbar für die Verschwörung, war jedoch nicht bereit, darin irgendeine konkrete Aufgabe zu übernehmen.

Im Anschluß an die Sudetenkrise wurde Kluge im Oktober 1938 wieder in den aktiven Dienst berufen; man übertrug ihm das neugeschaffene Heeresgruppenkommando 6 (das bald zur 4. Armee umgebildet wurde) in Hannover.[5] Obwohl Hitler die Loyalität Kluges anzweifelte, benötigte er die Erfahrung des Generals. Im Polenfeldzug vom September 1939 bewährte sich Kluge als Armeeoberbefehlshaber hervorragend. Von Pommern aus stieß er mit seiner 4. Armee in nur drei Tagen durch den Korridor und drang dann in Richtung Warschau vor. Hitler war begeistert und beförderte Kluge nach dem Sieg über Polen zum Generaloberst.

Im Mai 1940 nahm Kluges 4. Armee am Frankreichfeldzug teil. Sie griff im Abschnitt Malmedy an und stieß in Richtung Calais vor. Bei Dünkirchen konnten etwa 340000 britische und französische Soldaten entkommen und später weiterkämpfen. Gleichwohl wurde Frankreich von der deutschen Wehrmacht besiegt. Im Juli 1940 erhob ein hocherfreuter Hitler ein Dutzend seiner Truppenkommandeure, darunter auch Kluge, zu Generalfeldmarschällen.

Auch beim Angriff auf die Sowjetunion im Juni 1941 führte Kluge die 4. Armee. Im Gegensatz zu anderen deutschen Generalen befürwortete er diesen Angriff.[6] Schon bald übertrug ihm Hitler zusätzlich den Oberbefehl über die beiden Panzergruppen Guderian und Hoth. Kluges Infanterie war an dem Vorstoß gegen Moskau beteiligt, der im russischen Winter steckenblieb. Schon Ende Oktober hatte Kluge die Auswirkungen des Wetters auf die deutschen Transportfahrzeuge beklagt.[7] In der Winterkrise vor Moskau im Dezember 1941 übernahm er an Stelle des erkrankten Generalfeldmarschalls von Bock den Oberbefehl über die Heeresgruppe Mitte und setzte Hitlers Befehle, die Front um jeden Preis zu halten, rücksichtslos durch. Als General Guderian dagegen protestierte, ersuchte Kluge Ende Dezember den ‘Führer’ in einem Funkspruch, entweder ihn selbst oder Guderian zu entlassen. Hitler wußte, daß er auf Kluge sicher rechnen konnte, und entließ deshalb Guderian.

Im Spätherbst 1942 suchte ein führender Kopf der Opposition, der frühere Leipziger Oberbürgermeister Carl Goerdeler, Kluge in seinem Hauptquartier bei Smolensk auf. Der Feldmarschall war beeindruckt von den Argumenten, die Goerdeler für den Widerstand gegen Hitler vortrug. Kluge blieb von jetzt an mit den Verschwörern in Verbindung, hat aber „zum aktiven Aufstand […] nie den Entschluß oder die Möglichkeit gefunden".[8] Ein Grund dafür, daß er sich dem Widerstand nicht voll anschloß, war möglicherweise der Scheck über 250000 Reichsmark, den er von Hitler als Dotation zu seinem 60. Geburtstag im Oktober 1942 erhielt. Hitler schätzte Kluge sehr; gegenüber Goebbels nannte er ihn im Dezember 1941 einen „Führer vom Scheitel bis zur Sohle".[9] Es ist anzunehmen, daß Kluge als Oberbefehlshaber einer Armee beziehungsweise einer Heeresgruppe sehr wohl von den Mordaktionen der hinter seinem jeweiligen Befehlsbereich tätigen SD-Einsatzgruppen wußte und somit die Konsequenzen des verbrecherischen Rasse- und Weltanschauungskrieges im Osten sah.

Die zur Durchführung eines Staatsstreichs entschlossene Oppositionsgruppe beschloß zu handeln, wenn Hitler die Heeresgruppe Mitte besuchen würde. Dafür brauchten sie die Unterstützung Kluges, der seit etwa zwei Jahren in ihre Pläne eingeweiht war. Truppen des Oberstleutnants Georg von Boeselager sollten Hitler erschießen, während er im März 1943 Kluges Hauptquartier bei Smolensk besuchte. Der Feldmarschall weigerte sich jedoch, die entsprechenden Befehle zu geben, und das Attentat fand nicht statt. Kluge wollte sich an keinem Putsch beteiligen, solange der 'Führer' nicht tot war; statt dessen blieb er dem lebenden 'Führer' treu und förderte so die eigene Karriere.[10]

1943 wurde selbst dem trickreichen Günther von Kluge klar, daß Deutschland die Sowjetunion nicht besiegen konnte. Er sah das Scheitern des Unternehmens „Zitadelle" – der deutschen Offensive gegen Kursk im Sommer 1943 – richtig voraus. Der deutsche Panzerangriff brach in der Schlacht von Kursk zusammen, und sowjetische Truppen begannen, die deutschen Linien zu durchstoßen. Da flog Kluge in Hitlers Hauptquartier und holte sich die Erlaubnis, seine Truppen auf die 'Hagen-Linie' zurücknehmen zu dürfen.[11] Aber Ende August brachen die Russen auch hier durch, und Kluge zog sich erneut zurück, diesmal nach Weißrußland, wo er im Oktober mehrere sowjetische Angriffe abwehrte. Im gleichen Monat wurde Kluge bei einem Autounfall schwer verletzt. Man brachte ihn zu ärztlicher Behandlung in die Heimat, und Hitler verlieh ihm das Eichenlaub mit Schwertern zum Ritterkreuz; den Oberbefehl über die Heeresgruppe Mitte übernahm Generalfeldmarschall Busch.

Der Unfall Kluges erschütterte nicht nur Hitler, sondern auch die Oppositionsgruppe um Goerdeler. Einen Monat zuvor war Kluge bei einem Berlinbesuch mit Goerdeler und Generaloberst a.D. Beck zusammengetroffen. Kluge erklärte, die militärischen Kräfte Deutschlands reichten nicht aus, um alle Fronten zu halten.[12] Seine beiden Gesprächspartner schlugen vor, sich mit den westlichen Alliierten zu verständigen. Kluge meinte, „noch sei es möglich, bei rechtzeitiger Verständigung mit den Angelsachsen die Ostfront östlich der alten Ostgrenze Polens zu stabilisieren und unüberwindlich zu machen".[13] Da Hitler solchen Entscheidungen niemals zustimme, müsse er ausgeschaltet werden, und zwar mit Gewalt. Goerdeler plädierte für ein offenes Gespräch mit dem 'Führer'; die Verantwortung für ein Attentat überließ er den Generalen. Kluge erklärte, diese Verantwortung werde er übernehmen. Kühne Worte aus dem Munde eines Mannes, der nicht bereit war, die Verschwörung wirklich zu unterstützen oder Hitler entgegenzutreten.

Verärgert über die erfolgreiche Landung der Alliierten am 6. Juni 1944 in der Normandie und ihren weiteren Vormarsch, ernannte Hitler Anfang Juli den wieder genesenen Kluge als Nachfolger Rundstedts zum Oberbefehlshaber West. Dieser war, nach Unterredungen mit Hitler auf dem Obersalzberg, wieder sehr siegesgewiß und zuversichtlich. Als er jedoch Gelegenheit hatte, sich selbst ein Bild von der Lage zu machen, erkannte Kluge die gewaltige Überlegenheit der Alliierten, besonders in der Luft.

Beim Attentat am 20. Juli 1944 wurde Hitler nur leicht verletzt. Die Verschwörer hatten zugeschlagen – und das Attentat war gescheitert. Dieser Tag sollte für Feldmarschall von Kluge noch sehr turbulent werden. Als Kluge am frühen Abend in sein Hauptquartier zurückkehrte, fand er zwei Nachrichten vor. Die erste (von dem neuen Oberbefehlshaber der Wehrmacht, Generalfeldmarschall von Witzleben) besagte: Hitler sei tot; die zweite (ein Auszug aus einer vom Deutschlandsender verbreiteten Erklärung): Hitler sei am Leben und werde noch an diesem Abend über den Rundfunk zum deutschen Volk sprechen. Kaum hatte er diese beiden gegensätzlichen Nachrichten gelesen, da erhielt er einen Telefonanruf von Beck, der ihm sagte, in Berlin würden Maßnahmen zum Sturz der Regierung Hitler getroffen.[14] Gisevius schrieb später, Beck habe Kluge gefragt, ob er diese Aktion billige und ob er sich ihm (Beck) unterstelle. „Es folgen ein paar Sätze, die Kluge augenscheinlich aus gequälter Seele hervorsprudeln, so verschwommen versteht er sich auszudrücken."[15] Beck wiederholte seine Frage. Da antwortete Kluge, „das Mißglücken des Attentats habe eine unerwartete Situation geschaffen. Er müsse sich mit seinem Stab beraten. In einer halben Stunde werde er wieder anrufen." Er rief nie zurück. Statt dessen telefonierte Kluge mit Keitel, dem Chef des OKW, der ihm versicherte, Hitler sei wohlauf. Kluge hatte seine Entscheidung getroffen; er hatte nicht vor, sich einer ungewissen Sache anzuschließen.

Gegen 20 Uhr erschienen bei Kluge General von Stülpnagel, der Militärbefehlshaber in Frankreich, und ein Mitglied seines Stabes, Oberstleutnant von Hofacker. Die beiden appellierten an Kluge, sich von Hitler loszusagen. Stülpnagel eröffnete ihm, daß er bereits die Verhaftung aller SD- und SS-Führer in Paris angeordnet habe. Kluge war entsetzt.[16] Da erinnerte ihn Hofacker daran, daß er sich im vergangenen Jahr bereit erklärt habe, bei dem Putsch mitzumachen. Der Feldmarschall entgegnete, diese Bereitschaft sei an die Voraussetzung geknüpft gewesen, daß Hitler tot sei. Hofacker, davon unbeeindruckt, ließ nicht nach. Da unterbrach ihn Kluge mit einem unzweideutigen Nein. Er befahl Stülpnagel, die verhafteten SD- und SS-Führer schleunigst wieder freizulassen, und sagte ihm, er sei seines Postens enthoben. Gleichzeitig gab er ihm seelenruhig den Rat, in Zivilkleidung unterzutauchen. So ließ Kluge seine Kameraden fallen.

In einem Versuch, die eigene Haut zu retten, sandte Kluge ein Fernschreiben an Hitler: Die Verschwörer seien „ruchlose Mörder"; er hingegen sei ihm völlig ergeben.[17] Es war vergeblich. Hofacker, wenige Tage später verhaftet, zog bei seinen Verhören Kluge mit in die Verschwörung hinein. Von nun an war der Feldmarschall für Hitler ein „Mitwisser des Attentats".

Während der nächsten vier Wochen lebte Kluge zweifellos in der Angst, die Racheaktion Hitlers gegen die Verschwörer werde auch ihn treffen. Unter dieser Belastung beging Kluge Ende Juli einen strategischen Fehler, indem er Panzerverbände der Reserve ohne Schutz durch die Luftwaffe nach vorne verlegte. Am 25. Juli überschütteten fast 3000 amerikanische Flugzeuge die Panzerlehrdivision mit einem so fürchterlichen Bombenhagel, daß diese 70 Prozent Verluste erlitt. Dann durchbrach das amerikanische VII. Korps unter General Bradley die deutschen Linien. General Patton nutzte diesen Anfangserfolg der Amerikaner und befahl seinen Panzerdivisionen, so rasch wie möglich in das Gebiet des Gegners vorzustoßen. Mitte August wurden rund 100000 deutsche Soldaten – zusammen mit ihrem Oberbefehlshaber von Kluge – im sogenannten 'Kessel von Falaise' eingeschlossen. Am 15. August war Kluge, der die Schlacht in Frontnähe leiten wollte, 12 Stunden lang unerreichbar. Hitler, der Kluge inzwischen nicht mehr traute, hatte den Verdacht, dieser suche Kontakt zu den Alliierten, um möglicherweise den Krieg im Westen zu beenden; er befahl ihm über Funk, den Kessel sofort zu verlassen. Am 17. August erschien im Gefechtsstand des Oberbefehlshabers West überraschend Generalfeldmarschall Walter Model, um den schockierten und gedemütigten Generalfeldmarschall von Kluge abzulösen. Er übergab Kluge ein Handschreiben Hitlers, das mit dem drohenden Satz schloß, Kluge habe zu melden, nach welcher Richtung Deutschlands er zu gehen gedenke.

Auf der Rückfahrt nach Deutschland befahl Kluge seinem Fahrer, in der Nähe von Metz anzuhalten. Dort nahm der Zweiundsechzigjährige am 19. August 1944 Zyankali. Am Tag zuvor hatte er einen Abschiedsbrief an den 'Führer' geschrieben, eine „würdelose Apologie", die mit den Worten endet: „Mein Führer, ich habe stets Ihre Größe, Ihre Haltung in diesem gigantischen Kampf und ihren eisernen Willen, sich und den Nationalsozialismus zu erhalten, bewundert. [...] Sie haben einen ehrlichen, ganz großen

Kampf geführt. Die Geschichte wird Ihnen das bescheinigen. Zeigen Sie nun auch die Größe, die notwendig sein wird, wenn es gilt, einen aussichtslos gewordenen Kampf zu beenden. Ich scheide von Ihnen, mein Führer, der ich Ihnen innerlich näher stand, als Sie vielleicht geahnt, in dem Bewußtsein, meine Pflicht bis zum äußersten getan zu haben. Heil mein Führer!"[18]

Ob Hitler diesen Brief je erhielt, ist unsicher. Am 31. August 1944 sagte er bei einer Besprechung in der „Wolfsschanze", es bestünden „sehr schwerwiegende Verdachtsmomente, daß [Kluge], wenn er nicht Selbstmord verübt hätte, ohnehin sofort verhaftet worden wäre."[19] Dem 'Führer' war es recht, daß Kluge Selbstmord beging; auf diese Weise blieben dem NS-Regime Peinlichkeiten erspart.

Günther von Kluge starb einen höchst unehrenhaften Tod. Er lehnte es ab, sich der konspirativen Gruppe um Ludwig Beck und Carl Goerdeler anzuschließen; gleichzeitig erweckte er jedoch den Eindruck, ihre Sache zu unterstützen. Mehr als das: 1943 sagte er ihnen, man müsse Hitler ausschalten, um Deutschland zu retten. Aber im Juli 1944 trug er entscheidend dazu bei, daß der Putsch gegen Hitler in Paris scheiterte. Er schwankte ständig zwischen seinen vermeintlichen Pflichten gegenüber Hitler und seinen Pflichten als Offizier in der preußisch-deutschen Tradition. Sein Abschiedsbrief enthüllt, was ihm mehr bedeutete. Es war angemessen, daß er ohne militärische Ehren bestattet wurde.

Anmerkungen

[1] Warlimont, Im Hauptquartier, S. 262 f.

[2] Air University Archives, Günther von Kluge, Personnel Record; ferner: Hitler's Generals, S. 395; Moll, Die deutschen Generalfeldmarschälle, S. 84; sowie NDB.

[3] O'Neill, The German Army, S. 207.

[4] Cooper, The German Army, S. 205.

[5] Mitcham, Hitler's Field Marshals, S. 296.

[6] Ebenda, S. 297.

[7] Entscheidungsschlachten des Zweiten Weltkriegs, S. 158.

[8] Ritter, Carl Goerdeler, S. 348.

[9] Die Tagebücher von Joseph Goebbels, Teil II, Bd. 2, S. 539 (18.12.1941).

[10] Wheeler-Bennett, Die Nemesis der Macht, S. 584–586, 594–596.

[11] Clark, Barbarossa, S. 351–360. Clark gibt die Führerbesprechung vollständig wieder, und es ist interessant zu lesen, wie hartnäckig Kluge sein mußte, um sein Ziel zu erreichen.

[12] Ritter, Carl Goerdeler, S. 363 f.

[13] Ebenda, S. 364 f.

[14] Gisevius, Bis zum bitteren Ende, Bd. 2, S. 340.

[15] Ebenda, auch zum Folgenden.

[16] Mitcham, Hitler's Field Marshals, S. 303.
[17] Ebenda, S. 304.
[18] Ose, Entscheidung im Westen, S. 340.
[19] Warlimont, Im Hauptquartier, S. 482.

Bibliographische Hinweise

(Vgl. auch die weiteren Literaturangaben in der Gesamtbibliographie ab S. 290ff.)

Ungedruckte Quellen

BA-MA Freiburg, Verschiedene Aktenbestände zu Kluges Kommandostellen; Air University Archives, Maxwell Air Force Base, Alabama: Personnel Record Günther v. Kluge; Archiv des Instituts für Zeitgeschichte München: Zeugenschrift zum Widerstand gegen Hitler, Scheurigs Materialsammlung zu Henning v. Tresckow.

Gedruckte Quellen und Literatur

Clark, Alan: Barbarossa. The Russian German Conflict, 1944–45. New York 1965.
Cooper, Matthew: The German Army 1933–1945. Its Political and Military Failure. Chelsea 1991.
Deutsch, Harold C.: Hitler and His Generals. The Hidden Crisis. January–June 1938. Minneapolis 1974.
Ders.: The Conspiracy against Hitler in the Twilight war. Minneapolis 1958.
Gersdorff, Rudolf-Christoph v.: Soldat im Untergang. Frankfurt a. M./Berlin 1977.
Gisevius, Hans-Bernd: To the Bitter End. New York 1947 (dt. Ausg. u. d. T.: Bis zum bitteren Ende. Vom Reichstagsbrand bis zum 20. Juli 1944. Hamburg 1961).
The Goebbels-Diaries. New York 1948.
Hoffmann, Peter: Der deutsche Widerstand 1933–1945. Paderborn 1986.
Lamb, Richard: Kluge. In: Hitler's Generals. Ed. by Correlli Barnett. London 1989, S. 379–410.
Mitcham, Samuel W.: Hitler's Field Marshals. London 1988.
Ders./Gene Mueller: Hitler's Commanders. New York 1992.
O'Neill, Robert: The German Army and the Nazi Party, 1933–1939. New York 1986.
Ose, Dieter: Entscheidung im Westen. Der Oberbefehlshaber West und die Abwehr der alliierten Invasion. Stuttgart 1985.
Reinhardt, Klaus: Die Wende vor Moskau. Das Scheitern der Strategie Hitlers im Winter 1941/42. Stuttgart 1972.
Ritter, Gerhard: The German Resistance. Carl Goerdeler's Struggle Against Tyranny. Freeport, N. Y. 1958 (dt. Ausgabe u. d. T.: Carl Goerdeler und der deutsche Widerstand. Stuttgart 1972).
Schlabrendorff, Fabian v.: Offiziere gegen Hitler. Berlin 1984.
Schramm, Wilhelm von: Aufstand der Generale. Der 20. Juli in Paris. Ein Bericht. München 1964.
Speidel, Hans: Aus unserer Zeit. Erinnerungen. Berlin u. a. 1977.

„Spiegelbild einer Verschwörung". Die Opposition gegen Hitler und der Staatsstreich vom 20. Juli 1944 in der SD-Berichterstattung. Geheime Dokumente aus dem ehemaligen Reichssicherheitshauptamt. Hrsg. von Hans-Adolf Jacobsen. 2 Bde., Stuttgart 1984.

Steinbach, Peter: Hans Günther von Kluge – Ein Zauderer im Zwielicht. In: Die Militärelite des Dritten Reichs. Hrsg. von Ronald Smelser und Enrico Syring. Berlin/Frankfurt a.M. 1995, S.288–324.

Ders.: „Kinder ihr habt mich! – Generalfeldmarschall Günther von Kluge. In: Der 20. Juli in Paris. Verlauf–Hauptbeteiligte–Augenzeugen. Berlin–Kleinmachnow 1993, S.104–132.

Taylor, Telford: Sword and Swastika. Generals and Nazis in the Third Reich. New York 1952, Chicago 1969.

Thun-Hohenstein, Romedio Galeazzo Graf von: Generalfeldmarschall Günther von Kluge. In: Militärgeschichte 4/1994, H. 3, S.39–51.

Westphal, Siegfried: Der deutsche Generalstab auf der Anklagebank. Nürnberg 1945–1948. Mainz 1978.

Wheeler-Bennett, John W.: The Nemesis of Power. The German Army in Politics, 1918–1945. London 1964.

John McCannon

Generalfeldmarschall Georg von Küchler*

Bis zum heutigen Tag bleibt Georg Karl Friedrich-Wilhelm von Küchler eine Gestalt, die schwer zu fassen ist. Der Historiker Brett-Smith schrieb: „Von allen Generalfeldmarschällen Hitlers ist er derjenige, der uns am verschwommensten erscheint."[1] Diese Aussage gilt sowohl für seine Karriere als auch besonders für seine Persönlichkeit. Wie alle hochrangigen Offiziere in Hitlers Wehrmacht war Küchler unmittelbar mit Befehlen der NS-Führung konfrontiert, die moralisch unannehmbar waren. Am Ende konnte er auf solche Befehle nur noch inkonsequent und zweideutig reagieren. Ebenso hinterließ Küchler nur ganz undeutliche Eindrücke von seiner wahren Haltung gegenüber der NS-Politik.

Georg von Küchler wurde am 30. Mai 1881 auf Schloß Philippsruhe bei Hanau (Kurhessen, seit 1866 preußisch) geboren.[2] Von Jugend an wurde er auf eine militärische Karriere vorbereitet. In einer preußischen Kadettenanstalt erzogen, wurde er 1901 Leutnant bei der Artillerie. Im Ersten Weltkrieg kämpfte Oberleutnant von Küchler zunächst als Batteriechef an der Westfront. Dann wurde er zum Hauptmann befördert und diente bei verschiedenen Verbänden als Generalstabsoffizier. In der Zwischenkriegszeit setzte er in der Reichswehr seinen Aufstieg stetig fort. Von Hitler wurde er 1937 zum Kommandierenden General des I. Armeekorps (später 3. Armee) und Befehlshaber im Wehrkreis I (Ostpreußen) befördert und gleichzeitig zum General der Artillerie.

Mit dem Ausbruch des Zweiten Weltkriegs befand sich Küchler in der vordersten Kampflinie. Im September 1939 wirkte seine 3. Armee bei der Eroberung Polens mit. Zwei Monate später wurde Küchler Oberbefehlshaber der 18. Armee. Im Mai 1940 spielte er eine führende Rolle bei der Unterwerfung der Niederlande. Durch Einsatz motorisierter Verbände und überlegener Luftwaffeneinheiten zwang er die Holländer nach nur fünftägigem Kampf zur Kapitulation. Der Höhepunkt des Westfeldzugs war für Küchler, daß die 18. Armee den Auftrag erhielt, Paris einzunehmen. Am 14. Juni zogen seine Truppen in Paris ein; einen Monat später wurde Küchler für seine Verdienste durch die Beförderung zum Generaloberst belohnt.

Nach der Einnahme von Paris wurde die 18. Armee nach Polen – das Auf-

* Aus dem Englischen übersetzt von Karl Nicolai.

marschgebiet für den Krieg gegen die Sowjetunion – verlegt. Als am 22. Juni 1941 das „Unternehmen Barbarossa" begann, gehörte Küchlers 18. Armee zur Heeresgruppe Nord. Deren Oberbefehlshaber, Generalfeldmarschall Ritter von Leeb, sollte durch das Baltikum vorstoßen und Leningrad erobern.[3] Die Heeresgruppe Nord erreichte Leningrad, aber es gelang ihr nicht, die Stadt einzunehmen. Im Januar 1942 bat Leeb um Ablösung von seinem Posten. Hitler entsprach dieser Bitte und ernannte am 17. Januar Küchler zum Oberbefehlshaber der Heeresgruppe Nord. Damit übernahm Küchler die Verantwortung für die Belagerung Leningrads, eine der bedeutendsten Operationen des ganzen Krieges.

Vor den Toren Leningrads erlosch Küchlers militärischer Stern rasch. Küchler hatte zwar bei der Abwehr der sowjetischen Offensive im Winter 1941/42 treue Dienste geleistet und war dafür im Juni 1942 zum Generalfeldmarschall befördert worden; aber mit Leningrad hatte er ebensowenig Glück wie Leeb. Ende 1943 war der deutsche Belagerungsring um Leningrad unhaltbar geworden, und am 17. Januar 1944 mußte Küchler schließlich seine Truppen zurückziehen.

Wie zu erwarten war, machte Hitler Küchler zum Sündenbock für das Scheitern der Wehrmacht vor Leningrad. Am 31. Januar 1944 enthob er ihn seines Postens und verwendete ihn bis zum Kriegsende nicht mehr. Ob Küchler – wie andere Feldmarschälle – von Hitler zu seinem 60. Geburtstag im Mai 1941 eine Dotation erhielt, ist umstritten.

Nachdem die Amerikaner im Mai 1945 Bayern besetzt hatten, betreute Küchler zunächst in Garmisch ein Programm der US-Army für historische Studien über den Zweiten Weltkrieg. Aber dann verhafteten ihn die Amerikaner und beschuldigten ihn, als Oberbefehlshaber der 18. Armee und der Heeresgruppe Nord Kriegsverbrechen begangen zu haben. Sie stellten Küchler vor den Militärgerichtshof V der Vereinigten Staaten in Nürnberg und verurteilten ihn im Oktober 1948 zu einer Haftstrafe von 20 Jahren, die drei Jahre später auf 12 Jahre herabgesetzt wurde. Er wurde jedoch schon im Februar 1952 freigelassen und lebte dann zurückgezogen in Garmisch-Partenkirchen, wo er im Mai 1968 starb.

Auf den ersten Blick scheint Küchler in ein sehr verbreitetes Klischee zu passen. Er war ein Produkt des traditionsbewußten Militäradels, einer Gruppe, die – so wird gemeinhin angenommen – mit Hitler als Staatsoberhaupt und Oberbefehlshaber schwer zurechtkam. In ethischer Hinsicht gab es an der NS-Bewegung vieles, was die Generale ablehnen mußten. Neben dem umfassenden Ziel des NS-Regimes, Juden, Slawen, Zigeuner, Homosexuelle, Geisteskranke und andere „unerwünschte" Personen in den besetzten Gebieten auszurotten, gab es eine Reihe spezieller Anweisungen (meist im Hinblick auf Operationen in der Sowjetunion), die ein Großteil der militärischen Elite verabscheute. Hitler wußte sehr wohl, daß viele seiner Generale seinen Weltanschauungskrieg nicht billigten und seine Politik unausstehlich fanden. So erklärte er 1941, er könne nicht verlangen, daß seine Generale seine Befehle verstünden, aber er verlange, daß sie sie befolgten. Deshalb wurden Truppenkommandeure für die Durchführung solcher Befehle persönlich verantwortlich gemacht.[4] Generale, die sich für Christen hielten,[5] gerieten in Verlegenheit, wenn sie mit verwerflichen Weisungen Hitlers konfrontiert wurden; sie hatten nur einen Ausweg: die Befehle des 'Führers' zu umgehen, indem sie diese ignorierten und sich weigerten, sie an ihre Untergebenen weiterzuleiten.

Küchler scheint in mancher Hinsicht diesem Bild entsprochen zu haben. Nach allen Berichten war er tapfer in der Schlacht und bei seinen Truppen äußerst populär. Mehrfach setzte er sich persönlich großen Gefahren aus, um das Leben verwundeter Soldaten zu retten.[6] Küchler scheute sich auch nicht, hochgestellten NS-Funktionären entgegenzutreten. Während der ersten Monate des Polenfeldzuges äußerte er mehrmals sein Mißfallen über die schlechte Behandlung polnischer Zivilisten. Am 10. September 1939 hatten Angehörige einer SS-Brigade 50 Juden grundlos erschossen. Als ein Kriegsgericht die Täter zu einem Jahr Gefängnis verurteilte, weigerte sich Küchler, diese nach seiner Auffassung allzu milde Strafe zu bestätigen. Es kam deswegen zu heftigen Auseinandersetzungen mit dem ostpreußischen Gauleiter Erich Koch und mit dem Reichsführer-SS Himmler. Allerdings behielt Himmler am Ende die Oberhand; das Urteil wurde sogar gänzlich aufgehoben.[7]

Küchler trat auch Hitler entgegen, allerdings hauptsächlich in Fragen, die militärische Angelegenheiten – nicht die allgemeine Politik – betrafen. Wie viele andere deutsche Generale war er empört über die anmaßende Haltung Hitlers, wenn es um militärische Entscheidungen ging. Vor allem ärgerte er sich über Hitlers hartnäckige Weigerung, seinen Heerführern einen Rückzug zu gestatten, selbst wenn die Lage einen solchen offenkundig erforderte. Ende 1943 ersuchte Küchler den 'Führer' wiederholt, den Rückzug der Heeresgruppe Nord auf die „Panther-Linie" (Narva – Peipussee) zu erlauben. Hitler lehnte sein Ersuchen jedesmal ab und nannte Küchler einen Feigling, weil er sich zurückziehen wolle, obwohl er „die stärkste Heeresgruppe an der Ostfront" habe.[8] Im Januar 1944 teilte Küchler dem 'Führer' schließlich mit, er gehe auf jeden Fall zurück – auch wenn er keine Genehmigung bekomme.

Diese Vorgänge haben manchen Historiker veranlaßt, Küchler unter positiven Vorzeichen zu betrachten und ihn zu jenen Generalen zu rechnen, die sich der Politik Hitlers aus moralischen Gründen widersetzten. Gehört Küchler in diese Kategorie? Der Militärgerichtshof V in Nürnberg, der ihn zu 20 Jahren Haft verurteilte, war offenbar anderer Auffassung. Zusammen mit Leeb, seinem ehemaligen Vorgesetzten, und elf weiteren Angeklagten stand Küchler im sogenannten OKW-Prozeß vor Gericht; man machte ihn für Kriegsverbrechen verantwortlich, die während seiner Zeit als Oberbefehlshaber an der Ostfront begangen worden waren. Unter anderem warf man ihm vor: Hinrichtung von Zivilpersonen, die verdächtigt wurden, Partisanen zu sein oder diese unterstützt zu haben; Einsatz von sowjetischen Kriegsgefangenen zur Räumung von Minenfeldern; Durchführung des berüchtigten 'Kommissar-Befehls' vom 6. Juni 1941, nach dem alle politischen Kommissare der Roten Armee, die in Gefangenschaft gerieten, erschossen werden sollten; Hinrichtung sowjetischer Juden aufgrund des sogenannten 'Reichenau-Befehls' vom 10. Oktober 1941, der von der „Notwendigkeit der harten, aber gerechten Sühne am jüdischen Untermenschen" sprach; die Tötung von 230–240 Patientinnen der Irrenanstalt von Makarjevo im Dezember 1941; und schließlich die Liquidierung von 128 Zigeunern in Novorshew im Juni 1942.[9]

Als er zum ersten Mal den Zeugenstand betrat, wandte Küchler eine einfache Strategie an: Mit großer Dreistigkeit bestritt er, von den Vorfällen, die man ihm zur Last legte, gewußt zu haben, oder er verteidigte diese Vorfälle als legitimes militärisches Vorgehen, als Kriegsnotwendigkeit. Hatte Küchler sowjetische Kriegsgefangene zum Räumen von Minenfeldern eingesetzt? Natürlich nicht. Hatte er gewußt, daß in der Irrenanstalt von Makarjevo hilflose Frauen umgebracht wurden? In seiner Antwort schlug Küchler fast fromme Töne an: „Als ich von diesem Anklagepunkt zum ersten Mal hörte, war ich ziemlich betroffen. Es ist etwas, was völlig außerhalb normaler Kriegsereignisse liegt. Es berührt mein menschliches Empfinden zutiefst."[10] Hatte er den Kommissarbefehl durchgeführt und die Hinrichtung von politischen Kommissaren, die in Gefangenschaft geraten waren, gebilligt? Küchler erklärte an Eides Statt: „Ich habe diesen Befehl nie in Händen gehabt; ob er meine Dienststelle je erreicht hat, weiß ich nicht; ob und auf welche Weise meine Truppenführer darüber unterrichtet worden sind, kann ich nicht sagen."[11] Küchler bestritt nicht, daß Juden und Zigeuner erschossen worden waren, schwor jedoch, dies sei nur geschehen, weil sie sich an Partisanenaktionen beteiligt hatten, nicht aus „unvernünftigen, weltanschaulichen oder politischen Gründen".[12] Ob er Partisanen hingerichtet habe? Nach Küchlers Auffassung war das eine völlig legitime militärische Maßnahme, da die sowjetischen Partisanen – wie Moskau selbst zugegeben habe – für die Deutschen eine echte militärische Bedrohung darstellten.

Im Laufe der Zeit begann die Verteidigung Küchlers jedoch zu bröckeln. Im Kreuzverhör – und durch die Vorlage unanfechtbarer Dokumente aus den Archiven des OKW und des OKH – wurde deutlich, daß Küchler dem

Gericht nicht die Wahrheit sagte. So hatte er politische Kommissare routinemäßig und ohne Gewissensbisse erschießen lassen. Die Aussagen Küchlers zu diesem Punkt wurden immer widersprüchlicher. Schließlich erklärte er, ihm sei nichts anderes übriggeblieben, als den Kommissarbefehl weiterzugeben: „Ich wollte nicht Gefahr laufen, als ein ungehorsamer Befehlshaber angesehen zu werden."[13] Die Vertreter der Anklage hielten Küchlers Argumente für Schönfärberei. Die größte Belastung für den Angeklagten war die eisige Kälte, die von Meldungen in seiner eigenen Handschrift ausging. Zum Beispiel stand in einem von ihm unterzeichneten Dokument: „Keine besonderen Vorkommnisse. Heute 16 Kommissare erschossen."[14]

Ebenso widerlegte das Gericht die Aussagen Küchlers zu den übrigen Anklagepunkten, etwa über die Erschießung von Partisanen, den Einsatz von sowjetischen Gefangenen zur Räumung von Minenfeldern und die Liquidierung von Zigeunern. Bei dem Versuch, die schauerliche Episode in der Irrenanstalt von Makarjevo zu erklären, mußte Küchler zu der faulen Ausrede greifen, die dort untergebrachten Frauen hätten Syphilis und andere ansteckende Krankheiten gehabt und er habe seine Truppen keiner Gefahr aussetzen wollen.[15] Als er schließlich zur Erschießung von Juden befragt wurde, brach Küchler regelrecht zusammen. Er begann mit einer trotzigen und moralisierenden Verwerfung des 'Reichenau-Befehls'. Als ihn aber die Ankläger in die Enge trieben, schloß er seine Zeugenaussage in unterwürfiger Konfusion und rief gereizt: „Wenn ich die Frage [ob Juden wegen ihrer Rassen- und Religionszugehörigkeit erschossen wurden] verneine, dann werden Sie mir einfach ein Dokument mit einem Befehl vorlegen, der das Gegenteil beweist!"[16] Am Ende des Verfahrens gab der einst so stolze Feldmarschall eine traurige Figur ab.

Wie ist diese Diskrepanz zu erklären? Wie läßt sich der Küchler, der Koch und Himmler mutig entgegentrat, vereinbaren mit dem Kriegsverbrecher, der in Nürnberg auf der Anklagebank saß? Manche Historiker behaupten, Küchler habe sich der NS-Politik nie wirklich widersetzt. Zumindest zwei Aussagen deuten darauf hin, daß dies vielleicht tatsächlich so war. Schon im Juli 1940 wies Küchler seine Truppenkommandeure an, darauf hinzuwirken, „daß sich jeder Soldat, besonders der Offizier, der Kritik an dem im Generalgouvernement durchgeführten Volkstumskampf [...] enthält. Der an der Ostgrenze seit Jahrhunderten tobende Volkstumskampf bedarf zur endgültigen völkischen Lösung einmaliger, scharf durchgreifender Maßnahmen."[17] Und ein Dreivierteljahr später, im April 1941, teilte er den Divisionskommandeuren der 18. Armee mit, von Rußland, das schließlich ein „asiatischer Staat" sei, trenne Deutschland „weltanschaulich und rassisch ein tiefer Abgrund". Deshalb müsse das Ziel sein, „das europäische Rußland zu vernichten".[18]

Anstatt anzunehmen, daß Küchler der NS-Politik grundsätzlich zustimmte und seine Konflikte mit Gestalten wie Koch und Himmler nur persönliche Auseinandersetzungen waren, gibt es eine andere – und vielleicht plausiblere – Erklärung für die Grausamkeiten, die Küchler schließlich beging: Wahrscheinlich veränderten ihn seine Erlebnisse an der Ostfront. 1939 und 1940, als der Krieg gerade anfing und die Feinde des 'Dritten Reiches' wie Kegel umfielen, war es für einen Mann wie Küchler relativ leicht, seine moralische Integrität zu bewahren. Die Situation änderte sich, als die Heeresgruppe Nord die Vorstädte Leningrads erreichte. Jetzt war der Einsatz höher. Hitler hatte die Weisung erlassen, „die Stadt Petersburg vom Erdboden verschwinden zu lassen".[19] Der Krieg gegen die Russen sollte ein Blutbad werden; darüber machte sich niemand Illusionen. Vor Leningrad erlitten die Truppen Küchlers unvorstellbar Schreckliches: nicht nur materielle Entbehrungen, besonders während der harten russischen Winter, sondern auch erbarmungslose sowjetische Gegenangriffe und ständige Bedrohung durch Partisanen, die Nachschubbasen der deutschen Wehrmacht plünderten und deutsche Soldaten aus dem Hinterhalt überfielen. Dazu kam – von Tag zu Tag deutlicher – die niederschmetternde Erkenntnis, daß die Deutschen nicht mehr hoffen konnten, den Krieg gegen die Sowjets zu gewinnen. Die plausibelste Erklärung für die Kriegsverbrechen Küchlers ist, daß er seine Definition von angemessenem militärischen Vorgehen und legitimen militärischen Zielen unter dem Druck der Situation in bedenklicher Weise strapazierte. Je verzweifelter seine Lage wurde, desto schwieriger fand es Küchler, sich an die moralischen Wertmaßstäbe zu halten, die in der Anfangsphase des Krieges für ihn selbstverständlich gewesen waren. Hier liegt die wahre Tragödie Küchlers. Er besaß anscheinend das Potential, sich zu einem Menschen zu entwickeln, der seine sittlichen Grenzen selbst definierte, statt sie sich von der NSDAP vorschreiben zu lassen. Er war jedoch nicht imstande, dieses Potential zu verwirklichen. Letzten Endes war Küchlers Moral opportunistisch; er begnügte sich damit, nach ihr zu leben, wenn es wenig oder keine Anstrengung erforderte; aber er trat nicht selbstbewußt für sie ein.

Nach seiner Entlassung 1944 boten ihm Carl Goerdeler und Johannes Popitz die Chance, sich der Verschwörung gegen Hitler anzuschließen.[20] Die Antwort Küchlers war aufschlußreich. Er sagte beiden, er bewundere ihre Haltung, sei jedoch nicht bereit, sich ihnen anzuschließen. Bedenkt man das spätere Schicksal der Verschwörer, so war das vielleicht eine kluge, aber kaum eine vorbildliche Entscheidung. In bezug auf das Hitler-Regime und die NS-Politik war Küchler nicht ohne Wertmaßstäbe, aber leider war er nicht bereit, für diese Wertmaßstäbe zu kämpfen, wenn es notwendig und richtig war.

Anmerkungen

[1] Brett-Smith, Hitler's Generals, S. 94.

[2] Zu Details von Küchlers Leben und Karriere siehe Mitcham, Hitler's Field Marshals, S. 255–268. Ferner Moll, Die deutschen Generalfeldmarschälle, S. 95–99; v. Leeb, Tagebuchaufzeichnungen, S. 272, Anm. 31, auch zum Folgenden.

[3] Salisbury, The 900 Days, S. 117. Die Heeresgruppe Nord umfaßte etwa 30 Prozent der gesamten deutschen Streitmacht, die im Juni 1941 gegen die Sowjetunion antrat.

[4] Dallin, Deutsche Herrschaft in Rußland, S. 45.

[5] Shirer, Aufstieg und Fall des Dritten Reiches, S. 604. Zu der Gewissenskrise, in die deutsche Generale gerieten, vgl. auch Davidson, The Trial of the Germans, S. 565 f.

[6] Mitcham, Hitler's Field Marshals, S. 258. Ein Amerikaner in Berlin, Louis P. Lochner, Korrespondent der Associated Press, berichtete ebenfalls, Küchler sei dafür bekannt gewesen, daß er sich um seine Soldaten wie ein Vater kümmere.

[7] Shirer, Aufstieg und Fall des Dritten Reiches, S. 604.

[8] Keegan, The Second World War, S. 476–479. Es ist bemerkenswert, daß Hitler diese Meinung genau zu dem Zeitpunkt äußerte, als er der Heeresgruppe Nord ständig Truppen entzog. Nach dem Kriegstagebuch des OKW, Bd. II, S. 1396 f. (zitiert bei Mitcham, Hitler's Field Marshals, S. 262) schrumpften die Truppen Küchlers zwischen Dezember 1942 und Oktober 1943 von 51 auf 43 Divisionen.

[9] Zu allen diesen Anklagepunkten und zu Küchlers Aussagen dazu vgl. Bartov, The Eastern Front, S. 106, 114; Davidson, The Trial of the Germans, S. 336 f., 566 f.; Harris, Tyranny on Trial, S. 184 f., 207; Nazi Conspiracy and Aggression, vol. VI, S. 961 f.; und vor allem Trials of War Criminals, vol. X, S. 1056–1058, 1195–1205, 1224–1227; ebenda, vol. XI, S. 337 f., 398–406. Ferner, auch zum Folgenden, Fall XII. Das Urteil gegen das OKW, gefällt am 28. Okt. 1948 in Nürnberg vom Militärgerichtshof V der Vereinigten Staaten von Amerika, (Ost-)Berlin 1961, S. 147–163; Krausnick/Wilhelm, Die Truppe des Weltanschauungskrieges, passim.

[10] Trials of War Criminals, vol. X, S. 1205.

[11] Ebenda, vol. XI, S. 337. Zitiert nach Fall XII, S. 148.

[12] Trials of War Criminals, vol. X, S. 1201.

[13] Ebenda, vol. XI, S. 337. Zitiert nach Fall XII, S. 148.

[14] Davidson, The Trial of the Germans, S. 568. Vgl. auch Bartov, Hitlers Wehrmacht, S. 195, wo nachgewiesen wird, daß Küchler im Sinne von Hitlers Intentionen und dessen Erklärung vom 30. März 1941 schon im April 1941 gegenüber seinen Divisionskommandeuren die politischen Kommissare als „Kriminelle" bezeichnete.

[15] Davidson, The Trial of the Germans, S. 566 f.

[16] Trials of War Criminals, vol. X, S. 1225.

[17] Davidson, The Trial of the Germans, S. 566.

[18] Bartov, Hitlers Wehrmacht, S. 195.

[19] Shirer, Aufstieg und Fall des Dritten Reiches, S. 778 f.

[20] Mitcham, Hitler's Field Marshals, S. 266.

Bibliographische Hinweise

(Vgl. auch die weiteren Literaturangaben in der Gesamtbibliographie ab S. 290ff.)

Ungedruckte Quellen

BA-MA Freiburg, N 184: Nachlaß Küchler; verschiedene Bestände zu Küchlers Kommandostellungen (u.a. 18. Armee, Heeresgruppe Nord).

Gedruckte Quellen und Literatur

Bartov, Omar: The Eastern Front, 1941–45: German Troops and the Barbarization of Warfare. New York 1986.

Ders.: Hitler's Army: Soldiers, Nazi and War in the Third Reich. New York 1991 (dt. Ausgabe u. d. T.: Hitlers Wehrmacht. Soldaten, Fanatismus und die Brutalisierung des Krieges. Reinbek 1995).

Brett-Smith, Richard: Hitler's Generals. San Rafael, Calif. 1977.

Clark, Alan: Barbarossa: The Russian-German Conflict, 1941–45. New York 1985.

Dallin, Alexander: German Rule in Russia, 1941–1945. A Study of Occupation Politics. New York 1957 (dt. Ausgabe u.d.T.: Deutsche Herrschaft in Rußland 1941–1945. Eine Studie über Besatzungspolitik. Düsseldorf 1958, Königstein 1981).

Davidson, Eugene: The Trial of the Germans. An Account of the Twenty-Two Defendants before the International Military Tribunal at Nuremberg. New York 1966.

Generalfeldmarschall Ritter von Leeb. Tagebuchaufzeichnungen und Lagebeurteilungen aus zwei Weltkriegen. Hrsg. v. Georg Meyer. Stuttgart 1976.

Harris, Whitney R.: Tyranny on Trial: The Evidence at Nuremberg. Dallas 1954.

Mitcham, Samuel W.: Hitler's Field Marshals and Their Battles. Chelsea 1990.

Moll, Otto E.: Die deutschen Generalfeldmarschälle 1939–1945. Rastatt 1961.

Müller, Rolf-Dieter/Gerd R. Ueberschär: Hitler's War in the East. A Critical Assessment. Providence/Oxford 1997.

Nazi Conspiracy and Aggression. Vol. VI. Washington/D.C. 1946.

Stachow, Hasso G.: Fiasko an der Newa. Die Blockade Leningrads. Fazit eines Zeitzeugen der 18. Armee. München 1997.

Trials of War Criminals before the Nuernberg Military Tribunals under Control Cauncil Law No. 10, October 1946–April 1949, Vols. XX/I. Washington/D.C. 1951.

Gene Mueller

Generalfeldmarschall Wilhelm Ritter von Leeb*

Frustriert durch Hitlers Befehle im Januar 1942, die von Einkesselung bedrohten Stellungen vor Leningrad zu halten und offensive Aktionen vorzubereiten, bat Generalfeldmarschall Wilhelm von Leeb um seine Ablösung als Oberbefehlshaber der Heeresgruppe Nord. „Sein Herz war nicht bei der Sache", vermutet der Historiker Lidell Hart[1]. Tatsächlich war Leeb nie ein Anhänger des NS-Regimes und hatte die Notwendigkeit eines Angriffskrieges schon immer bezweifelt.

Am 5. September 1876 in Landsberg am Lech geboren, trat Wilhelm Ritter von Leeb nach der Reifeprüfung im Juli 1895 als Fahnenjunker in das königlich-bayerische Heer ein. 1897 wurde er Leutnant und besuchte dann die Artillerie- und Ingenieurschule. Als 1900 in China der Boxeraufstand ausbrach, meldete sich der junge Offizier zum Deutschen Ostasienkorps, wo er bei Kiautschou seine Feuertaufe erhielt. Nach Absolvierung der bayerischen Kriegsakademie diente er 1907–1911 in München und in Berlin als Generalstabsoffizier. 1912 wurde er Batteriechef im 10. bayerischen Feldartillerie-Regiment.[2] Beim Ausbruch des Ersten Weltkriegs war Leeb im Generalstab des I. bayerischen Armeekorps in München. Mit der 11. bayerischen Infanterie-Division kämpfte er in Serbien, Galizien, Rumänien sowie bei Verdun. Für seine hervorragenden Leistungen als Erster Generalstabsoffizier dieser Division wurde er im Juni 1916 mit dem Ritterkreuz des Militär-Max-Joseph-Ordens ausgezeichnet und erwarb dadurch den persönlichen Adelstitel „Ritter von".[3] Von Mai 1917 bis zum Ende des Krieges diente er an der Westfront im Generalstab der Heeresgruppe Kronprinz Rupprecht von Bayern, zuletzt als Oberquartiermeister.[4]

Nach dem Krieg blieb Leeb im Heer und setzte während der Weimarer Republik seinen Aufstieg rasch fort. Schon im Dezember 1929 wurde er zum Generalleutnant befördert, und ab Januar 1930 war er Befehlshaber des Wehrkreises VII (München) und Kommandeur der 7. (bayerischen) Division.[5] Obgleich Leeb so rasch befördert wurde, waren seine Offizierskameraden offenbar weder verstimmt noch eifersüchtig. Wilhelm von Leeb genoß hohes Ansehen und galt als Experte für defensive Kriegführung. In der Zwischenkriegszeit schrieb er mehrere Aufsätze zu diesem Thema und

* Aus dem Englischen übersetzt von Karl Nicolai.

war auch im Ausland für seinen Scharfblick und seine Gründlichkeit bekannt.[6] Sein Buch ›Die Abwehr‹, 1938 vom deutschen Reichkriegsministerium veröffentlicht, fand in militärischen Fachkreisen hohes Lob. Leeb glaubte, die Abwehr, d.h. die Defensive, sei der wichtigste Aspekt der Kriegführung und der Sieg werde derjenigen Armee zufallen, die über die beste taktische und strategische Defensive verfügt. In Weiterführung dieser Argumentation behauptete Leeb, die beste Offensive Deutschlands im Zweiten Weltkrieg sei eine gute Defensive: den Feind zur Ader lassen und erst dann, wenn er geschwächt ist, angreifen.

Als frommer Katholik war Leeb ein Mann mit Grundsätzen, der den kirchenfeindlichen Nationalsozialisten mißtraute. Er fiel nicht auf die NS-Propaganda herein. Am 3. Februar 1933 hielt der neue Reichskanzler Hitler seine erste Ansprache vor den Befehlshabern des Heeres und der Marine. Hitler bezeichnete darin die Reichswehr als „Waffenträgerin der Nation" und sprach von der „Eroberung neuen Lebensraumes im Osten und dessen rücksichtsloser Germanisierung".[7] Nach dieser Ansprache sagte Leeb, der 'Führer' versuche, Unterstützung für seine zweifelhafte Politik zusammenzutrommeln. Zu Hitlers demagogischer Art meinte er, „ein Geschäftsmann, dessen Ware gut sei, brauche sie doch nicht in den höchsten marktschreierischen Tönen anzupreisen".[8]

Der Regierung Hitler war Leebs reservierte, wenn nicht sogar ablehnende Einstellung zum Nationalsozialismus bekannt. Deshalb ordnete Hitler eine Überwachung Leebs durch die Gestapo an – der erste Fall, daß ein General von der Geheimpolizei observiert wurde.[9] Leebs Ansehen bei der NSDAP erreichte seinen Tiefpunkt, als er – während er Befehlshaber des Heeresgruppenkommandos 2 in Kassel war – sich weigerte, an einem Bankett für Alfred Rosenberg teilzunehmen, bei dem dieser Apostel einer antichristlichen Weltanschauung eine Rede hielt.[10]

Nach der Blomberg-Fritsch-Affäre wies Hitler den neuen Oberbefehlshaber des Heeres, Brauchitsch, an, ältere hochrangige Militärs, deren Loyalität zum Nationalsozialismus unsicher war, in den Ruhestand zu versetzen; sie sollten Platz machen für jüngere Offiziere, die sich mehr mit dem NS-Regime identifizierten. So wurde Wilhelm von Leeb am 28. Februar 1938 mit dem Rang eines Generalobersten entlassen.[11] Im Juli desselben Jahres wurde er jedoch wegen der Sudetenkrise wieder einberufen. Nachdem die Krise durch das Münchener Abkommen beigelegt war, wurde Leeb abermals entlassen. Dieser zweite zwangsweise Ruhestand war fast ebenso kurz wie der erste. Die Polenkrise drohte im Sommer 1939 in einen Krieg umzuschlagen. Leeb erhielt das Kommando über die Heeresgruppe C an der französischen Grenze. Diese auf dem Papier eindrucksvolle Heeresgruppe war erheblich geschwächt, weil man ihr mehrere Armeekorps für die Offensive gegen Polen entzogen hatte.[12] So mußte Leeb, während die Hauptmasse der Wehrmacht im September 1939 in Polen einfiel, die deutsche Westgrenze gegen Frankreich mit nur 12 regulären Divisionen, 10 Reserve-Divisionen und 15 Landwehr-Divisionen verteidigen.

Nach dem glänzenden Sieg über Polen wandte sich Hitler nach Westen, um Großbritannien und Frankreich entgegenzutreten. In seiner Reichstagsrede vom 6. Oktober 1939 bot der 'Führer' den Westmächten Frieden an, wenn sie Deutschland in Polen freie Hand lassen und die 1919 geraubten Kolonien zurückgeben würden. Gleichzeitig hatte er jedoch angeordnet, eine Offensive im Westen vorzubereiten. Leeb war entsetzt. Er notierte in seinem Tagebuch: „Alle Anordnungen [...] deuten darauf hin, daß man diesen Wahnsinnsangriff unter Verletzung der Neutralität Hollands, Belgiens und Luxemburgs wirklich machen will."[13] Es war seine feste Überzeugung, daß Deutschland im Westen nicht die Offensive ergreifen sollte. Er stimmte darin mit anderen Generalen überein. Am 11. Oktober 1939 schickte er eine „Denkschrift über die Aussichten und Auswirkungen eines Angriffs auf Frankreich und England unter Verletzung der Neutralität Hollands, Belgiens und Luxemburgs" an Generaloberst von Brauchitsch, den Oberbefehlshaber des Heeres, und an General Halder, den Chef des Generalstabes im Oberkommando des Heeres (OKH); eine Kopie ging an Generaloberst Fedor von Bock, den Oberbefehlshaber der benachbarten Heeresgruppe B. Militärische, wirtschaftliche und politische Gründe, so schrieb Leeb, sprächen dafür, daß Deutschland eine Politik des Friedens, nicht des Krieges verfolgen sollte. Seine Denkschrift enthielt moralische Nebentöne, z. B. verurteilte er den geplanten Überfall auf Belgien, dessen Neutralität zu achten die Regierung erst wenige Wochen zuvor feierlich versprochen hatte.[14]

Die Tatsache, daß Leebs Sohn Alfred, Leutnant im 99. Gebirgsjäger-Regiment, einen Monat zuvor bei Lemberg in Polen gefallen war, verstärkte zweifellos die kriegsfeindliche Haltung Leebs. Der Tod seines Sohnes traf den Vater hart. Gleichwohl erhob er auch politische Einwände: nicht nur gegen die vom NS-Regime geplanten Verstöße gegen das internationale Recht (Verletzung der belgischen und holländischen Neutralität), sondern auch gegen die Kriegspolitik Hitlers, die einer diplomatischen Regelung des Konflikts im Wege stand. Auch die Betonung einer defensiven Taktik spielte in der Argumentation Leebs eine wichtige Rolle. Er kam nämlich zu dem Schluß, die Wehrmacht sei stark genug, eine „abwartende Haltung" einzunehmen.[15] Mit anderen Worten: Da das intakte deutsche Heer an der Westgrenze „unangreifbar" sei, arbeite die Zeit für Deutschland. Leebs Denkschrift blieb jedoch unbeantwortet, und die Vorbereitungen für den von Hitler beabsichtigten Angriff gingen unter Hochdruck weiter.

In einem Privatbrief an Brauchitsch vom 31. Oktober 1939 legte Leeb noch einmal seine Bedenken dar. Die Generalobersten Bock und Rundstedt schalteten sich in die Auseinandersetzung ein und lehnten in ähnlichen Denkschriften eine Offensive im Westen ebenfalls eindeutig ab.[16] Im Gegensatz zu Leeb verzichteten sie jedoch darauf, politische oder moralische Argumente dagegen anzuführen. Das Oberkommando ignorierte weiterhin die Proteste der Generale und fuhr nach Hitlers Anweisungen fort, die Offensive vorzubereiten. Da entschloß sich Leeb zu einem ungewöhnlichen Schritt. Er arrangierte ein Treffen aller drei Oberbefehlshaber der Heeresgruppen an der Westfront – von Leeb, von Bock und von Rundstedt – im Hauptquartier Rundstedts in Koblenz. Nur auf diesem Weg, so glaubte Leeb, könne man Brauchitsch dazu bewegen, Hitler entgegenzutreten. Er schlug vor, sie sollten gemeinsam Brauchitsch aufsuchen und ihn „auffordern, Hitler die Stirn zu bieten".[17] Wenn Hitler nicht nachgebe, sollten sie gemeinsam zurücktreten. Aber davon wollte weder Bock noch Rundstedt etwas wissen. Enttäuscht kehrte Leeb in sein Hauptquartier zurück und erwog ernsthaft, abermals in den Ruhestand zu gehen. General von Sodenstern, sein Chef des Generalstabes, konnte ihn jedoch überreden, zu bleiben; er argumentierte, sein Rücktritt wäre nur eine folgenlose Geste. Leeb stimmte dem zu und gab seinen Widerstand gegen die Politik Hitlers auf.[18]

Während der Jahre 1938 und 1939 wußte Leeb zu keinem Zeitpunkt, daß es eine organisierte Opposition gegen Hitler und die NS-Herrschaft gab. Zu keinem der Verschwörer, die Hitler ausschalten wollten, hatte er direkten Kontakt, außer im Herbst 1939 zu Generalstabschef Halder. Und er besaß nicht die innere Kraft, den Widerstand gegen Hitler auf eigene Faust fortzusetzen. Nachdem er sich entschlossen hatte, dem Krieg im Westen nicht länger entgegenzutreten, erfüllte er seine Aufgabe als Oberbefehlshaber der Heeresgruppe C nach besten Kräften.[19]

Obwohl bei der Eröffnung des Frankreichfeldzuges Leebs Heeresgruppe entlang der Maginot-Linie nur in begrenzte Kämpfe verwickelt wurde, band sie in diesem Frontabschnitt wichtige französische Ressourcen. Und durch Panzer verstärkt, schloß Leeb die französische Heeresgruppe 2 ein, wobei er 200000 Gefangene machte. Der überraschend schnelle Sieg über Frankreich versetzte Hitler – wie auch viele andere in der Wehrmacht – in Hochstimmung, und ein dankbarer 'Führer' verteilte an seine Offiziere Beförderungen. Ritter von Leeb gehörte zu den zwölf Generalobersten, die am 19. Juli 1940 zu Generalfeldmarschällen erhoben wurden. Außerdem belohnte Hitler mehrere Generale mit beträchtlichen Geldsummen.

Leebs nächster Auftrag lautete, beim Angriff gegen die Sowjetunion im Juni 1941 die Heeresgruppe Nord zu führen. Seine Hauptziele waren, die sowjetischen Truppen aus den baltischen Staaten zu vertreiben und dann gegen Leningrad vorzurücken. Das war eine sehr schwierige Aufgabe. Das

Terrain war großenteils sumpfig, bewaldet und von zahlreichen Flüssen und Seen durchzogen, und es gab kaum feste Straßen. Trotzdem erließ ein zuversichtlicher Generalfeldmarschall von Leeb im Mai 1941 an seine Truppen folgenden Befehl: „Vorwärts! Macht nirgends halt! Der Feind darf sich nicht wieder sammeln, sobald er zurückgeworfen ist.“[20]

Der Feldzug der Heeresgruppe Nord begann mit großen Erfolgen: Panzerspitzen stießen tief in das feindliche Territorium vor. Zum ersten Mal in seiner langen und ruhmreichen Karriere befehligte Leeb Panzerverbände. Stets ein vorsichtiger Offizier, sorgte er sich ständig wegen der Gefährdung seiner Flanken. Sein Panzerkommandeur, General Erich Hoepner, trat für rasche Vorstöße der Panzerverbände ein, auch wenn dabei die Flanken ungeschützt waren. Die Meinungsverschiedenheiten zwischen den beiden Generalen liefen immer darauf hinaus, daß Leeb sich mit einem Kompromiß abfand, der für seine Heeresgruppe nur zusätzliche Probleme erzeugte.

Im Baltikum stieß Leeb auf beträchtliche Schwierigkeiten, die den erhofften baldigen Kampf um Leningrad verzögerten. Zudem weigerte sich Finnland, seine Offensive gegen die UdSSR bis nach Leningrad auszudehnen. Hitler entschloß sich deshalb zu der Weisung Nr. 35, die Moskau zum nächsten Hauptziel erklärte. Infolgedessen sollten die Panzerverbände Hoepners sowie das VIII. Fliegerkorps von der Heeresgruppe Nord zur Heeresgruppe Mitte verlegt werden.[21] Als Leeb über Stabsoffiziere des OKH von der bevorstehenden Weisung hörte, entschied er sich, einen Frontalangriff gegen Leningrad zu eröffnen, bevor Hoepners Panzerverbände abgezogen wurden. Nach erbitterten Kämpfen und dem Verlust zahlreicher Panzer nahmen Leebs Truppen mehrere strategisch wichtige Anhöhen 12 km vor Leningrad. Am 12. September befahl Generalstabschef Halder, Leeb solle Leningrad einschließen, nicht erobern. Am nächsten Tag schickte Hitler jedoch eine neue Weisung an Leeb: er solle die Panzer- und Flugzeugverbände erst dann abziehen, wenn die „enge Umklammerung abgeschlossen“ sei.[22] Hitler sah zwar immer noch Moskau als Hauptziel an, glaubte aber gleichzeitig, man könne Leningrad isolieren und schließlich zur Kapitulation zwingen.

Der Winter begann 1941 schon im Oktober. Kräftige sowjetische Gegenangriffe setzten ein. Beide Seiten erlitten schwere Verluste. Als die deutschen Soldaten bei tiefem Schnee und eisiger Kälte nicht mehr leistungsfähig waren, befahl Leeb Mitte Dezember einen Rückzug hinter den Wolchow.[23] Die Lage verschlechterte sich immer mehr, und Leeb war empört über den bedingungslosen Haltebefehl Hitlers. Am 7. Januar 1942 eröffnete Stalin eine neue Offensive gegen die dezimierten Truppen Leebs. Die Heeresgruppe Nord hatte bereits Tausende von Soldaten durch Erfrierungen verloren. Am 12. Januar bat Leeb um die Erlaubnis, das von Einkesselung bedrohte II. Armeekorps zurücknehmen und die Frontlinie verkürzen zu dürfen. Hitler lehnte ab. Nach seiner Auffassung fesselten Ausbuchtungen der deutschen Front mehr Kräfte der Roten Armee als der Wehrmacht. Wilhelm von Leeb konnte diese Kriegspolitik nicht mehr mittragen. Der Rußlandfeldzug hatte ihn nicht nur physisch, sondern auch psychisch erschöpft. Am 15. Januar vermerkte Halder in seinem Kriegstagebuch, Leeb habe um seine Ablösung gebeten.[24] Einen Tag später entband ihn Hitler von seiner Stellung und ernannte Generaloberst von Küchler zu seinem Nachfolger; zum Abschied erhielt Leeb das Ritterkreuz.

Leeb lehnte den Nationalsozialismus ab, schloß sich aber keiner der Widerstandsgruppen an. Politisch bekannte er sich zur „traditionellen Überparteilichkeit, von der das alte Offizierskorps durchdrungen war".[25] Man könnte auch sagen, auf diese Weise habe er den leichten Ausweg aus einem moralischen Dilemma gesucht. Ist ein Offizier nur dem Staatsoberhaupt gegenüber verantwortlich und verpflichtet?

Von Ende Januar 1942 bis zum Ende des Krieges lebte der Generalfeldmarschall zurückgezogen in Bayern. Noch vor seiner Verabschiedung hatte er zu seinem 65. Geburtstag im September 1941 von Hitler eine Dotation von 250000 Reichsmark erhalten, um sich ein Gut zu kaufen. Es gelang ihm, diesen Betrag bis Juli 1944 durch weitere Bewilligungen Hitlers auf fast 890000 Reichsmark zu erhöhen, so daß er davon einen beachtlichen Staatswald bei Seestetten kaufen konnte[26]. Nach dem Attentat vom 20. Juli 1944 sandte dann auch Leeb dem 'Führer' eine Ergebenheitsadresse und versprach ihm weiterhin Treue. Die Dotation führte also offensichtlich zur gewünschten Ergebenheit des Feldmarschalls.

Am 2. Mai 1945 wurde Ritter von Leeb von den Amerikanern festgenommen. Im Nürnberger OKW-Nachfolgeprozeß wurde Leeb 1948 als Kriegsverbrecher zu drei Jahren Haft verurteilt (die jedoch durch seine Internierung seit Mai 1945 als verbüßt galten). Die Richter bestätigten, daß er „kein Freund oder Anhänger der Nazi-Partei" gewesen sei.[27] Mit dem Nationalsozialismus und mit vielen politischen Maßnahmen Hitlers war Leeb tatsächlich nie einverstanden gewesen; aber Hitlers Geldgeschenk nahm er trotzdem an. Die letzten Jahre seines Lebens verbrachte Ritter von Leeb in Hohenschwangau/Bayern. Er starb am 29. April 1956 im achtzigsten Lebensjahr.

Anmerkungen

[1] Liddell Hart, German Generals Talk, S. 196 f.

[2] Mitcham, Hitler's Field Marshals, S. 126. Vgl. dazu und zum Folgenden insbesondere die Tagebuchaufzeichnungen des Generalfeldmarschalls Wilhelm Ritter v. Leeb.

[3] Wistrich, Who's Who in Nazi Germany, S. 186.

[4] Moll, Die deutschen Generalfeldmarschälle, S. 104.

[5] Ebenda, S. 104 f.

[6] Mehrere Historiker haben sich zu Leebs Erfolg als Verfasser von Abhandlungen über militärische Taktik geäußert. Vgl. etwa die Werke von John F. C. Fuller.

[7] Hofer, Der Nationalsozialismus, S. 181.

[8] Cooper, The German Army, S. 52; Klaus-Jürgen Müller, Das Heer und Hitler, Stuttgart 1969, S. 40.

[9] Brett-Smith, Hitler's Generals, S. 53.

[10] Deutsch, Verschwörung gegen den Krieg, S. 224.

[11] Taylor, Sword and Swastika, S. 170.

[12] Mitcham, Hitler's Field Marschals, S. 130.

[13] Generalfeldmarschall Wilhelm Ritter v. Leeb, Tagebuchaufzeichnungen, S. 187 f.

[14] Deutsch, Verschwörung gegen den Krieg, S. 224–226.

[15] Ebenda. Leebs Denkschrift ist abgedruckt in: Generalfeldmarschall Wilhelm Ritter v. Leeb, Tagebuchaufzeichnungen, S. 468–471.

[16] Deutsch, Verschwörung gegen den Krieg, S. 224–226.

[17] Ebenda, S. 272.

[18] Ritter, Carl Goerdeler bis Juli 1944, S. 246 mit Anm. 13.

[19] Andere – und das ist keineswegs überraschend – glaubten immer noch, Leeb sei der Widerstandsbewegung gegen Hitler zuzurechnen. Vgl. das Gespräch zwischen Ulrich v. Hassell, dem ehemaligen deutschen Botschafter in Rom, und Hasso v. Etzdorf, dem Vertreter des Auswärtigen Amtes beim OKH, in: Die Hassell-Tagebücher, S. 163.

[20] Cooper, The German Army, S. 301.

[21] Clark, Barbarossa, S. 122.

[22] Ebenda.

[23] Mitcham, Hitler's Field Marshals, S. 142.

[24] Liddell Hart, German Generals Talk, S. 197.

[25] Cooper, The German Army, S. 205.

[26] Vgl. dazu die Akten im BA Berlin, R 43 II (Reichsminister Lammers); ferner Gerd R. Ueberschär und Winfried Vogel: Dienen und Verdienen. Hitlers Dotationen (in Vorbereitung).

[27] Brett-Smith, Hitler's Generals, S. 58.

Bibliographische Hinweise

(Vgl. auch die weiteren Literaturangaben in der Gesamtbibliographie ab S. •••.)

Ungedruckte Quellen

BA-MA Freiburg, N 145: Nachlaß v. Leeb; ebenda, verschiedene Aktenbestände zu Leebs Kommandostellen (vor allem der Bestand zur Heeresgruppe Nord mit Kriegstagebuch); Archiv des Instituts für Zeitgeschichte, München: Zeugenschrifttum zum Widerstand gegen Hitler.

Gedruckte Quellen und Literatur

Brett-Smith, Richard: Hitler's Generals. San Rafael, Calif. 1977.

Clark, Alan: Barbarossa. The Russian-German Conflict. 1941–45. New York 1965.

Cooper, Matthew: The German Army: 1933–1945. Its Political and Military Failure. Chelsea 1991.

Deutsch, Harold C.: The Conspiracy Against Hitler in the Twilight War. Minneapolis 1968 (dt. Ausgabe u. d. T.: Verschwörung gegen den Krieg. Der Widerstand in den Jahren 1939–1940. München 1969).

Generalfeldmarschall Wilhelm Ritter von Leeb. Tagebuchaufzeichnungen und Lagebeurteilungen aus zwei Weltkriegen. Hrsg. v. Georg Meyer. Stuttgart 1976.

Generaloberst Franz Halder: Kriegstagebuch. Tägliche Aufzeichnungen des Chefs des Generalstabes des Heeres 1939–1942. Hrsg. v. Hans-Adolf Jacobsen. 3 Bde. Stuttgart 1962–64.

Liddell-Hart, B. H.: The German Generals Talk. New York 1948.

Mitcham, Samuel W.: Hitler's Field Marshals and Their Battles. London 1988.

Ders./Gene Mueller: Hitler's Commanders. New York 1992.

Moll, Otto E.: Die deutschen Generalfeldmarschälle 1939–1945. Rastatt 1961.

Ritter, Gerhard: The German Resistance. Carl Goerdeler's Struggle Against Tyranny. Freeport, N.Y. 1958 (dt. Ausgabe u. d. T.: Carl Goerdeler und die deutsche Widerstandsbewegung. Stuttgart 1984).

Taylor, Telford: Sword and Swastika. Generals and Nazis in the Third Reich. New York 1952.

Norbert Haase

Generaloberstabsrichter Dr. Rudolf Lehmann

Für den in der Wehrmachtrechtsabteilung im Oberkommando der Wehrmacht tätigen konservativen Juristen Werner Hülle war der Chef des Wehrmachtrechtswesens, Rudolf Lehmann, eine außergewöhnliche Persönlichkeit. Am Grabe des verstorbenen früheren Vorgesetzten sprach der inzwischen in Diensten der bundesdeutschen Justiz tätige Hülle im Sommer 1955 vielen ehemaligen Berufskollegen aus dem Herzen: „Gerechtigkeit und Menschlichkeit, das waren die hohen Ziele, um die er mit echter männlicher Leidenschaft gerungen hat. Darin lagen Reichtum und Bedrängnis dieses zu früh vollendeten Lebens. Seine Ideale hat er uns, die wir seine Weggefährten waren, als sein bleibendes Vermächtnis tief ins Bewußtsein gesenkt."[1] Es ist anzunehmen, daß sich das vormalige Justizoffizierskorps der Wehrmacht nach der Gründung der Bundeswehr im selben Jahr bei der Bundesregierung mit den hier beschriebenen Tugenden hatte empfehlen wollen. Nunmehr mußte die entsprechende Einflußnahme auf die Adenauer-Regierung allerdings auf einen wichtigen Lobbyisten verzichten.

Rudolf Lehmann wurde am 11. Dezember 1890 in einem protestantischen Elternhaus in Posen geboren. Sein Vater war Jurist. Rudolf Lehmann verlebte seine Kindheit in Breslau und Hanau und studierte bis 1912 an den Universitäten München, Freiburg, Leipzig und Marburg Rechtswissenschaften. Die Referendarzeit absolvierte er in der hessischen Justiz, nachdem er 1912 in Kassel die 1. juristische Staatsprüfung abgelegt hatte. Als Kriegsfreiwilliger zog er im August 1914 in den Ersten Weltkrieg, den er, mit dem Eisernen Kreuz ausgezeichnet, als Frontoffizier mitmachte. Im Sommer 1919 promovierte Lehmann an der Universität Marburg und legte 1920 die Große Staatsprüfung ab.[2] „Er war ein vielseitig interessierter, gebildeter und kultivierter Mann", beschreibt ihn der Jurist Erich Schwinge.[3] Der Kriegsheimkehrer Lehmann tat seit 1920 in verschiedenen Stellungen u. a. bei der hessischen Justiz Dienst, er arbeitete 1921 im Reichspostministerium, 1922–1925 als Landgerichtsrat am Landgericht II Berlin, 1925 im Reichsjustizministerium und wurde 1933 als Ministerialrat in den Justizdienst des NS-Staates übernommen. Lehmann war indes kein Parteimitglied der NSDAP.[4] 1933 bis 1936 war er in der „Kleinen Strafprozeßkommission" des Reichsjustizministeriums mit der Erarbeitung des Entwurfs der Strafverfahrensordnung vom Februar 1936 befaßt. 1936–38 fungierte er in der Strafgesetzgebungsabteilung als Referent für Strafprozeßrecht. Die Mitgliedschaft in der „Großen Strafprozeßkommission", die an der Reform des Strafprozeßrechts arbeitete, übte er seit seiner Tätigkeit am Reichskriegsgericht (RKG) nur noch kommissarisch aus. Stets galt sein Wirken der Erhöhung der Wirksamkeit der Rechtsprechungsorgane der zivilen Justiz des NS-Staates. Im Sinne einer Einführung des Führerprinzips in die Strafverfahrensordnung suchte Lehmann einen Kompromiß zwischen individualrechtlicher Orientierung und den „Bedürfnissen der Staatsführung".[5] Gleichwohl überwog bei ihm die nationale Staatsräson vor den als „liberalistisch" verworfenen rechtsstaatlichen Rudimenten.

Im Oktober 1937 wurde Lehmann als Senatspräsident an das Reichskriegsgericht versetzt. Daß dies wegen angeblicher Konflikte mit Justiz-Staatssekretär Roland Freisler geschah, ist eher unwahrscheinlich.[6] Der Wechsel in die Militärgerichtsbarkeit, die seit dem 1. Januar 1934 wieder eingerichtet war, erfolgte bei Lehmann im Vergleich zu anderen Kollegen der Wehrmachtjustiz relativ spät.[7] Reichskriegsminister v. Blomberg hatte ihn von Reichsjustizminister Gürtner erbeten, um „die freiwerdende Stelle mit einem hervorragend befähigten Juristen und mit einem Beamten zu besetzen, der auch in der Lage ist, in den vom Obersten Gerichtshof der Wehrmacht zu treffenden Entscheidungen der Truppe klare Grundsätze hinsichtlich der Disziplin zu geben".[8] Als „besonders tüchtiger Jurist und eifriger Förderer der Militärstrafrechtspflege" sowie als Reserveoffizier schien Lehmann deshalb besonders geeignet. Einschneidend für die juristische Praxis als Reichskriegsgerichtsrat muß seine Beteiligung am Sondergericht gegen den Oberbefehlshaber des Heeres, Generaloberst Frhr. v. Fritsch, gewesen sein. Als Beisitzer verfaßte Lehmann im Februar 1938 in diesem „Ehrengerichtsverfahren" gegen Fritsch das Urteil.[9] Er folgte im Juli 1938 den Militärjuristen Semler und Rosenberger im Amt des Chefs der Wehrmachtrechtsabteilung im OKW.[10] Er war zugleich ständiger Mitarbeiter der »Zeitschrift für Wehrrecht« und Mitherausgeber der völkischen Zeitschrift »Reich, Volksordnung, Lebensraum«, an der auch der führende SS-Funktionär Werner Best und andere Spitzenbeamte quer durch alle obersten Dienststellen mitwirkten.[11]

Die Wehrmachtrechtsabteilung war mit Offizieren und Beamten besetzt, die in fünf Referaten über grundsätzliche juristische Fragen der Wehrmacht wachten.[12] Dazu gehörte die Koordinierung der Rechtsprechung aller Wehrmachtteile und federführende Bearbeitung von Gesetzesangelegenheiten. Der Chef der Wehrmachtrechtsabteilung war auch der Rechtsberater des Chefs des OKW (Keitel). Er schrieb ferner Gutachten bei Todesurteilen gegen Offiziere und solchen des Reichskriegsgerichts zur Vorlage bei Hitler. Hinzu kam die Dienstaufsicht über das Reichskriegsgericht und andere Kriegsgerichte. Unter Lehmanns Mitverantwortung wurden 1938 die verschärften Strafrechtsbestimmungen der Kriegssonderstrafrechtsverordnung (KSSVO) und der Kriegsstrafverfahrensordnung (KStVO) vorbereitet, die erklärtermaßen dazu dienten, etwa durch den „Wehrkraftzersetzungs-Paragraphen“ (§ 5) jeglichen Widerstand im Keime zu ersticken.[13] Die Planung einer Standgerichtsbarkeit gegen „Freischärlerei“ im Polenfeldzug[14] fiel ebenso in sein Ressort. Kurz vor Beginn des Überfalls auf Polen 1939 hatte Lehmann auf dem ‘Großdeutschen Rechtswahrertag’ in Leipzig vor Richtern und Gerichtsherren der Wehrmachtjustiz die Mahnung ausgesprochen, sich an NS-typischen Gemeinschaftsrechtsvorstellungen auszurichten. Es sei nicht Aufgabe des Gerichts, eine „abstrakte“ Wahrheit an sich zu suchen. Recht und Gesetz galten Lehmann als „die vornehmste Form des Führerbefehls“.[15] Die Rolle des Richters sei die des „stürmischen Angreifers“.[16] Schwinge hat später behauptet, diese Formulierungen seien lediglich zur Tarnung gebraucht worden.[17] Die Frage, inwieweit Lehmann in seinem Wirkungsbereich auch mäßigenden Einfluß nahm, muß indes unbeantwortet bleiben. Wenn die „Führerrichtlinien“ für die Strafzumessung bei Fahnenflucht tatsächlich diesen Einfluß auf die Spruchpraxis der Kriegsgerichte ausüben sollten, so ist anzunehmen, daß Lehmann an der Aufstellung dieser Richtlinien beteiligt war. In der Konsequenz entsprachen sie durchaus militärischer Logik: Effektive Abschreckung seitens der Kriegsgerichte durfte nicht so weit führen, daß die Kampfkraft dezimiert würde.

Lehmann war es auch, der als Ministerialdirigent und Leiter der Wehrmachtrechtsabteilung im OKW an der Beschränkung der Militärgerichtsbarkeit im Vernichtungskrieg gegen die Sowjetunion maßgeblich beteiligt war. Entsprechend einer Forderung Hitlers vom 3. März 1941 war vorgesehen, neben der „Vernichtung der jüdisch-bolschewistischen Intelligenz“ auch diese einem eher traditionellen Machtdenken entspringende Maßnahme einzuleiten. Die Wehrmachtjustiz sollte sich – anders als in den westlichen besetzten Gebieten – nur noch mit Gerichtssachen innerhalb der Truppe befassen, Straftaten der Zivilbevölkerung „auf andere Weise“ geahndet werden. In einem zweiten Entwurf für die „Richtlinien auf Sondergebieten zur Weisung Nr. 21“ vom 5. März 1941 versuchte Lehmann diesem Ansinnen dadurch zu entsprechen, daß er die Zuständigkeit der Wehrmachtgerichte im Operationsgebiet und in den Reichskommissariaten auf Straftaten von Sowjetbürgern gegen die Wehrmacht „mit klarer Beweislage“ beschränkte.[18] Die anderen Fälle sollten an die SS übergeben werden. Ende April 1941 legte Lehmann einen mit Generalmajor Warlimont und dem Chef des Wehrmachtführungsstabes, General Jodl, abgestimmten Entwurf für den am 13. Mai 1941 erlassenen „Barbarossa-Gerichtsbarkeitserlaß“ vor, der die unbeschränkte Intervention der Truppe gegen Angriffe der sowjetischen Zivilbevölkerung einkalkulierte: „Freischärler sind durch die Truppe im Kampf oder auf der Flucht schonungslos zu erledigen. Andere Angriffe von feindlichen Zivilpersonen gegen die Wehrmacht, ihre Angehörigen und das Gefolge sind durch die Truppe ebenso entschlossen und mit allen Mitteln auf der Stelle bis zur Vernichtung des Angriffes abzuwehren (...) Nur wo das ausnahmsweise nicht geschehen ist, werden sie gerichtlich verfolgt.“[19] Lehmann wollte zudem den Verfolgungszwang gegenüber Straftaten von Wehrmachtsoldaten gegen sowjetische Zivilisten aufgehoben sehen. Diese sollten nur dann verfolgt werden, wenn es die „Aufrechterhaltung der Manneszucht“ oder die Sicherheit der Truppe erforderten. Am Ende befürwortete er eine völlige Ausschaltung der Wehrmachtgerichtsbarkeit über Landeseinwohner und trug so entscheidend zur Brutalisierung und verschärften Ideologisierung der Kriegführung der Wehrmacht bei.[20]

Die fragwürdige Exkulpierung der Wehrmachtjustiz seitens ehemaliger Kriegsrichter ist durch jüngere Forschungen, insbesondere zur Todesurteilsbilanz der Kriegsgerichte, hinlänglich widerlegt. Es ist auch nicht erkennbar, daß Lehmann einer von dem neuen Reichsjustizminister Thierack geforderten „nationalsozialistischen Rechtspflege“ 1942 entgegengetreten wäre. Zwar wurden Versuche des Reichsjustizministeriums, in die Wehrmacht hineinzuwirken und ihr die Zuständigkeit für die politischen Straftaten ihrer Angehörigen zu entziehen, von der Wehrmachtjustiz aus Kompetenzgründen abgelehnt. Da aber ein herausgehobenes Interesse an einer Intensivierung der Abschreckungswirkung bestand, fand Hitlers Erlaß zur Einrichtung eines Sonderstandgerichts für die Wehrmacht vom 21. Juni 1943 in der Wehrmachtrechtsabteilung rasche Umsetzung. Lehmann kam Thieracks Vorstellungen weit entgegen. Zur Jahreswende 1942/43 wurden Maßnahmen getroffen, die verschiedenen Verfolgungskomplexe von Wehrmacht- und ziviler Justiz zu verzahnen. Lehmann zeichnete einen Erlaß des Reichsjustizministers vom 11. März 1943 mit, in dem es u. a. hieß: „Die Todesstrafe kann durch Erschießen vollzogen werden. Die Ausführung übernimmt ein Kommando der Polizei oder ein Kommando der Wehrmacht.“[21] Vereinbart wurde ferner, daß kriegsgerichtliche Todesurteile in einer Reihe von Richtstätten der Reichsjustizverwaltung vollstreckt werden konnten. Lehmann nahm noch am 13. Oktober 1944 an einer Beratung des Reichsjustizministeriums mit dem OKW und dem Reichssicherheitshauptamt (RSHA) teil, in der über die Abgabe politischer Gefangener an die zivile Justiz beraten wurde.[22] Die führenden Wehrmachtjuristen waren somit für eine Entwicklung verantwortlich, die seit 1942/43 zur Übertragung der Zuständigkeit in politischen Strafsachen der Wehrmacht auf den Volksgerichtshof und die Sondergerichte geführt hat.[23]

Es ist schwer zu beurteilen, in welchem Maße Lehmann im Fall des Widerstandskämpfers Hans von Dohnanyi aus politischer Sympathie für die

Verschwörer oder aus einer gewissen institutionellen Selbstbehauptung gegenüber dem konkurrierenden Reichssicherheitshauptamt heraus handelte, als er mit Sack die Ausstoßung der Verhafteten aus der Wehrmacht zu verhindern versuchte.[24] Zweifel sind auch bei der Behauptung angebracht, Lehmann sei „schon zwei Jahre nach Kriegsbeginn von jedem persönlichen Kontakt abgeschnitten" gewesen,[25] zumal auf einem Heeresrichtertreffen 1972 Fotos kursierten, die ihn 1942 bei Lagebesprechungen in der Wolfsschanze zeigten.[26]

Nach Hitlers „Befehl für die Bildung des Truppensonderdienstes" vom 24. Januar 1944 wurde ein weiterer Schritt der Anpassung an den „Führerstaat" vollzogen. Die Schaffung militärischer Unterstellungsverhältnisse in der Wehrmachtjustiz würdigte Lehmann als „eine Anerkennung und damit eine neue Verpflichtung. Wir werden auch als Offiziere, im Dienst als Richter wie im soldatischen Einsatz, unsere Pflicht in voller Hingabe tun, mit aufrechtem Sinn und festem Herz. Der Führer gibt unserer Arbeit Richtung und Ziel. Wir folgen ihm in Gehorsam, in Treue und gläubigem Vertrauen auf den deutschen Sieg."[27]

Lehmann, der als Generaloberstabsrichter ranghöchster Militärjurist des 'Dritten Reiches' war, wurde am 24. Oktober 1947 von den Amerikanern im Kriegsgefangenenlager Hersbruck bei Nürnberg verhaftet. In einem der Nürnberger Nachfolgeverfahren, dem sogenannten OKW-Prozeß („Fall 12"), wurde er am 28. Oktober 1948 zu sieben Jahren Gefängnis verurteilt. Seine Verteidigungsstrategie setzte auf Apologetik und Legendenbildung. So wollte sich Lehmann in seiner Tätigkeit als Chef der Wehrmachtrechtsabteilung darum bemüht haben, die Auswirkungen der verbrecherischen Befehle zu mildern.[28] Das Gericht hingegen befand ihn für schuldig, Kriegsverbrechen und Verbrechen gegen die Menschlichkeit gegen Soldaten, Kriegsgefangene und Zivilisten begangen zu haben, da er an der Abfassung völkerrechtswidriger, verbrecherischer Befehle beteiligt war.[29] Bereits 1950 erfolgte seine Begnadigung.[30] Die Tatsache, daß die Verurteilung Lehmanns „nur wegen Beteiligung an der Formulierung als völkerrechtswidrig bezeichneter Befehle" erfolgt sei, hat für die Apologeten der Wehrmachtjustiz eine wichtige Rolle gespielt.[31] Das Urteil sei in der Verkennung der Rolle des Chefs der Wehrmachtrechtsabteilung ausgesprochen worden: Tatsächlich habe Lehmann – nach Otto Peter Schweling eigentlich die „Seele des Widerstandes"[32] – die Eigenständigkeit der Wehrmachtjustiz gegen die justizfeindliche Einstellung Hitlers zu behaupten versucht.

Vor seinem Tode war der nicht wieder verbeamtete Lehmann als Geschäftsführer der Wirtschaftsvereinigung „Bergbau" e.V. mit Sitz in Bad Godesberg tätig. In diesen Jahren bemühte er sich mit anderen Weggenossen wie den Wehrmachtjuristen Dombrowski, Lattmann, Kraell und

Schwinge um die Aufbereitung eines besonderen Geschichtsbildes der NS-Militärjustiz, das eine reibungslose Integration ihrer Protagonisten in die bundesdeutsche Nachkriegsgesellschaft ermöglichen sollte. Zuletzt sprach Lehmann im Mai 1954 in Marburg auf einem Heeresrichtertreffen zu den alten Kameraden.[33] Er starb am 26. Juli 1955 in Bonn, wo er unter Anteilnahme zahlreicher ehemaliger Kriegsrichter auf dem Alten Friedhof seine letzte Ruhe fand.

Der Justizbeamte im Reichsjustizministerium, Rudolf Lehmann, hatte bereits vor seinem Eintritt in die Wehrmachtjustiz die für die nationalkonservative Juristenschaft symptomatische Anpassung an den Unrechtsstaat mitvollzogen. Als führender Justizfunktionär im OKW hatte er maßgeblichen Anteil an der Normierung völkerrechtswidriger staatlicher Verbrechen im Vernichtungskrieg gegen die Sowjetunion.[34] Nicht zuletzt im Bereich der Wehrmachtjustiz, mit einem kurzen Intermezzo am Reichskriegsgericht, trug Lehmann Mitverantwortung für die extensive Ausdehnung der Strafvorschriften und die rigorose Abschreckungsjustiz der Kriegsgerichte im Sinne des Nationalsozialismus.

Anmerkungen

[1] Rundbrief Hanns Dombrowski (Traueranzeige September 1955), in: Nachlaß Sieber, BA-MA Freiburg, N 623.

[2] Bundesarchiv-Zwischenarchiv Dahlwitz-Hoppegarten (BA-ZDH), R 22/66098 u. 66099: Reichsjustizministerium, Personalakten Rudolf Lehmann. Vgl. auch „Fall 12". Das Urteil gegen das Oberkommando der Wehrmacht, S. 283 ff. Die juristische Dissertation Lehmanns ist heute bibliographisch nicht mehr nachweisbar.

[3] Schweling/Schwinge, Die deutsche Militärjustiz, S. 87.

[4] Gruchmann, Justiz, S. 243; Fall 12, S. 283 ff.

[5] Gruchmann, Justiz, S. 1034 u. 1065.

[6] Schweling/Schwinge, Die deutsche Militärjustiz, S. 86 ff.

[7] Vgl. Messerschmidt, Zur Rechtsprechung des Reichskriegsgerichts, S. 30.

[8] Personalakten Lehmann, BA-ZDH, R 22/66098, fol. 3.

[9] Vgl. Janßen/Tobias, Der Sturz der Generäle, S. 174ff., ferner unter Vorbehalt: Bösch, Dr. Karl Sack.

[10] Angaben nach Schweling/Schwinge, Die deutsche Militärjustiz, S. 86 ff., und Gruchmann, Justiz, S. 259 u. 994.

[11] Vgl. Herbert, Best, S. 284 f.

[12] Stellenplan vom 13. 3. 1945, in: Messerschmidt/Wüllner, Wehrmachtjustiz, S. 338 f.

[13] Vgl. Garbe, „In jedem Einzelfall", S. 47 ff. Vgl. auch Messerschmidt/Wüllner, Wehrmachtjustiz, S. 132 ff.

[14] Vgl. Krausnick, Hitlers Einsatzgruppen, S. 41.

[15] Lehmann, Die Aufgaben des Rechtswahrers der Wehrmacht, S. 1265–1269.

[16] Vgl. Bösch, Dr. Karl Sack, S. 108f.

[17] Vgl. Garbe, „In jedem Einzelfall“, S. 46. Vgl. auch Messerschmidt/Wüllner, Wehrmachtjustiz, S. 28.

[18] Vgl. Förster, Das Unternehmen „Barbarossa“, S. 426.

[19] Streit, Keine Kameraden, S. 37f. Vgl. auch Messerschmidt/Wüllner, Wehrmachtjustiz, S. 205ff.

[20] Messerschmidt/Wüllner, Wehrmachtjustiz, S. 208.

[21] BA Koblenz, R 22/5020, Bl. 112, zit. nach: Seidler, Die Militärgerichtsbarkeit, S. 175, Anm. 213. Seidler behauptet, Lehmann hätte nur pro forma mitgezeichnet.

[22] BA Koblenz, R 22/4696.

[23] Siehe Wüllner/Messerschmidt, Wehrmachtjustiz, S. 179ff.

[24] Vgl. Chowaniec, Der „Fall Dohnanyi“, S. 99f.

[25] Schwinge, Der Jurist, S. 70f., zit. nach: Garbe, „In jedem Einzelfall“, S. 76.

[26] Rundbrief Hanns Dombrowski vom 30. 12. 1972, in: BA-MA Freiburg, N 623: Nachlaß Sieber. Zweifel bei Messerschmidt/Wüllner, Wehrmachtjustiz, S. 186.

[27] Zeitschrift für Wehrrecht IX, August 1944, S. 145, zit. nach: Messerschmidt/Wüllner, Wehrmachtjustiz, S. 275.

[28] Vgl. Krausnick, Hitlers Einsatzgruppen, S. 263f., Anm. 104 und 105, S. 264 u. 280.

[29] Vgl. „Fall 12“.

[30] Taylor, Die Nürnberger Prozesse, S. 104ff.

[31] Schweling/Schwinge, Die deutsche Militärjustiz, S. 92.

[32] Ebenda, S. 227.

[33] BA-MA Freiburg, N 623: Rundbrief Hanns Dombrowski.

[34] „Fall 12“, S. 287f.

Bibliographische Hinweise

(Vgl. auch die weiteren Literaturangaben in der Gesamtbibliographie ab S. 290ff.)

Ungedruckte Quellen

BA-MA Freiburg, N 623: Nachlaß des ehemaligen Marinekriegsrichters Karl Helmut Sieber, Protokolle der Heeresrichtertreffen in der Nachkriegszeit. Bundesarchiv-Zwischenarchiv Dahlwitz-Hoppegarten (BA-ZA DH), R 22/66098 u. 66099: Personalakten des Reichsjustizministeriums; Institut für Zeitgeschichte, München, Serie NOKW: Unterlagen zum Nürnberger OKW-Prozeß.

Gedruckte Quellen und Literatur

Bösch, Hermann: Dr. Karl Sack. Wehrmachtrichter in der Zeit des Nationalsozialismus. Scheinfeld 1993.

Chowaniec, Elisabeth: Der „Fall Dohnanyi“ 1943–1945. Widerstand, Militärjustiz, SS-Willkür. München 1991.

Fall 12. Das Urteil gegen das Oberkommando der Wehrmacht. Berlin (Ost) 1960.

Förster, Jürgen: Das Unternehmen „Barbarossa“ als Eroberungs- und Vernichtungskrieg. In: Das Deutsche Reich und der Zweite Weltkrieg. Hrsg. vom Militärgeschichtlichen Forschungsamt, Band 4: Der Angriff auf die Sowjetunion. Stuttgart 1983, S. 413 ff.

Garbe, Detlef: „In jedem Einzelfall ... bis zur Todesstrafe". Der Militärstrafrechtler Erich Schwinge. Ein deutsches Juristenleben. Hamburg 1989.

Gruchmann, Lothar: Justiz im Dritten Reich. Anpassung und Unterwerfung in der Ära Gürtner, 1933–1940. München 1988.

Jacobsen, Hans-Adolf: „Kommissarbefehl und Massenexekutionen sowjetischer Kriegsgefangener". In: Anatomie des SS-Staates, Band 2. Hrsg. von Martin Broszat u. a. Olten 1965.

Janßen, Karlheinz/Fritz Tobias: Der Sturz der Generäle. Hitler und die Blomberg-Fritsch-Krise 1938. München 1994.

Lehmann, Rudolf: Die Aufgaben des Rechtswahrers der Wehrmacht. In: Deutsches Recht 9 (1939), S. 1265–1269.

Messerschmidt, Manfred/Fritz Wüllner: Die Wehrmachtjustiz im Dienste des Nationalsozialismus. Zerstörung einer Legende. Baden-Baden 1987.

Schweling, Otto Peter: Die deutsche Militärjustiz in der Zeit des Nationalsozialismus. Hrsg. v. Erich Schwinge. Marburg ^{2}1978.

Taylor, Telford: Die Nürnberger Prozesse. Kriegsverbrechen und Völkerrecht. Zürich 1951.

Dieter Hartwig

Generaladmiral Wilhelm Marschall

„Das Panzerschiff ADMIRAL GRAF SPEE ist mit wehender Flagge untergegangen. (...) Ein Kommandant, der gemäß den vorstehenden Auffassungen handelt, hat seine Pflicht bis zum Äußersten getan. Er hat danach (...) keine verpflichtende Ursache, von sich aus den Tod zu suchen. Selbst wenn ein Führer und Soldat seine Aufgabe erfüllt, so kann er doch nicht übersehen, welche Aufgaben für sein Volk seiner früher oder später noch harren.“[1] Mit diesen Worten nahm Admiral Wilhelm Marschall[2] als Flottenchef am 3. Januar 1940 Stellung zur Selbstversenkung des Panzerschiffs ADMIRAL GRAF SPEE am 17. 12. 1939 und zum späteren Freitod des Kommandanten, Kapitän zur See Hans Langsdorff. Wie kein anderer Admiral zu Beginn des Zweiten Weltkrieges konnte er sich als ehemaliger Kommandant in Frieden und Krieg in Langsdorffs Lage versetzen. Er konnte aber nicht wissen, daß er selber schon bald im Urteil des Oberbefehlshabers der Kriegsmarine (ObdM), Großadmiral Dr. h.c. Erich Raeder, als Seebefehlshaber versagen und dadurch in ganz andere Dienststellungen gelangen und mit neuen Situationen konfrontiert werden würde.

In seiner Stellungnahme betonte Marschall zwar die Übereinstimmung mit dem ObdM, tatsächlich aber formulierte er eine deutliche Gegenposition. Raeder nämlich hatte in seiner „Veröffentlichung zum Tode des Kapitän z. S. Langsdorff" schon am 19. 12. 1939 u. a. geschrieben: „Die Kriegsmarine versteht und würdigt diesen Schritt. Der Kapitän z. S. Langsdorff hat damit als Kämpfer und Held die Erwartung erfüllt, die sein Führer, das deutsche Volk und seine Marine auf ihn setzten.“[3] Der Widerspruch zwischen ObdM und Flottenchef war unübersehbar. Wegen seiner Ablösung im Juni 1940[4] hat Marschall sich immer wieder und bis fast zu seinem Lebensende mit Raeder, seinem Führungsstil und seinen Entscheidungen auseinandergesetzt. Bis an sein Lebensende litt Marschall an seiner Enthebung als Flottenchef und an Raeders Weigerung, sich darüber mit ihm auszusprechen. Marineöffentlich aber wurden die konträren Anschauungen der beiden Offiziere niemals so deutlich wie bei der Beurteilung des Langsdorff-Freitodes. Darüber hinaus ist die Stellungnahme Marschalls ein Schlüsseldokument sowohl zu seinem Verhältnis zu Raeder als auch zum Verständnis seiner Person, seines Denkens und Handelns sowie seines 'Scheiterns' als Seebefehlshaber. Dies wiederum könnte sein Einverständnis mit der Übernahme des Dienstpostens als

„Sonderbevollmächtigter des Führers für die Donau" sowie den späten NSDAP-Eintritt erklären.

Marschalls Stellungnahme reflektiert die Summe der Erfahrungen eines Offiziers, der sich frühzeitig in verantwortliche Positionen gemeldet hatte[5] und bewußt in das wenig angesehene Vermessungswesen, die „vorzügliche Schule für Seemannschaft, Navigation, Selbständigkeit und Verantwortungsbereitschaft"[6], gegangen war. Als U-Boot-Kommandant im Ersten Weltkrieg wurde er mehrfach im Admiralstabsbericht erwähnt und mit dem Orden Pour le mérite ausgezeichnet. Kriegseinsatz mit Auszeichnung also, weltweiter Vermessungsdienst vor und nach dem Weltkrieg, Zugehörigkeit zur deutschen Kommission bei den Abrüstungsverhandlungen des Völkerbundes – dieser Erfahrungshintergrund unterschied sich ganz wesentlich von jenem Großadmiral Raeders.[7] Marschalls Lebensweg[8] war die Musterlaufbahn eines kaiserlich geprägten, national gesinnten und seinem Vaterland bis zum Tode verpflichteten Marineoffiziers, der später eine allenfalls unbewußte, im Grunde jedoch nur vordergründige Verstrickung in die NS-Politik hinzugefügt wurde. Allerdings immunisierte selbst der besondere Erfahrungshintergrund als Marineoffizier im Auslands- sowie im diplomatischen Dienst Marschall nicht gegen den Antisemitismus. Im Kriegsgefangenenlager nach 1945 erkannte er zwar die jüdische Herkunft einiger Vernehmungsoffiziere,[9] hielt aber z.B. den gelben Stern oder die Pogrome im November 1938 nicht für notierenswert, obwohl auch in Wilhelmshaven, wo er als Befehlshaber der Panzerschiffe residierte, die Synagoge brannte.[10] Das Beispiel Marschall zeigt, wie menschliche Integrität und fachliche Kompetenz in den Bereich des Politischen führen, beide aber nicht genügen, die damit verbundenen, völlig andersartigen Herausforderungen zu erkennen, geschweige denn zu bewältigen.

Die eingangs zitierte Stellungnahme Marschalls zum Langsdorff-Freitod war nicht nur kennzeichnend für seinen Werdegang, sondern auch ‘seherisch’ in bezug auf seine Zukunft. Daß Marineoberbefehlshaber und Flottenchef konträr urteilten, zeigt, inwieweit der Schreibtisch-Admiral Raeder die Vorgaben und Erwartungen des „Dritten Reichs" als Handlungs- und Bewertungsmaßstab verinnerlicht hatte, der Flottenoffizier Marschall aber nicht.

Sein Urteilsvermögen als kriegserfahrener Offizier hielt Marschall wahrscheinlich auch davon ab, bei der sich ab 1937 anbahnenden Wende gegen Großbritannien eine aktive Rolle zu spielen. Als Chef der Operationsabteilung im Oberkommando der Kriegsmarine war er in der „Inkubationszeit des europäischen Krieges" (Gerhard Schreiber), zwar in verantwortlicher Position.[11] Auch hatte er bei Dienstantritt vom Oberbefehlshaber der Kriegsmarine (ObdM) den Auftrag zur Ausarbeitung einer „Operativen

Studie für den Zweifrontenkrieg“[12] erhalten. Seine Studie[13] wies aber mehr auf Gefahren als auf Erfolgsaussichten hin. Weil nämlich „ein aktives englisches Eingreifen gegen Deutschland früher oder später (...) nicht ausgeschlossen“[14] werden konnte, wurde der „Krieg mit England“ an erster Stelle aller Kriegsszenarien behandelt. Unter Hinweis auf Adolf Hitlers »Mein Kampf« hieß es warnend: „Der Führer hat (...) der Vorkriegspolitik mit Recht den schweren Vorwurf gemacht, dass sie den Krieg gegen Rußland und England zugleich nicht vermieden hat. (...) Noch ist die heutige Lage nicht anders als im Jahre 1914: Deutschland muß (...) mit ähnlicher Übermacht rechnen.“[15] Folglich „muß die deutsche Seekriegsführung und (...) Wehrmachtkriegführung auf nachhaltigen und entscheidenden Erfolg in einem deutsch-englischen Krieg verzichten.“[16] Als Abteilungschef trug Marschall die Verantwortung für diese Studie; ob er wegen ihrer „bemerkenswerte(n) pessimistisch(en)“[17] Grundstimmung nur wenige Monate später und für ihn selbst überraschend Befehlshaber der Panzerschiffe wurde, muß dahingestellt bleiben. Unaufgefordert aber warnte er auch in dieser neuen Funktion vor einem Krieg gegen England, Rußland und Frankreich.[18] Marschall hat also, als er mit seiner Kriegserkenntnis „Krieg gegen England ist weiterhin unmöglich!“ in Widerspruch zur Marineleitung und zum ‘Führer’ geriet, durchaus gegengehalten – und doch blieben ihm, dem persönlich Widerstand oder Bitte um Verabschiedung unmöglich waren, Verstrickungen in die NS-Politik nicht erspart.

Marschall war schon im Sommer 1934 durch ein SA-Führertreffen in Godesberg „von einem Skeptiker zu einem Anhänger Hitlers, nicht aber zu einem Anhänger der Partei“[19] geworden; für ihn hatte Hitler „das Zeug zu einem Staatsmann. Die kommenden Jahre mit ihren für uns so wünschenswerten Ergebnissen bestärkten mich in meiner Einschätzung.“[20] Mit dem persönlichen Kennenlernen Hitlers endete Marschalls Unsicherheit gegenüber dem Nationalsozialismus: Ihm waren die „propagierten Ziele des Nationalsozialismus (...) im großen und ganzen sympathisch“, und zeitlebens hielt er am Einheitsstaat und an der Notwendigkeit starker Führungspersönlichkeiten für „das deutsche Volk mit seinen Querköpfen“[21] fest. Allerdings ließ sich Marschall in seiner Ansprache zur Indienststellung des Panzerschiffs ADMIRAL SCHEER am 12. 11. 1934 wie auch im zweiten Vorwort seines Buches »Torpedo Achtung! Los!« zu nur mäßigem ‘Führerlob’ hinreißen.[22] Denn er war kein ‘Nationalsozialist’ im Sinne totaler Hingabe und völliger Zielidentifikation, vielmehr „tolerierten er (und andere Admirale) den Nationalsozialismus, glaubten, daß er ihrer Weltanschauung ähnlich sei, verkannten jedoch völlig den wahren Charakter Hitlers und seines Systems“.[23]

Die Ablehnung der NSDAP ergab sich zum einen aus der unterschiedslosen Ablehnung aller Parteien, zum anderen aus den Zusammenstößen zwischen Reichswehr und Parteimitgliedern, womit Marschall als Chef des Stabes der Marinestation der Ostsee (Kiel) fast täglich zu tun gehabt hatte. Sie manifestierte sich z. B. 1937, als er während des Spanischen Bürgerkrieges als Befehlshaber der deutschen Seestreitkräfte in den spanischen Gewässern (BdSp) riet, statt „durch unverantwortliche Parteimitglieder" solle man in Wirtschaftsfragen allein durch die verantwortliche Botschaft Einfluß auf die spanische Führung nehmen.[24] Beim nächsten Kommando als BdP in Wilhelmshaven war Marschall froh, mit der Partei nichts zu tun zu haben, zumal ihn ein Gespräch mit dem dortigen Kreisleiter in seiner Meinung bestärkte, es (einschließlich des Gauleiters) mit „gefährlichen Dummköpfen"[25] zu tun zu haben. Die Unterscheidung zwischen (dem guten) Hitler und der (schlechten) NSDAP zeitigte kurz vor Kriegsende eine aus heutiger Sicht unerklärliche Folge: Marschall wurde Mitglied der NSDAP. Ende Juni 1943 erstmals und November 1944 zum zweiten Mal 'z.V.' gestellt, sah er wie andere Admirale eine neue Aufgabe „mitten im schwersten Ringen unseres Volkes"[26] als Landrat des Kreises Schleswig. Überzeugt, die Partei verhindere die an sich guten Ziele Hitlers, meinte Marschall, diese Diskrepanz zwischen 'Führer' und Gefolgschaft in seiner Person überbrücken zu können: „nach langer und gründlicher Überlegung entschloß ich mich, dies zu tun, obwohl ich von jeher mit der Partei schlecht gestanden hatte. Ich hoffte, wenigstens im Landkreis Schleswig ihren Einfluß eindämmen zu können u. damit Übergriffe zu verhindern."[27] Als „Sonderbevollmächtigter Donau" war er mit allen Parteigrößen fertig geworden; jetzt verhinderte sein alter Kontrahent in der Partei, Gauleiter Heinrich Lohse, seine Ernennung zum Landrat. Letztlich bleibt Marschalls Verhältnis zum Nationalsozialismus so ungeklärt wie das vieler anderer höherer Marineoffiziere;[28] die Forschung ist mangels glaubhafter Aussagen der Betroffenen auf Schlußfolgerungen angewiesen. Zwar notiert Marschall im Zusammenhang mit dem Attentat vom 20. Juli 1944, daß er „heute [1957] Hitler verachte u. hasse";[29] dies blieb aber die einzige distanzierende Bemerkung – bei sehr viel längeren ablehnenden Ausführungen zum militärischen Widerstand.

Ganz offenkundig war es Marschall im Krieg unmöglich, in Hitler – und nicht nur in der Partei – den Verbrecher an Deutschland zu erkennen. Diese Unfähigkeit kontrastiert auffallend mit den deutlichen, entschiedenen Urteilen über deutsche und ausländische hohe und höchste Persönlichkeiten in Militär und Gesellschaft. Vielleicht versagte Marschalls Analyse- und Kritikfähigkeit, sobald er Persönlichkeiten „patriotisch" handeln oder Aufgaben „als für das Vaterland geboten" sah, in seinem Falle also den Einsatz im Spanischen Bürgerkrieg, als „Sonderbevollmächtigter Donau" im Sommer 1944 schon im Bewußtsein der sicheren Niederlage und – nur drei

Wochen vor Kriegsende – die erneute Übernahme des Oberbefehls über das Marineoberkommmando West mit Hauptquartier in – Lindau am Bodensee!

Mit dem Spanischen Bürgerkrieg war Marschall dreimal dienstlich befaßt: Zuerst als Kommandant des Panzerschiffs ADMIRAL SCHEER; dann als A 1 OKM und zuletzt als Befehlshaber der deutschen Seestreitkräfte in spanischen Gewässern. Eine Vorlage der Operationsabteilung, die dem ObdM am 22. 8. 1937[30] als Vortragstext beim 'Führer' diente, wies auf die „Gefahr sehr schnell um sich greifender europäischer Verwicklungen" hin. Denn „in keinem Falle kann es im Interesse einer nüchternen deutschen Politik liegen, wertvolles deutsches Material und Kräfte für eine Sache einzusetzen, der letzten Endes doch nicht zum Sieg verholfen werden kann". Hier ist die gleiche pessimistische Grundhaltung erkennbar wie schon in der Juni-Studie. Als Befehlshaber der deutschen Seestreitkräfte in spanischen Gewässern verhielt sich Marschall nach eigener Einschätzung als schlichter „Soldat und (hatte) somit nichts mit rein politischen Dingen zu tun",[31] erging sich dann aber in langen politischen Erörterungen zu aktuellen und zukünftig möglichen Bündnissen. Daß Marschall während seiner mehrfachen Einsätze in und vor Spanien in völkerrechtswidrige Vorkommnisse[32] verwickelt war, ist nicht nachweisbar. Gleiches gilt für die Zeit als „Sonderbevollmächtigter des Führers für die Donau",[33] wobei die im KTB der Seekriegsleitung zweimal verwendete Bezeichnung „Donau-Diktator" eine niemals eingetretene Dramatik andeutet. Hier unterstützte Marschall mit seiner Autorität den Inspekteur des Minenräumdienstes bei dessen Hauptaufgabe, den Schiffsverkehr auf der Donau für Nachschubtransporte in beiden Richtungen aufrechtzuerhalten.

Durchaus von dramatischen Umständen, nämlich vom sich abzeichnenden Kriegsende war sein letztes Kommando als (erneuter) Oberbefehlshaber des Marinekommandos West geprägt. Hier stellt sich die Frage, warum sich Marschall auf dieses Kommando einließ, sich also wieder einmal dem 'Führer', vertreten durch den ObdM, zur Verfügung stellte, statt sich krankheitsbedingt zu verweigern, zumal er seit Sommer 1944 von der Unmöglichkeit eines deutschen Sieges überzeugt war[34] und durchgreifende Maßnahmen in den letzten drei Kriegswochen nicht mehr zu veranlassen waren. Aufgrund fehlender Quellen läßt sich diese Frage nicht beantworten, muß dieser Widerspruch hingenommen werden.

Marschall verstand sich als Marineoffizier bzw. als Seebefehlshaber, und in diesem Zusammenhang waren aktive Verstrickungen in die NS-Politik nicht zu erwarten. Anders im Oberkommando der Kriegsmarine, wo er aber als Warner und eben nicht als 'Scharfmacher' auftrat. Selbst mit seiner Antwort an Raeder, bei einer Besetzung Dänemarks müsse man auch Norwegen einbeziehen,[35] vertrat Marschall ‘nur’ eine seit 1929[36] zumindest bei jüngeren Marineoffizieren verbreitete Überzeugung.

War Marschall krankheitsbedingt an der Besetzung Norwegens und Dänemarks auch nicht beteiligt, erfüllte sich doch sein ‘Schicksal als Seeoffizier’ im Kontext dieses „in der Seekriegsgeschichte einzig dastehenden Erfolges“ (so Raeder). Mit dem Unternehmen JUNO schloß sich der Kreis: Der selbständig handelnde Seebefehlshaber geriet in Konflikt mit der Führungsmaxime des „Dritten Reiches“: ‘Alles wagen, aber nichts verlieren’. Diesen Widersinn machte er sich, ganz im Gegensatz zu Raeder, nicht zu eigen. Trotzdem ließ sich Marschall vom „Hitlerjungen Dönitz“ (so Raeder), einem Angehörigen der „zweiten Generation des technokratischen Nationalsozialismus”[37] noch zweimal in die Pflicht nehmen.

Befehlstreu bis zuletzt, überzeugt von einer eigenen Vorstellung von Gerechtigkeit, hoffend auf eine irgendwie erträgliche Zukunft, sah Generaladmiral a.D. Wilhelm Marschall sehr klar die Schuld bei anderen. Nur seine eigene, allzu menschliche, zwar undramatische, aber doch gegebene Verstrickung in die NS-Politik wollte er nicht sehen. Ein pflichtbewußter Marineoffizier war in den Mahlstrom der Politik geraten, wo ihn seine Bewertungsmaßstäbe glauben ließen, seinem Volk und einem großen Staatsmann für berechtigte Ziele zu dienen. Dabei hegte er – entsprechend seinem Selbstverständnis als Soldat und Patriot – die Illusion, sich mit dem Verbrecherischen der NS-Politik nicht in abschließender Konsequenz auseinandersetzen zu müssen.

Anmerkungen

[1] Flottenkommando B. Nr. P 4/40 A2 v. 3. 1. 1940 (Abschrift im Archiv des Verfassers; Original im BA-MA Freiburg nicht auffindbar); dagegen der Oberbefehlshaber der Kriegsmarine v. 22. 12. 1939: „Die (...) Maßnahmen der Zerstörung und Versenkung des Schiffes ändern nichts an meiner grundsätzlichen Einstellung (...). ‘Das deutsche Kriegsschiff kämpft unter vollem Einsatz seiner Besatzung bis zur letzten Granate, bis es siegt oder mit wehender Flagge untergeht.’“ BA-MA Freiburg, RM 2/91; 1. Skl KTB Teil B Heft V, Bl. 79.

[2] Geboren am 30. 8. 1886 als Sohn eines Ingenieurs in Augsburg; gestorben am 20.3.1976 in Mölln.

[3] BA-MA Freiburg, RM 7/91, Bl. 78; in: Ebenda, RM 7/1330, Bl. 202 als DNB-Meldung für die In- und Auslandspresse.

[4] Nach dem Unternehmen JUNO, worauf hier nicht weiter einzugehen ist; vgl. dazu Salewski, Die deutsche Seekriegsleitung, Bd.1, S. 194ff.; Marschall, Unternehmen „JUNO“, Atlantische Welt 1967, H. 6, S. 4–7, H. 7, S. 5–7.

[5] Schon als Fähnrich zur See nahm Marschall 1909 geistesgegenwärtig die Gelegenheit wahr, „Aushilfskommandant“ auf „S 23“ zu werden. Vgl. Marschall,

Chronik der Familie Marschall, S.28. Diese Chronik wurde 1994 von Marschalls zweitältestem Sohn Jürgen Marschall, dem sie zu Lebzeiten seines Vaters nicht bekannt war, abgeschrieben und dem BA-MA Freiburg übergeben (N 256/6). Sie zeichnet sich durch Offenheit aus und stand erstmals für diesen Aufsatz zur Verfügung.

[6] Marschall, Chronik, S.30.

[7] Erich Raeder bekleidete bis auf eine kurze Zeit als Kommandant des Kleinen Kreuzers CÖLN II ausschließlich Dienststellungen ohne Führungsverantwortung. Nach dem Zweiten Weltkrieg wies Marschall auf diesen Unterschied besonders hin; siehe BA-MA Freiburg, N 256/6: Nachlaß Marschall „Ausarbeitung zur Seekriegführung 1939/40 von GenAdmiral Marschall", S.6; siehe auch: Zur deutschen Seekriegführung 1939–1940, Stellungnahme von Generaladmiral a.D. Wilhelm Marschall, Flottenchef bis 8. 7. 1940, in: Marine-Rundschau 1/2, 1972, S.55–79; hier fehlt u.a. Hinweis auf Raeders Qualifikationsdefizite. Zu Raeder siehe den Beitrag von Kurt Fischer in diesem Band, S. 185ff.

[8] Biographische Angaben in Hildebrand/Henriot, Deutschlands Admirale.

[9] Vgl. Marschall, Chronik, S.142ff.; deutsche Emigranten, die ihm als Angehörige der US-Army gegenübertraten, stufte er bezeichnenderweise fast immer als „jüdischer Herkunft" ein.

[10] Ganz anders z.B. Konteradmiral Rolf Johannesson in seinen Erinnerungen »Offizier in kritischer Zeit«, Herford 1989, S.56. Marschall verstand das Wort „Judenhaß" als Haß von, nicht auf Juden; sein Einsatz für von den „Nürnberger Rassegesetzen" Betroffene ist nur mündlich (durch Jürgen Marschall an den Verfasser) überliefert.

[11] 22. 9. 1936 bis 30. 9. 1937.

[12] Abgedruckt bei Güth, Die Marine des Deutschen Reiches, S.200.

[13] BA-MA Freiburg RM 7/817 Oberbefehlshaber der Kriegsmarine A 1 op 18.6. 1937: Operative Weisung Op 8–1. November 1936 bis September 1938: Studie über die Aufgaben der Seekriegführung 1937/38, Bl. 70–118 (zit. Studie 1937); als Bearbeiter gilt Marschalls Untergebener FKpt Heye; vgl. Dülffer, Weimar, Hitler und die Marine, S.440f., Salewski, Seekriegsleitung, Bd.1, S.33f., vor allem aber Schreiber, Deutschland und Frankreich, S.202f.

[14] Studie 1937, S.1f.

[15] Ebenda, S.8.

[16] Ebenda, S.10.

[17] Salewski, Seekriegsleitung, Bd.1, S.34.

[18] BA-MA Freiburg, M 28/34142 BdP 354/Gkds.

[19] Marschall, Chronik, S.74.

[20] Ebenda.

[21] Ebenda, S.50 u. darin „Erkenntnisse" 5. 5. 57, S.2.

[22] Vgl. Köhler's Flottenkalender 1937, S.134.

[23] So Salewski, Seekriegsleitung, Bd. 2, S.443; gemeint sind auch Boehm, Albrecht, Carls und Schniewind.

[24] BA-MA Freiburg, RM 50/22: „Beurteilung der Lage am 1. 11. 1937"; ebenso äußerte Marschall sich später (8. 2. 1938) in Kirchenfragen.

[25] Marschall, Chronik, S.97 u. S.128a zu Saukel und Kaufmann.

[26] Ebenda, S. 130c; nach dem Vorbild des Vizeadmirals a. D. Hans Kolbe im Landkreis Eckernförde u. Generaladmirals a. D. Rolf Carls im Landkreis Lauenburg. Aus der Chronik wird nicht klar, ob dies nach der Verabschiedung 30. 6. 1943 oder zum 30. 11. 1944 war. Die Unterlagen des heutigen Kreises Schleswig-Flensburg legen den Eindruck nahe, daß im März 1943 ein Ende der Amtszeit Kolbes anstand.

[27] Ebenda.

[28] Wenig ergiebig dazu Marschall, Marine, Nationalsozialismus und Widerstand, S. 105–108.

[29] Marschall, Chronik, S. 134.

[30] BA-MA Freiburg, RM 20/1279, Bl. 36–39: Vortrag des ObdM bei Hitler am 22. 8. 1937.

[31] BA-MA Freiburg, RM 50/25: BdSp im Gespräch mit einem nationalspanischen Vertreter am 23. 1. 1938.

[32] Herzog, Piraten vor Malaga, DIE ZEIT, 29. 11. 1991, deutet sie mehr an, als daß er sie nachweist; auf die schwierige Akten- und Zeitzeugenlage weist Herzog zu Recht hin. Das „Verzeichnis für Vernichtung" von Akten aus dem Spanieneinsatz (BA-MA Freiburg, RM 50/15) ist außerordentlich unvollständig.

[33] Vgl. BA-MA Freiburg, RM 7/251, 1. Skl KTB Teil C, Heft XIVa, worin Marschall nur sehr selten erwähnt wird.

[34] So Jürgen Marschall gegenüber dem Verf. im November 1995.

[35] Vgl. Dülffer, Weimar, Hitler und die Marine, S. 443.

[36] Wegener, Die Seestrategie des Weltkrieges.

[37] Salewski, Das maritime Dritte Reich, Vortrag gehalten auf der 25. Historisch-Taktischen Tagung der Flotte, Herford 1985, Anm. 76 u. S. 125.

Bibliographische Hinweise

(Vgl. auch die weiteren Literaturangaben in der Gesamtbibliographie ab S. 290 ff,)

Ungedruckte Quellen

BA-MA Freiburg, RM 7/5: KTB Seekriegsleitung; N 256: Nachlaß Marschall; Pers 6/2203: Personalakte Marschall; RM 50/22: KTB des BdSp Konteradmiral Marschall; RM 7/817: Stellungnahme Kommando der Marinestation Ostsee [zur Denkschrift v. 18. 6. 1937 und Kriegsspiel 1937/38].

Gedruckte Quellen und Literatur

Dülffer, Jost: Weimar, Hitler und die Marine. Düsseldorf 1973.

Güth, Rolf: Die Marine des Deutschen Reiches 1919–1939. Frankfurt a. M. 1972.

Hildebrand, Hans H./E. Henriot: Deutschlands Admirale 1849–1945. Osnabrück 1982.

Johannesson, Rolf: Offizier in kritischer Zeit. Herford 1989.

Marschall, Wilhelm: Unternehmen „Juno". In: Atlantische Welt 7 (1967), H. 6, S. 4–7, H. 7, S. 5–7.

Ders.: Marine, Nationalsozialismus und Widerstand. Eine Entgegnung zu der gleichnamigen Abhandlung von Walter Baum in Vierteljahrshefte für Zeitgeschichte. Januarheft 1963. In: MOH-Nachrichten, 1983, H. 6, S. 105–108.

Salewski, Michael: Die deutsche Seekriegsleitung. München 1970/75.

Ders.: Das maritime Dritte Reich – Ideologie und Wirklichkeit 1933–1945. In: Die deutsche Flotte im Spannungsfeld der Politik 1848–1985. Vorträge und Diskussion der 25. Historisch-Taktischen Tagung der Flotte 1985. Hrsg vom Deutschen Marine Institut und vom Militärgeschichtlichen Forschungsamt. Herford 1985.

Schreiber, Gerhard: Deutschland und Frankreich 1936–1939. In: Beihefte der Francia. Hrsg. vom Deutschen Historischen Institut Paris, Bd. 10 (15. Deutsch-französisches Historikerkolloquium des Deutschen Historischen Instituts, Paris), München/Zürich 1981.

Stellungnahme von Generaladmiral a. D. Wilhelm Marschall, Flottenchef bis 8.7. 1940. In: Marine-Rundschau 1/2, 1972, S. 55–79.

Wegener, Wolfgang: Die Seestrategie des Weltkrieges. Berlin 1929.

Gerhard Hümmelchen

Generalfeldmarschall Erhard Milch

Als Erhard Milch 1933 als Führungsperson zur NS-Regierung stieß, hatte er beruflich schon viel erreicht und brauchte keine besondere Förderung von der Partei mehr. Aber er war ehrgeizig, skrupellos und durchsetzungsfähig und dazu ein Mann mit überragenden organisatorischen Fähigkeiten, unermüdlicher Arbeitskraft und einem ausgeprägten Verständnis für wirtschaftliche, rüstungstechnische und finanzielle Fragen. Die Chancen, die ihm der neue Staat bot, nutzte er vorbehaltlos aus. So brachte er es dann auch zum Generalfeldmarschall und zum zweiten Mann hinter Göring in der Luftwaffe.

Erhard Milch wurde am 30. März 1892 in Wilhelmshaven als Sohn des kaiserlichen Marine-Apothekers Anton Milch und seiner Ehefrau Clara geb. Vetter geboren. Beide Eltern waren evangelischer Religion. Die vom Vater her bestehende jüdische Abkunft wurde später durch eine abenteuerliche Geschichte mit Wissen Hitlers und Görings kaschiert, um den für die NS-Führung unangenehmen Tatbestand zu vertuschen, daß Milch „jüdischer Mischling" war.[1] Von Göring ist der Satz überliefert: „Wer bei mir Jude ist, bestimme ich."[2] Danach galt Milch als „arisch" und konnte im antisemitischen NS-Staat Führungsfunktionen übernehmen.

Milch wuchs in Wilhelmshaven auf. Als der Vater im Sommer 1905 als Oberstabsapotheker aus der Marine ausschied und in Gelsenkirchen eine Apotheke kaufte, besuchte Milch das dortige Städtische Gymnasium. Ein weiterer Schulwechsel wurde erforderlich, als die Mutter mit den sechs Kindern nach Berlin umzog, nachdem sie sich von ihrem Mann getrennt hatte.

Dort hatte ein Nachbar großen Einfluß auf den heranwachsenden Milch. Es war Admiral Ludwig von Schröder, im Ersten Weltkrieg Chef des Marinekorps in Flandern. Milch sah ihn fast als Vater an. Am Joachimsthaler Gymnasium in Berlin legte Milch im Februar 1910 die Reifeprüfung ab. Im gleichen Monat trat er als Fahnenjunker in die 1. Batterie des Fußartillerie-Regiments „von Lingen" (ostpreußisches) Nr. 1 in Königsberg ein. Bereits im August 1911 wurde Milch Leutnant. Nach Kommandierung zur Fußartillerie-Schießschule in Jüterbog (1. 10. 1913–1. 1. 1914) meldete er sich zum erstenmal zur Fliegertruppe, denn schon als Schüler hatte Milch das Fliegen fasziniert. Er hatte die Flüge von Orville Wright auf dem Tempelhofer Feld miterlebt und war bei den Johannisthaler Flugtagen dabeigewesen. Aber sein Kommandeur lehnte das Gesuch mit den Worten ab: „Meine Offiziere sind mir zu schade für derlei Narrenpossen."

Bei Ausbruch des Ersten Weltkrieges war Milch Adjutant beim II. Reserve-Bataillon seines Regiments. Ende August 1914 kam es zum Einsatz an die Ostfront. Das Eiserne Kreuz 2. Klasse erhielt er schon zwei Monate später. Ein Telegramm vom 1. 7. 1915 brachte ihm dann die Erfüllung seines sehnlichsten Wunsches: Er wurde zur Ausbildung als Flugzeugbeobachter zur Flieger-Ersatzabteilung nach Döberitz kommandiert. Die Ausbildung dauerte nur wenige Wochen, dann wurde der am 18. 8. 1915 zum Oberleutnant beförderte Milch zur neu aufgestellten Artillerie-Fliegerabteilung 204 an die Westfront versetzt,wo er im Juni 1916 das Eiserne Kreuz I. Klasse erhielt. Eine weitere Versetzung, diesmal auf die Stelle als Adjutant des Kommandeurs der im Aufbau befindlichen Artilleriefliegerschule Ost I in Groß-Auz/Kurland, folgte am 15. 8. 1916. Milchs nächstes Kommando zum Armeeflugpark der 6. Armee als stellvertretender Abteilungsleiter der Fliegerabteilung 5 brachte ihn im Juni 1917 wieder in den Westen. Knapp zwei Monate später wurde Milch Bildoffizier.

Eine wichtige Stufe seiner militärischen Laufbahn war die am 1. 4. 1918 erfolgte Benennung als Anwärter für den großen Generalstab und die Versetzung zum Armeeflugpark 17. Um den notwendigen Dienst bei einer Fronttruppe zu erfüllen, tat Milch ab April 1918 als Kompanieführer des ostpreußischen Infanterie-Regiments Nr. 41 und ab Juni 1918 des Feldartillerie-Regiments Nr. 273 Dienst, bis er am 19. 7. 1918 als Nachrichtenoffizier zum Stab des Kommandeurs der Flieger der 17. Armee zurückversetzt wurde. Aus der Generalstabsausbildung wurde jedoch angesichts der Kriegsentwicklung nichts mehr. Als Hauptmann übernahm Milch ab 20. 9. seine alte Artillerie-Fliegerabteilung 204 und wurde zudem ab 1. 10. 1918 mit der Führung der Jagdgruppe 6 beauftragt.

Nach Kriegsende ging Milch zum Grenzschutz Ost, führte die Fliegersonderstaffel des XVII. Armeekorps, dann die freiwillige Fliegerabteilung 412, ehe er ab 5. 9. 1919 Staffelkapitän der Polizei-Fliegerstaffel Königsberg wurde. Schließlich erfolgte am 31. Januar 1920 die Verabschiedung aus dem Heeresdienst. Ehe seine Polizeistaffel aufgrund der Versailler Friedensvertragsbestimmungen ihre Flugzeuge abliefern mußte, verließ Milch Ende März 1921 den Polizeidienst, in den er eingetreten war, um weiter fliegen zu können.

In der Hoffnung, im neugeschaffenen Freistaat Danzig leichtere Voraussetzungen für einen bescheidenen deutschen Luftverkehr zu erreichen, war am 26. 2. 1921 eine „Danziger Luftpost GmbH" gegründet worden. Milch wurde ihr Geschäftsführer. Ende 1923 wechselte Milch als Chef der Betriebsleitung zum Junkers Luftverkehr nach Dessau über. Am 1. 1. 1926 wurde er mit erst 33 Jahren Vorstandsmitglied der neugegründeten Deutschen Lufthansa AG. Er war für Flugdienst und Technik zuständig. Später kam noch die kaufmännische Leitung dazu. Nach dem Zweiten Weltkrieg bezeichnete Milch die Jahre bei der Lufthansa als „die befriedigendste Zeit meines Lebens".[3] Sein alter Bekannter Göring brachte Milch mit Hitler zusammen. Er war von Hitlers „Bescheidenheit, Freundlichkeit, Klarheit und Intelligenz sehr beeindruckt".[4] Da ihm der Rundfunk in Deutschland verschlossen war, charterte Hitler ab April 1932 für jeden Wahlkampf gegen Zahlung des vollen Charterpreises ein Flugzeug der Lufthansa und konnte so an jedem Tag in zwei oder drei Städten auftreten.

Vor Hitlers Machtantritt erschien Göring am Abend des 28. 1. 1933 in Milchs Wohnung und drängte ihn, sein Stellvertreter als Staatssekretär im geplanten Luftfahrtministerium zu werden. Milch erbat sich Bedenkzeit, und als Hitler ihn drei Tage später selbst überredete – „(...) Deutschland will Sie haben für diese Stelle"[5] –, stimmte er zu. Göring wurde dann zunächst „Reichskommissar für die [Zivil-]Luftfahrt". Erst am 27. 4. 1933 entstand daraus das Luftfahrtministerium. Noch spielte sich alles in zivilem Rahmen ab, obwohl der Hauptzweck des neuen Ministeriums der Aufbau der bisher durch den Versailler Vertrag verbotenen Luftstreitkräfte war. Am 28. 10. 1933 verlieh Reichspräsident Hindenburg Milch den Charakter als Oberst, dem am 24. 3. 1934 der Charakter als Generalmajor folgte. Wieder ein Jahr später erhielt Milch den Charakter als Generalleutnant. An Hitlers Geburtstag am 20. April 1936 wurde Milch zum General der Flieger ernannt unter gleichzeitiger Übernahme in die Luftwaffe. Sein Amt als Staatssekretär der Luftfahrt behielt er.

Inzwischen war Milch zum überzeugten Anhänger und Bewunderer Hitlers geworden. Er sah in ihm anfangs den „Retter" Deutschlands. Schon Anfang 1929 hatte Milch Göring gegenüber seine grundsätzliche Bereitschaft zum Eintritt in die NSDAP signalisiert, Hitler wünschte das aber aus taktischen Gründen zunächst nicht. Erst nach Hitlers Regierungsübernahme wurde Milch im März 1933 mit rückwirkendem Eintrittsdatum vom 1. April 1929 Parteimitglied. Hitler verlieh ihm schließlich am 30. 1. 1937 das Goldene Parteiabzeichen. Zum 50. Geburtstag im März 1942 schenkte Hitler ihm eine steuerfreie Dotation von 250000 Reichsmark. Nach (eigener) persönlicher Aussage vor dem späteren Nürnberger Prozeß geschah dies, um ihm den Ankauf eines Landgutes zu ermöglichen.[6] Je weiter der Krieg sich entwickelte, um so skeptischer beurteilte er allerdings die deutschen Siegeschancen. Dennoch folgte er Hitler bis zum Ende. Es ging ihm letztlich nicht mehr um Hitler und schon gar nicht um den Nationalsozialismus, sondern um die eigenen Anstrengungen zur Abwendung der militärischen Niederlage. Der Freiburger Militärhistoriker Horst Boog nennt Milch einen

Durchhaltefanatiker, obwohl er es aufgrund der selbst erkannten Gesamtsituation besser wissen konnte.[7]

Man kann sich kaum ein ungleicheres Paar an der Spitze der Luftwaffe vorstellen als Göring und Milch. Auf der einen Seite der Reichsminister, eitel, selbstsüchtig, dem Wohlleben und der Bequemlichkeit frönend, und auf der anderen Seite ein intelligenter, kompetenter, vor Tatendrang strotzender und zupackender Fachmann als Staatssekretär. Göring war eifersüchtig auf Milch und befürchtete wohl auch, daß dieser sich nicht lange mit der Rolle des zweiten Mannes abfinden würde. Nur eines verband beide Männer: Von der übrigen Generalität wurden sie als nicht vollwertig angesehen. Milch galt als „Zivilist“ und Göring als „Politiker“. Beide waren vom Dienstgrad Hauptmann a. D. zu hohen Generalsrängen aufgestiegen, Milch wurde am 1. 11. 1938 zum Generaloberst befördert und später noch Generalfeldmarschall. Göring erhielt schließlich den Rang eines ‘Reichsmarschalls’. Beide hatten keine Generalstabsausbildung durchlaufen und sich auch nicht in der Reichswehr hochgedient, gleichwohl erreichten sie im ‘Dritten Reich’ Spitzenstellungen mit höchsten Rangbezeichnungen.

Bei einer Vorführung in der Erprobungsstelle der Luftwaffe in Rechlin am 3. Juli 1939 – Milch war inzwischen am Anfang des Jahres zum Generalinspekteur der Luftwaffe ernannt worden – wagte Milch, Hitler darauf aufmerksam zu machen, daß die vorgeführten Flugzeuge und Waffen Versuchsmuster seien. Sie könnten frühestens in fünf Jahren bei der Truppe sein. Er wollte vermeiden, daß Hitler falsche politische Schlüsse zog und glaubte, seine Wehrmacht könne ihm alles ermöglichen. Göring paßte das nicht. Er zischte ihm ins Ohr „Halt’s Maul!“, und Hitler erklärte, es werde keinen Krieg geben.[8]

Als dann der Krieg dennoch begonnen wurde, erhielt Milch 1940 sogar ein kurzes Frontkommando. Für die Zeit vom 12. 4. bis 10. 5. 1940 wurde er Chef der Luftflotte 5 in Norwegen und nach dem Erfolg des Unternehmens Weserübung und der Eroberung Norwegens mit dem Ritterkreuz ausgezeichnet. Bei der großen Beförderungswelle nach dem gewonnenen Westfeldzug am 19. 7. 1940 erhielt Milch „wegen hervorragender Verdienste für den Aufbau der Luftwaffe“ den Rang eines Generalfeldmarschalls.

Milchs 1940 auf Grund seiner Kenntnis russischer Verhältnisse Göring gegenüber vorgebrachten Bedenken gegen einen Krieg mit der Sowjetunion blieben wirkungslos. Nach Udets Freitod am 17. 11. 1941 übernahm er auch noch dessen Posten als Generalluftzeugmeister[9], und nach dem Tode des Aufsichtsratsvorsitzenden der Deutschen Lufthansa (DLH), Staatsrat Dr. Georg-Emil von Stauß, im Dezember 1942 wurde Milch auch noch Präsident der Deutschen Lufthansa. Als Milch am 14. 1. 1943 von Hitler an Göring vorbei mit der Neuordnung der Luftversorgung für die in Stalingrad eingeschlossene 6. Armee beauftragt wurde, zeigte sich Hitlers Wertschätzung und seine Hoffnung auf Milchs Organisationstalent und Durchhaltewillen. Milch konnte zwar die täglichen Lande- bzw. Abwurfmengen steigern, scheiterte aber an der unlösbaren Aufgabe, eine ganze Armee unter den schlechten Bedingungen aus der Luft versorgen zu können.

Nach der Stalingrad-Katastrophe bewies Milch bei seiner Rückmeldung bei Hitler am 5. 3. 1943 Mut, als er – nach eigenem Bekunden – diesem geraten haben will, insgesamt und besonders an der Ostfront zur Verteidigung überzugehen, die Zahl der Jagdflugzeuge drastisch zu erhöhen und Personalveränderungen vorzunehmen. Dazu gehörte der Rat, Generalfeldmarschall von Manstein zum Generalstabschef zu machen und Göring als Oberbefehlshaber der Luftwaffe wegen Unfähigkeit abzusetzen.[10]

Im Kampf um die Steigerung der Jägerproduktion wandte sich Milch angesichts der wachsenden Luftbedrohung gegen Hitler, Göring und den Luftwaffengeneralstab, die immer noch in Angriffsvorstellungen verharrten und Bomber forderten. Selbst den überlegenen Düsenjäger Me 262 wollte Hitler als Bomber verwendet sehen. So wurden weiterhin bewährte, aber inzwischen veraltete Jagdflugzeuge produziert. Das ohnehin nicht gute Verhältnis zwischen Milch und Göring verschlechterte sich weiter, vor allem, als dieser ihm seinen Protegé, einen Fliegerkameraden aus dem Ersten Weltkrieg, Generaloberst Bruno Loerzer, als „Chef der Personellen Rüstung und Nationalsozialistischen Führung der Luftwaffe" zuordnete und damit Milchs Arbeitsgebiet reduzierte.

Angesichts der ständig schlechter werdenden Kriegslage hielt es Milch für angebracht, sich aus der Verantwortung für die Luftwaffe zurückzuziehen, sich gewissermaßen 'herauszuorganisieren'. Daher betrieb er mit seinem Freund Albert Speer die Überführung der Luftrüstung in die Verantwortung des Rüstungsministeriums. Am 20. Juni 1944 kam es endlich dazu. Milchs Stellung als Staatssekretär der Luftfahrt und Generalluftzeugmeister wurde aufgehoben. Speers Ministerium war nun für die gesamte Rüstung zuständig. Das war ein längst überfälliger Schritt, der nun viel zu spät erfolgte. Milch wurde nominell Speers Stellvertreter, konnte jedoch in dessen Ministerium nie richtig Fuß fassen. Er begleitete Speer auf dessen Dienstreisen, so auch am 1. Oktober 1944 im Raum Arnheim. Bei hoher Geschwindigkeit kam sein Auto ins Schleudern und prallte gegen einen Baum. Milch wurde schwer verletzt mit Rippenbrüchen ins Lazarett gebracht. Bis Anfang Januar 1945 lag er danach bewegungsunfähig in seinem Jagdhaus. Uneingeladen erschien er zu Görings Geburtstag am 12. Januar 1945 in Karinhall. Göring zeigte sich „erstaunt und betont freundlich". Drei Tage danach nahm ihm Göring auch den längst überflüssig gewordenen Posten als 'Generalinspekteur der Luftwaffe' ab. Diese Funktion war ohnehin nie mit einem eigenen Arbeitsstab ausgestattet worden und damit zur Wirkungslosigkeit verdammt gewesen.

In einem Gutshaus bei Neustadt an der Ostsee geriet Milch am 4. Mai 1945 in britische Kriegsgefangenschaft. Unter dem Eindruck von KZ-Greueln entriß ihm ein britischer Brigadegeneral seinen Marschallsstab und schlug ihn damit zusammen. Milch hatte bei Disziplinschwierigkeiten tatsächlich oft mit Kriegsgericht, Einweisung ins ‘KZ’ und Erschießung gedroht, wie er sich überhaupt eine harte Haltung und einen rauhen Kasernenhofton angewöhnt hatte. Ein Todesurteil hat er jedoch nicht unterschrieben.[11] Drei Jahre später entschuldigte sich die Royal Air Force dafür auf persönliche Veranlassung von König Georg VI.

Als einziger Angeklagter wurde Milch im Kriegsverbrecher-Nachfolgeprozeß Fall 2 in Nürnberg am 17. April 1947 wegen Zwangsverschleppung ausländischer Arbeiter und Verbrechen gegen die Menschlichkeit zu lebenslanger Haft verurteilt. Tatsächlich war für die Beschaffung von Arbeitskräften der Gauleiter Fritz Sauckel verantwortlich gewesen. Der Vorwurf der Deportation und Folterung ungarischer Juden wurde fallengelassen, da die Verschleppungen erst nach Milchs Absetzung als Staatssekretär und Generalluftzeugmeister erfolgten. Am 31. Januar 1951 wurde Milchs Strafe auf 15 Jahre herabgesetzt und am 28. Juni 1954 erfolgte seine vorzeitige Entlassung aus dem Zuchthaus Landsberg. Danach war Milch bis zu seinem Tod am 25. Januar 1972 in Wuppertal als Industrieberater tätig. In seiner Todesanzeige stand bezeichnenderweise: „Erhard Milch Feldmarschall meldet sich ab.“

Anmerkungen

[1] Boog, Milch, S. 350–354, stützt sich auf Prof. Dr. Klaus J. Herrmann von der Concordia University in Montreal, Kanada, der eine lückenlose und überzeugende väterliche Ahnenreihe Milchs festgestellt hat, aus der dessen jüdische Herkunft eindeutig hervorgeht. Eine weitere Studie über Juden in der Wehrmacht bereitet der US-Historiker Bryan M. Rigg vor.

[2] Irving, Tragödie, S. 72.

[3] Ebenda, S. 39.

[4] Ebenda, S. 50.

[5] Ebenda, S. 62.

[6] Ebenda, S. 218, Der Prozeß gegen die Hauptkriegsverbrecher vor dem Militärgerichtshof (IMT), Bd. 9, S. 90.

[7] Boog, Milch, S. 349 f.

[8] Irving, Tragödie, S. 128.

[9] Vgl. zu Udet den Beitrag auf S. 258 ff. in diesem Band.

[10] Boog, Milch, S. 302 f.; Irving, Tragödie, S. 268 und 274 f.

[11] Irving, Tragödie, S. 390.

Bibliographische Hinweise

(Vgl. auch die weiteren Literaturangaben in der Gesamtbibliographie ab S. 290ff.)

Ungedruckte Quellen

BA-MA Freiburg, N 179: Nachlaß Milch; Itinerarartiges Merkbuch (1910–1950); RL 3/1–64: Sammlung Milch (darunter auch etwa 9600 Schreibmaschinenseiten Wortprotokolle der Informationsbesprechungen Milchs mit seinen Referenten und Verbindungsoffizieren in der Zeit von März 1942 bis Juli 1944); Pers. 6/11: Personalakten Milch; BA-MA Lw 21/4: Richard Suchenwirth: Der Staatssekretär Milch. Lebenslauf und Werdegang. Ungedrucktes Manuskript 1956. Studiengruppe „Geschichte des Luftkrieges", Karlsruhe. Nur für den US-Dienstgebrauch gedruckt u. d. T.: Richard Suchenwirth: Command and Leadership in the German Air Force. USAF Historical Division, Air University, Maxwell AFB, Alabama, July 1969 (= USAF Historical Studies Nr. 174); Archiv IfZ, München: Sammlung Irving über Milch; BA Berlin: Material des ehem. Berlin Document Center; Staatsarchiv Nürnberg: Protokolle des Nürnberger Kriegsverbrecherprozesses.

Gedruckte Quellen und Literatur

Absolon, Rudolf: Rangliste der Generale der deutschen Luftwaffe nach dem Stand vom 20. April 1945. Friedberg 1984.

Boog, Horst: Erhard Milch – Architekt der Luftwaffe. In: Die Militärelite des Dritten Reiches. Hrsg. von Ronald Smelser und Enrico Syring. Berlin 1995, S. 349–367.

Boog, Horst: Die deutsche Luftwaffenführung 1935–1945. Führungsprobleme – Spitzengliederung – Generalstabsausbildung. Stuttgart 1982.

Deutschlands Rüstung im Zweiten Weltkrieg. Hitlers Konferenzen mit Albert Speer 1942–1945. Frankfurt a. M. 1969. Hrsg. v. Willi A. Boelcke.

Hentschel, Georg: Die geheimen Konferenzen des Generalluftzeugmeisters. Koblenz 1989.

Hildebrand, Karl Friedrich: Die Generale der deutschen Luftwaffe 1935–1945, Bd. 2. Osnabrück 1991.

Irving, David: Die Tragödie der deutschen Luftwaffe. Aus den Akten und Erinnerungen von Feldmarschall Milch. Frankfurt a. M. 1970.

Speer, Albert: Erinnerungen. Berlin 1969.

Völker, Karl-Heinz: Die deutsche Luftwaffe 1933–1939. Aufbau, Führung und Rüstung der Luftwaffe sowie die Entwicklung der deutschen Luftkriegstheorie. Stuttgart 1967.

Christoph Jahr

Generalmajor Oskar Ritter von Niedermayer*

Oskar Ritter von Niedermayer war ein Exot in der Generalität des 'Dritten Reiches', gehörte aber nicht zu ihrem engeren Führungskreis. Wenn er trotzdem seinen Platz in diesen Skizzen der militärischen Elite findet, dann deshalb, weil seine Biographie das Verhältnis von Wissenschaft und Kriegsvorbereitung sowie die Friktionen in den deutsch-sowjetischen Beziehungen der Zwischenkriegszeit besonders illustriert.

Das Soldatische einerseits und die Wissenschaft andererseits prägten schon früh den am 8. 11. 1885 in Freising/Oberbayern geborenen Oskar Niedermayer. Er trat 1905 ins Heer ein und war im Ersten Weltkrieg Artillerieoffizier, bevor er zu einer Geheimmission berufen wurde. Denn nach seinem Geographie- und Geologiestudium hatte er von 1912 bis 1914 eine Forschungsreise nach Persien und Indien unternommen und führte daher mit dem Diplomaten von Hentig (1886–1984) eine Afghanistan-Expedition durch, um dort Aufstände gegen England und Rußland zu provozieren. Obwohl das mißlang, wurde Niedermayer 1916 zum Ritter des Militärischen Max-Joseph-Ordens von Bayern ernannt.[1] Er verstand es, diese Mission wie einen Karl-May-Roman zu verkaufen, doch entbrannte später ein erbitterter Streit mit von Hentig darüber, wer der eigentliche Expeditionsleiter gewesen sei. Nach einem Einsatz bei der Heeresgruppe F im Bereich des heutigen Irak und Palästina, im ehemaligen Osmanischen Reich, erlebte von Niedermayer das Kriegsende wieder an der Westfront.

1919 war er an der Niederschlagung der Münchner Räterepublik beteiligt, anschließend promovierte er über die „Binnenbecken des iranischen Hochlandes". In Karl Haushofers geopolitischem Kreis lernte er vermutlich früh Rudolf Heß kennen. Im Dezember 1921, nach einem Intermezzo im Heereswaffenamt, nahm von Niedermayer den Abschied vom aktiven Dienst, um bis 1931 in wechselnden Funktionen die geheime Zusammenarbeit von Reichswehr und Roter Armee von Moskau aus zu organisieren. Die Entwicklung unter Stalin, die Industrialisierung, Kollektivierung der Landwirtschaft und den Aufbau der Roten Armee verfolgte er dabei mit großem Respekt gegenüber der „Leidensfähigkeit und Lebensstärke"[2] des russischen Volkes, und er befürwortete die deutsch-sowjetische Kooperation trotz der ideologischen Differenzen.

* Für Hinweise danke ich Uwe Mai.

Nach Deutschland zurückgekehrt, trat er kurzzeitig erneut in den Heeresdienst ein und schied zum 31. Januar 1933 wieder aus, denn nach der Habilitation über „Wachstum und Wanderung im russischen Volkskörper“ erhielt er zum 31. Juli 1933 die Venia Legendi für Wehrgeographie und Wehrpolitik an der Universität Berlin. Die dafür notwendige NSDAP-Mitgliedschaft erlangte er trotz der Aufnahmesperre durch die Intervention von Heß. Wegen seiner früheren Tätigkeit galt er jedoch als Sympathisant der Sowjetunion, weshalb er im Juli 1935 parteiintern Selbstkritik üben mußte, weil er zu spät erkannt habe, „daß einzig und allein die Außenpolitik des Führers den richtigen Weg [...] zu weisen imstande ist“.[3]

Damit waren die Zweifel an seiner Linientreue vorerst ausgeräumt, zumal ihn auch der Reichswehrminister, Generaloberst von Blomberg, und der Reichsführer-SS, Himmler, unterstützten. Zur Sicherheit trat Niedermayer im November 1935 trotzdem als Ergänzungs-Offizier wieder in die Wehrmacht ein, denn seine Gegner gaben nicht auf. Die Ernennung zum Universitätsprofessor im September 1936 wurde zunächst nicht wirksam, weil Joseph Goebbels „erhebliche Bedenken“[4] geltend machte. Das Propagandaministerium warf ihm „prosowjetische Tendenzen“ vor: Niedermayer begreife die Sowjetunion als einen in nationalrussischen Traditionen stehenden, nur weltrevolutionär verbrämten Staat. Solche Ansichten, hieß es, „stehen in direktem Gegensatz zur nationalsozialistischen Auffassung“[5], denn sie würden verkennen, daß die Sowjetunion „volksfremd“, d.h. vom „Internationalen Judentum“ regiert werde.

Erziehungsminister Rust konnte jedoch klärend eingreifen, so daß Niedermayer im Januar 1937 den Lehrstuhl für „Allgemeine Wehrlehre“ an der Universität Berlin erhielt und zugleich Direktor des neugeschaffenen „Instituts für Allgemeine Wehrlehre“ wurde. Er bezeichnete die Wehrwissenschaft als „politische Zweckwissenschaft“, die „der politischen Erziehung des Volkes und [...] der politischen und militärischen Leitung des Staates“ dient, indem sie die „militärisch[e] Verwendung der gegebenen natürlichen und kulturellen Kräfte eines Staates im Macht- und Selbstbehauptungskampf in Krieg und Frieden“[6] erforscht. Seit dem Wintersemester 1933/34 hielt Niedermayer Lehrveranstaltungen ab und trieb die Institutionalisierung seines Faches voran. Die Lehr- und Forschungstätigkeit wurde zunächst vom Reichswehrministerium, von der Deutschen Forschungsgemeinschaft und später vom OKW mit erheblichen Geldern für Auftragsarbeiten – z.B. wehrgeographische Atlanten Frankreichs, Großbritanniens und der Sowjetunion – finanziert.

Im Frühjahr 1937 lancierte Niedermayer ein „nationalpolitisches Forschungsinstitut“, das die Regierung „in der Führung des Deutschtumskampfes durch Forschungen und Publikationen“[7] unterstützen sollte. Bereits ein halbes Jahr später konnte das „Institut für Heimatforschung" den Dienstbetrieb aufnehmen und seit dem Frühjahr 1938 Lehrveranstaltungen anbieten. Das faktisch von dem stellvertretenden Direktor, dem Staatswissenschaftler Arno Winter, geleitete Institut gehörte zur Berliner Universität, hatte aber seinen Sitz in Schneidemühl. Bereits kurz nach dem Überfall auf Polen im September 1939 beantragte Niedermayer seine Verlegung an die geplante Reichsuniversität Posen, da dort „der Sammelpunkt der wichtigsten aktuellen völkischen und raumpolitischen Probleme (Flüchtlingsprobleme, Umvolkung, Rückwanderung)"[8] liege. Angesichts des Widerstandes gegen dieses Vorhaben empfahl Niedermayer jedoch die Auflösung des Instituts, die 1942 erfolgte, da es „bisher im östlichen Volkstumskampf nicht eingesetzt wurde".[9]

Doch schon zuvor war er desillusioniert worden. In einer wohl von dem Berliner Germanisten Koch stammenden Denkschrift vom November 1939, als deren Mitautor Niedermayer sich ausgab, wurde die zu einer „Grenzverwirrung von Wissenschaft und Politik"[10] führende Bildungsfeindlichkeit der NS-Führung beklagt. In einer für das OKW verfaßten Stellungnahme zu einem Memorandum des Dresdner Professors Guertler betonte Niedermayer, daß „eine Rehabilitierung des Lehrers und Professors"[11] notwendig sei. Mit dem Hinweis auf das geringe Ansehen des Akademikers begründete er auch im Mai 1941 seine Bitte um ein Frontkommando. Im Oktober wurde er zuerst zur Infanterieschule nach Döberitz kommandiert. Im Mai 1942 übernahm Niedermayer dann eine Infanterie-Division und wurde im September zum Generalmajor befördert. Seine 162. (Turk) Infanterie-Division bestand überwiegend aus Freiwilligen der nordkaukasischen Völker der Sowjetunion. Im Juli 1942 nannte er es Deutschlands Ziel, „den durch den Bolschewismus unterdrückten Völkern die Freiheit zu bringen [...]".[12] In den „Anhaltspunkten für den politischen Unterricht in turkvölkischen Einheiten" vom Januar 1943 formulierte er sogar, seinen früheren Äußerungen widersprechend, daß Deutschland einen aufgezwungenen Krieg gegen den weltrevolutionären Sowjetstaat führe, um die „Vernichtung des Bolschewismus" und „Ausschaltung des Judentums"[13] zu erreichen.

Die oft unmenschliche Besatzungspolitik der Militär- und Zivilverwaltung im Osten provozierte jedoch den Widerstand der Bevölkerung und konterkarierte die deutsche Propaganda. Niedermayer hat daher in einem Fall die Deportation von Zwangsarbeiterinnen nach Deutschland gestoppt und auch die Maßnahmen des später als Mitwisser des 20. Juli hingerichteten Obersten Nikolaus Graf von Üxküll-Gyllenband gegen die Erschießung von Zivilisten gedeckt.[14] Direkte Beziehungen zum militärischen Widerstand sind jedoch nicht nachweisbar, auch wenn sich Niedermayer im Sommer 1943 Gedanken über eine Verwendung der 162. Infanterie-Division im Inneren gemacht haben soll.[15]

Der erste Einsatz seiner Division bestand aus Kampagnen gegen Partisanen in Slowenien und Norditalien von Oktober bis Dezember 1943. Bei den weiteren Kämpfen im Frühjahr 1944 wuchs die Kritik an den militärischen Fähigkeiten Niedermayers. Für den Oberbefehlshaber Südwest/Heeresgruppe C, Generalfeldmarschall Kesselring, war er „mehr Gelehrtennatur als Truppenführer".[16] Zum 21. Mai 1944 wurde er daher seines Kommandos enthoben und zum Kommandeur der Osttruppen z. b. V. 703 beim Oberbefehlshaber West ernannt. Als Kommandeur der Freiwilligenverbände, wie dieses Amt eigentlich hieß, war er auf einen bedeutungslosen Posten abgeschoben.

Die Aussichtslosigkeit der militärischen Lage Deutschlands trat nach der alliierten Landung in der Normandie immer klarer zutage. Im vertrauten Kreis verhehlte Niedermayer seine Einschätzung nicht. So soll er im Spätsommer 1944 geäußert haben: „Unsere Politik ist vollkommen falsch. Es hätte von 1933 an nur eines gegeben: Zusammengehen mit Rußland [...]." Über die Verurteilung der Verschwörer des 20. Juli sagte er angeblich: „Ich bin von Sowjetrußland schon etwas gewöhnt, aber so etwas Beschämendes und Furchtbares hat es dort nicht gegeben." Als ihn schließlich einer seiner Offiziere mit der Bemerkung reizte, das deutsche Volk müsse bis zum Untergang weiterkämpfen, entgegnete Niedermayer erregt: „Nie darf das deutsche Volk für seine Führung oder ein politisches Programm untergehen. Dann muß die Führung weg. Der Führer hat oft gesagt, daß er nur für sein Volk kämpfe. Wenn er keine Folgerungen zieht, dann bin ich der erste, der gegen ihn persönlich vorgeht."[17] Niedermayers Bemerkungen wurden denunziert, doch er verwies darauf, sich der „Erkenntnis der großen Gefahren des Bolschewismus [...] nie verschlossen" zu haben. Den 20. Juli wollte er nur als „furchtbare Tragik" bezeichnet haben und den Satz „dann muß die Führung weg" bestritt er energisch.[18] Was Niedermayer, der zu spontanen Reaktionen neigte, tatsächlich geäußert hat, ist indes nicht mehr zu klären.

In der aufgeheizten Stimmung nach dem Hitler-Attentat bot auch seine Berühmtheit keinen Schutz mehr. Er wurde im Oktober 1944 ins Wehrmachtgefängnis Torgau überführt und wegen „Wehrkraftzersetzung" vor dem Reichskriegsgericht angeklagt. Da seit dem September 1944 der Volksgerichtshof auch bei Wehrmachtangehörigen für alle ‘politischen’ Delikte zuständig war, wurde sein Fall dahin abgegeben und von Niedermayer aus der Armee ausgestoßen. Aus unbekannten Gründen zogen sich die Ermittlungen sehr lange hin. Möglicherweise wollten einflußreiche Freunde die Angelegenheit bis zum Kriegsende hinauszögern. Richard Korherr, der im Stab Himmlers für die statistische Erfassung der ‘Endlösung’ gesorgt hatte, versuchte in einer Eingabe an seinen Chef, die Einstellung des Verfahrens zu erreichen, und der langjährige Assistent am Wehrpolitischen Institut, Arthur Kühn, leitete ein Gnadengesuch der Ehefrau Niedermayers mit der Bitte an Himmler weiter, er möge in seiner Eigenschaft als neuer Befehlshaber des Ersatzheeres intervenieren, was dieser jedoch strikt ablehnte.[19]

Das weitere Schicksal Niedermayers verliert sich in Gerüchten. Sicher ist, daß für den 11. April 1945 seine Verhandlung vor dem Volksgerichtshof anberaumt wurde, die jedoch nicht mehr stattfand.[20] Am 14. April befand er sich statt dessen noch immer in Torgau.[21] Wahrscheinlich hat er sich, kurz bevor US-Truppen am 25. April 1945 die Stadt erreichten, aus dem von den deutschen Wachmannschaften bereits geräumten Wehrmachtgefängnis Fort Zinna abgesetzt, weil er glaubte, wegen seiner früheren Tätigkeit in Rußland ohnehin ausgeliefert zu werden. Daher ließ er sich nicht von den Amerikanern gefangennehmen, sondern ging zur Roten Armee über. Seine Hoffnung, an die Kontakte aus der Zwischenkriegszeit anknüpfen zu können, erfüllte sich indes nicht. Ein Mithäftling im Lubjanka-Gefängnis in Moskau berichtete, was er durch Niedermayer selbst erfahren hatte. Demnach sei dieser freiwillig übergelaufen, „weil unzweifelhaft nun für Deutschland das russische Zeitalter beginne und ihm vielleicht eine freiwillige Geste den Russen gegenüber nütze".[22] Niedermayer wurde wegen angeblicher Spionage in den zwanziger Jahren zu 25 Jahren Haft verurteilt und verstarb, schwer erkrankt, am 25. 9. 1948 in der Haftanstalt Vladimir östlich von Moskau.

Niedermayers Versuch, in seinem Leben Soldatentum und Wissenschaft zu verbinden, muß als gescheitert angesehen werden. Er sah sich zwar zuerst als Soldat, doch wurde er angesichts der langen Entwöhnung vom aktiven Dienst den Anforderungen an einen Truppenführer nicht mehr gerecht. Als Wissenschaftler war er jedoch zu sprunghaft und ohne genügenden institutionellen Rückhalt, um dauerhaft Spuren hinterlassen zu haben. Die Forschung stellte er dabei ganz bewußt in den Dienst der Militarisierung des gesellschaftlichen, wirtschaftlichen und wissenschaftlichen Lebens. Hier waren seine Interessen – wie die der Wehrmachtführung, in deren Auftrag er handelte – mit denen der NS-Machthaber weitgehend kongruent. Zwar verschloß er nicht die Augen davor, daß die extreme Ideologisierung der Wissenschaft die Basis für jedes wissenschaftliche Arbeiten zerstörte, doch ging er über eine partielle Systemkritik nicht hinaus. Es spricht aber für ihn, daß er seine Kritik unmißverständlich verlauten ließ. Unter dem vermeintlichen Schutz der Wehrmacht glaubte er, sich das erlauben zu können. Er verkannte, daß die Nischen im totalitären Staat immer enger wurden. Trotz zahlreicher Vorbehalte und einer herausragenden Bildung und Weltläufigkeit hat sich von Niedermayer damit den Zielen der NS-Machthaber dienstbar gemacht, denn er erlag der Faszination nationaler Machtpolitik. Dafür nahm er den für totalitäre Systeme typischen Terror und das zur Staatsdoktrin erhobene völkisch-rassische Denken in Kauf, von dem er als Wissenschaftler nur zu gut wußte, daß es die Realität des ideologischen Hauptgegners Sowjetunion völlig verzerrte. Den letzten Irrtum, die Hoffnung, an die Verbindungen zu Rußland aus den zwanziger Jahren anknüpfen zu können, bezahlte er mit dem Leben. Abermals hatte ihn die bei seiner Intelligenz und Lebenserfahrung erstaunliche politische Naivität ins Verderben laufen lassen.

Anmerkungen

1 Vgl. Virtuti pro patria, S. 248 u. 368f.; die Ordensverleihung erfolgte rückwirkend 1919.

2 BA-MA Freiburg, N 42/35: Niedermayer an v. Schleicher, 19. 4. 1930.

3 BA Berlin, NS 10/177 Bl. 146: Niedermayer an den Adjutanten des Führers, Wiedemann, 6. 8. 1935.

4 BA Berlin, WI (Personaldossier, ehem. BDC): NSDAP Stab Stellvertreter des Führers, Helms, an den Reichsminister für Wissenschaft, Erziehung und Volksbildung (RMWEV), Rust, 28. 10. 1936.

5 BA Berlin, NS 10/230 Bl. 12: „Gutachten über die wissenschaftliche Lehrmeinung von Oberstleutnant Oskar Ritter von Niedermayer", undatiert [1935/1936].

6 UA-HU Berlin, Phil. Fak. 84 Bl. 40: Niedermayer an den Dekan der Philosophischen Fakultät, 28. 12. 1937.

7 BA Berlin, R 49.01/1491 Bl. 18: Denkschrift v. Niedermayers, 15. 7. 1937.

8 UA-HU Berlin, Rektor und Senat 227 Bl. 32: Niedermayer an das RMWEV, 3. 10. 1939.

9 Ebd. Bl. 90: Niedermayer an das RMWEV, 12. 6. 1940.

10 BA-MA Freiburg, N 122/9: Denkschrift „Schweigen hieße Verrat", Nov. 1939, gez. Koch/v. Niedermayer.

11 BA Berlin, R 43 III/940 Bl. 26: „Stellungnahme zur Denkschrift Prof. Dr. W. Guertler", 20. 4. 1940.

12 BA-MA Freiburg, RH 26–162/16: Ansprache v. Niedermayers an die Soldaten der 162. I.D., Juli 1942.

13 BA-MA Freiburg, RH 26–162/19.

14 BA-MA Freiburg, MSg. 2/4143, Aufzeichnung K. Bahr, 30. 5. 1992, S. 2; Bahr war IIa der 162. I.D.; vgl. auch A. Späth: Zum Andenken an Nikolaus Graf von Üxküll. In: VfZG 8, (1960), S. 188–192.

15 Bay. HStA-KA München, HS 3414 S. 6f.: K. v. Schowingen, Ritter von Niedermayer und die Turk-Division, Ms. 1973; v. Schowingen war Heeresrichter im Stab der 162. I.D.; auch eine Äußerung Heinrich Brünings im amerikanischen Exil, in der er v. Niedermayer neben Halder, v. Kluge und v. Weichs als politisch intelligenten und zugleich handlungsbereiten General mit antinazistischer Gesinnung klassifizierte, bezeugt jedenfalls, wie verbreitet sein Ruf als NS-Skeptiker war (Gespräch mit John Wheeler-Bennett, 30. 9. 1943, PRO London/Kew: FO 371/34416).

16 BA-MA Freiburg, Pers 6/1679 Bl. 17: Beurteilung durch Kesselring, 29. 4. 1944.

[17] BA-MA Freiburg, N 304/17: Alle Zitate aus den Aussagen Major Hohlfelds, 13.9.1944.

[18] Ebenda: Alle Zitate aus der Erwiderung v. Niedermayers auf die Aussagen Hohlfelds.

[19] Vgl. BA Berlin (ehem. BDC) HA SS-Gericht A 549 Bl.271–277.

[20] BA-MA Freiburg, N 304/17: OKH/Verbindungsstelle Heerespersonalamt an OKW III/Inspektionschef 15, 28. 3. 1945.

[21] Ebenda: Bertha v. Niedermayer an W. Hansen, 12. 6. 1946.

[22] Ebenda: Bertha v. Niedermayer an W. Hansen, 21. 12. 1946.

Bibliographische Hinweise

(Vgl. auch die weiteren Literaturangaben in der Gesamtbibliographie ab S. 290ff.)

Ungedruckte Quellen

BA-MA Freiburg, N 122: Nachlaß Niedermayer; Pers 6/1679: Personalakte; RH 26–162: Akten der 162. I.D; ergänzend MSg. 2/4143; ferner N 304: Nachlaß Walther Hansen; BA Berlin: Ministerium für Erziehung, Wissenschaft und Volksbildung; Personalunterlagen (ehem. Berlin Document Center); Universitätsarchiv der Humboldt-Universität (UA-HUB) zu Berlin: Personalakte, Phil. Fak., Rektor und Senat; Bayerisches Hauptstaatsarchiv-Kriegsarchiv (Bay. HStA-KA) München: Personalakte, OP 45584; HS 3414.

Gedruckte Quellen und Literatur

Hoffmann, Joachim: Die Ostlegionen 1941–1943. Turkotataren, Kaukasier und Wolgafinnen im deutschen Heer. Freiburg 1976.

Jacobsen, Hans-Adolf: Karl Haushofer. Leben und Werk, 2 Bde. Boppard 1979.

Seidler, Franz W.: Oskar von Niedermayer im Zweiten Weltkrieg. In: Wehrwissenschaftliche Rundschau (WWR) 20 (1970), S. 168–174 und S. 193–208.

Ders.: Zur Führung der Osttruppen in der deutschen Wehrmacht im Zweiten Weltkrieg. In: WWR 20 (1970), S. 683–702.

Seier, Hellmut: Niveaukritik und partielle Opposition. Zur Lage an den deutschen Hochschulen 1939/40. In: Archiv für Kulturgeschichte 58 (1976), S. 227–246.

Torgau – Ein Kriegsende in Europa. Hrsg. v. Norbert Haase und Brigitte Oleschinski. Bremen 1995.

Virtuti pro patria. Der kgl. bay. Militär-Max-Joseph-Orden. Kriegstaten und Ehrenbuch. Hrsg. v. R. v. Kramer u. O. Frhr. v. Waldenfels. München 1966.

Vogel, Renate: Die Persien- und Afghanistanexpedition Oskar v. Niedermayers. Osnabrück 1976.

Zeidler, Manfred: Reichswehr und Rote Armee 1920–1933: Wege und Stationen einer ungewöhnlichen Zusammenarbeit. München 1993.

Kurt Fischer

Großadmiral Dr. phil. h.c. Erich Raeder

Erich Raeder, Chef der Marine in Deutschland von 1928 bis 1943, wurde am 24. April 1876 in Wandsbek/Schleswig-Holstein als Sohn eines Studienrats geboren. Er trat im April des Jahres 1894 als Seeoffiziersanwärter in die Kaiserliche Marine ein. In seinem langen Berufsleben sollte er sich als ehrgeiziger Offizier erweisen, der nicht nur das seemännische Handwerk verstand, im Krieg unerschrocken seine Pflicht tat und sich als verantwortungsbewußter Vorgesetzter bewährte, sondern auch durch seine geistige Veranlagung auffiel. Er beherrschte mehrere Sprachen, u.a. Russisch, Französisch und Spanisch. Als junger Offizier tat sich Raeder durch ungewöhnlichen publizistischen Eifer und vielfältige Übersetzungen hervor und von 1906 bis 1908 diente er im Reichsmarineamt als Referent für „Fremde Presse“.

In seiner Laufbahn wurde Raeder durch seine Erfahrungen als Wach- und Navigationsoffizier gefördert sowie durch die Tätigkeit als Erster Admiralstabsoffizier von 1913 bis 1918 beim Befehlshaber der Aufklärungsstreitkräfte der Hochseeflotte, Admiral Ritter von Hipper. Er nahm an den Seeschlachten an der Doggerbank Januar 1915 und vor dem Skagerrak Ende Mai 1916 teil. Im letzten Kriegsjahr erhielt Raeder, seit 1917 Fregattenkapitän, ein eigenständiges Kommando als Kommandant des neugebauten Kleinen Kreuzers „Cöln“. Er wurde Mitglied der Waffenstillstandskommission, kurz darauf Chef der Zentralabteilung des Reichsmarineamts und damit Berater des Staatssekretärs des Amtes, später des Chefs der Admiralität. Von dieser Position hatte er direkten Einblick in die von der Marine ausgehenden Turbulenzen, die im November 1918 den Zusammenbruch der Monarchie verursachten. Von hier nahm er auch Einfluß auf die Veränderungen an der Spitze der Marine, die zur Berufung von Konteradmiral Adolf von Trotha, ehemals enger Mitarbeiter von Großadmiral Tirpitz, zum Chef der Admiralität der Reichsmarine führten. Raeder arbeitete auch an der Verkleinerung der Marine, dem Abbau des Personals auf 15000 Mann gemäß dem Versailler Vertrag und am Umbau zur Reichsmarine mit.

Ein Stolperstein für Raeder, seit 1919 Kapitän z.S., hätte der Kapp-Lüttwitz-Putsch vom März 1920 werden können. Denn Admiral von Trotha, dessen Chef des Stabes Raeder war, stellte sich mit der Marine der Kapp-Regierung zur Verfügung. Nach Scheitern des Putsches wurde von Trotha entlassen. Raeder kam glimpflich mit der Versetzung in das Marine-Archiv davon. Dort arbeitete er von 1920 bis 1922 am amtlichen Seekriegswerk

»Der Krieg zur See 1914–1918« mit. Er verfaßte zwei Bände über den Kreuzerkrieg in ausländischen Gewässern, wofür er 1926 von der Kieler Universität mit dem Ehrendoktor ausgezeichnet wurde.

In der Reichsmarine der Weimarer Republik setzte sich der Aufstieg Raeders bald wieder fort. 1922 wurde er als Inspekteur des Bildungswesens eingesetzt, befördert zum Konteradmiral, der mit der systematischen Neuordnung der Ausbildung in der Marine Ansehen erlangte. 1924 führte er als Befehlshaber die Leichten Seestreitkräfte der Nordsee, allerdings nur für ein Vierteljahr, denn schon im Januar 1925 stieg er, nunmehr zum Vizeadmiral befördert, zum Chef der Marinestation der Ostsee auf. Er gab sich 'unpolitisch', schon um seine Distanz zur Republik vorzuführen. Das hinderte ihn jedoch nicht, hinter den Kulissen mit beiden Händen auf der politischen Klaviatur zu spielen.

Der Chef der Marineleitung, Admiral Hans Zenker, wurde von Reichswehrminister Wilhelm Groener im September 1928 wegen des „Lohmannfalles“[1] vorzeitig in den Ruhestand versetzt. Seit Herbst 1927 waren nach und nach Projekte des Kapitäns zur See Lohmann ans Licht gekommen, die, aus Sonderfonds finanziert, die restriktiven Bestimmungen des Versailler Vertrages für die Marine zu umgehen helfen sollten. So wurden im Ausland durch deutsche Ingenieure U-Boote, Schnellboote und Torpedos entwickelt sowie Fachpersonal ausgebildet. Die Affäre führte zum Rücktritt des Reichswehrministers Otto Geßler. Sein Nachfolger Groener entschied sich für den 52jährigen Raeder als neuen Chef der Marineleitung. Nach 34 Dienstjahren übernahm dieser am 1. Oktober 1928 die Verantwortung für die deutsche Marine.

Raeder hatte die Berufung erst nach besonderen Zugeständnissen durch Minister Groener angenommen. Er postulierte eine einheitliche, straffe Führung der Marine, den direkten Zugang zum Minister in allen Marineangelegenheiten, Unabhängigkeit von der Heeresleitung sowie Eigenständigkeit bei allen Personalentscheidungen in der Marine.[2] Diese Vorstellungen charakterisieren sein Führungsverständnis während der 15 Jahre bis zu seinem Ausscheiden 1943. Der Historiker Klaus-Jürgen Müller hat ihn wohl zutreffend gekennzeichnet: „Er war ein Fanatiker der Korrektheit, der absoluten Loyalität und Unterordnung, zudem voller Ressortegoismus.“[3]

Raeder war klein von Statur, wirkte steif und förmlich, was durch den Eckenkragen, den er stets trug und gegen dessen Abschaffung er sich vehement wehrte, noch unterstrichen wurde. Wegen seiner Besserwisserei und Humorlosigkeit wurde er von vielen gefürchtet. Seinem Selbstverständnis kam es entgegen, daß er 1930 nach dem Abgang des Chefs der Heeresleitung, General Heye, dienstältester Offizier der gesamten Reichswehr geworden war. Die Führungsstruktur der Marine war seit ihrer Neuorganisation 1919/20 auf den Chef der Marineleitung zugeschnitten; alle Kommando- und Verwaltungsbehörden unterstanden ihm in jeder Hinsicht. Selbst geringe Änderungen dieser zentralistischen Führungsorganisation lehnte Raeder bis zum Ende seiner Dienstzeit ab. Die Gründe dafür sind gewiß in der autoritären Persönlichkeitsstruktur des Marinechefs zu suchen.

Als Raeder im Oktober 1928 die Leitung übernahm, befand sich das Ansehen der Marine in Politik und Öffentlichkeit auf einem Tiefpunkt. Das Ausmaß der verdeckten Aktivitäten der Lohmann-Affäre hatte ihrer Reputation immensen Schaden zugefügt, selbst wenn Verstöße gegen den Versailler Vertrag von vielen Bürgern im Prinzip keineswegs verurteilt worden wären. Es war wesentlich Reichswehrminister Groener zuzurechnen, daß ein Ausweg aus der verfahrenen Situation gefunden und mit Billigung des Kabinetts ein Teil der Projekte fortgeführt werden konnte. Die am Ende für die Marine günstige Entwicklung nutzte Raeder, um durch straffe Führung, absolute Korrektheit und intensivere Information der politischen Kontrollinstanzen die Marineinteressen voranzubringen. Dabei galt sein Augenmerk vor allem der Modernisierung der Flotte.

Nach langen innenpolitischen Kontroversen, in denen Groener sich sehr nachdrücklich für die Marine eingesetzt hatte, war im November 1928 der Bau des 'Panzerschiffes A' vom Reichstag mit der Aussicht auf weitere Neubauten gebilligt worden.[4] In dieser Debatte konnte die Marine einen weiteren Pluspunkt gewinnen: Von verschiedener Seite war für den Ersatz der alten Schiffe die Vorlage eines Bauprogramms verlangt worden. So stellte die Marineleitung einen Schiffbau-Ersatzplan auf, der vier weitere Panzerschiffe vorsah. Der Reichstag billigte im Frühjahr 1931 mit der Finanzierung des zweiten Panzerschiffs (B) auch diese Planung. Das dritte Schiff (C) wurde mit dem Etat 1932 akzeptiert. Im November des gleichen Jahres genehmigte Reichswehrminister von Schleicher den von Raeder vorgeschlagenen „Umbauplan". Damit war der Kurs von einer „Küstenmarine" hin zu einer expandierenden „Nach-Versailles-Marine" abgesteckt, die für Nordsee und Atlantik gerüstet sein sollte.

Mit der Fünfmächte-Erklärung von Lausanne vom 11. Dezember 1932 hatten die USA, Großbritannien, Frankreich, Italien und Japan den Anspruch des Deutschen Reiches auf militärische Gleichbehandlung akzeptiert. Raeder konnte die Reichsmarine vier Jahre nach seinem Amtsantritt auf dem Weg zu einer respektierten europäischen Seemacht sehen. Ende 1932 hätte Raeder, trotz der katastrophalen wirtschaftlichen Lage des Landes und seiner instabilen politischen Verhältnisse persönlich eine zufriedenstellende Bilanz ziehen können: im 58. Lebensjahr blickte er auf 38 Dienstjahre zurück. In den vier Jahren an der Spitze der Reichsmarine hatte er

Disziplin und Moral festigen, eine straffe Führung etablieren und das öffentliche Vertrauen zurückgewinnen können.

Am 30. Januar 1933 „kam Hitler an die Macht". Raeder lernte den neuen Reichskanzler bereits wenig später am 2. Februar im Haus des Chefs der Heeresleitung persönlich kennen. Was dieser dort zur Stellung der Wehrmacht als einzigem Waffenträger im Staat ausführte, muß Raeder mit großer Befriedigung erfüllt haben, stimmte es doch in den Grundzügen mit seinen eigenen Vorstellungen überein. Hitler bekannte sich zudem zum Prinzip der Überparteilichkeit der Reichswehr. Kein abträgliches Wort fiel dabei über die Kaiserliche Marine und Tirpitz´ Flottenbaupolitik, wie noch in seinem Buch »Mein Kampf« zu lesen war.[5]

Von den zwölfeinviertel Jahren, die das 'Dritte Reich' währte, hat Raeder immerhin zehn Jahre lang an der Spitze der Marine gestanden.[6] Diese lange Zeit als Oberbefehlshaber unter Hitler muß verwundern. Von Wesen und Herkommen ein von der Kaiserlichen Marine geprägter, deutschnational denkender Offizier evangelischen Glaubens, den er auch, zum Ärger der Partei, praktizierte,[7] hat ihm die nationalsozialistische Ideologie ferngelegen, wenngleich viele ihrer Elemente seinen eigenen Zielvorstellungen entsprachen. Man muß annehmen, daß er, anders als sein Nachfolger Dönitz, die Beweggründe und die eigentlichen Absichten Hitlers nie wirklich begriffen hat, weil ihm das Gespür für diese Art Weltanschauung fehlte. Dennoch fand er sich von der Machtübernahme an in Übereinstimmung mit vielen Vorstellungen Hitlers: die Ablehnung des „Weimarer Systems", die Aushebelung des Versailler Vertrages, das Streben nach einer über die Grenzen Europas hinauswirkenden Großmachtpolitik sowie im Reich die Begründung eines nationalkonservativen, starken Obrigkeitsstaates – das waren gemeinsame Politikfelder. Noch in seiner Abschiedsrede am 30. Januar 1943 lobte er sich selbst, weil es ihm gelungen sei, die Marine im Januar 1933 „(...) geschlossen und reibungslos dem Führer in das Dritte Reich zuzuführen. Das war dadurch zwanglos gegeben, daß die gesamte Erziehung der Marine in der Systemzeit (...) auf eine innere Haltung hinzielte, die von selbst eine nationalsozialistische Einstellung ergab."[8] Goebbels weiß in seinem Tagebuch 1945 zu berichten, daß der 'Führer' Raeder großes Lob gezollt habe: „Raeder sei von großem Format gewesen; jedenfalls habe er ihm (Hitler) gegenüber eine blinde Treue an den Tag gelegt und seine Waffe in einem Geist erzogen, der sie bis heute befähige, die Scharte der deutschen Kriegsmarine aus dem Weltkrieg wieder auszuwetzen."[9]

Hitler ließ seinem Marinechef in vielem freie Hand. Er selbst war von der Technik der großen Schiffe fasziniert, verstand von der Marine und ihren Besonderheiten aber wenig, die See war ihm „unheimlich", so sein Marineadjutant Kapitän zur See von Puttkamer. Bei Raeder wußte Hitler die Marine in der Hand eines erfahrenen Fachmanns, dessen Gefolgschaft, so hatte er mit seinem instinkthaften Gespür für Menschen erkannt, er sich sicher sein konnte, der sich nicht in Dinge außerhalb der Marine einmischen würde. Einer der Flottillenchefs kennzeichnet das mit den Worten: „Raeders ganzes Denken (kreiste) ausschließlich um die Marine, die er persönlich zu verkörpern beanspruchte."[10] Darin liegt die Verstrickung von Raeder, daß er sich dem Staat für die Marine verpflichtet fühlte, ohne die aus dieser Stellung erwachsene Mitverantwortung für die Gesamtheit staatlichen Handelns zu erkennen. Zwar hat er einige Male seinen Rücktritt erwogen, aber immer hat ihn die Verantwortung für „seine" Marine davon abgehalten. Bei Beginn des Krieges war es dafür endgültig zu spät.

Die von Hitler geschickt inszenierte Eröffnung des Reichstages am 21. März 1933, der 'Tag von Potsdam', hatte Raeders Hoffnung bestärkt, der neue Reichskanzler werde das politische Gewicht des Reiches in den internationalen Beziehungen wiederherstellen. Damit würde sich die Notwendigkeit ergeben, eine der neuen Rolle angemessene Marine aufzubauen, wodurch der Tirpitz-Verehrer Raeder in die Nähe seines Idols hätte rücken können. Solchen Hoffnungen boten Hitlers außenpolitische Erfolge zunächst viel Nahrung. Die Proklamation der Wehrhoheit im März 1935 sowie die Einführung der Allgemeinen Wehrpflicht mit einjähriger Dienstzeit entsprachen den Forderungen der Reichswehrführung. Das deutsch-englische Flottenabkommen vom 18. Juni 1935, das die deutsche Flottenstärke auf 35 Prozent, bei U-Booten auf 45 Prozent der englischen Flotte begrenzte, schien ein Zeichen für künftige stabile Verhältnisse und die Rehabilitierung des Deutschen Reiches. Tatsächlich waren diese Quoten nicht einmal zu Beginn des Krieges im Herbst 1939 ausgeschöpft.

Raeder seinerseits hatte sich bemüht, Hitler positive Vorstellungen von der Marine zu vermitteln. Zu dem dreitägigen Besuch des Reichskanzlers in Kiel im Mai 1933 hatte er die gesamte Flotte zur Besichtigung herangezogen. Nach Beendigung paradierte sie vor Hitler, wobei das neue Panzerschiff „Deutschland" mit seinen 28-cm-Drillingstürmen ein Glanzlicht setzte. Es gibt keine Aufzeichnungen über die Wirkung dieser ersten großen Visite bei der Marine, die Raeder mit psychologischem Einfühlungsvermögen hatte organisieren lassen. Hitler hat keine besondere Zuneigung zur Marine entwickelt. Die außenpolitische Bedeutung einer deutschen Flotte vermochte er jedoch sehr wohl zu beurteilen und zu nutzen. Daraus konnte Raeder zu seinem Bedauern allerdings keinen Gewinn für eine beschleunigte Aufrüstung der Marine ziehen. Vielmehr mußte er hinnehmen, daß Hitler den Flottenaufbau im Blick auf die internationalen Abrüstungskonferenzen und seine Absichten gegenüber England bremste. Er bewertete die Flotte unter dem Aspekt seiner politischen Ziele: zunächst „Lebensraum" im Osten und gute Beziehungen zu London.[11] Deshalb blieb der moderate „Umbauplan" vom November 1932 in Kraft. Erst im November 1934 hatte Hitler seinen Marinechef auf die Notwendigkeit hingewiesen, die Marinerüstung zu beschleunigen, da ein Krieg ohne den Schutz der Erzeinfuhr aus Skandinavien ausgeschlossen sei. Nach dem deutsch-englischen Flottenabkommen von 1935 konnte Raeder mit dem Ausbau einer operativ zusammengesetzten Flotte beginnen. Rasch erwies sich jedoch, daß die Kapazitäten der in Frage kommenden Werften als erste Baurate nur zwei Schlachtschiffe („Scharnhorst" und „Gneisenau"), zwei Schwere Kreuzer, 16 Zerstörer, 28 U-Boote sowie Minensuch- und Geleitfahrzeuge, Schnellboote und Hilfsfahrzeuge zuließen. Mit dem Flottenabkommen glaubte Raeder „(...) daher guten Grund zu haben, mit Vertrauen in die Zukunft zu sehen – um so mehr, als mir der Leiter der deutschen Politik, Hitler, immer wieder zum Ausdruck gebracht hatte, daß an einen Gegensatz zu England niemals mehr zu denken wäre".[12]

Diese Einlassung Raeders kann man nur als Fassade ansehen. Aufgrund seiner Erfahrungen aus dem Ersten Weltkrieg sowie der eigenen Vorstellungen der Rolle „seiner" Marine in der Zukunft müßte er mehr als blauäugig gewesen sein, wenn er diese Feststellung Hitlers als endgültiges Fundament für die Fortentwicklung des Marinekonzeptes angesehen hätte. Es muß sich auch ihm damals der Gedanke aufgedrängt haben, daß der außenpolitische Kurs Hitlers in nicht allzu ferner Zukunft zumindest die Gefahr einer erneuten Kollision mit England mit sich bringen könnte. Daß ihm dieser Gedanke vielmehr sehr nahe lag, läßt eine Gesprächsnotiz anläßlich der Rückmeldung des Kommandanten des Leichten Kreuzers „Karlsruhe" bei Hitler im Juni 1934 erkennen. Es heißt dort: „Der Oberbefehlshaber der Marine spricht die Ansicht aus, daß die Flotte später doch gegen England entwickelt werden müsse, daß daher von 1936 an die großen Schiffe mit 35-cm-Geschützen armiert werden müßten (wie King George Klasse)."[13]

Die Verläßlichkeit seines ersten Admirals honorierte Hitler durch die Beförderung zum Generaladmiral am 20. April 1936, seinem eigenen Geburtstag. Das war ein neu eingeführter Rang, dem des Generalobersten beim Heer entsprechend. Den Stapellauf des Schlachtschiffs „Tirpitz" am 1. April 1939 in Wilhelmshaven nahm Hitler zum Anlaß, den Oberbefehlshaber der Kriegsmarine zum Großadmiral zu befördern. Am 30. September 1939 dekorierte er ihn schließlich mit dem Ritterkreuz. Auch finanziell zeigte sich der 'Führer' nicht kleinlich: so konnte Raeder an seinem 65. Geburtstag 1941 als Dotation einen Barscheck über 250000 RM, steuerfrei, entgegennehmen. Zu seinem 50. Militärjubiläum im April 1944 ließ Hitler ihm ein Ölgemälde des Niederländers Simon De Vlieger mit dem Titel „Marine" aus dem 17. Jahrhundert überreichen, das er zum Preis von 37793,49 RM in Amsterdam hatte kaufen lassen.[14]

Die innen- und außenpolitischen Erfolge Hitlers hatten bei Raeder die Zuversicht gefestigt, daß der 'Führer' fähig sein würde, auch in kritischen Situationen für Deutschland vorteilhafte Lösungen auszuhandeln, wie ihm das beim 'Anschluß' Österreichs und der Übernahme des Sudetenlands gelungen war. Selbst die von Hitler angeordnete Beschleunigung der Rüstung, die erklärte Absicht, rasch Ergebnisse seiner expansiven Absichten in Mitteleuropa zu erzielen, die Anordnung an die Wehrmacht 1937 zur steten Kriegsbereitschaft, auch gegen England, haben bei Raeder offenbar keine gravierenden Zweifel wachgerufen, ob der 'Führer' noch Herr der Entwicklung sei. Andererseits hat Raeder es nicht an Mahnungen Hitler gegenüber fehlen lassen, Krieg gegen England vorerst unter allen Umständen zu vermeiden. Gelegenheiten, diese Ansicht auch für andere hörbar zu artikulieren, wodurch er seiner über die Marine hinausgehenden Verantwortung Rechnung getragen hätte, ergriff er allerdings nicht.

Am 27. Mai 1938 hat Raeder nach einem Gespräch mit Hitler im Oberkommando der Marine berichtet, daß in einem Kriegsfalle damit zu rechnen sei, nicht nur Frankreich, sondern auch England als Gegner zu haben. Auch die folgenden Entwicklungen, die einen Krieg mit England wahrscheinlicher werden ließen, die Anordnung des vorrangigen Ausbaus der Flotte nach dem Z-Plan im Januar 1939, die Kündigung des deutsch-englischen Flottenabkommens am 28. April 1939 sowie des deutsch-polnischen Abkommens, hat der Oberbefehlshaber der Kriegsmarine nicht zum Anlaß genommen, Hitler um Amtsenthebung zu bitten, um ihn zum Einlenken zu bringen oder wenigstens seinen vorgeblichen Dissens deutlich zu machen. Mit der Anordnung des Z-Plans zum weiteren Ausbau der Flotte durch Hitler im Januar 1939 mußte Raeder wissen, daß der Krieg mit England programmiert war. Der Angriff auf Polen bot die letzte Gelegenheit, ein Zeichen gegen Hitlers Politik zu setzen, Raeder ließ sie jedoch ungenutzt verstreichen.

Die fatale Konsequenz seiner Anpassung an die Politik Hitlers legte er am 3. September 1939 in den „Gedanken des Oberbefehlshabers der Kriegsmarine zum Kriegsausbruch" nieder. Dort stellt er fest: „(...) Die Überwasserstreitkräfte aber sind noch so gering an Zahl und Stärke gegenüber der englischen Flotte, daß sie – vollen Einsatz vorausgesetzt – nur zeigen können, daß sie mit Anstand zu sterben verstehen und damit die Grundlage für einen späteren Wiederaufbau zu schaffen gewillt sind."[15]

Und sterben mußten sie, die Männer der Kriegsmarine, denn wenigstens den Kardinalfehler der Kaiserlichen Marine im Ersten Weltkrieg, die eigenen Kräfte zurückgehalten zu haben, ohne deren strategisches Potential zu nutzen, wollte ihr Oberbefehlshaber auf keinen Fall wiederholen. Er setze seine Männer und Schiffe über und unter Wasser mit unerbittlicher Konsequenz ein. Die praktizierte „straffe Führung" verstärkte er, indem er nicht nur als Oberbefehlshaber fungierte, sondern zugleich als Chef der Seekriegsleitung.[16]

Raeder hat die Bedeutung der U-Boot-Waffe für den Tonnagekrieg unterschätzt. Anders der Befehlshaber der U-Boote, Karl Dönitz, der geschickt führte und die bei Kriegsbeginn geringe Zahl von 56 Booten mit großer Effizienz nach der von ihm bereits vor dem Krieg entwickelten und erprobten „Rudeltaktik" einsetzte. Raeder hingegen erhoffte, seinem Werdegang als „Dickschiff-Mann" entsprechend, die kriegsentscheidende Auswirkung von den Überwassereinheiten. Erst die Versenkung des modernsten Schlachtschiffs „Bismarck" durch englische Seestreitkräfte im Mai 1941 zeigte ihm, daß diese Vorstellung Illusion war. Selbst die Eroberung der französischen Kanalhäfen sowie die überraschende Besetzung Dänemarks und Norwegens, eine gemeinsame Operation von Heer, Luftwaffe und Marine, die auf Raeders Vorschlag zurückging,[17] also seestrategisch glänzende Verbesserungen der Ausgangslage, konnten das entscheidende Dilemma der Kriegsmarine, die eigene Schwäche, nicht beseitigen; die Ausdehnung der Operationen auf das Mittelmeer vergrößerte das Problem noch.[18]

Der Eintritt der Vereinigten Staaten in den Krieg im Dezember 1941 mußte für Raeder endgültiges Signal sein, daß eine Niederringung der angelsächsischen Seemächte ausgeschlossen war. Zwar führte die Kriegsmarine noch bis in das Jahr 1943 hinein erfolgreich U-Boot-Krieg gegen die alliierten Handelsschiffe. Doch die schwierige Lage der deutschen Flotte nach der Versenkung der „Bismarck" machte es notwendig, die schweren Schiffe wegen ihrer Gefährdung durch die britische Luftüberlegenheit im Februar 1942 aus den Kanalhäfen nach Norden zu verlegen.[19]

Hitler war im Verlaufe des Krieges mit Raeder immer häufiger wegen des Einsatzes dieser Schiffe aneinandergeraten. Ein Unternehmen der Schweren Kreuzer „Hipper" und „Lützow" Ende Dezember 1942 gegen einen Murmansk-Geleitzug, das zunächst erfolgreich zu verlaufen schien, dann aber aus vernünftigen taktischen Gründen und wegen der Anweisung, Risiken zu vermeiden, abgebrochen worden war, führte zu einem Wutausbruch Hitlers und dem Argwohn, von Raeder hintergangen worden zu sein.[20] Das Verhältnis Hitlers zu seinem Oberbefehlshaber der Kriegsmarine hatte sich inzwischen „stark getrübt". Er verlangte nunmehr kategorisch die Außerdienststellung der schweren Einheiten. Den Lagevortrag Raeders am 6. Januar 1943 nützte Hitler zu längeren Ausführungen über die Rolle der Marine in allen Kriegen seit 1864, die er als außerordentlich unrühmlich bewertete. In dem anschließenden Gespräch unter vier Augen bat Raeder, der in seinem 68. Jahr stand, um seine Ablösung zum 30. Januar 1943, dem 10. Jahrestag der 'Machtergreifung', da er sich nach den Vorwürfen Hitlers nicht mehr als geeignet zur Führung der Kriegsmarine ansehen könnte.[21] Hitler willigte ein. Das symbolische Datum und die Verleihung des neugeschaffenen Titularranges eines „Admiralinspekteurs" sollte den Bruch kaschieren helfen. Zu seinem Nachfolger bestimmte er den Befehlshaber der U-Boote, den 51jährigen Admiral Dönitz. Bis zum Ende des Krieges lebte Raeder zurückgezogen in Berlin-Babelsberg. Nach dem Attentat auf Hitler hielt er es für notwendig, ihm in einem unterwürfigen Brief seine unverbrüchliche Treue zu versichern.

Im Juni 1945 wurde Raeder zu Vernehmungen nach Moskau verbracht, im November dem Internationalen Militärgerichtshof in Nürnberg überstellt. Der verurteilte ihn am 1. Oktober 1946 wegen Kriegsverbrechen sowie der Planung und Führung eines Angriffskrieges zu lebenslänglichem Gefängnis: Ab 18. Juli 1947 war er im alliierten Militärgefängnis in Spandau inhaftiert. Aus Gesundheitsgründen wurde der 80jährige 1955 entlassen. Erich Raeder starb am 6. November 1960 im 85. Lebensjahr an seinem Wohnort Lippstadt und wurde in Kiel beigesetzt. Der Bundesminister der Verteidigung hatte angeordnet, daß das Ministerium bei der Trauerfeier nicht vertreten sein solle, hatte aber genehmigt, daß der Inspekteur der Marine, Vizeadmiral Ruge, sowie einige Offiziere in Uniform teilnehmen durften.

Anmerkungen

[1] Dülffer, Weimar, Hitler und die Marine, S.90.

[2] Raeder, Mein Leben, Bd. 1, S.220f.

[3] Müller, Das Heer und Hitler, S.59, Anm. 121.

[4] Dazu Rahn, Reichsmarine.

[5] Der Prozeß gegen die Hauptkriegsverbrecher vor dem Internationalen Militärgerichtshof (zit. IMT), Bd. XIV, S.28.

[6] In einem Exkurs „Die Funktion Raeders in Hitlers Psyche" hat Knut Stang eine psychologische Erklärung der langjährigen Zusammenarbeit Hitlers und Raeders zu geben versucht, vgl. Stang, Das zerbrechende Schiff.

[7] BA-MA Freiburg, N 391/1: „Meine religiöse Einstellung". 3 Blatt, maschinengeschrieben, ohne Datum (nach Kriegsende), möglicherweise zur Vorbereitung auf den Nürnberger Prozeß geschrieben.

[8] Salewski, Von Raeder zu Dönitz, S.139ff.: „Ansprache Raeders vor den Offizieren des Oberkommandos der Kriegsmarine zur Niederlegung des Oberbefehls am 30. Januar 1943".

[9] Goebbels, Tagebücher 1945, S.55f.

[10] Johannesson, Offizier in kritischer Zeit, S.55.

[11] Weinberg, Germany, Hitler, and World War II, S.85ff.

[12] Raeder, Mein Leben, Bd.1, S.309.

[13] IMT, Bd. II, S. 367.

[14] BA Koblenz, R 43 II, und Studie von Gerd R. Ueberschär und Winfried Vogel zu Hitlers Dotationen (in Vorbereitung).

[15] „Gedanken des Oberbefehlshabers der Kriegsmarine zum Kriegsausbruch", 3.9.1939, in: Lagevorträge des Oberbefehlshabers, hrsg. von Gerhard Wagner, S. 20.

[16] Salewski, Von Raeder zu Dönitz, S. 101 ff.

[17] Gemzell, Raeder, Hitler und Skandinavien.

[18] Wegweisend für die Themen „Mittelmeer" und „Zusammenarbeit der Kriegsmarineführung mit der italienischen Marine": Schreiber, Revisionismus und Weltmachtstreben.

[19] ITM, Bd. XIV, S. 143 ff.

[20] Salewski, Die deutsche Seekriegsleitung, Bd. 2, S. 202–224.

[21] IMT, Bd. XIV, S. 141 ff.

Bibliographische Hinweise

(Vgl. auch die weiteren Literaturangaben in der Gesamtbibliographie ab S. 290 ff.)

Ungedruckte Quellen
BA-MA Freiburg, N 391: Nachlaß Raeder; RM 6: (ObdM) Sammlung Raeder.

Gedruckte Quellen und Literatur
Jost Dülffer: Weimar, Hitler und die Marine. Reichspolitik und Flottenbau 1920–1939. Düsseldorf 1973.
Handbuch zur deutschen Militärgeschichte 1648–1939. Hrsg. vom Militärgeschichtlichen Forschungsamt durch Friedrich Forstmeier, Wolfgang von Groote, Othmar Hackl, Hans Meier-Welcker und Manfred Messerschmidt; Projektleitung und Gesamtredaktion: Gerhard Papke und Wolfgang Petter. 5 Bde. München 1979.
Das Kriegstagebuch der Seekriegsleitung, Teil A, vom 15. August 1939 bis zum 20. April 1945. Hrsg. von Werner Rahn und Gerhard Schreiber unter Mitwirkung von Hansjoseph Maierhöfer. Herford, Bonn 1988 ff.
Lagevorträge des Oberbefehlshabers der Kriegsmarine vor Hitler 1939–1945. Hrsg. von Gerhard Wagner. München 1972.
Raeder, Erich: Mein Leben. 2 Bde. Tübingen 1956, 1957.
Ders.: Kreuzerkrieg in den ausländischen Gewässern. Bd. 1: Das Kreuzergeschwader, Berlin 1922; Bd. 2: Die Tätigkeit der Kleinen Kreuzer „Emden", „Königsberg" und „Karlsruhe". Berlin 1923.
Salewski, Michael: Die deutsche Seekriegsleitung. Bd. 1: 1935–1941. Frankfurt a. M. 1970; Bd. 2: 1942–1945. München 1975; Bd. 3: Denkschriften und Lagebetrachtungen 1938–1945. Frankfurt a. M. 1973.
Ders.: Erich Raeder – Oberbefehlshaber „seiner" Marine. In: Die Militärelite des Dritten Reiches. 27 biographische Skizzen. Hrsg. v. Ronald Smelser und Enrico Syring. Berlin, Frankfurt a. M. 1995.
Ders.: Von Raeder zu Dönitz. Der Wechsel im Oberbefehl der Kriegsmarine 1943. In: Militärgeschichtliche Mitteilungen Bd. 11/1973, S. 101–146.

Bernd Boll

Generalfeldmarschall Walter von Reichenau

Sie sollten „Nationalsozialisten auch ohne Parteibuch“ sein, verlangte Walter von Reichenau von seinen Offizieren, „die besten, treuesten und ernstesten“.[1] Man darf diese Aufforderung als ebenso knappe wie treffende Selbstcharakterisierung lesen. Reichenau verkörperte den Typus des politischen Militärs, der sich über Standesvorurteile salopp hinwegsetzte und mit dem Nationalsozialismus gemeinsame Sache machte.

Geboren 1884 in Karlsruhe als Sohn eines Majors, trat er mit 18 Jahren als Fahnenjunker in die Armee ein und diente bis Beginn des Ersten Weltkriegs beim 1. Garde-Feld-Artillerie-Regiment in Berlin, seit 1904 als Leutnant. Bereits damals pflegte er das Image des Außenseiters. Zwar heiratete er durch seine Ehe mit einer Gräfin von Maltzahn in den schlesischen Adel ein. Das hinderte ihn aber keineswegs, öffentlich mit Arbeitern Fußball zu spielen und sich zeitlebens in der olympischen Bewegung zu engagieren, seit 1938 als deutsches Mitglied des IOK. Überdies trug er, nach mehreren Aufenthalten in Großbritannien, einen betont anglomanen Habitus in Kleidung und Sprache zur Schau. Seiner Laufbahn tat all dies keinen Abbruch. Nachdem der Kriegsbeginn 1914 die Generalstabsausbildung vorzeitig beendet hatte, diente Reichenau zunächst als Adjutant, später als Generalstabsoffizier bei verschiedenen Divisionen und Armeekorps und kehrte 1918 als Hauptmann hochdekoriert zurück. Nach dem Krieg wurde er in die neue Reichswehr übernommen und war bis 1927 bei verschiedenen Truppenteilen als Generalstabsoffizier tätig. Von 1927 bis 1929 diente er bei der Inspektion der Nachrichtentruppen in Berlin.

Entscheidend für Reichenaus spätere Karriere wurde seine anschließende Versetzung nach Ostpreußen als Stabschef der 1. Division. Am 1. Februar 1932 wurde er zum Oberst befördert und war Stabschef des dortigen Wehrkreisbefehlshabers, Werner von Blomberg. Blomberg hatte zuvor als Chef des Truppenamtes im Rahmen der Zusammenarbeit zwischen Reichswehr und Roter Armee die Sowjetunion mehrfach besucht, wo ihn die materielle Ausstattung und die soziale Integration des Militärs positiv beeindruckt hatten. Reichenau lernte den stellvertretenden sowjetischen Verteidigungskommissar Tuchačevskij persönlich kennen, als dieser 1930 Ostpreußen besuchte. Noch im Sommer 1933 versicherte Reichenau dem sowjetischen Botschaftsrat, daß die Reichswehr auch unter Hitlers Regierung die bisherige Zusammenarbeit mit der Sowjetunion fortsetzen werde.[2] Doch dann schwenkte er schnell auf die Politik des neuen Regierungschefs ein, mit dem er seit einiger Zeit auch persönlich bekannt war.

Durch Vermittlung des damaligen Wehrkreispfarrers und späteren 'Reichsbischofs' Ludwig Müller hatte Reichenau Anfang April 1932 mit Hitler ein erstes Gespräch über dessen politische Ziele. Weitere Kontakte ergaben sich vor allem in der Frage des Grenzschutzes, an dem sich die SA im Gegensatz zu anderen nationalen Verbänden nicht beteiligte. Reichenaus schriftliche Bitte vom Dezember 1932, diese Position zu überdenken, lehnte Hitler jedoch ab.[3] Wenig später honorierte er aber die politischen Sympathien Reichenaus, indem er ihn Anfang Februar 1933 zum Chef des Ministeramts unter dem neuen Reichswehrminister Blomberg ernannte. Reichenau trug in dieser Position entscheidend dazu bei, die Reichswehr an den Nationalsozialismus heranzuführen, dem er als einziger politischer Kraft die innere Stabilisierung und äußere Stärkung Deutschlands zutraute. Folglich ließ er keinen Zweifel, wem die Loyalität der Streitkräfte fortan zu gelten habe: „Unser Weg geht nach vorn, das heißt also: Hinein in den neuen Staat und dort die uns gebührende Position behauptet!“[4]

Dem Terror der Gleichschaltungsphase leistete er durch strikte Neutralität ausdrücklich Vorschub: Nach dem Reichstagsbrand verlangte er von seinen Befehlshabern, Verfolgten keinerlei Asyl zu gewähren. Weder die Zerschlagung der Parteien und Gewerkschaften noch die Gleichschaltung der Länder stellten für Reichenau einen Interventionsgrund dar. Auch die Pressefreiheit zählte für ihn zum „Morschen“ im Staat, das fallen mußte. Um die Armee ideologisch zum zuverlässigen militärischen Arm des Nationalsozialismus zu machen, führte er umgehend neue Unterrichtspläne und -materialien an den Heeresfachschulen und im Herbst 1933 den 'Nationalpolitischen Unterricht' ein. Gleichzeitig begann er mit der Einbeziehung der Jugendpflege in die vormilitärische Ausbildung und bereitete die Wiedereinführung der allgemeinen Wehrpflicht vor.

Trotz dieser forschen Nazifizierungspolitik blieben Karriererückschläge und Mißerfolge nicht aus. Die von Blomberg betriebene und von Hitler zunächst beabsichtigte Ernennung Reichenaus zum Chef der Heeresleitung scheiterte im Oktober 1933 am Widerstand der konservativen Generäle, vor allem an Hindenburg. Ihnen erschien Reichenau nicht standesgemäß, vor allem zu politisch. Zudem büßte sein Ministeramt Einfluß ein, nachdem die operative Planung der Landesverteidigung an die Heeresleitung übergegangen war. Deren Planungen durchkreuzten Reichenaus eigene Vorstellungen, die auf die Einbindung der SA in die Reichswehr als eine Art Miliz hinausliefen. Er machte sich aber bald die Auffassung zu eigen, in den braunen Garden Hitlers den „gefährlichsten Feind“ der Reichswehr, einen ernstzunehmenden Konkurrenten um das Monopol der Waffenträgerschaft zu sehen. Um die Reichswehr als im Sinne der Regierung zuverlässige Organisation zu präsentieren und gegenüber der SA aufzuwerten, übernahm Blomberg im Februar 1934 den Arierparagraphen des Beamtengesetzes und schloß damit 'nichtarische' Angehörige aus den eigenen Reihen aus. Diese Politik fand in der Anbringung des Hakenkreuzes als neues Hoheitsabzeichen auf der Uniform ihren symbolischen Ausdruck. Aber entscheidender war, daß Reichenau bei der Ausschaltung der SA – an der er sich zumindest beratend beteiligte – die Zusammenarbeit der Reichswehr mit Himmlers Polizei und SS enttabuisierte.[5]

Ihre Beteiligung am blutigen Komplott gegen die Röhm-Truppe band die Reichswehr noch enger an das NS-Regime. Ein weiterer Schritt auf diesem Weg war die eigenhändige Neuformulierung des Soldateneids durch Reichenau. Bereits am Tag nach Hindenburgs Tod wurden die Soldaten auf den „Führer des deutschen Reiches und Volkes“ und „Oberbefehlshaber der Wehrmacht“ vereidigt: der personale Bezug des Eides sollte konservative Offiziere an monarchistische Traditionen erinnern und sie an Hitler als legitimen Inhaber der Macht binden. Nach dem vollzogenen Schulterschluß mit Himmler in der Röhm-Affäre bestand für Reichenau kein Anlaß, gegenüber der SS nun ebenfalls auf dem Monopol der Waffenträgerschaft zu bestehen. Vielmehr förderte er Himmlers militärische Ambitionen, dem Hitler für die Ausschaltung der SA-Führung mit dem Ausbau der Leibstandarte zum bewaffneten Regiment, dem Kern der späteren Waffen-SS, gedankt hatte. Dies wurde deutlich, als Reichenau Himmler zusammen mit Heydrich und dem Führer der Leibstandarte, Sepp Dietrich, im Frühjahr 1935 an einer militärischen Übung im Kraichgau teilnehmen ließ. Aber auch Konflikte zwischen Angehörigen der Streitkräfte und der SS oder des SD suchte er nach Möglichkeit ohne Aufsehen beizulegen. Nach zwei Jahren „Öffnungspolitik“ war Reichenau selbstbewußt genug, um der Öffentlichkeit die einer Rede Hitlers entlehnte „Zwei-Säulen-Theorie“ vorzustellen, der zufolge die NSDAP der politische Willensträger des Volkes, die Armee dagegen dessen einziger Waffenträger sei. Auch wenn dieses Bild die Realität verzerrte, Reichenaus Absicht, die Streitkräfte im neuen Staat aufzuwerten, wurde dadurch allemal deutlich. Als er sich im August 1935 vom Wehrmachtamt verabschiedete und das Wehrkreiskommando in München übernahm, hinterließ er seinem Nachfolger Keitel in Grundzügen die organisatorische Struktur für ein künftiges Oberkommando der Wehrmacht.

Auch in München setzte Reichenau die Politik des Einvernehmens mit der Partei und ihren Organisationen fort, wobei er künftige Entwicklungen gelegentlich vorwegnahm. Bevor nämlich die Heeresleitung Richtlinien hierzu erließ, hatte Reichenau bereits mit der HJ enge Zusammenarbeit vereinbart. Besonderen Wert legte er auf die „nationalpolitische Erziehung“, die wöchentlich einmal auf dem Lehrplan der Wehrpflichtigen und Unteroffiziere stand. Kritik an der SA untersagte er ausdrücklich. Somit hatte Hitler allen Grund, sich Reichenau als Nachfolger des Anfang Februar 1938 entlassenen Oberbefehlshabers des Heeres, Werner Freiherr von Fritsch, zu wünschen. Keitel allerdings lehnte dies rundweg ab: Reichenau sei „nicht gründlich, nicht fleißig, Hans Dampf in allen Gassen, zu oberflächlich, wenig beliebt, ein Soldat, dessen Ehrgeiz auf politischem, nicht aber rein militärischem Gebiet Befriedigung sucht“.[6] An seiner Stelle setzte er General Walther von Brauchitsch bei Hitler durch. Reichenau, seit 1936 im Rang eines Generals der Artillerie, erhielt den Oberbefehl über das Gruppenkommando 4 in Leipzig. Acht Tage später bildete er zusammen mit den Generälen Sperrle und Keitel das uniformierte „Drohkommando“, das Hitler aufbot, um dem österreichischen Bundeskanzler Schuschnigg das Berchtesgadener Abkommen abzupressen. Beim ‘Anschluß’ Österreichs vier Wochen später rückte Reichenau, von Hitler eigens von einer Konferenz des IOK aus Kairo abberufen, mit seinen Truppen in die neue ‘Ostmark’ ein. Im August befürwortete er bei einer Besprechung im OKW als einziger General außer Busch ein militärisches Eingreifen in der Tschechoslowakei und war an der Besetzung des Sudetenlandes im Oktober 1938 vorübergehend selbst beteiligt.

Mit seiner aus dem Leipziger Truppenkommando hervorgegangenen 10. Armee war er ein Jahr später entscheidend an der Vernichtung der polnischen Truppen beteiligt, wofür er mit dem Ritterkreuz ausgezeichnet und zum Generaloberst befördert wurde. Zwei Interventionen Reichenaus im Spätjahr 1939 haben die häufig wiederholte Legende entstehen lassen, daß er sich damals der militärischen Opposition angenähert habe.[7] Die erste betraf Vorgänge in Polen. Nachdem zahlreiche Berichte über Plünderungen, Brandschatzungen, Vergewaltigungen und Morde durch seine Truppen bekanntgeworden waren, befahl er – um die Disziplin aufrechtzuerhalten – die strenge Bestrafung der Täter. Auch Reichenaus entschiedener Widerspruch gegen Hitlers Absicht, unmittelbar nach dem Sieg in Polen im Westen anzugreifen, ist als Gegensatz zu den Kriegszielen des Diktators gedeutet worden.[8] Aber wie andere Generäle hatte Reichenau lediglich fachliche Einwände, denen sich Hitler letztlich auch nicht verschloß: Nach dem Sieg im Westen erhielt Reichenau den Marschallstab.

Beim Überfall auf die Sowjetunion operierte Reichenau mit der 6. Armee an der linken Flanke der Heeresgruppe Süd und nahm eine Reihe von Städten ein, darunter Shitomir, Kiev, Poltava und zuletzt Ende Oktober 1941 Charkov. Reichenau selbst bezeichnete den Rußlandfeldzug als

„Vernichtungskrieg"[9] – und führte ihn auch so. Sein berüchtigter Armeebefehl vom 10. Oktober 1941, der anderen Befehlshabern wie Manstein und Hoth als Vorlage für entsprechende Befehle diente, war programmatisch: Ziel des Ostfeldzugs war die Vernichtung des „jüdisch-bolschewistischen Systems" durch die Ermordung von Kommunisten, Juden, versprengten Rotarmisten – vor allem der Asiaten –, Frauen in Uniform, Flüchtlingen und Zivilisten auf Nahrungssuche sowie durch brutalste Repressalien gegen alle, die sich nicht aktiv am Kampf gegen ihre eigene Regierung beteiligten. „Der Soldat", schrieb Reichenau, „ist im Ostraum nicht nur ein Kämpfer nach den Regeln der Kriegskunst, sondern auch Träger einer unerbittlichen völkischen Idee und der Rächer für alle Bestialitäten, die deutschem und artverwandtem Volkstum zugefügt wurden. Deshalb muß der Soldat für die Notwendigkeit der harten, aber gerechten Sühne am jüdischen Untermenschentum volles Verständnis haben." Vom ersten Tag des Ostkriegs an hat die 6. Armee die „verbrecherischen Befehle" vom Frühjahr 1941 ausgeführt. Besonders die Zusammenarbeit mit der SD-Einsatzgruppe C und ihren Kommandos bei der Ermordung von Juden verlief in der Regel reibungslos und zur Zufriedenheit des der 6. Armee zugeordneten Sonderkommandos 4a. Die meisten Massaker des SD, etwa in Luck, Shitomir, Lubny, Belaja Zerkov und Kiev, fanden mit Wissen und Unterstützung Reichenaus statt. Seine Soldaten schossen so häufig freiwillig bei Exekutionskommandos mit, daß sich Reichenau zum Einschreiten gezwungen sah: Derlei verrohenden Geschäften sollte seine Truppe nur auf Befehl nachgehen. Aber Reichenau sorgte dafür, daß der SD kaum Probleme hatte, aus den Gefangenenlagern der 6. Armee Kommissare und Juden zur Exekution abzuholen. Ende Juli 1941 ließ er sich zur 'Säuberung' des rückwärtigen Armeegebiets von Himmler die 1. SS-Infanterie-Brigade unterstellen, die bis Mitte September rund sechstausend Menschen, fast ausschließlich Juden, erschoß. Den allgemeinen Befehl zu diesen 'Sonderaufgaben' hatte zwar Himmler der Brigade erteilt, aber erst die umfangreichen 'Säuberungs-' und 'Befriedungsaufträge' des Oberbefehlshabers der 6. Armee und der rückwärtigen Befehlshaber von Armee und Heeresgruppe Süd ließen seine Ausführung möglich werden.[10]

Gleichzeitig befahl Reichenau seinen eigenen Divisionen rücksichtsloses Vorgehen gegen Zivilbevölkerung und Kriegsgefangene. Unter dem Vorwand der Partisanenbekämpfung wurden Zivilisten wahllos zur Vergeltung erschossen oder öffentlich erhängt, wobei die Truppe als Opfer vornehmlich Juden und Kommunisten auswählte, die sie in 'Konzentrationslagern' zu Tausenden als Geiseln zu diesem Zweck festhielt. Als angebliche Partisanen wurden reguläre Rotarmisten ebenso erschossen wie Fallschirmspringer, Frauen in Uniform und überhaupt alle, die hinter die deutschen Linien geraten waren. Den Marschweg der 6. Armee säumten die Leichen erschossener Kriegsgefangener.

Wiederum zeigte sich Hitler erkenntlich: Nachdem er Rundstedt den Befehl über die Heeresgruppe Süd entzogen hatte, übergab er Reichenau am 9. Dezember 1941 dessen Kommando. Dieser führte bis zum Eintreffen seines Nachfolgers bei der 6. Armee, Generalleutnant Friedrich Paulus, beide Stäbe in Personalunion.

Nachdem Hitler im Dezember auch Brauchitsch kaltgestellt und selbst die Führung des Heeres übernommen hatte, nutzte Reichenau die Gelegenheit, seiner Karriere noch mehr Schwung zu geben. Sein Aufruf an die Soldaten der Heeresgruppe Süd aus diesem Anlaß war ein unsäglich schwülstiger Treueschwur: „Von jetzt ab sind wir dem Führer näher verbunden, denn er ist ganz *unser* Führer geworden. Deshalb wollen wir uns alle geloben, unsere Liebe und Treue durch größte Härte in Ausdauer und Kampf zu beweisen.“[11] Am selben Tag reagierte Reichenau mit einem Tagesbefehl auf Stalins Ankündigung vom 6. November 1941, den „Vernichtungskrieg“ der „deutschen Landräuber“ mit Tod und Vernichtung zu beantworten. Darin warnte er vor dem „Mordgelüst“ der „völlig vertierten“ sowjetischen Führung und bezeichnete „den Russen“ als „rote Bestie“, „imstande, jede Gemeinheit zu begehen“. Der Befehl fand wiederum die ausdrückliche Billigung Hitlers und wurde den Heeresgruppen Mitte und Nord bekanntgegeben.[12]

Dennoch äußerte Reichenau gleichzeitig Zweifel an der Zweckmäßigkeit der deutschen Besatzungspolitik. Auf Dauer, befürchtete er in einer Denkschrift an das OKW, werde die rücksichtslose Ausbeutung der Ukraine die Bevölkerung zum bewaffneten Widerstand zwingen und damit letztlich „eine schwere Gefahr für die kämpfende Truppe und ihre überempfindlichen, rückwärtigen Verbindungen“ bilden.[13] Wie Reichenaus Forderung nach eingehender „Nachprüfung unserer bisherigen Haltung“ zu bewerten ist, muß offenbleiben: gesundheitlich seit längerem angeschlagen, starb er am 17. Januar 1942 an den Folgen eines drei Tage zuvor erlittenen Schlaganfalls. Reichenau, so betrauerte Hitler noch am selben Tag den Verlust seines Parteigängers, habe „den ewigen Soldatentugenden“ durch seine „mitreißende Persönlichkeit“ auch in der „neuen Zeit“ zu „neuem Glanz“ verholfen.[14] Die Familie des verstorbenen Generalfeldmarschalls soll der ‘Führer’ für dessen treue Dienste deshalb mit einer Dotation für den Erwerb von Grundbesitz belohnt haben.[15]

Anmerkungen

[1] Müller, Das Heer und Hitler, S. 194.
[2] Zeidler, Reichswehr und Rote Armee, S. 110ff., 114, 215f., 268f.
[3] Vogelsang, Hitlers Brief an Reichenau, S. 429–437.
[4] Zitiert nach Röhricht, Pflicht und Gewissen, S. 43.
[5] Dazu ausführlich Müller, Das Heer und Hitler, S. 94–127.
[6] Zitiert nach Müller, Das Heer und Hitler, S. 52, Anm. 90.
[7] So vor allem Deutsch, Verschwörung; ferner Müller, Das Heer und Hitler, S. 517f.
[8] Deutsch, Verschwörung, S. 11f.
[9] Zum Folgenden: Boll/Safrian, Weg nach Stalingrad, passim.
[10] Boll, „Aktionen nach Kriegsbrauch".
[11] BA-MA Freiburg, RH 26–62/41: Aufruf Reichenaus vom 20. 12. 1941.
[12] BA-MA Freiburg, RH 26–62/41: OB der HGr Süd, von Reichenau: Tagesbefehl, 20.12.1941.
[13] BA-MA Freiburg, RW 31/203: Geheime Denkschrift Reichenaus zur Ukrainefrage, Januar 1942.
[14] BA-MA Freiburg, RH 26–62/68: 62. ID/Ia, Weitergabe des Tagesbefehls Hitlers vom 17. 1. 1942 an unterstellte Einheiten, 18. 1. 1942.
[15] So jedenfalls Schwerin von Krosigk, Erinnerungen, S. 185.

Bibliographische Hinweise

(Vgl. auch die weiteren Literaturangaben in der Gesamtbibliographie ab S. 290ff.)

Ungedruckte Quellen

Der persönliche Nachlaß Reichenaus ist nicht öffentlich zugänglich. Akten zur Tätigkeit im Ministeramt und als Truppenführer befinden sich im Militärarchiv Freiburg. BA-MA Freiburg, RH 20–6: Aktenbestände der 6. Armee; ferner die Akten der ihr unterstellten Korps und Divisionen.

Gedruckte Quellen und Literatur

Boll, Bernd: „Aktionen nach Kriegsbrauch". 1. SS-Infanteriebrigade und Wehrmacht 1941. Unveröffentlichtes Manuskript (in Vorbereitung).

Ders./Hans Safrian: Auf dem Weg nach Stalingrad. Die 6. Armee 1941/42. In: Vernichtungskrieg. Verbrechen der Wehrmacht 1941 bis 1944. Hrsg. von Hannes Heer und Klaus Naumann, Hamburg ²1995, S. 260–296.

Deutsch, Harold C.: Verschwörung gegen den Krieg. Der Widerstand in den Jahren 1939–1940. München 1968.

Foertsch, Helmut: Schuld und Verhängnis. Die Fritsch-Krise im Frühjahr 1938. Stuttgart 1951.

Groscurth, Helmuth: Tagebücher eines Abwehroffiziers 1938–1940. Hrsg. von Helmut Krausnick und Harold C. Deutsch unter Mitarbeit von Hildegard von Kotze, Stuttgart 1970.

Krausnick, Helmut: Hitlers Einsatzgruppen. Die Truppe des Weltanschauungskrieges 1938–1942. Frankfurt a.M. 1989.

Krosigk, Lutz Graf Schwerin von: Persönliche Erinnerungen, Teil II. Eigenverlag, Essen um 1973.

Messerschmidt, Manfred: Die Wehrmacht im NS-Staat. Zeit der Indoktrination. Hamburg 1969.

Müller, Klaus-Jürgen: Das Heer und Hitler. Armee und nationalsozialistisches Regime 1933–1940. Stuttgart 1969.

Röhricht, Edgar: Pflicht und Gewissen. Erinnerungen eines deutschen Generals 1932–1944. Stuttgart 1965.

Vogelsang, Thilo: Hitlers Brief an Reichenau vom 4. Dezember 1932. In: Vierteljahrshefte für Zeitgeschichte 1(1959), S. 429–437.

Zeidler, Manfred: Reichswehr und Rote Armee 1920–1933. Wege und Stationen einer ungewöhnlichen Zusammenarbeit. München 1993.

Eine ausführliche Biographie über Reichenau liegt bislang nicht vor.

Christian Streit

General der Infanterie Hermann Reinecke

Hermann Reinecke, 1888 in Wittenberg als Sohn eines Oberstleutnants geboren, Zögling der Preußischen Hauptkadettenanstalt, trat 1905 in das preußische Heer ein. Die ersten Stationen seiner Laufbahn ließen eine vielversprechende Karriere erwarten: 23jährig wurde er Bataillonsadjutant, zwei Jahre später Regimentsadjutant. Nach Verwundung 1915 und kurzem Dienst im preußischen Kriegsministerium ernannte man den 29jährigen Hauptmann zum Bataillonskommandeur. Das Kriegsende erlebte Reinecke im Kriegsministerium.[1] In der Weimarer Zeit tat er meist im Reichswehrministerium Dienst. Erst 1929 wurde der inzwischen 41jährige zum Major befördert.

Die Machtübertragung an Hitler erlebte er als Bataillonskommandeur in Lübeck. Die nationalsozialistische Aufrüstungs- und Kriegspolitik eröffnete auch ihm eine rasante Karriere. Im Juni 1933 wurde er Oberstleutnant; zwei Jahre später war er Oberst, 1939 Generalmajor, 1940 Generalleutnant und am 1.6.1942 General der Infanterie.

Im Februar 1934 wurde er ins Reichswehrministerium zurückgeholt. Er erhielt kein weiteres Truppenkommando, sondern blieb bis 1945 in der Führungsspitze der Wehrmacht. Zunächst leitete er die Abteilung für Heeresfachschulen und Versorgungswesen in der Heeresleitung. 1935 wechselte er ins neugebildete Wehrmachtamt und im Juni 1938 übernahm er die Amtsgruppe Allgemeine Wehrmachtangelegenheiten, aus der im Oktober 1939 das Allgemeine Wehrmachtamt im Oberkommando der Wehrmacht (OKW/AWA) hervorging, dessen Chef er bis Kriegsende blieb.

Seine erste große Aufgabe war die Erarbeitung eines neuen Versorgungsgesetzes, das, ganz im Sinne der geplanten Kriegspolitik, eine großzügigere Versorgung der Soldaten und Hinterbliebenen vorsah. Schon im Juli 1934 galt Reinecke als zuverlässiger Nationalsozialist. Damals wurde er auf Vorschlag Blombergs zum ehrenamtlichen Richter am neugeschaffenen Volksgerichtshof ernannt. Der 'Stellvertreter des Führers', Rudolf Heß, lehnte mehrere der für diese Funktion Vorgeschlagenen – u. a. die immerhin von Göring benannten Geschwaderkommodores Felmy und Stumff – ab, da sie bisher „als Nationalsozialisten nicht bekannt“ seien.[2] Bei Reinecke bestanden solche Bedenken offenkundig nicht. Von 1937 an organisierte er sogenannte 'nationalpolitischer Lehrgänge', in denen Spitzenvertreter der NSDAP Wehrmachtoffiziere für die Partei gewinnen sollten. Für Reinecke bedeutete dies ständige Kontakte mit Parteigrößen wie Heß, Goebbels, Rosenberg und Himmler. Die Partei trat damals mehr werbend als fordernd auf. Ende 1938 durfte er eine Vortragsreihe der Wehrmacht in der Parteikanzlei eröffnen. Rosenberg vermerkte dabei geradezu stolz: „Der Leiter der W[elt]-A[nschaulichen] Schulung General Reinicke [sic] schien ehrlich zufrieden." Reinecke, dessen Amt auch die „Interessen der Frontkämpfer für die Siedlung" vertrat, hatte auch ein so „gute[s] Einvernehmen [...] mit dem RFSS persönlich", daß der Chef des Stabsamtes für die Festigung deutschen Volkstums, SS-Gruppenführer Greifelt, im Dezember 1941 Himmler vorschlagen konnte, Reinecke in der Siedlungsfrage gegen Parteistellen zu unterstützen, da Reinecke „wegen seiner positiven Haltung [zu Himmler] von der alten Generalität sehr stark attackiert" werde.[3]

Reineckes Einstellung zur NSDAP 1938 geht aus einem gedruckt verbreiteten Vortrag hervor. Der Offizier, so erklärte er da, müsse „*praktischen Nationalsozialismus* treiben", er unterscheide sich „hierin in nichts von den Führern der NSDAP!!" Der Fahneneid binde „nicht nur an die Person [Hitlers], sondern ebenso verpflichtend an [...] die nationalsozialistische Weltanschauung". Erforderlich sei ein „vorbehaltloses inneres 'Ja' zu allen Forderungen und Lehren des Nationalsozialismus". Die Wehrmacht sei eines der wichtigsten Instrumente in der Hand des 'Führers': „*Wie* er das Instrument einsetzt – [ist] *allein* seine Sache!" Ziel der Erziehung sei nicht nur der „ausgebildete Kämpfer", sondern auch der „politische Glaubensträger!" Die Erziehung müsse deshalb „abstellen auf die Ziele des Führers, Volkstum – Lebensraum".[4]

Mit Beginn des Krieges traten für Reinecke neue Aufgaben in den Vordergrund. Als Leiter des AWA mit der Abteilung Kriegsgefangene war er für die Behandlung der Kriegsgefangenen verantwortlich. Unter seinem Einfluß entwickelte sich schon 1939/40 für die Kriegsgefangenen aus den einzelnen Feindstaaten eine vielfach abgestufte Hierarchie ungleicher Rechte und Rechtssicherheit, die sich einerseits an der nationalsozialistischen Rassenskala, andererseits an der Gefahr von Repressalien gegen deutsche Kriegsgefangene orientierte.[5] An der Spitze dieser Hierarchie standen die englischen, an unterster Stelle die polnischen Gefangenen. Reineckes Bereitschaft, die Behandlung der Kriegsgefangenen an der NS-Ideologie auszurichten, hatte besonders für die sowjetischen Kriegsgefangenen furchtbare Folgen. In einem Grundsatzbefehl Reineckes vom 8.9.1941 hieß es, der sowjetische Soldat habe „jeden Anspruch auf Behandlung als ehrenhafter Soldat [...] verloren".[6] Bei sowjetischen Gefangenen gelte der Waffengebrauch „in der Regel als rechtmäßig". Diese Befehlsgebung trug entscheidend mit dazu bei, daß die sowjetischen Gefangenen weithin als 'Untermenschen' behandelt und zu Tausenden grundlos erschossen wurden. Noch folgenschwerer war eine Entscheidung, die unmittelbar nach dem Angriff auf die UdSSR gefallen war. Nach einem Abkommen Reineckes mit dem RSHA[7] sollte sich die Wehrmacht „umgehend" von allen „politisch unerwünschten Elementen" befreien. Neben kommunistischen Funktionären aller Art und anderen Gruppen sollten „alle Juden" von Einsatzkommandos des SD „ausgesondert" und erschossen werden. Damit war in einem Teilbereich die Ermordung der Juden *in ihrer Gesamtheit ins Werk gesetzt,* noch *bevor* die Einsatzgruppen im Osten begannen, alle Juden umzubringen.

Dies war eine Schlüsselentscheidung in der Genese der 'Endlösung', denn im Juni 1941 war noch offen, wie die Truppe auf die Morde der Einsatzgruppen reagieren würden.[8] Im Herbst war dann klar geworden, daß sich die Wehrmacht dem Völkermord nicht widersetzen würde. Entscheidend war dabei im Feldheer die Einstellung von Befehlshabern wie dem Feldmarschall von Reichenau, die die ihnen unterstellten Verbände auf die vorbehaltlose Unterstützung der Mordkommandos verpflichteten, und im OKW die Haltung von Keitel und Reinecke. In der Abteilung Ausland/Abwehr des OKW versuchte am 15. 9. 1941 Graf v. Moltke mit Unterstützung des Admirals Canaris, über die Aufhebung des Befehls Reineckes vom 8. 9. 1941 eine grundsätzliche Änderung der Behandlung der sowjetischen Gefangenen zu erreichen. Keitel wies den Versuch schroff ab: „Hier handelt es sich um die Vernichtung einer Weltanschauung! Deshalb billige ich die Maßnahmen u. decke sie."[9] Der „kleine Keitel", wie Reinecke auch genannt wurde, trug dazu bei, die „Aussonderungen", die zunächst auf den OKW-Bereich beschränkt waren, auf die dem OKH unterstellten Frontgebiete auszuweiten. Gegenüber Kriegsgefangenenbezirkskommandanten aus dem OKH-Bereich verteidigte er am 4.9.1941 die Mordaktionen. Diese Maßnahmen seien ein „Teil des im Osten von deutschen Soldaten zu lösenden Problems".[10] Heydrich konnte kurz darauf entsprechende Richtlinien an die Einsatzgruppen geben. Diese hatten bereits befriedigt festgestellt, daß Reineckes Befehl vom 8.9.1941 die „Lösung der Judenfrage" wesentlich erleichterte.[11] Den „Aussonderungen" fielen bis Kriegsende weit über 140000 sowjetische Gefangene zum Opfer.[12] Die ideologischen Implikationen der Behandlung der sowjetischen Gefangenen führten dazu, daß Reinecke der Partei immer größeren Einfluß einräumte. Er gab alle relevanten Befehle an die Parteikanzlei weiter, die sie bis auf Kreisleiterebene verbreitete. Die Partei konnte so die Ausführung der Befehle eng überwachen und gegen menschlich handelnde Soldaten vorgehen. Im Kriegsgefangenenwesen herrschte damit ein Maß an Parteikontrolle, das in der Gesamtwehrmacht erst im März 1945 erreicht wurde. Die Folge war, daß seitens der NSDAP immer nachdrücklicher gefordert wurde, alle Kriegsgefangenen wie die sowjetischen zu behandeln. Damit war die Einhaltung des Kriegsvölkerrechts überhaupt in Frage gestellt.[13]

Bis Anfang 1943 hatten die Bemühungen Reineckes um eine engere Bindung der Wehrmacht an die NSDAP wenig Erfolg. Dies hatte mit Widerstand der Truppe wenig zu tun; abgelehnt wurde vielmehr die direkte Einflußnahme der Partei auf Angelegenheiten der Wehrmacht. Die beginnenden Rückzüge seit der Wende von Stalingrad sowie das Auftreten deutscher Generale im Nationalkomitee Freies Deutschland weckten nicht nur bei Hitler und in der NSDAP ernsthafte Zweifel an der ideologischen Festigkeit der Soldaten. Auch aus der Truppe heraus wurde nach Wegen gesucht, über eine stärkere ideologische Indoktrinierung die Wehrmacht für den immer hoffnungsloseren Kampf zu motivieren.[14]

Bei diesen Bemühungen war Reinecke auf Wehrmachtseite die entscheidende Figur, und er spielte mitnichten jene passiv-abwehrende Rolle, die er nach 1945 für sich in Anspruch nahm. Bereits Ende Mai 1943 organisierte er zusammen mit der Parteikanzlei in der Ordensburg Sonthofen eine Tagung zur „Ausrichtung" von 300 „frontbewährten" Parteifunktionären, die die Truppe agitieren sollten. Redner waren u.a. Goebbels, Rosenberg und Himmler. Reinecke forderte, „auch de[r] letzte Mann" der Wehrmacht müsse „gläubig" gemacht werden. Nur jemand, der von „der Berechtigung unserer stolzen rassischen nationalsozialistischen Weltanschauung überzeugt" sei, könne auf Dauer dem Feind widerstehen.[15] An einer weiteren Tagung im Oktober 1943, bei der Hitler selbst erschien, nahmen 180 Generale teil. Reinecke klagte damals Goebbels über die „großen Schwierigkeiten, die ihm in der wehrgeistigen Ausrichtung der Wehrmacht gemacht" würden. Nach weiteren Gesprächen Reineckes mit Himmler und Bormann notierte letzterer am 21. 12. 1943: „Der Führer müßte einmal Reinecke anhören!"[16] Am folgenden Tag wurde Reinecke zum Chef des Nationalsozialistischen Führungsstabes im OKW ernannt. Die Entscheidung für ihn mußte Hitler um so leichter fallen, als Reinecke seit dem 25. 10. 1943 Mitglied der NSDAP war.[17] Das Goldene Parteiabzeichen war ihm schon im Januar als besondere Auszeichnung durch Hitler verliehen worden. Reinecke durfte sein Konzept für den „Nationalsozialistischen Führungsoffizier" (NSFO) am 7. 1. 1944 Hitler selbst vortragen. Er äußerte dabei die Überzeugung, „daß der Krieg mit 51 Prozent Sicherheit durch die weltanschauliche Einstellung und Ausrichtung aller Offiziere gewonnen werden" könne.[18]

In der Folgezeit stürzte sich Reinecke, wie Keitel in einer Beurteilung vom 31. 3. 1944 festhielt, „mit Begeisterung [...] auf seine Aufgabe als Chef NS-Führungsstab", in der er Hitler unmittelbar unterstand.[19] Er organisierte nun laufend NSFO-Lehrgänge und Generalstagungen, auf denen Hitler, Himmler, Goebbels, Bormann oder andere NS-Größen sprachen. Bei der

Eröffnung des ersten Lehrgangs in der Ordensburg Krössinsee am 8. März 1944 erklärte Reinecke, Aufgabe der NSFO sei es, „den Soldaten zum fanatischen Glaubensträger zu machen [...]. Hinsichtlich der politischen Willensbildung und Ausrichtung [dürfe] kein Offizier der Wehrmacht von einem Amtsträger der Partei übertroffen" werden.[20]

Das gescheiterte Attentat vom 20. Juli ermöglichte die Verschärfung der ideologischen Indoktrination der Wehrmacht. Reinecke, dem Hitler am 20.7.1944 das Kommando über die Truppen in Berlin übertrug, war selbst an der Niederschlagung des Aufstands beteiligt. Auch bei der Aburteilung der Verschwörer spielte er eine nicht unwesentliche Rolle. Seit 1934 Laienrichter am Volksgerichtshof, saß er nun an der Seite Freislers über die wichtigsten Verschwörer zu Gericht, u.a. über Goerdeler, von Hassell und Popitz und seine Generalskameraden von Witzleben, Hoepner, von Hase und Stieff. Seine Einstellung geht aus einem Erlaß hervor, den er am 2. 8. 1944 an die NSFO richtete: „Mit dem Ausmerzen der Verräter sind die letzten Widersacher einer entscheidenden Politisierung der Wehrmacht beseitigt. Es darf nunmehr für die NS-Führungsarbeit keine Hindernisse mehr geben."[21] Am 25.10.1944 meldete Freisler allerdings an Justizminister Thierack, Reinecke habe ihm mitgeteilt, es sei ihm „ganz unmöglich", an weiteren Prozessen teilzunehmen, vor allem am Verfahren gegen Generaloberst Fromm, der 1934/35 sein Vorgesetzter gewesen war.[22]

Reinecke versuchte nun, die NSFO-Organisation noch stärker unter die Kontrolle der Partei zu stellen. Selbst der hitlergläubige Chef des Heerespersonalamts, General Burgdorf, protestierte am 2. 9. 44 gegen die Annäherung dieser Organisation an das sowjetische 'Politruk-System', wie sie Reinecke vorgeschlagen habe. Wenn trotzdem in der Parteikanzlei Kritik an Reinecke laut wurde, so lag dies daran, daß man nun glaubte, er werde in der Wehrmacht nicht anerkannt, da er „vor 30 Jahren zum ersten und letzten Mal nur ganz kurze Zeit die Front gesehen hat".[23] Am 15. 3. 1945 eröffnete Keitel einem völlig ahnungslosen Reinecke, er sei von seinem Auftrag entbunden. Reinecke, so schrieb Keitel an Bormann, sei „ein viel zu guter Nationalsozialist, um die Enthebung anders als durch die Entwicklung der Verhältnisse bedingt aufzufassen". Bormann wollte aber wegen der katastrophalen Lage keine Organisationsänderungen vornehmen. So blieb Reinecke bis zur Auflösung am 10. 5. 1945 Chef von OKW/NSF. Sein letzter erhaltener Aufruf zu fanatischem Kampf stammt vom 9. 4. 1945.[24]

Im Nürnberger OKW-Prozeß 1947/48 stand Reinecke vor Gericht, wobei ihm die Verantwortung für die völkerrechtswidrige Behandlung, Mißhandlung und Ermordung von Kriegsgefangenen zur Last gelegt wurden.[25] Wie weit Reinecke selbst damals wegen seiner Bindung an die NSDAP von seinen Kameraden gemieden wurde, zeigt die überaus apologetische „Generalstabsdenkschrift", die zur Verteidigung der Generalität verfaßt wurde. Reinecke gehörte zu der Handvoll Generale, denen darin eine zu große Nähe zu Hitler vorgeworfen wurde.[26]

In seiner Verteidigung stellte sich Reinecke als bloßen Befehlsempfänger dar, der stets gezwungen gewesen sei, gegen seine christlichen Überzeugungen[27] zu handeln. Die inkriminierten Entscheidungen seien von Keitel befohlen worden – eine Verteidigung, die die Richter mit der Bemerkung verwarfen, der Chef des AWA sei kein Stenotypist gewesen, der lediglich Befehle seines Vorgesetzten ausgeschrieben und weitergegeben habe.[28] Reinecke wurde am 28.10.1948 zu lebenslänglicher Haft verurteilt. Wie die anderen verurteilten Militärs wurde er im Zusammenhang mit der Entscheidung für die Wiederbewaffnung der Bundesrepublik vorzeitig begnadigt und im Oktober 1954 aus dem Landsberger Kriegsverbrechergefängnis entlassen. Er starb am 10. Oktober 1973 im Alter von 85 Jahren.

Reinecke gehört zweifellos zu den Offizieren, die in allererster Linie für die Verstrickung der Wehrmacht in die NS-Verbrechen verantwortlich waren. Es sind von ihm keine Äußerungen bekannt, in denen er sich zu dieser Verantwortung bekannte.

Anmerkungen

[1] Personalangaben, auch im folgenden, nach der Personalkarteikarte Reineckes, Kopie im IfZ München, ZS. 1344, Bd. 1, bzw. nach den Angaben in BA-MA Freiburg, N 356.

[2] Akten der Parteikanzlei, Microfiches 101 27255–272.

[3] Ebenda, Microfiches 307 00933; 107 01284–89; BA-MA Freiburg, RW 6/v. 156; Tagebuch Alfred Rosenbergs, S. 79 f.

[4] BA-MA Freiburg, RW 6/v.156, Hervorhebungen im Original.

[5] Streit, Keine Kameraden, S. 69–72.

[6] Vgl. Streit, Keine Kameraden, S. 72 ff. Der Befehl ist gedruckt in: „Unternehmen Barbarossa", S. 351–54.

[7] Streit, Keine Kameraden, S. 87 ff.

[8] Vgl. ebenda, S. 83–127; ders., Ostkrieg.

[9] Streit, Keine Kameraden, S. 231 f. Die Denkschrift Moltkes in: „Unternehmen Barbarossa", S. 355 f.

[10] Streit, S. 92 und 104 mit Anm. 125.

[11] Ebenda, S. 101 f.

[12] Ebenda, S. 105; Streim, Die Behandlung, S. 244.

[13] Streit, Keine Kameraden, S. 260–65, 257.

[14] Vgl. dazu Berghahn, NSDAP und 'geistige Führung'; Messerschmidt, Wehrmacht im NS-Staat, S. 306 ff.; Zoepf, Wehrmacht.

[15] BA-MA Freiburg, RW 6/v.157.

[16] Goebbels, Tagebücher, II, Bd. 10, S. 40 und 93 f.; Zoepf, Wehrmacht, S. 79.

[17] Koch, Volksgerichtshof, S. 526. Der „Führerbefehl" v. 22. 12. 1943 und weitere Dokumente bei Besson, NSFO.

[18] Protokoll der Besprechung in: Weinberg, Hitler und der NS-Führungsoffizier.

[19] Personalkarteikarte im IfZ München.

[20] BA-MA Freiburg, RW 6/v.587.

[21] Besson, NSFO, S. 113.

[22] BA Koblenz, R 22/4694. Nach den erhaltenen Akten des Volksgerichtshofs war Reinecke insgesamt an 112 Verfahren beteiligt, bei denen 185 Angeklagte abgeurteilt wurden, 50 davon zum Tode. Frau Gudrun Menze, Münster, danke ich für die Mitteilung dieses Ergebnisses ihrer Untersuchung.

[23] Stumpf, Wehrmachtelite, S. 348; Zoepf, Wehrmacht, S. 190.

[24] Ebenda, S. 362 ff. Der Aufruf in: BA-MA Freiburg, RH 53–3/37.

[25] Vgl. Trials, Bd. X und XI.

[26] Anfänge westdeutscher Sicherheitspolitik, Bd. 1, S. 672 f.

[27] Laut Personalkarteikarte war Reinecke „gottgläubig".

[28] Trials, Bd. XI, S. 651.

Bibliographische Hinweise

(Vgl. auch die weiteren Literaturangaben in der Gesamtbibliographie ab S. 290 ff.)

Ungedruckte Quellen

BA-MA Freiburg, N 356: weitgehend unergiebig; Pers 6/2484: Personalakte; von OKW/AWA sind im BA-MA Freiburg nur einige Aktensplitter erhalten; dort auch die Akten des OKW-Prozesses; IfZ München, Zs 1344/Reinecke.

Gedruckte Quellen und Literatur

Berghahn, Volker R.: NSDAP und 'geistige Führung' der Wehrmacht. In: VfZG 17 (1969), S. 17–71.

Messerschmidt, Manfred: Die Wehrmacht im NS-Staat. Hamburg 1969.

Streim, Alfred: Die Behandlung sowjetischer Kriegsgefangener im 'Fall Barbarossa'. Heidelberg 1981.

Streit, Christian: Keine Kameraden. Die Wehrmacht und die sowjetischen Kriegsgefangenen. Stuttgart 1978, Bonn ^{4}1997.

Ders.: Ostkrieg, Antibolschewismus und 'Endlösung'. In: Geschichte und Gesellschaft 17 (1991).

Weinberg, Gerhard L.: Adolf Hitler und der NS-Führungsoffizier. In: VfZG 12 (1964), S. 443–456.

Zoepf, Arne W.G.: Wehrmacht zwischen Tradition und Ideologie. Frankfurt a. M. 1988.

Wolfgang U. Eckart

Generalarzt Ernst Rodenwaldt

Ernst Robert Carl Rodenwaldt wurde am 5. August 1878 in Berlin als Sohn eines Gymnasialprofessors geboren. Sein für das Bildungsbürgertum des aufstrebenden Kaiserreichs typisches Elternhaus, die strenge Ausbildung am Berliner Köllnischen Gymnasium und der medizinisch-soldatische Drill auf der Militärärztlichen Akademie formten Charakter und Haltung des jungen Arztes, der im Januar 1903 sein medizinisches Staatsexamen bestand und im September des folgenden Jahres in Halle mit einer psychiatrischen Arbeit über »Aufnahmen des geistigen Inventars Gesunder als Maßstab für Defektprüfungen bei Kranken« promoviert wurde.

Rodenwaldt hatte bereits im Sommer 1897 als Einjährig-Freiwilliger im Garde-Füsilier Regiment zu Berlin den aktiven verkürzten Militärdienst aufgenommen und zugleich seine ärztliche Ausbildung an der Kaiser-Wilhelms-Akademie für das militärärztliche Bildungswesen begonnen. Während des Medizinstudiums gehörte er als Unterarzt dem 6. Thüringischen Infanterie-Regiment 95 an und war auch ein Jahr an die Charité kommandiert. Die militärische Karriere des 25jährigen Sanitätsoffiziers schien vorprogrammiert und sollte tatsächlich ohne Unterbrechungen zunächst bis zum August 1919 dauern. Kurzen Dienstzeiten als Assistenzarzt im Leibkürassier-Regiment „Großer Kurfürst“ sowie als Korpsarzt des III. Korps (1905–1907) folgte eine Ausbildung am Hamburger Institut für Schiffs- und Tropenkrankheiten in den Jahren 1907 bis 1910. Diese Kommandierung freilich war nicht „besondere Auszeichnung“[1], sondern zwingende Notwendigkeit, denn Rodenwaldt hatte sich beim Reichskolonialamt für eine Anstellung in den kaiserlichen Schutzgebieten beworben.

In Togo war Rodenwaldt zwischen 1909 und 1913 in Anecho, Lomé und Atakpame als Regierungsarzt tätig. Im Zusammenhang mit seinem Kolonialdienst hat sich Rodenwaldt gern selbst als hygienischer und sozialer Förderer auch der indigenen kolonialen Bevölkerung beschrieben,[2] tatsächlich hat sich der junge Kolonialarzt durch die Entwicklung der Hebammenausbildung in Togo besonders in sozialhygienischer Hinsicht bemüht. Überschätzt werden dürfen diese Aktivitäten nicht, denn sie waren doch eher von marginaler Bedeutung, und die wesentlichen Akzente deutscher regierungsärztlicher Tätigkeit in Togo wurden durch sie kaum beeinflußt, allenfalls ergänzt.[3] Sie lagen auf dem Feld der interventionistischen Seuchenbekämpfung. Zur Einführung eines vorsorgenden Gesundheitsdienstes für die schwarze Bevölkerung hat Rodenwaldt insgesamt wenig beigetragen. Daß der Regierungsarzt mit seiner ganzen Persönlichkeit auch hinter der durchaus gewalttätigen Kolonialherrschaft stand, kann in den Memoiren Rodenwaldts nachgelesen werden. Im Rahmen seiner unmittelbar fachbezogenen Tätigkeit als Impfarzt mußte der beamtete Regierungsarzt schwere Vorwürfe wegen unsachgemäßer Impfungen hinnehmen. Das gehäufte Auftreten von Pockenfällen in Togo trotz vorausgegangener Impfungen war häufig auf die bewußte Verwendung aufgrund mangelhafter Kühlung oder zu langer Tierpassagen unwirksamer Lymphrationen zurückzuführen. Besondere Vorwürfe trafen deshalb auch Rodenwaldt.[4]

In seinen umfangreichen Lebenserinnerungen hat Rodenwaldt der Kolonialzeit in Togo nur wenig Raum gewidmet. Gleichwohl ist gerade diese Episode seiner Biographie in der Nachkriegszeit immer gern zu hagiographischen Überhöhung des Hygienikers genutzt worden, denn unhinterfragt fügte sie sich ja auch tadellos in den Versuch, die Anfänge der deutschen Nachkriegsentwicklungshilfe in Afrika mit kolonialer Tradition zu verquicken,[5] die weit vor dem nationalsozialistischen Trauma lag.

Während des Ersten Weltkriegs war Rodenwaldt als Stabsarzt und hygienischer Berater der 5. kaiserlich-osmanischen Armee in Kleinasien tätig. Seine Arbeit wurde durch die ständige Konfrontation mit osmanischen Hygiene- und Verpflegungsvorschriften, die der deutsche Stabsarzt für „alte Zöpfe" hielt, extrem erschwert.[6] Nach dem militärischen Zusammenbruch des Osmanischen Reichs (31. Oktober 1918) blieb Rodenwaldt noch bis Mitte 1919 in einer dem Majorsrang vergleichbaren Stellung. Seine Erfahrungen hat er 1921 in dem populär gehaltenen Bericht »Seuchenkämpfe«[7] niedergeschrieben. Die wissenschaftliche Auswertung seiner Malariastudien hatte ihm wenige Monate nach der Rückkehr aus Kleinasien die Habilitation[8] für das Fach Hygiene in Heidelberg ermöglicht. Am 10. Oktober 1919 wurde ihm die Beibehaltung des in preußischen Diensten für seine Kolonialtätigkeit erlangten Professorentitels gestattet.

Der ehemalige Kolonialarzt verspürte offenbar wenig Neigung, in der bedrückenden Nachkriegszeit in Deutschland, das überdies seiner Kolonien verlustig gegangen war, seine Karriere fortzusetzen. Es zog ihn wieder hinaus in den Kolonialdienst. Zwischen 1921 und 1934 war er in niederländischen Diensten in Ostindien tätig, zunächst als Leiter der kolonialen Malariabekämpfung, dann als Inspektor des Volksgesundheitsdienstes in Ostjava und schließlich von 1932 bis 1934 als Direktor des hygienischen Zentrallaboratoriums (Eijkman-Institut für Volksgesundheit) in Batavia (heute: Djakarta, Indonesien).

Die niederländische Kolonialzeit muß mit 39 Publikationen zweifellos als eine der wissenschaftlich produktivsten des Hygienikers gewertet werden.

Dort wendet sich der karriereorientierte Rodenwaldt der boomenden Eugenik zu und propagierte immer deutlicher die Rassenhygiene als deren praktisches Instrument. Daß er sich damit zugleich einer radikalen Bevölkerungspolitik öffnete, die besonders von der politischen Rechten instrumentalisiert wurde, hat Rodenwaldt möglicherweise nicht in ganzer Tragweite realisiert. Beeinflußt[9] von den Arbeiten Wilhelm Schallmeyers und Eugen Fischers, wandte sich Rodenwaldt der Bastardisierungsfrage am Beispiel der »Mestizen von Kisar« zu, über die er 1927 eine zweibändige Darstellung publizierte. Wie für Fischer, so gilt auch für Rodenwaldt, daß deren frühe Bastardisierungsstudien einerseits die Gültigkeit der Mendelschen Regeln für den Menschen belegen konnten und damit von wissenschaftlich unzweifelhaftem Wert waren, gleichzeitig aber auch in ihrer rassistischen Diktion entscheidende Ausgangspunkte einer Forschungsrichtung markierten, deren reduktionistisch wertende Rassenkunde der nationalsozialistischen Bevölkerungs- und Rassenideologie und -politik die entscheidende Legitimationsbasis lieferte.

Seine ostindischen Rassenforschungen haben Rodenwaldt zu einem enthusiastisch überzeugten Gegner jeglicher Rassenmischung werden lassen, eine persönlichkeitsprägende Obsession, die ihn bis unmittelbar vor seine amerikanischen Kriegsgefangenschaft im März 1945 gefangen hielt, dann aber aus erklärlichen Gründen unterdrückt wurde. In die Auslandsorganisation der NSDAP trat Rodenwaldt am 1. März 1932 in Batavia ein. Die NSDAP, der er bis zum 25. Februar 1933 angehörte,[10] entsprach seinen radikalen Vorstellungen zur Rassentrennung, widerstrebte ihm andererseits aber – zumindest *ex post* im Verhör als Kriegsgefangener[11] und in der späteren Autobiographie[12] – wegen ihrer antiintellektuellen Primitivität und wegen der Unvereinbarkeit der meisten ihrer Inhalte mit seiner entschieden römisch-katholischen Überzeugung. Daß gerade eine solche Haltung seinen rassistischen Ansichten nicht entgegenstand, ist immerhin bemerkenswert. Der spontane Parteiaustritt im Februar 1933 war in erster Linie Ausdruck der Verärgerung über den Versuch der NSDAP, politisch auf den 1919 gegründeten 'Bund der Auslandsdeutschen' einzuwirken,[13] dem er in führender Position angehörte.

Aber auch ohne Parteimitgliedschaft nahm Rodenwaldt eine nicht unbedeutende Stellung im 'Dritten Reich' ein: 1934 als Ordinarius für Hygiene in Kiel, 1935 auf dem Hygienelehrstuhl in Heidelberg, Leiter des dortigen Medizinaluntersuchungsamtes, Sachverständiger für erbbiologische Gutachten und in der Funktion eines Generalarztes als tropenhygienischer Berater der Heeresführung sowie als Leiter des Tropenmedizinischen Instituts der Militärärztlichen Akademie. Rodenwaldt verkörperte die Persönlichkeit des intellektuellen, militaristischen Fanatikers der Rassentrennung, der sich auch in akademischer Umgebung gern als „Herr General" anreden ließ. Es läßt sich heute nicht mehr klären, ob seine im privaten und engsten Kollegenkreis angeblich schon vor 1945, vernehmlich aber erst nach dem Fall des Regimes vorgetragene Distanz zum Nationalsozialismus eher intellektuell-militärischer Koketterie oder innerer Überzeugung entsprach. Ebenso gern aber, wie er sich als General vom 'Scheitel bis zur Sohle' gerierte, war er doch in einer für seine Zeit bereits gedanklich recht einfachen und wenig wissenschaftlichen Weise Rassenanthropologe und ideologischer Rassist vom Scheitel bis zur Sohle. Genau damit aber fügte er sich in die unintellektuelle rassenhygienische Strömung des nationalsozialistischen Regimes seiner Zeit und betrieb so nolens volens die Hoffähigkeit des Systems. Rodenwaldts 'wissenschaftliche' Äußerungen jener Jahre sind an Deutlichkeit unüberhörbar. So betrachtete der Heidelberger Hygieniker die „Rassenmischung" prinzipiell als „ein Risiko für jede menschliche Gemeinschaft von der Familie bis zum Nationalstaat"[14]; die Reinerhaltung besonders des deutschen Blutes war ihm oberstes Gesetz.[15] Gebetsmühlenartig wiederholte Rodenwaldt seine Auffassung von der Minderwertigkeit des Rassenmischlings, dessen Existenz von Glücklosigkeit[16] und „vollkommener Wurzellosigkeit" geprägt sei. Die „Pflicht biologischer Staatsführung" und „menschlicher Ethik" verlange „zu verhindern, daß Menschen entstehen, die sich selbst und anderen zur Last leben und niemals den vollen Wert einer Persönlichkeit zu gewinnen imstande" seien.[17] Daß der Heidelberger Hygieniker die deutsche „Rassengesetzgebung"[18], besonders aber die „Durchführung des Gesetzes zum Schutze des deutschen Blutes und der deutschen Ehre"[19] als etwas „Selbstverständliches"[20] verlangte, überrascht nicht; ob der Hygieniker realisiert hat, daß er mit solchen Auffassungen zugleich einen nationalsozialistischen Antisemitismus geistig stützte, der Millionen in die Gaskammern trieb, steht dahin.

Erfolgreich war Ernst Rodenwaldts Lehrbuch »Tropenhygiene«, das 1941 bereits in zweiter Auflage erschien und gar als unentbehrlich im Hinblick „auf die zukünftige koloniale Tätigkeit Deutschlands"[21] besprochen wurde. Ebenso richtungweisend – auch im Sinne der NS-Ideologie – war die zusammen mit Heinz Zeiss[22] verfaßte »Einführung in die Hygiene und Seuchenlehre«[23] und das »Handbuch der Erbbiologie des Menschen« von 1940. Dort heißt es: „Bedarf es noch vieler Worte, wie einer Rassenzersetzung vorzubeugen, wie eine schon begonnene Zersetzung behoben werden kann durch Neuaufbau? Doch nur durch eine bewußte Gestaltung der biologischen Zukunft seines Volkes! Ausschaltung aller entarteten Rassenelemente von der Fortpflanzung, Förderung aller wertvollen, Schließen des Tors für das Einströmen fremder Rassenelemente, ihre Ausscheidung aus dem Volkskörper, soweit das noch möglich ist [...]."[24]

Als Vorbereitung der von Rodenwaldt geforderten Anwendung der NS-Rassengesetze auf die neuen Kolonialgebiete in Afrika und im pazifischen Raum legte das Kolonialpolitische Amt der NSDAP am 7. Oktober 1940 der Reichskanzlei den Entwurf eines „Kolonialblutschutzgesetzes“[25] vor, der die Handschrift Rodenwaldts stark vermuten läßt. Der Gesetzentwurf stand klar für eine an rassenbiologischen Prinzipien orientierte Gestaltung der neuen Kolonialpolitik, so, wie sie von keinem nachdrücklicher als von Ernst Rodenwaldt propagiert worden war.

Immerhin gab es aber auch ohne die Rückeroberung des deutschen Kolonialbesitzes konkrete Probleme im Rodenwaldtschen Sinne. Mit den besetzten Niederlanden terrorisierte das NS-Regime bereits eine Kolonialmacht, die zugleich eine ‘Mischlingspopulation’ von erheblichem Umfang aufwies. Wie man mit unerwünschten Mischlingskindern umgehen konnte, hatte die brutale Zwangssterilisierung der sogenannten Rheinlandbastarde, farbige Besatzungskinder, die während der alliierten Besetzung des Rheinlandes und einiger rheinischer Großstädte nach 1920 gezeugt worden waren, 1937 bereits gezeigt.[26] Eine vergleichbare Aktion plante die SS-Leitung auch in den seit 1940 besetzten Niederlanden. Vom Rassenpolitischen Amt der NSDAP wurde Rodenwaldt in Vorüberlegungen zur Sterilisation der gesamten indoeuropäischen Bevölkerung in den besetzten Niederlanden einbezogen. Seine pragmatische Ablehnung dieses Plans der SS-Leitung in „Holland“ begründete der „Sachverständige für erbbiologische Gutachtenerstattung“ in seiner Autobiographie (1957) mit Hinweis „auf die zahllosen Verflechtungen dieser Menschen gemischten Blutes in Indien mit deutschen Familien“[27], die das Vorhaben von vornherein undurchführbar erscheinen ließen.

Für Rodenwaldt stand allerdings generell fest, daß die Tropenmedizin nun eine ausschließlich rassenbiologisch orientierte Medizin sein und dem kolonisierenden Europäer drei „Probleme“ lösen müsse, nämlich erstens, „als Individuum und als Rasse in tropischem Klima leben und gedeihen zu können“, dann, „die biologische Zukunft der seinem Schutz anvertrauten eingeborenen Völker zu sichern“ und schließlich drittens, „eine klare Entscheidung über die Regelung der biologischen Beziehungen zwischen der kolonisierenden europäischen Rasse und den Rassen der Eingeborenen“ zu treffen. Hier sei die „Durchführung“ der deutschen „Rassengesetzgebung etwas Selbstverständliches“.[28]

Ernst Rodenwaldt gilt zudem als einer der Begründer der sogenannten Geomedizin.[29] Diese geographisch, anthropologisch und politisch orientierte Betrachtungsweise seuchenhygienischer Problemstellungen orientierte sich zunächst an der in den frühen zwanziger Jahren durch den Münchener Geographen Karl Haushofer geprägten Geopolitik. Während die Geopolitik deterministisch die sozialdarwinistisch gefärbte These von der Raumbedingtheit der Politik vertrat und nach dem Ersten Weltkrieg besonders von der extremen politischen Rechten agitatorisch vertreten wurde, betonte die Geomedizin die räumliche und zeitliche Abhängigkeit der Entstehung und Ausbreitung von Krankheiten vom geographischen Milieu (Klima, Landschaft, Ökosystem, Kultur, Geschichte), wobei rassenanthropologische Gesichtspunkte stark eingebunden waren. Ihre Brisanz erhielt die Wiederauflage der Geomedizin im nationalsozialistischen Deutschland besonders aus der Verquickung mit den eigentümlichen Blut-, Raum- und Bodenvorstellungen der NS-Volkskunde. Daß Rodenwaldt und sein als medizinischer Kundschafter in der Sowjetunion tätiger Kollege und Schüler Heinz Zeiss besondere Affinitäten zu den Zusammenhängen von Medizin und Raum entwickelten, überrascht wenig, und daß eine an der ideologischen Metapher »Volk ohne Raum« orientierte NS-Politik bei der Eroberung neuer Räume besonders an Zusammenhängen von Raum und Gesundheit stark interessiert sein mußte, liegt auf der Hand. Mit dem zunehmenden Verlust eroberter Räume in den letzten Kriegsjahren verblaßte aber die innovative Ausstrahlung der Trenddisziplin Geomedizin zunehmend.

Ernst Rodenwaldt hat nach 1945 auf der Grundlage der alten Richtung, aber unter Verzicht auf die bis 1945 gepflegte rassenanthropologische Terminologie sowie unter peinlichst genauer Vermeidung jeden Hinweises auf Beziehungen zur Haushoferschen, d. h. zur nationalsozialistischen Geopolitik versucht, die Geomedizin als eigenständige Forschungsrichtung weiterzuentwickeln. Als Senior Author der Hygieneabteilung des von der Militärregierung der drei westlichen Besatzungsmächte in Auftrag gegebenen „FIAT [Field Information Agency, Technical] Review of German Science" hat Rodenwaldt der geomedizinischen Orientierung eine unangemessen – aus seiner Biographie freilich verständlich – große Repräsentanz eingeräumt. Rodenwaldt mühte sich, seine „Geomedizin" auch den neuen Machthabern im harmlosen Gewande[30] schmackhaft zu machen. Ohne viel Erfolg in England, Frankreich oder den USA, wie es scheint; in Heidelberg indessen blühte die alte Forschungsorientierung im neuen terminologischen und konzeptionellen Gewande weiter. Die Heidelberger Akademie der Wissenschaften förderte sie in einer eigenen Arbeitsstelle von der Nachkriegszeit bis 1997.

1933, als es um die Stelle des Direktors des Hamburger Instituts für Schiffs- und Tropenkrankheiten ging, scheiterte Rodenwaldt mit seiner Bewerbung. Statt dessen trat er am 18. September 1934 das vergleichsweise geringerwertige Ordinariat für Hygiene in Kiel an, um gut ein Jahr später die Leitung des Hygieneinstituts der Heidelberger Universität als Ordinarius zu übernehmen.

Rodenwaldt behielt diese Position – freilich nicht im gleichen Dienstverhältnis – bis 1951. Die Entfachung des Zweiten Weltkrieges durch den deutschen Überfall auf Polen eröffnete Rodenwaldt den Wiedereinstieg in seine militärische Karriere. Im August 1939 wurde der Einundsechzigjährige Oberstabsarzt im Heeresdienst, im Februar 1940 avancierte er zum Leiter des Tropenmedizinischen Instituts an der Militärärztlichen Akademie[31] und zum Beratenden Sanitätsoffizier für Tropenhygiene; 1941 wurde er Oberfeldarzt, 1942 Oberstarzt und 1943 schließlich Generalarzt. Als beratender Tropenhygieniker im Dienst des im Nürnberger Ärzteprozesses 1947 zu lebenslänglicher Haft verurteilten Chefs des Wehrmachtsanitätswesens und Heeres-Sanitäts-Inspekteurs, Generaloberstabsarzt Siegfried Handloser, führten Rodenwaldts Einsätze nach Frankreich, wo ihm bei Bordeaux ein kolonialmedizinisches Sonderlazarett unterstand, in die Niederlande und nach Belgien, nach Italien, auf den Balkan und nach Nordafrika. Dabei interessierten den Geomediziner neben rassenhygienischen und Mischlingsproblemen vor allem Zusammenhänge zwischen Geomorphologie und Malaria. Besonderes Augenmerk wurde 1943/44 den malariaverseuchten Regionen um Monte Cassino zuteil. Italienische Malariahistoriker gehen derzeit Anhaltspunkten nach, die darauf hinweisen, daß Rodenwaldt und sein Mitarbeiter Erich Martini an konkreten Plänen zur waffentechnisch unterstützten Ausnutzung der Malariasituation um Monte Cassino im Sinne einer biologischen Kriegführung gearbeitet haben. Solche Aktivitäten scheinen heute möglicherweise unter dem Zwang militärischer Notwendigkeiten erklärlich, sie standen aber auch für eine neue politisch-wissenschaftliche Orientierung der Tropenmedizin schlechthin.

Bis in die letzte Kriegsphase teilte Rodenwaldt seine Aufmerksamkeit in militärische Forschungsinteressen in Bad Nauheim und akademische Lehr- und Forschungsverpflichtungen in Heidelberg. In Bad Nauheim, wohin das Tropenmedizinische Institut der Militärärztlichen Akademie kriegsbedingt umgezogen war, kreiste die Forschungsthematik zunächst kolonialrevisionistisch, immer stärker aber kriegsnotwendig orientiert, um „Protozoologie, Helmithologie und Klimatologie in Verbindung mit der pathologischen Anatomie“[32]. In Heidelberg waren die Forschungsziele eher an den gesundheitlichen Problemen der Zivilbevölkerung im totalen Krieg orientiert; Ruhr, Diphtherie und Ernährungsfragen standen im Vordergrund.

Aber auch die rassenanthropologisch und völkerpsychologischen Neigungen des Generalarztes sollten nicht zu kurz kommen. Noch im Wintersemester 1944/45 wurde in Heidelberg eine Ringvorlesung über „Japan und Deutschland“ zusammengestellt. Den letzten Vortrag in dieser Reihe hielt Rodenwaldt am 26. Februar 1945, wenige Wochen vor seiner Gefangennahme durch amerikanische Befreiungstruppen und insgesamt in einer historisch extrem bizarren Situation über „Das Hindu-Javanische Reich Madjapait“.

Wenige Wochen nach seinem Heidelberger Vortrag begann im März 1945 für Rodenwaldt die Nachkriegszeit in amerikanischer Kriegsgefangenschaft. Ein vermutlich Ende März von Major Paul Kubala mit dem Gefangenen geführtes und am 13. April 1945 niedergeschriebenes Verhör[33] erstreckte sich auf die Karrieredaten, Fragen der biologischen Kriegführung, auf Humanexperimente und Nuklearversuche sowie auf die Organisation der Wehrmachtsanitätsinspektion. Bemerkenswert ist die sofortige Bereitschaft Rodenwaldts, sich mit seinen hygienischen Forschungen uneingeschränkt unter amerikanischen Befehl zu stellen.

Über die von Rodenwaldt im Zusammenhang mit 'wehrgeographischen' Wasserforschungen im Kraichgau unternommenen Studien fiel kein Wort, auch nicht über seine Tätigkeit im Sonderlazarett für afrikanische Kriegsgefangene nahe Bordeaux. Hingegen wußte er von Malariastudien des „SS Ahnenerbe" und vermutete richtig, daß in deren Versuchsstationen auf dem Gebiet der biologischen Kriegführung experimentiert worden war.

Obwohl die allgemeine Charakteristik Rodenwaldts am Beginn des Verhörprotokolls durchaus positiv ausfiel,[34] scheinen die Amerikaner doch nicht ganz von der Aufrichtigkeit ihres Gesprächspartners überzeugt gewesen zu sein, denn sie ließen ihn insgeheim abhören. In einem am 21. April 1945 aufgezeichneten Gefängnisgespräch[35] rühmte sich Rodenwaldt seiner kurz vor dem Abschluß stehenden tropenmedizinischen Experimente und seiner Tätigkeit in einem „Neger-Gefangenenlager" (1940) bei Bordeaux im besetzten Frankreich. Angesichts des unmittelbar bevorstehenden Zusammenbruchs des Reichs, der völligen Zerstörung nicht nur der nordbadischen Industrieregion, des Wissens um die verbrecherische Dekadenz der nationalen und regionalen NS-Führungsschicht und des Wissens um die ambivalente eigene Haltung gegenüber dem untergehenden System und der amerikanischen Besatzungsmacht klingen die in der Zelle mitgeschnittenen Auslassungen Rodenwaldts auf eine bizarre Weise kulturimperialistisch und trotzig-arrogant zugleich. Demnach pries er die kulturelle Überlegenheit des deutschen Volkes und war zutiefst überzeugt, daß Deutschland nach 25 oder 50 Jahren wieder eine große Nation sein würde. Amerika hingegen sei ohne Kultur und barbarisch.[36]

Am 31. Oktober 1945 wurde Ernst Rodenwaldt gemäß Erlaß der amerikanischen Militärregierung wegen nationalsozialistischer Belastung seiner Ämter als Ordinarius für Hygiene und Direktor des Heidelberger Hygiene-Instituts entlassen, nachdem die am 31. März 1945 geschlossene Universität Mitte August ihren Betrieb wiederaufgenommen hatte. Doch die Universitätstore sollten nicht lange für Rodenwaldt geschlossen bleiben. Bereits im November 1948 wurde ihm von der Medizinischen Fakultät ein Lehrauftrag für das Fach Hygiene erteilt. Rodenwaldt, nicht zuletzt durch die

Hilfe seines jungen Fakultätskollegen Wilhelm Doerr[37] rehabilitiert, war wieder auf dem alten Posten, wenngleich nicht in alter Stellung. Am 27. November 1951 wurde er dreiundsiebzigjährig aus Altersgründen entpflichtet.

Rodenwaldt gelang es in der Nachkriegszeit, auch ohne das alte Ordinariat schnell wieder die Akzeptanz der Alliierten, des Fachpublikums und der konservativen akademischen Öffentlichkeit in Heidelberg zu gewinnen. Die Westalliierten betrauten ihn bald nach Ende der Kriegsgefangenschaft mit der Herausgabe der drei Hygienebände des „Fiat review of German science 1939–1946“. Daß der gesamte FIAT-Report und mithin seine Hygiene-Bände Teil einer durchaus erfolgreichen Besatzungsstrategie der Abschöpfung militärwissenschaftlicher Forschungsergebnisse auf den Forschungsfeldern Biologie, Chemie, Mathematik, Medizin, Physik und Geographie war, dürfte Rodenwaldt kaum verborgen geblieben sein. Die spannende Frage, welche Formen der wissenschaftlichen Camouflage einerseits in diesen Berichten gepflegt wurden und wo sie andererseits der Profilierung und Karrieresicherung unter neuen politischen Verhältnissen dienten, harrt bislang der Bearbeitung.

Publizistisch trat Rodenwaldt nach den FIAT-Bänden (1948) bereits 1949 mit seinem Lehrbuch der »Hygiene in ihren Grundzügen« hervor. Sein Standardwerk der ersten Nachkriegsjahre »Lehrbuch der Hygiene« erschien 1951. Daß darin antisemitischen Tönen und der vor 1945 so deutlich betonten Rassenhygiene und Mischlingsideologie kein Raum mehr gewidmet wurde, ist verständlich. Im Jahre 1952 gelang es Rodenwaldt, die Gründung der Geomedizinischen Forschungsstelle der Heidelberger Akademie der Wissenschaften zu veranlassen; er verfolgte hier erfolgreich seinen alten Plan einer kartographischen Darstellung der Seuchenbewegungen, und tatsächlich konnte er zusammen mit seinem Schüler Helmut Jusatz von 1952 bis 1961 den dreibändigen Welt-Seuchen-Atlas herausgeben. Der Wert dieses ebenso großformatigen wie anspruchvollen Werkes hinsichtlich der ‘Seuchen’-Epidemiologie kann und soll an dieser Stelle nicht diskutiert werden.

Ernst Rodenwaldt engagierte sich in der 1950er und frühen 1960er Jahren auch im Rahmen der jungen deutschen Entwicklungshilfemedizin, sei es als Referent bei Tagungen der Deutschen Stiftung für Entwicklungsländer oder der Gesundheitskommission der Deutschen Gesellschaft für die Vereinten Nationen, sei es als Gutachter für den Entwicklungsdienst, sei es im wissenschaftlichen Beirat des Bundesministeriums für wirtschaftliche Zusammenarbeit unter Walter Scheel.[38]

Heute erinnern die Namen zweier Hygiene-Institute noch an Ernst Rodenwaldt. 1967 hatte das nationale Hygiene-Institut der Republik Togo den

Namen Rodenwaldts angenommen. Anläßlich des 100. Geburtstags Rodenwaldts enthüllten der damalige Würzburger Ordinarius für Hygiene, Heinz Seeliger, zusammen mit dem Tropenmediziner und Oberstarzt der Bundeswehr, K. Schaller, am 5. August 1978 in Lomé sogar ein Rodenwaldt-Relief. Dem Institut für Wehrmedizin und Hygiene der Bundeswehr in Koblenz wurde am 15. Dezember 1967 gleichfalls der Name Ernst-Rodenwaldt-Institut verliehen. Mit der Benennung des Koblenzer Bundeswehrinstituts habe die „Deutsche Bundeswehr" einen Sanitätsoffizier geehrt, „der nicht wechselnden Ideologien gefolgt, sondern dem des Heilberufes, humanitär zu wirken, treu geblieben"[39] sei.

Ernst Rodenwaldt soll, so der Schüler und Biograph Helmut Jusatz, sein Gesamtwerk einem selbstgewählten Lebensspruch gewidmet haben: „Nichts ist vergebens getan, was tief erlebt wurde".[40] Was aber wurde tief erlebt, was blieb für die Zukunft?

Anmerkungen

1 Jusatz, Ernst Rodenwaldt in memoriam, S. 148ff., hier S. 148.

2 Rodenwaldt, Tropenhygiene, Vorwort: „Man kann keine Europäerhygiene in den Tropen treiben, ohne gleichzeitig für die Bevölkerung des Landes die gleichen Ziele anzustreben [...]."

3 Sebald, Togo 1884–1914, S. 734.

4 Paschen, Bericht über die Reise zur Erforschung und Bekämpfung der Pocken in Togo, S. 26; Rodenwaldt, Medizinal-Berichte über die Deutschen Schutzgebiete, S. 490.

5 Vgl. Schulze, Deutsche Ärzte in Togo, S. 1000–1079, 1145–1147.

6 Vgl. Rodenwaldt (mit Heinrich Zeiss), Malariastudien im Wilajet Aïdin, S. 97–128.

7 Rodenwaldt, Seuchenkämpfe. Vgl. zusammenfassend auch Becker, Äskulap zwischen Reichsadler und Halbmond, S. 130–139.

8 Rodenwaldt, Zur Frage der Chininresistenz, S. 555–602.

9 Rodenwaldt, Das Rassenmischlingsproblem, S. 70–73, hier 70f.

10 BA Berlin (ehemaliges BDC), Personalakte Rodenwaldt. NSDAP-Eintritt: 1. März 1932 (Mitgl.-Nr. 914.994); NSDAP-Austritt: 25. Februar 1933.

11 Vgl. BA Koblenz, FC 6178 P, 2: Aliierter Prozeß 1, Bd.2, Seventh Army Interrogation Center, US Army, APO 758, 13. April 1945, Protokoll: Paul Kubala (1945) (weiterhin zitiert als BA Koblenz, FC 6178 P, 2: Verhör Rodenwaldt 1945).

12 Vgl. Rodenwaldts Autobiographie: Ein Tropenarzt erzählt sein Leben.

13 BA Koblenz, FC 6178 P, 2: Verhör Rodenwaldt 1945, S. 1.

14 Rodenwaldt, Vom Seelenkonflikt des Mischlings, S. 364–375, hier S. 374.

15 Rodenwaldt, Wie bewahrt der Deutsche die Reinheit seines Blutes, S. 623–628.

16 Rodenwaldt, Rassenbiologische Probleme in Kolonialländern, S. 1029–1032.

17 Rodenwaldt, Das Rassenmischlingsproblem, S. 73.

[18] Rodenwaldt, Rassenbiologische Probleme in Kolonialländern, S. 1–17, hier S. 17.

[19] Ebenda, S. 1031.

[20] Rodenwaldt, Rassenhygiene und Kolonialpolitik, S. 180–185.

[21] S. Müller [Rezension], in: Hippokrates 12 (1941) [unpag. Rezensionsteil].

[22] Zeiss, Heinrich (12. 7. 1888 Frankfurt a.M. bis 31. 3. 1949 Vladimir/UdSSR). Vgl. Paul Weindlings Beitrag in: Ärztelexikon; zur Tätigkeit Zeiss' in der Sowjetunion vgl. Medizin und auswärtige Kulturpolitik der Republik von Weimar, S. 105–142.

[23] Zeiss/Rodenwaldt, Einführung in die Hygiene und Seuchenlehre, bes. S. 34f.

[24] Rodenwaldt, Allgemeine Rassenbiologie, S. 645–678, hier S. 671.

[25] BA Koblenz, R 2/4965: Kolonialpolit. Amt der NSDAP, v. Asmis, an Reichsfinanzministerium, 7. Oktober 1940, Anlage: Entwurf eines Kolonialblutschutzgesetzes.

[26] Pommerin, Rheinlandbastarde.

[27] Vgl. Rodenwaldt, Ein Tropenarzt erzählt sein Leben, S. 411.

[28] Rodenwaldt, Rassenbiologische Probleme in Kolonialländern, S. 1029–1032, hier S. 1029 u. 1031.

[29] Vgl. Zeiss, Geomedizin; Rodenwaldt, Geomorphologische Analyse, S. 375–381; Jusatz, Ernst Rodenwaldt als Begründer, S. 23ff.

[30] Rodenwaldt, Geomedizin, S. 65–73.

[31] Nicht Leiter des „Kolonialmedizinischen Instituts", wie bei Roth, Von der Tropenheilkunde zur 'Kolonialmedizin', S. 123–130, bes. S. 127 angegeben.

[32] BA Koblenz, R 73/14014, DFG: Rodenwaldt an den Bevollmächtigten für Seuchenforschung im Reichsforschungsrat, Generalarzt Prof. Dr. Schreiber, 18. 12. 1944.

[33] BA Koblenz, FC 6178 P, 2: Verhör Rodenwaldt 1945.

[34] In der einleitenden Charakteristik heißt es: „Dr RODENWALD [sic!] is a 66-year old HEIDELBERG University professor who is acquainted with leading medical scientists throughout the world. He appears to have an open, honest character, and to abhor falsehood. Although he admires HITLER's social policy, he disagrees with most of the National Socialist principles because of his religious beliefs (Roman Catholic) and his humanitarian sentiments, and he cannot understand why the German leaders do not stop the war, since it is obviously lost for Germany. Nevertheless he still considers himself bound to the present government by his military oath of allegiance to HITLER."

[35] BA Koblenz, Filmrolle SAIC/X/2: Medical and other scientific experiments, 21. April 1945 , 9 S. Tonbandprotokoll.

[36] Ebd., S. 8.

[37] Persönliche Mitteilung Wilhelm Doerrs vom 21. Januar 1994.

[38] Jusatz, Ernst Rodenwaldt zum 85. Geburtstag, S. 1569f.

[39] Knoche, Begründer der Geomedizin Ernst Rodenwaldt vor 100 Jahren geboren (zitiert nach Sonderdruck).

[40] Jusatz, Ernst Rodenwaldt in memoriam, S. 150.

Bibliographische Hinweise

(Vgl. auch die weiteren Literaturangaben in der Gesamtbibliographie ab S. 290ff.)

Ungedruckte Quellen

BA Berlin (ehem. BDC): Personalakte Rodenwaldt; BA Koblenz, FC 6178 P, 2: Alliierter Prozeß 1, Bd. 2.

Gedruckte Quellen und Literatur

Ärztelexikon. Hrsg. v. Wolfgang U. Eckart und Christoph Gradmann. München 1995.

Becker, Helmut: Äskulap zwischen Reichsadler und Halbmond. Sanitätswesen und Seuchenbekämpfung im türkischen Reich während des Ersten Weltkriegs. Herzogenrath 1990.

Eckart, Wolfgang U.: Medizin und auswärtige Kulturpolitik der Republik von Weimar–Deutschland und die Sowjetunion 1920–1932. In: Medizin in Geschichte und Gesellschaft 11 (1993), S. 101–142.

Jusatz, Helmut J.: Ernst Rodenwaldt in memoriam. In: Ruperto-Carola 38 (1965), S. 148–150.

Ders.: Ernst Rodenwaldt (1878–1965) als Begründer der geomedizinischen Forschung. In: Heidelberger Jahrbücher 14 (1970), S. 23–25.

Ders.: Ernst Rodenwaldt zum 85. Geburtstag. In: Deutsche Medizinische Wochenschrift 88 (1963), S. 1569–1570.

Knoche, Bernhard: Begründer der Geomedizin Ernst Rodenwaldt vor 100 Jahren geboren. In: Der Deutsche Apotheker 30 (1978), H. 9, S. 481–484.

Paschen, Enrique: Bericht über die Reise zur Erforschung und Bekämpfung der Pocken in Togo im Auftrage des Reichskolonialamts. In: Beihefte zum Archiv für Schiffs- u. Tropenhygiene 16 (1912), S. 26.

Pommerin, Reiner: „Sterilisierung der Rheinlandbastarde“. Das Schicksal einer farbigen deutschen Minderheit 1918–1937. Düsseldorf 1979.

Rodenwaldt, Ernst: Medizinal-Berichte über die Deutschen Schutzgebiete Deutsch-Ostafrika, Kamerun, Togo, Deutsch-Südwestafrika, Neu-Guinea, Karolinen, Marshall-Inseln und Samoa für das Jahr 1910/11. Berlin 1913.

Ders. (mit Heinrich Zeiss): Malariastudien im Wiljet Aïdin (Kleinasien). In: Archiv für Schiffs- u. Tropenhygiene 16 (1912).

Ders.: Seuchenkämpfe. Bericht des beratenden Hygienikers der V. kaiserlich-osmanischen Armee. Heidelberg 1921.

Ders.: Vom Seelenkonflikt des Mischlings. In: Zeitschrift für Morphologie und Anthropologie 34 (1934), S. 364–375.

Ders.: Ein Tropenarzt erzählt sein Leben. Stuttgart 1957.

Ders.: Das Rassenmischlingsproblem. In: Beiheft zum Reichs-Gesundheitsblatt Nr. 52, 1938, S. 70–73.

Ders.: Wie bewahrt der Deutsche die Reinheit seines Blutes in Ländern mit farbiger Bevölkerung. In: Der Auslandsdeutsche 19 (1936), S. 523–628.

Ders.: Rassenbiologische Probleme in Kolonialländern. In: Deutsche medizinische Wochenschrift 65 (1939), S. 1029–1032.

Ders.: Geomedizin. In: Fiat Review of German Science 1939–1946, Hygiene, Part I, Wiesbaden 1948, S. 65–73.

Ders.: Rassenbiologische Probleme in Kolonialländern. In: Verhandlungen der Deutschen Gesellschaft für Rassenforschung 10 (1940), S. 1–17.

Rodenwaldt, Ernst: Allgemeine Rassenbiologie des Menschen. In: Handbuch der Erbbiologie des Menschen. Hrsg. v. Günther Just mit Karl Heinrich Bauer u. a., Berlin 1940, S. 645–678.

Ders.: Geomorphologische Analyse als Element der Seuchenbekämpfung. In: Hippokrates 6 (1935), S. 375–381.

Ders.: Rassenhygiene und Kolonialpolitik. Nationalsozialistische Rassenerkenntnis als Grundlage für die koloniale Betätigung des neuen Europas. In: Deutscher Kolonialdienst 4 (1939), S. 180–185.

Roth, Karl Heinz: Von der Tropenheilkunde zur „Kolonialmedizin". In: Heilen und Vernichten im Mustergau Hamburg. Hrsg. v. Angelika Ebbinghaus, Heidrun Kaupen-Haas und K. H. Roth, Hamburg 1984, S. 123–130.

Schulz, E.: Leben und Werk des Hygienikers Martin Hahn (1865–1934). Diss. med. Erfurt 1986.

Schulze, Wilhelm: Deutsche Ärzte in Togo. Entwicklungshilfe mit Tradition. In: Deutsches Ärzteblatt 70 (1973), S. 1000–1079, 1145–1147.

Sebald, Peter: Togo 1884–1914. Eine Geschichte der deutschen „Musterkolonie" auf der Grundlage amtlicher Quellen. Berlin 1988.

Sieger, Robert: Geopolitik. In: Politisches Handwörterbuch. Hrsg. v. Paul Herre, Bd. 1, Leipzig 1923, S. 690.

Ders.: Staatenkunde. In: Politisches Handwörterbuch. Hrsg. v. Paul Herre, Bd. 2, Leipzig 1923, S. 667.

Stieve, Friedrich: Kjellen. In: Politisches Handwörterbuch. Hrsg. v. Paul Herre, Bd. 1, Leipzig 1923, S. 953.

Wulf, Stefan: Das Hamburger Tropeninstitut 1919 bis 1945 – Auswärtige Kulturpolitik und Kolonialrevisionismus nach Versailles. Berlin/Hamburg 1994.

Zeiss, Heinz: Ernst Rodenwaldt. Einführung in die Hygiene und Seuchenlehre. Stuttgart [5]1943.

Ders.: Geomedizin (geographische Medizin) oder medizinische Geographie? In: Münchner medizinische Wochenschrift 78 (1931), S. 198–201.

Ders.: Die zukünftige Aufgabe einer deutschen Volkskunde. In: Archiv für Bevölkerungswissenschaft 5 (1935).

Detlef Vogel

Generalfeldmarschall Gerd von Rundstedt

Gerd von Rundstedt wurde am 12. Dezember 1875 in Aschersleben/Harz als Sohn eines preußischen Husarenoffiziers geboren. Er wuchs in der Tradition einer alten Soldatenfamilie auf und befand sich bereits hinter den Kasernenmauern einer Kadettenanstalt, als er noch nicht einmal 13 Jahre alt war. Es gelang ihm in den folgenden Jahren durch Können und Ehrgeiz, die Stufen der Offiziersdienstgrade zu ersteigen und am Ende des Ersten Weltkrieges sein lang anvisiertes Ziel zu erreichen, nämlich im Großen Generalstab der preußischen Armee tätig zu sein.[1]

Nach dem verlorenen Krieg konnte Rundstedt im Heer bleiben. Seine fachliche Qualifikation muß für diese Bevorzugung ebenso entscheidend gewesen sein wie seine vornehme Haltung, ein grenzenloser Anpassungswille und seine konservativ-monarchistische Einstellung. Er paßte somit in das von General Hans von Seeckt so nachhaltig postulierte Bild eines höheren Offiziers der Reichswehr.

Diese Merkmale waren es auch, die Rundstedts Handeln – oder Nichthandeln – sowie viele seiner Äußerungen von 1933 bis nach dem Krieg maßgeblich bestimmten. Als Rundstedt während des Nürnberger Kriegsverbrecherprozesses im August 1946 befragt wurde: „Wie stand die militärische Führung zur Außen- und Innenpolitik?“ antwortete er scheinbar konsequent: „Um die Politik haben wir Generale uns nicht gekümmert. (...) Zur Partei stand die hohe Generalität entweder ablehnend oder gleichgültig, was die Judenfrage betrifft, durchaus ablehnend.“ Von Plänen Hitlers, einen Angriffskrieg zu beginnen, will Rundstedt erst kurz vor Beginn der Kampfhandlungen erfahren haben. Was die sogenannten „verbrecherischen Befehle“ anging, so hätten sich die hohen Wehrmachtsoffiziere damit die Hände nicht schmutzig gemacht.[2]

Das erste Mal trat Rundstedt aus der relativen Anonymität eines höheren Reichswehroffiziers hervor, als die Regierung Papen/Schleicher – der Rückendeckung Hitlers sicher – in den letzten Monaten der Weimarer Republik die preußische Regierung unter dem sozialdemokratischen Ministerpräsidenten Braun absetzte. Die vollziehende Gewalt übertrug Reichswehrminister Schleicher damals auf von Rundstedt, den Oberbefehlshaber des Gruppenkommandos Berlin. Dieser erfüllte seinen Auftrag schnell und gründlich. Er ließ sofort die Gebäude der Staatsregierung von Soldaten besetzen und hohe Beamte und Minister verhaften.

Damit war eine der letzen demokratischen Bastionen der Republik gefallen.

Möglicherweise hat Rundstedt bei diesen Aktionen an sein großes Vorbild, Generaloberst von Seeckt, gedacht, von dem er in Nürnberg äußerte: „Seeckt hat in der loyalsten Weise sowohl nach rechts, wie beim Kapp-Putsch, als auch nach links, siehe Kommunistenaufstand (...) verfassungsgemäß die Regierung von Weimar unterstützt." Sollte Rundstedt noch im August 1946 tatsächlich nicht gewußt haben, daß Seeckt zwar keinen Augenblick zögerte, die Reichswehr gegen linke Aufständische zu verwenden, daß er aber beim rechtsgerichteten Kapp-Putsch im März 1920 die Regierung schmählich im Stich gelassen hatte?[3] Wenn der Oberbefehlshaber in Berlin im Juli 1932 auch nur gehorsam einen Befehl ausführte, so wurde hier bereits deutlich, was Rundstedt unter der 'unpolitischen' Haltung vieler Reichswehroffiziere verstand: eine klare Parteinahme für die Rechte.

Rundstedt sah die wenig später erfolgte Machtübernahme Hitlers und der NSDAP im Januar 1933 deshalb in günstigem Licht. Denn, so Rundstedt nach dem Krieg: „Wir haben also die Gleichberechtigung [er meinte damit die Annulierung des Versailler Vertrages, d. Verf.], die Hitler anstrebte und auch schließlich erreichte, begrüßt, und was an der nationalsozialistischen Bewegung Gutes war, (...) zum großen Teil altpreußisches Gedankengut, haben wir auch begrüßt."[4]

Nur wenige Tage nach Hitlers Regierungsantritt erfuhren die Befehlshaber, mit welchen Mitteln dieses „altpreußische Gedankengut" erreicht werden sollte. Der Chef des Ministeramtes im Reichswehrministerium, General von Reichenau, erklärte ihnen im Februar 1933: „Erkenntnis ist notwendig, daß wir in einer Revolution stehen. Morsches im Staat muß fallen, das kann mit Terror geschehen. Die Partei wird gegen Marxismus rücksichtslos vorgehen. Aufgabe der Wehrmacht, Gewehr bei Fuß. Keine Unterstützung, falls Verfolgte Zuflucht bei der Truppe suchen." Wenn sich Rundstedt und andere Befehlshaber über diese menschenverachtende Ordre auch entrüstet haben mögen, so leiteten sie sie dennoch, wenn auch in etwas abgeschwächter Form, an unterstellte Kommandobehörden weiter.[5] Damit verpflichtete sich die Reichswehrführung, dem Terror der Nazis tatenlos zuzusehen. Die hohe Generalität gab etwa noch vorhandene moralische Grundsätze von diesem Zeitpunkt an widerstandslos auf.

Die Verhaltensweise Rundstedts und anderer höchster Offiziere während des 'Röhm-Putsches' von 1934 – als Hitler viele SA-Führer ermorden ließ – setzte diese Entwicklung fort. Der Diktator und seine Gefolgsleute benutzten die Gelegenheit, weitere mißliebige Persönlichkeiten ebenfalls zu beseitigen. Darunter befanden sich auch zwei hohe Offiziere, die Generale von Schleicher und von Bredow. Bezeichnenderweise beteiligte sich auch die

Reichswehr an den Aktionen gegen die SA. Galt es doch, einen gefährlichen Konkurrenten aus dem Feld zu schlagen. Der Protest gegen die Mordorgien von Hitlers Schergen fiel deshalb auch sehr verhalten aus. Nach den Darstellungen des Generals von Manstein, damals Generalstabsoffizier im Berliner Wehrkreis, sollen Rundstedt und andere Offiziere (v. Witzleben und v. Leeb) eine kriegsgerichtliche Untersuchung der Liquidierungen Schleichers und Bredows gefordert haben. Der Widerstandskämpfer Ewald von Kleist-Schmenzin hingegen berichtete, er habe vergeblich von Rundstedt eine deutliche Reaktion gefordert.[6] Andere dagegen fanden sich durchaus befugt zu protestieren. Zum Beispiel richteten der Befehlshaber im Wehrkreis Dresden, General List, und Olbricht, einer seiner Generalstabsoffiziere, an Reichenau einen geharnischten Brief, in dem sie die gesetzlosen Hinrichtungen in ihrem Befehlsbereich anprangerten. All dies fruchtete freilich nichts. Generaloberst von Blomberg, der Reichswehrminister, wischte die Bedenken dieser wenigen Offiziere vom Tisch. Nach dem Tod Hindenburgs im August 1934 befahl Blomberg zudem die Vereidigung aller Soldaten nicht wie bisher auf Volk und Vaterland, sondern einzig auf die Person Hitlers.[7] Alle, auch der General von Rundstedt, leisteten diesen Eid ohne Widerspruch. Als im September 1934 Blomberg, Fritsch, Rundstedt und andere hohe Offiziere als Ehrengäste auf dem Nürnberger Parteitag der NSDAP erschienen, war das Bündnis zwischen Hitler und seinen Generalen inniger denn je.[8]

Vier Jahre später jedoch geriet dieses Verhältnis in eine ernste Krise. Der Anlaß war zunächst privater Natur: Blomberg, der Reichskriegsminister, hatte in zweiter Ehe eine junge Dame mit zweifelhafter Vergangenheit geheiratet und Fritsch, der Oberbefehlshaber des Heeres, stand im Verdacht, homosexuelle Kontakte zu pflegen. Die höchsten Offiziere der Wehrmacht waren damit für das Ansehen der Armee untragbar geworden. In dieser Situation rief Hitler Ende Januar 1938 Rundstedt als Doyen des Offizierskorps zu sich. Der Offizier soll dabei eine Untersuchung der Vorwürfe gegen Fritsch verlangt haben. Hitler brachte dagegen den General von Reichenau als möglichen Nachfolger Fritschs ins Gespräch. Das lehnte Rundstedt ab, so wie er auch schon 1934 bei Hindenburg gegen diesen Offizier als Kandidaten für den Posten des Chefs der Heeresleitung opponiert hatte. Reichenau schien ihm ein allzu „rechter Rabauke“ zu sein. Auf der Suche nach einem anderen Nachfolger einigten sich Hitler und Rundstedt auf General von Brauchitsch, den auch Keitel mit der bezeichnenden Qualifikation „Nur-Soldat“ favorisierte.[9] Ohne das Ergebnis der Untersuchungen gegen Fritsch abzuwarten, wurde Brauchitsch schon am 4. Februar 1938 neuer Oberbefehlshaber des Heeres.

In Kreisen höherer Offiziere sprach es sich schnell herum, daß die Vorwürfe gegen Fritsch jeder Grundlage entbehrten und vermutlich von den SS-Führern Heydrich und Himmler inszeniert worden waren. Als sich deshalb sogar Reichsbankpräsident Schacht an Rundstedt mit der Bitte wandte, zugunsten von Fritsch zu intervenieren, lehnte dieser jedoch ab. Auch dem schriftlichen Ersuchen von Fritsch, Himmler eine Duellforderung zu überbringen, versagte sich Rundstedt. Er überredete Fritsch vielmehr, den Antrag zurückzunehmen.[10] Offensichtlich wollten weder Rundstedt noch andere hohe Generale weitere Unruhe im Gefüge der Heeresspitze riskieren. Daß Hitler die günstige Gelegenheit ergriff und sich an Stelle Blombergs als Oberbefehlshaber der Wehrmacht etablierte, nahmen die Generale widerstandslos hin.

Als Hitler im Zuge seiner Expansionsabsichten die Wehrmachtführung im Mai 1938 wissen ließ, die Zerschlagung der Tschechoslowakei sei das nächste Ziel, wurde Generaloberst von Rundstedt dafür als Oberbefehlshaber einer Armee vorgesehen. Die Kriegspläne des deutschen Diktators hatten jedoch auch Bedenken ausgelöst. Beck, der Generalstabschef des Heeres, fürchtete einen allgemeinen Krieg, dem die Wehrmacht aufgrund ihres noch unzureichenden Rüstungsstandes nicht gewachsen sei. Er schlug den Befehlshabern sogar vor, aus Protest von ihren Posten zurückzutreten. Bei einer Besprechung hoher Militärs bei Brauchitsch am 4. August 1938 sprach man sich zwar einhellig gegen Hitlers Absichten aus, zu einem Konsens über gemeinsame Aktionen kam es indes nicht. Rundstedt bat Brauchitsch sogar, wegen dieser Angelegenheit bei Hitler keine Krise um die Heeresleitung zu riskieren. Allein Beck erklärte am 18. August seinen Rücktritt, weil er die Verantwortung für diese Politik nicht mehr mittragen wollte.

Etwa 14 Tage später sprach General Adam, damals Oberbefehlshaber im Westen, nochmals bei Rundstedt vor, um ihn zur Teilnahme an einem von General Halder geplanten Staatsstreich gegen Hitler zu bewegen. Wiederum lehnte der Offizier ab.

Anders als es in seinen Darstellungen vor dem IMT nach dem Krieg zum Ausdruck kam, macht die Schilderung dieser Ereignisse unzweideutig klar, daß Rundstedt frühzeitig von den Kriegsplänen des 'Führers' erfuhr. Auch teilte er durchaus die Befürchtungen seiner Kollegen, Hitlers Absichten könnten in einem katastrophalen Krieg enden. Das Vertrauen zur neuen Staatsführung und ein ungetrübtes, gutes Verhältnis zu Hitler als obersten Befehlshaber der Wehrmacht hatten für Rundstedt aber offensichtlich einen höheren Stellenwert als diese Bedenken.

Am 1. November 1938 wurde er, im Alter von 63 Jahren, in den Ruhestand versetzt.[11] Der dauerte allerdings nicht lange. Bereits sechs Monate später hatte Hitler eine neue Verwendung für ihn. Rundstedt war dazu ausersehen, beim Überfall auf Polen die Heeresgruppe Süd zu befehligen. Der

Diktator machte ihm und anderen Generalen vor dem Angriff klar, welche Ziele er in Polen verfolgte. Mit „größter Härte" solle jetzt für Deutschland Territorium im Osten gewonnen werden.

Die „große Härte" bekamen die Polen gleich zu Beginn der Operationen zu spüren. SD-Einsatzgruppen mordeten, brandschatzten, plünderten und vergewaltigten in den Dörfern und Städten des Landes; denn es galt, so erklärte Hitler, im Zuge einer „volkspolitischen Flurbereinigung" vor allem die Intelligenz und den Mittelstand Polens auszurotten. Die Wehrmacht sah diesem Treiben zu, oftmals aber, vor allem wenn es gegen die Juden ging, machte sie auch mit.[12] Einige Offiziere jedoch meldeten Kritik an. General Blaskowitz beispielsweise, ein Untergebener Rundstedts, protestierte – allerdings vergeblich – gegen die Verbrechen in Polen beim Oberkommando des Heeres.

Rundstedt jedoch interessierte das Schicksal der Polen nicht, was bei der Belagerung Warschaus durch seine Truppen Ende September deutlich zum Ausdruck kam. Um deutsches Blut zu sparen, beantragte Rundstedt beim Oberkommando des Heeres den Einsatz von Brandbomben durch die Luftwaffe, um den Widerstandswillen der Bevölkerung zu brechen. Als weiteres Druckmittel schien es ihm angebracht, die Flucht der verängstigten Zivilisten aus Warschau zu verhindern. Obwohl ihm die völkerrechtliche Problematik einer solchen Maßnahme bewußt war, gab er doch den Befehl, „daß auf alles, was sich der Truppe nähert, geschossen wird". Am 30. September erhielt Rundstedt vom 'Führer' das Ritterkreuz zum Eisernen Kreuz. Blaskowitz hingegen, der seine Kritik an den Kriegsverbrechen der Deutschen in Polen nochmals wiederholt hatte, wurde von seinem Posten abberufen.[13]

Unmittelbar nach dem Ende der Kampfhandlungen in Polen betraute Hitler Ende Oktober 1939 Rundstedt wiederum mit dem Kommando über eine Heeresgruppe an der neuen Front im Westen. Wegen des Angriffsbefehls auf Frankreich und der Neutralitätsverletzung beim gleichzeitigen Überfall auf die Benelux-Staaten plante die Militäropposition nochmals einen Umsturz. Obwohl sogar Halder, der Generalstabschef des Heeres, die Beseitigung Hitlers befürwortete, lehnte Rundstedt wiederum jede Beteiligung ab.

Nach dem Ende des Feldzuges gegen Frankreich wurde er im Juli 1940 zum Generalfeldmarschall befördert. Schon sechs Wochen zuvor hatte ihm Hitler seine neuen Pläne mitgeteilt: Er wollte möglichst bald die Sowjetunion überfallen. Im Gegensatz zu den bisherigen Kriegsabsichten des Diktators unterstützten nahezu alle Gruppierungen der hohen Militärs dieses Vorhaben.[14]

Hitler ließ seine Generale nicht lange im unklaren, was er mit diesem Angriff bezweckte. Es ging ihm um einen Vernichtungskrieg, bei dem insbesondere die „jüdisch-bolschewistische Intelligenz", wie er es nannte, ausgerottet werden sollte. Brauchitsch hatte dazu am 27. März 1941 sowohl Rundstedt als auch anderen Befehlshabern im Osten erklärt: „Die Truppe muß sich darüber klar sein, daß der Kampf von Rasse zu Rasse geführt wird und mit der nötigen Schärfe vorgehen." Drei Tage später bekräftigte Hitler vor zahlreichen hohen Offizieren seine Absichten, wobei er ihnen auftrug, „von dem Standpunkt der soldatischen Kameradschaft abzurücken".[15]

Bis zum Beginn des Überfalls, am 22. Juni, erreichten dann auch die berüchtigten „verbrecherischen Befehle" die Truppe. Sie waren von der militärischen Führung ausgearbeitet worden. Der Kommissarbefehl sah vor, die politischen Instrukteure und Kommissare der Roten Armee bei ihrer Gefangennahme sofort zu erschießen. Allerdings fielen darunter auch sogenannte „politisch untragbare Elemente (...) und Hetzer".[16] Weiterhin wurde die Kriegsgerichtsbarkeit gegenüber deutschen Soldaten für den Bereich der Sowjetunion ausgesetzt. Was das Los der sowjetischen Kriegsgefangenen anging, so standen sie nicht, wie die Soldaten anderer Nationen, unter völkerrechtlichem Schutz. Von Rundstedt ist eine signifikante Äußerung überliefert, die zeigt, wie er selbst diese Anordnungen verinnerlicht hatte. Im Oktober 1942 machte er den Vorschlag, für den Bau des Atlantikwalls russische Kriegsgefangene einzusetzen, da diese „einfachen Geistes" seien und: „Wenn er [der sowjetische Kriegsgefangene, d. Verf.] nicht pariert, kann er einfach erschossen werden."[17]

Rundstedt behauptete in Nürnberg, die militärischen Führer hätten sich in der Sowjetunion stets an das Kriegsvölkerrecht gehalten und die „verbrecherischen Befehle" nicht ausgeführt. Gerade aber in seinem Befehlsbereich sollte es von Beginn an zu den schlimmsten Exzessen kommen. Die Zusammenarbeit von Einsatzgruppen und Wehrmacht gestaltete sich hier zur vollsten Zufriedenheit der SS. So berichtete ein SS-Brigadeführer im November rückblickend: „Die Zahl der durch das Sonderkommando 4a durchgeführten Exekutionen hat sich inzwischen auf 55432 erhöht, (...) in erster Linie Juden, und hier wieder ein großer Teil von durch die Wehrmacht überstellten jüdischen Kriegsgefangenen."[18]

Obwohl nach einer Richtlinie des OKW die Einsatzkommandos nicht im Operationsgebiet tätig werden sollten, gingen sie dennoch in der Praxis mit den Kampftruppen vor. Rundstedts Heeresgruppe Süd hatte den dortigen Einsatzkommandos im Juli 1941 ausdrücklich gestattet, sich in der Nähe vorderster Verbände zu bewegen. So begannen die Erschießungen von Juden und Kommunisten unmittelbar nach der Eroberung der Ortschaften durch die Wehrmacht.[19]

Zu einer der folgenschwersten Aktionen kam es dabei in Kiew. Dort waren Rundstedts Truppen am 19. September 1941 eingedrungen, und nur fünf Tage später meldete die Einsatzgruppe C, als Vergeltung für Sprengungen in der Stadt sei die „Exekution von mindestens 50000 Juden vorgesehen. Wehrmacht begrüßt Maßnahmen und erbittet radikales Vorgehen". Der Stadtkommandant, Generalmajor Kurt Eberhard, forderte daraufhin die Juden unter Vorspiegelung falscher Tatsachen auf, sich an einem bestimmten Ort in Kiew zu sammeln. So wurden schließlich in der unweit der Stadt gelegenen Schlucht von Babi Jar am 29. und 30. September 33771 Menschen ermordet. Die Wehrmacht hatte dabei nicht nur Hilfe geleistet, mit „Durchkämmaktionen", dem Bereitstellen von Transportraum und Absperrdiensten, sondern auch selbst an Exekutionen teilgenommen.[20]

Diese Verbrechen waren Gegenstand einer Befragung Rundstedts vor dem IMT fünf Jahre später. Darauf soll hier etwas näher eingegangen werden, weil sie auf die Verhandlungsführung des Nürnberger Gerichts ein bezeichnendes Licht wirft. Obwohl dem IMT die Meldung der Einsatzgruppe C vom 7. 10. 1941 vorlag – „In Kiev wurden sämtliche Juden verhaftet und am 29. und 30. 9. insgesamt 33771 Juden exekutiert"[21] –, wurde Rundstedt dennoch folgendes vom Verteidiger gefragt: „Nach Behauptung der russischen Anklage sollen *im November 1941* in Kiev 33000 Juden erschossen worden sein. Wo standen die Armeen der Heeresgruppe Süd *im November 1941*?" Rundstedt ergriff sofort die günstige Gelegenheit und antwortete: „Meine Armeen standen von Rostow (...) bis ostwärts Charkow. Die rückwärtige Heeresgrenze zu dem in Zivilverwaltung befindlichen Ukrainegebiet verlief ostwärts Kiev und am Dnjepr entlang."[22] Demnach hätte Kiew also außerhalb seines Befehlsbereiches gelegen. In Wirklichkeit fanden die Erschießungen aber Ende September im Operationsgebiet der Heeresgruppe Süd statt, wenige Tage nachdem Rundstedts Verbände die Stadt erobert hatten. Der alliierte Ankläger aber bemerkte diesen sicherlich vorher abgesprochenen Trick nicht und ließ die Sache auf sich beruhen.

Rundstedt erklärte sich im Oktober 1941 mit einem Befehl des Generalfeldmarschalls von Reichenau „voll einverstanden", in dem dieser die „völlige Vernichtung" des Sowjetstaates verlangte und den deutschen Soldaten als „Träger einer unerbittlichen völkischen Idee" bezeichnete. Rundstedt ließ den Befehl als Muster in seiner Heeresgruppe verteilen.[23] In Nürnberg hingegen gab er vor, sich an diesen Befehl und seine Weiterleitung nicht zu erinnern. Im übrigen sei die hohe Generalität, „was die Judenfrage anbetrifft", mit den Maßnahmen der Nationalsozialisten nicht einverstanden gewesen. Wie Rundstedt selbst die Juden einschätzte, geht aus einem Brief an seine Frau vom Juli 1941 hervor: „(...) Mir geht es gut. Wir gehen morgen nach Zamosch, werden den Unterschied zwischen hier und dem dreckigen Judennest sehr merken (...)."[24]

Anfang Dezember 1941 wurde Rundstedt von Hitler seines Postens enthoben. Der Diktator hatte ihn kurzzeitig für die erste Niederlage der Wehrmacht im Krieg gegen die Sowjetunion verantwortlich gemacht: Rostow am Don, von den Deutschen bereits genommen, konnte von der Roten Armee kurz darauf zurückerobert werden. Gleichwohl erhielt Rundstedt von Hitler zum 65. Geburtstag nachträglich eine Dotation von 250000 Reichsmark – für damalige Verhältnisse eine beachtliche Summe.[25]

Rundstedts neuerlicher Ruhestand währte wiederum nicht lange. Obwohl er mittlerweile 67 Jahre alt und herzkrank war, schrieb er dem „lieben Keitel“ am 1.3.1942: „(...) fühle ich mich verpflichtet zu melden, daß ich nach Urteil meines behandelnden Arztes wieder dienstfähig bin.“ Bereits 14 Tage später ernannte ihn Hitler zum Oberbefehlshaber in den besetzten Ländern Westeuropas.[26] Diese Stelle nahm Rundstedt bis zum Juli 1944 ein.

Im Hinblick auf seine Tätigkeit im Westen ist er in Nürnberg unter anderem zu Hitlers Kommandobefehl vom Oktober 1942 befragt worden. Danach waren feindliche Trupps, wenn sie hinter den deutschen Linien oder in besetzten Ländern ergriffen wurden, ohne Pardon zu erschießen. Rundstedt behauptete, während seiner Zeit als Oberbefehlshaber West wäre niemand aus diesem Grund ums Leben gekommen. Es sind jedoch zahlreiche Beispiele aktenkundig, nach denen vor allem aufgegriffene britische Kommandoangehörige wegen dieses Befehls hingerichtet wurden.[27]

Bevor Rundstedt im Juli 1944 entlassen wurde, traten Offiziere aus Widerstandskreisen nochmals an ihn heran, um ihn zur Teilnahme am Sturz Hitlers zu bewegen. Es verwundert wenig, daß der Feldmarschall wiederum ablehnte. Dies wäre, so Rundstedt nach dem Krieg, nichts weniger als „gemeiner Verrat“ gewesen. Nach dem gescheiterten Anschlag Stauffenbergs vom 20. Juli ließ sich Rundstedt von Hitler sogar zum Vorsitzenden eines sogenannten ‘Ehrenhofes’ ernennen. Von diesem wurden Offiziere, die sich an dem Putsch beteiligt hatten, aus der Armee ausgestoßen und dann dem berüchtigten zivilen ‘Volksgerichtshof’ überantwortet. In 50 Fällen sprach man den Beschuldigten die Eigenschaft als Offizier ab. Sie wurden anschließend, wenn sie nicht bereits Selbstmord verübt hatten, von Freislers Gericht zum Tode verurteilt.[28]

Hitler ernannte seinen gehorsamen Feldmarschall im September 1944 erneut zum Oberbefehlshaber West und entließ ihn dann endgültig im März 1945. Voll Dankbarkeit für Rundstedts Mitwirken gegen die Verschwörer des 20. Juli verlieh ihm Hitler zum Abschied die Schwerter zum Ritterkreuz.[29]

Rundstedt war zweifellos einer der wenigen hohen Offiziere des Heeres, denen Hitler rückhaltlos vertraute. Ganz gleich zu welchem Zweck ihn der

Diktator auch benötigte, ohne Rücksicht auf seinen Gesundheitszustand oder sein Alter, er stellte sich immer zur Verfügung. Rundstedt handelte dabei ganz im Sinne des 'Führers', weil er in ihm den besten Garant für die Stabilität des Heeres erblickte. Außerdem ging der Offizier weitgehend mit Hitlers Ideologie und seinen Zielen konform. Rundstedt war deshalb keineswegs 'unpolitisch', wie er es nach dem Krieg gerne glauben machen wollte. Seine zunächst konservativ-monarchistische Grundhaltung mündete rasch in eine beträchtliche Affinität zum Nationalsozialismus. Aus dieser Einstellung heraus verbot sich jeder auch nur passive Widerstand gegen Hitler von selbst. Moral, Ritterlichkeit und Völkerrecht mochte Rundstedt zwar hinter vorgehaltener Hand verteidigt haben, aber offen dafür einzutreten, war seine Sache nicht. Im Gegenteil, er setzte sich für die Ausführung auch kriegsvölkerrechtswidriger Befehle ein und ordnete sie auch selbst an. Rücksicht und Kameradschaft dem wehrlosen Zivilisten oder Feind gegenüber waren für ihn oft nur überflüssige „Gefühlsduselei", wie er es im Mai 1944 als Oberbefehlshaber West einmal zum Ausdruck brachte.[30]

Wenn unter Preußentum auch Zivilcourage, Mut und Ritterlichkeit zu verstehen sind, so gab es in der deutschen Armee sicherlich einige Offiziere, die diesen Idealen gerecht wurden – Generalfeldmarschall von Rundstedt gehörte dazu nicht.

Anmerkungen

1 Blumentritt, Von Rundstedt, S. 15ff.; Messenger, The Last Prussian, S. 3ff.

2 IMT, Bd. 21, S. 28ff., 44ff.; Kempner, Kreuzverhör, S. 87.

3 Högner, Verratene Republik, S. 344ff.; Messenger, The Last Prussisan, S. 56; Ziemke, Gerd von Rundstedt, S. 478; Morsey, Preußenschlag, S. 4430ff.; IMT, Bd. 21, S. 45; Erger, Kapp-Lüttwitz-Putsch, S. 144f.

4 IMT, Bd. 21, S. 47.

5 Zit. nach Fest, Das Gesicht, S. 324; Müller, Das Heer und Hitler, S. 64.

6 Ebenda, S. 88ff., 125 und 131.

7 Müller, Das Heer und Hitler, S. 125ff.; Kempner, Kreuzverhör, S. 80ff.; Krausnick, Widerstand, S. 38.

8 Ebenda; Ziemke, Rundstedt, S. 180.

9 Darstellung Rundstedts: IMT, Bd. 21, S. 30; ebenso dazu: Messenger, The Last Prussian, S. 61 und 70f.; Ziemke, Gerd von Rundstedt, S. 480f.; ders, Rundstedt, S. 181; Müller, Das Heer und Hitler, S. 263.

10 Ebenda, S. 277f.; Messenger, The Last Prussian, S. 76.

11 Ebenda, S. 79; Ziemke, Rundstedt, S. 182; Messerschmidt, Kriegsvorbereitung, S. 640ff.; Kempner, Kreuzverhör, S. 82f.; IMT, Bd. 21, S. 44 und Müller, Das Heer und Hitler, S. 335.

12 Ebenda, S. 409 und 433ff.; Messenger, The Last Prussian, S. 84; Ueberschär, Dilemma der Militäropposition, S. 15; Janßen, Überfall auf Polen. S. 12.

[13] Ebenda, S. 94; Jacobsen, 1939–1945, S. 606 f.; Müller, Das Heer und Hitler, S. 438; Zitat Rundstedt: BA-MA Freiburg, RH 19 I/5: KTB Heeresgruppe Süd v. 24. 9. 1939.

[14] Müller, Das Heer und Hitler, S. 510 ff.; Ueberschär, Ansätze, S. 89; Hassell, Die Hassell-Tagebücher, S. 163 und 538, Anm. 72; Streit, Keine Kameraden, S. 119; „Unternehmen Barbarossa", S. 35; Förster, Hitlers Entscheidung, S. 13.

[15] Ebenda, S. 416 f. (Zitat Brauchitschs); „Unternehmen Barbarossa", S. 302 f. (Zitat Hitlers).

[16] Ebenda, S. 313 ff.; Streit, Keine Kameraden, S. 100.

[17] BA-MA Freiburg, RH 2/v.534: Lage West v. 14. 10. 1942; „Unternehmen Barbarossa", S. 305 ff.; Förster, Hitlers Entscheidung, S. 426 f.; Ziemke, Rundstedt, S. 193.

[18] Streit, Keine Kameraden, S. 101; IMT, Bd. 21, S. 39.

[19] Steit, Keine Kameraden, S. 110 ff.; „Unternehmen Barbarossa", S. 371 ff.; Der Krieg gegen die Sowjetunion, S. 122.

[20] Streit, Keine Kameraden, S. 114; Förster, Hitlers Entscheidung, S. 1046; Der Krieg gegen die Sowjetunion, S. 124; Vernichtungskrieg, S. 15.

[21] IMT, Bd. 38, S. 279 ff., Zitat von S. 292–293.

[22] IMT, Bd. 21, S. 33 f. (Hervorhebungen durch den Autor).

[23] „Unternehmen Barbarossa", S. 339 f.; Streit, Keine Kameraden, S. 115; Messenger, The Last Prussian, S. 147 ff.; Förster, Hitlers Entscheidung, S. 1049 ff.

[24] BA-MA Freiburg, MSg 1/1893, SHAEF, Letters by Field Marshal von Rundstedt; IMT, Bd. 21, S. 29 und 54 f.

[25] Mitcham, Hitler's Field Marshals, S. 288 f. und Vogel, Unwürdig, S. 44.

[26] BA-MA Freiburg, Pers 6/16: Pers. Akte Rundstedt, S. 129 ff.

[27] BA-MA Freiburg, RW 4/v.707: WFSt, Notiz Warlimonts v. 6. 1. 1944 und Fschr. v. 9. 1. 1944; BA Koblenz, Allgem. Prozeßakten, 8/JAG 220, 349 und 21/215; IMT, Bd. 21, S. 34, 52 f. und ebd., Bd. 22, S. 92 f.; Das Dritte Reich, Bd. 2, S. 211 f.; Kempner, Kreuzverhör, S. 90 ff.

[28] Messenger, The Last Prussian, S. 22 f. und 314; BA-MA Freiburg, N 252/15: Nachlaß Blumentritt; Ziemke, Rundstedt, S. 201.

[29] Ebenda, S. 203; Blumentritt, Von Rundstedt, S. 279.

[30] BA-MA Freiburg, RH 19 IV/39: KTB Oberbefehlshaber West v. 29. 5. 1944.

Bibliographische Hinweise

(Vgl. auch die weiteren Literaturangaben in der Gesamtbibliographie ab S. 290 ff.)

Ungedruckte Quellen

Staatsarchiv Stuttgart: Verhandlungsprotokolle des Internationalen Militärgerichtshofes in Nürnberg (IMT); ferner BA-MA Freiburg (Akten der Heeresgruppen und Oberbefehlshaber West, Personalakte)

Gedruckte Quellen und Literatur

Blumentritt, Günther: Von Rundstedt. The Soldier and the Man. London 1952.

Förster, Jürgen: versch. Beiträge in: Das Deutsche Reich und der Zweite Weltkrieg. Bd. 4. Stuttgart 1983.

Messenger, Charles: The Last Prussian. A Biography of Field Marshal Gerd von Rundstedt 1875–1953. London 1991.
Mitcham, Samuel W.: Hitler's Field Marshals and Their Battles. Chelsea, Ma. 1990.
Müller, Klaus-Jürgen: Das Heer und Hitler. Armee und nationalsozialistisches Regime 1933–1940. Stuttgart 1969.
Streit, Christian: Keine Kameraden. Die Wehrmacht und die sowjetischen Kriegsgefangenen 1941–1945. Stuttgart 1978, 4. Aufl. Bonn 1997.
Ueberschär, Gerd R.: Ansätze und Hindernisse der Militäropposition gegen Hitler in den ersten beiden Kriegsjahren (1939–1941). In: Vorträge zur Militärgeschichte. Hrsg v. MGFA. Bd. 5, Freiburg 1984, S. 81–109.
Ders., Das Dilemma der deutschen Militäropposition. Berlin 1988.
„Unternehmen Barbarossa". Der deutsche Überfall auf die Sowjetunion 1941. Hrsg v. Gerd R. Ueberschär/Wolfram Wette, Paderborn 1984, Frankfurt a.M. 1991, 3. Aufl. 1997.
Vogel, Winfried: „… schlechthin unwürdig". In: Die Zeit, Nr. 14 v. 28. 3. 1997, S. 44.
Ziemke, Earl F.: Gerd von Rundstedt. Des 'Führers' gehorsamer Diener. In: Die Militäreliten des Dritten Reiches. Hrsg. v. Ronald Smelzer/Henrico Syring, Frankfurt a.M. 1995, S. 476–496.
Ders.: Rundstedt. In: Hitler's Generals. Hrsg. v. Corelli Barnett. London 1989, S. 175–202.

Gerhard Hümmelchen

Generalfeldmarschall Hugo Sperrle

Als General Sperrle als Kommandeur der 'Legion Condor' Ende Oktober 1937 nach Deutschland zurückgerufen wurde, sagte der spanische Staatschef General Franco über ihn: „Ein sehr grober Mensch, aber ein tüchtiger General mit Herz und Verstand und ein verläßlicher Kamerad."[1] Dies kann rückschauend als treffende Charakterisierung von Sperrle gelten.

Hugo Sperrle wurde am 8. Februar 1885[2] in der württembergischen Garnisonstadt Ludwigsburg als Sohn des Braumeisters Johannes Sperrle und seiner Ehefrau Luise Karoline geb. Nägele geboren. Nach Gymnasiumsbesuch in Ludwigsburg trat er am 5. Juli 1903 als Fahnenjunker in das 8. Württembergische Infanterie-Regiment Nr. 126 „Großherzog Friedrich von Baden" in Straßburg ein und wurde noch im Oktober zum Leutnant befördert. 1913 erfolgte seine Kommandierung zur Kriegsakademie als Oberleutnant (seit 18. 10. 1912). Bei Ausbruch des Ersten Weltkrieges meldete sich Sperrle sogleich zur Fliegertruppe. Als Hauptmann (28. 11. 1914) flog er zunächst als Beobachter bei der Feldfliegerabteilung 4, dann als Staffelführer bei den Feldfliegerabteilungen 42 und 60; er war Kommandeur der Fliegerbeobachtungsschule Köln und zuletzt Kommandeur der Flieger bei der 7. Armee. In dieser Funktion verlieh ihm der Kaiser den Hohenzollernschen Hausorden mit Schwertern.

Während der Nachkriegswirren führte Sperrle eine Fliegerstaffel beim Freikorps Lüttwitz und meldete sich dann zur Reichswehr, in der er beim Stab der 5. Division in Stuttgart Dienst tat. Noch als Hauptmann wechselte er ins Reichswehrministerium über, wo er seit 1926 als Major in der Abt. T 2 im Truppenamt tätig war. Diese Abteilung beschäftigte sich insgeheim mit der Fliegerei. 1929 wurde er zur Truppe zurückversetzt, als Kommandeur des III. Bataillons des Infanterie-Regiments 14 in Konstanz. Nach der Beförderung zum Oberst am 1. 8. 1933 übernahm Sperrle zum 1. 10. 1933 das Inf. Rgt. 8 in Frankfurt/Oder als Kommandeur.

Am 1. 4. 1934 trat Oberst Sperrle als „Flieger-Kommodore" zur neu aufgebauten Luftwaffe über und erhielt das Kommando über die 1. Fliegerdivision. Gleichzeitig war er auch Kommandeur der Heeresflieger. Als nächstes Kommando folgte 1935 die Dienststellung 'Höherer Flieger-Kommandeur 2' im Luftkreis Berlin. Mit der Beförderung zum Generalmajor (1. 10. 1935) wurde Sperrle Befehlshaber im Luftkreis V (München). Am 1. 11. 1936 ging er als Kommandeur der berüchtigten 'Legion Condor' nach Spanien. Sein

Einsatz dort gegen die junge spanische Republik brachte ihm das zweifelhafte Lob Francos ein.

Sperrles Beförderungen zum Generalleutnant und General der Flieger folgten 1937 rasch aufeinander und waren Ausdruck der besonderen Aufmerksamkeit der NS-Führung für die 'Legion Condor'. Nach der Rückkehr aus Spanien wurde er am 4. 2. 1938 Kommandierender General und Befehlshaber des Luftwaffengruppenkommandos 3 (München), das im Februar 1939 in Luftflotte 3 umbenannt wurde. Mit dieser übernahm er nach Kriegsbeginn im September 1939 zusammen mit der Luftflotte 2 unter General Felmy die Sicherung der Westfront.

Im Westfeldzug ab 10. Mai 1940 war die Luftflotte 3 der Heeresgruppe A unter Generaloberst v. Rundstedt zugeteilt, die durch Luxemburg und Belgien vorstoßen sollte. Kurz zuvor hatte Sperrle darauf hingewiesen, daß seine Verbände wegen aufgeweichter Flugplätze nicht starten könnten. Hitler hatte den Angriff im Westen wegen ungünstiger Wetterlage immer wieder verschieben müssen, zugleich aber jegliche Vorbereitungen für einen Beginn der späteren Offensive strengstens untersagt.[3] Trotz Sperrles pessimistischer Voraussage gelang es den Luftflotten 2 und 3 dennoch in wenigen Tagen, die uneingeschränkte Luftherrschaft zu gewinnen und den Vormarsch des Heeres wirksam zu unterstützen. Dabei versetzten vor allem die Sturzkampfbomber des VIII. Fliegerkorps den Gegner wie schon zuvor in Polen in Panik. Schon am 18. Mai 1940 erhielt Sperrle für seine Operationsführung das Ritterkreuz des Eisernen Kreuzes. Bei der großen Beförderungswelle am 19. Juli 1940 ernannte Hitler Sperrle unter Übergehung des Ranges eines Generalobersten zum Generalfeldmarschall.

Nach dem Sieg im Westen bestimmte Hitlers Weisung vom 1. 8. 1940 die Niederringung der britischen Luftwaffe durch eigene Luftangriffe. Hierfür wurden die Luftflotten 2, 3 und 5 eingesetzt. Nach Görings Vorstellungen sollte es gelingen, die Luftherrschaft über England in zwei, höchstens drei Tagen zu erringen. Als Angriffstag war unter dem Stichwort „Adlertag" der 13. August 1940 bestimmt. Da die britischen Jäger sich anfangs fühlbar zurückhielten und von ihrer Führung für die Abwehr der erwarteten deutschen Landung in England aufgespart werden sollten, schien zunächst Aussicht auf Erfolg. Sehr bald aber entwickelte sich aus der „Luftschlacht um England" bei ständig steigenden deutschen Verlusten ein immer aussichtsloseres Ringen. Ein Niederkämpfen Englands aus der Luft erwies sich als unmöglich. Dazu reichten Stärke und Ausstattung der deutschen Verbände nicht aus. Durch die Fakten jäh aus seinem Wunschdenken gerissen, rief Göring seine drei Luftflottenchefs nach Karinhall, um sie abzukanzeln. Sperrle warf er vor, er schicke zu viele Bomber auf schwierige Einsätze, die nur für ausgesuchte Besatzungen geeignet wären. Vor welchen Schwierigkeiten die Besatzungen standen, zeigte beispielsweise der erste Angriff auf Liverpool Anfang September. Mit der gesamten Kampfkraft von fast 400 Flugzeugen warf die Luftflotte 3 ihre Bomben auf eine große Scheinanlage südlich der Stadt und meldete wegen der starken Brände großen Erfolg. In Wirklichkeit hatte sie das Ziel überhaupt nicht erreicht.[4] Die Vernichtung der Royal Air Force scheiterte dann auch.

Im Mai 1941 wurden die meisten Luftwaffenverbände aus dem Westen zum Angriff auf die Sowjetunion nach Osten verlegt. Im Westen blieb nur Sperrles Luftflotte 3 mit einer Stärke von etwa 20% der gesamten deutschen Luftwaffe. Mit dieser reduzierten Streitmacht mußte Sperrle den Luftkrieg gegen England weiterführen, der schon mit wesentlich stärkeren Kräften 1940/41 gescheitert war. Der Luftflottenchef stand damit vor einer wahrhaft unlösbaren Aufgabe und einem Gegner gegenüber, der ständig stärker wurde.

Der mächtige, seinem Oberbefehlshaber in der Statur gleichende, ihn aber um Haupteslänge überragende Sperrle mit dem unentbehrlichen Monokel im rechten Auge, war dem 'Führer' unsympathisch. „Wegen ständiger Warnungen vor weiteren militärischen Abenteuern“ schätzte er ihn wenig.[5] Angesichts der bekannten Vorliebe des Feldmarschalls für gutes Essen äußerste sich Hitler am 9. 3. 1943 sehr abfällig über ihn und meinte, daß Sperrle „der Luftkrieg gegen England vermutlich nicht viel mehr als ein auserlesenes Mittagessen interessiere“.[6] Konsequenzen hatte dies aber für Sperrle nicht. Dabei war er wie einige andere Luftflottenchefs gewiß kein Nazi.[7]

Sperrle wurde von seinen Soldaten gefürchtet. Er beklagte sich vor der Besichtigung von Anlagen des Atlantikwalls im Mai 1944 bei seinem Ordonnanzoffizier Graf Holtzendorff darüber: „Überall, wo ich hinkomme, eisiges Schweigen, sie starren mich an, wie die Kinder einen Bösewicht. Was haben denn die Leute bloß gegen mich! Und dann, überall wo ich hinkomme, werde ich beschissen! Und nun morgen wieder so ein Theater, das mit dem Atlantikwall ist doch nichts weiter als lauter Blödsinn. Keinen Pfifferling ist das alles wert! Das wissen die da drüben doch ganz genau.“[8] Als „Glauben an den Endsieg“ konnte man dies wahrlich nicht bezeichnen. Wenn auch Bemerkungen über Hitler nicht vorliegen, so äußerte sich Sperrle über dessen Umgebung doch schwäbisch grob: „Hitler (...) ist dort oben von lauter Scheißkerlen umgeben.“[9]

Obwohl Sperrle ein „unerbittlicher Weiberfeind“[10] war und die Ansicht vertrat, Frauen hätten bei militärischen Kommandos nichts zu suchen, hatte er schließlich 16000 Luftwaffenhelferinnen unter seinem Kommando. Da es keine Alternative gab, mußte Sperrle diesen Umstand akzeptieren, denn genügend Männer für diese Aufgaben waren nicht verfügbar.

Die Sperrle unterstellten Fliegerverbände wurden 1942 bis 1944 in verlustreichen, sinnlosen und wenig wirksamen 'Vergeltungsangriffen' gegen England verbraucht. Der Verlust an Flugzeugen konnte zwar einigermaßen ersetzt werden, nicht aber die Zahl der gefallenen oder in Gefangenschaft geratenen Besatzungen, vor allem Flugzeugführer. Ob es von Sperrle dazu kritische Äußerungen gegenüber Göring gab, ist nicht bekannt.

Zu Beginn der alliierten Invasion in Westfrankreich am 6. 6. 1944 standen unter Sperrles Kommando das II. Jagdkorps, die Fliegerkorps II, IX und X sowie die 2. Fliegerdivision. Das schien immerhin eine beachtliche Streitmacht zu sein. Aber von den 17 unterstellten Kampfgruppen (Bomber) waren einige nur noch Rahmenverbände, die der Auffrischung bedurften. Nur 319 deutsche Flugzeuge insgesamt flogen am Invasionstag gegen die 14674 Einsätze der Alliierten.[11] Insgesamt besaß Sperrle am 6. 6. 1944 731 Flugzeuge, davon 398 einsatzbereit.[12] Seine Luftflotte 3 war zu dieser Zeit ein aus 323139 Offizieren, Beamten, Unteroffizieren und Mannschaften bestehender aufgeblähter Apparat, zu dem noch 16109 Luftwaffenhelferinnen, 45331 ausländische und deutsche Zivilarbeiter und 24019 Männer des Reichsarbeitsdienstes gehörten.[13]

In dieser Phase des Krieges gab es für den Luftflottenchef Sperrle nichts mehr zu führen. Die im Westen eingesetzten deutschen Fliegerverbände verbluteten sich in aussichtslosem Kampf gegen die überwältigende alliierte Übermacht. Die Luftflotte 3 konnte weder die Invasion stören noch die eigene Truppe gegen Luftangriffe schützen. Nach dem Desaster im Westen ließ Göring alle Generale und Generalstabsoffiziere der westlichen Luftgaue monatelang unter Arrest stellen.[14] Er machte sie pauschal für den Zusammenbruch im Westen verantwortlich. Allgemein fiel auf, daß Sperrle sich nicht unter den unter Arrest Gestellten befand. Es muß erwähnt werden, daß Sperrle seine Generale dadurch zu decken suchte, daß er sich mit ihren Maßnahmen einverstanden erklärte und diese auf von ihm gegebene Befehle zurückführte. Hitler begnügte sich schließlich damit, Sperrle am 23. 8. 1944 seines Kommandos zu entheben. Göring hatte nach Ansicht von General Rieckhoff auf eine Verhaftung Sperrles verzichtet, weil er mit Recht annehmen konnte, daß der Feldmarschall wahrscheinlich sehr peinliche und für ihn belastende Aussagen gemacht hätte.[15]

Nach der Kommandoenthebung trat Sperrle am 24. 8. 1944 zur Führerreserve des Oberkommandos der Luftwaffe und ab 5. 10. 1944 zur Verfügung Görings[16]. Eine weitere Verwendung fand er nicht mehr. Sein Nachfolger als Chef der Luftflotte 3, Generaloberst Otto Dessloch, übernahm vertretungsweise, unter Beibehaltung seines Kommandos über die Luftflotte 4, eine 'Luftflotte', die eigentlich keine mehr war. Sie wurde denn auch am 27. September 1944 aufgelöst. Noch im Februar 1945 erhielt Sperrle zum 60. Geburtstag ein Bild als Dotation Hitlers im Wert von knapp 100000,– Reichsmark.

Im Mai 1945 geriet Sperrle in amerikanische Kriegsgefangenschaft. Gegenüber Mitgefangenen erklärte er, alles, was gewesen sei, ginge ihn jetzt nichts mehr an, er lebe nur noch dem Glauben. In Nürnberg mußte er sich 1946 als Angeklagter im OKW-Prozeß vor dem Internationalen Militärtribunal verantworten. Er konnte sich rechtfertigen. Nachdem ein britischer Luftwaffengeneral als Zeuge aussagte, er habe gegen England fair gekämpft, wurde er am 22. 10. 1946 freigesprochen. Im Juni 1949 mußte sich Sperrle vor der Entnazifizierungsspruchkammer in München verantworten. Die Kammer sprach ihn frei und stufte ihn als „nicht belastet" ein. Hugo Sperrle starb am 2. April 1953 im Alter von 68 Jahren. Auf dem Dorffriedhof von Thaining/Bayern wurde er beigesetzt.

Anmerkungen

[1] Moll, Die deutschen Generalfeldmarschälle 1939–1945, S. 140.

[2] Lt. Auskunft des Evangelischen Kirchenbuchamtes Ludwigsburg am 8. 1. 1996. BA-MA Freiburg, Pers. 6/17 nennt in einem Dokument vom 9. Juli 1940 den 7. 2. 1885 als Geburtsdatum.

[3] Moll, Die deutschen Generalfeldmarschälle, S. 241. Generaloberst Halder, Kriegstagebuch Bd. I, S. 160f.

[4] Rieckhoff, Trumpf oder Bluff?, S. 225.

[5] Zentner/Bedürftig, Das große Lexikon des Zweiten Weltkrieges, S. 531.

[6] Die Tagebücher des Joseph Goebbels, Bd. 7, S. 505.

[7] Rieckhoff, Trumpf oder Bluff?, S. 84.

[8] Holtzendorff, Landsknecht und Hofnarr, S. 289.

[9] Ebenda, S. 289.

[10] Ebenda, S. 290.

[11] Invasionsbeginn 1944 im Westen. Studie der 8. Abt./Chef Genst. der Luftwaffe. 12. 8. 1944 vorgelegt (Abschrift im Besitz des Verfassers).

[12] Luftlagekarte des OKL/Füst. op 1 a vom 6. 6. 1944 (Auszug im Besitz des Verfassers).

[13] Kriegstagebuch der Luftflotte 3, Eintrag 7. 9. 1944 (Abschrift im Besitz des Verfassers).

[14] Rieckhoff, Trumpf oder Bluff?, S. 284.

[15] Ebenda.

[16] Absolon, Rangliste der Generale der deutschen Luftwaffe, S. 16.

Bibliographische Hinweise

(Vgl. auch die weiteren Literaturangaben in der Gesamtbibliographie ab S. 290ff.)

Ungedruckte Quellen

BA-MA Freiburg, Pers. 6/17: Personalakte Sperrle (dort jedoch nur ein einziges Blatt „Gegenüberstellung der Dienstlaufbahnen der Generale der Flieger Kesselring und Sperrle"); Registratur S des Amtsgerichts München: Akten aus dem Entnazifizierungsverfahren vor der Spruchkammer München von 1949.

Gedruckte Quellen und Literatur

Eine Biographie Sperrle fehlt.

Moll, Otto E.: Die deutschen Generalfeldmarschälle 1939–1945. 2. Aufl. Rastatt 1961, S. 239–245.

Holtzendorff, Hans Graf von: Landsknecht und Hofnarr. Göttingen 1971.

Rieckhoff, Herbert J.: Trumpf oder Bluff? 12 Jahre deutsche Luftwaffe. Genf 1945.

Völker, Karl-Heinz: Die deutsche Luftwaffe 1933–1939. Aufbau, Führung und Rüstung der Luftwaffe sowie die Entwicklung der deutschen Luftkriegstheorie. Stuttgart 1967.

Zentner, Christian/Friedemann Bedürftig: Das große Lexikon des Zweiten Weltkrieges. München 1988.

Friedrich-Christian Stahl

General der Infanterie Karl-Heinrich von Stülpnagel

Unter den fünf Generalen mit dem Namen von Stülpnagel, die der Reichswehr bzw. der Wehrmacht angehört haben und – selbst in der wissenschaftlichen Literatur – nicht selten miteinander verwechselt werden,[1] nimmt Karl-Heinrich von Stülpnagel wegen seiner Mitwirkung im Widerstand seit 1938 eine besondere Stellung ein. Zugleich war er auf Grund seiner vielseitigen Verwendungen in Geschehnisse verstrickt, die er angesichts der bestehenden Machtverhältnisse nicht zu ändern in der Lage war.

Er wurde am 2. Januar 1886 in Berlin geboren. Sein Vater schied als Generalleutnant und Kommandant von Frankfurt a. M. 1907 aus dem Militärdienst aus. Seine Mutter war eine Tochter des bayerischen Generals Freiherr von der Tann-Rathsamhausen.[2] Am humanistischen Lessing-Gymnasium in Frankfurt bestand Stülpnagel Ostern 1904 als Primus seiner Klasse das Abitur.[3] Trotz seiner vielseitigen Interessen im Bereich der Naturwissenschaften und der Geschichte wählte er den Soldatenberuf und verbrachte die Friedenszeit beim Leibgarde-Infanterieregiment in Darmstadt und auf der Kriegsakademie in Berlin. Den Ersten Weltkrieg erlebte er als Kompaniechef, Regimentsadjutant und Generalstabsoffizier.

Im März 1920 geriet Stülpnagel als Hauptmann in den Konflikt zwischen Einsicht und Gehorsam, als er – so seine Bewertung – in das „blödsinnige Unternehmen" des Kapp-Putsches „gegen (...) bessere Einsicht" verwickelt wurde.[4] In das 100000-Mann-Heer der Reichswehr übernommen, wurde er in Berlin, Hannover, Deutsch-Eylau, Münster, Neuruppin und Dresden im Truppen- und Generalstabsdienst eingesetzt. In Dresden wirkte er als Lehrgangsleiter an der Infanterieschule und betätigte sich zugleich unter der Leitung von General Ludwig Beck als für die Infanterie zuständiger Autor an der richtungweisenden Dienstvorschrift 'Truppenführung'. Am 1. Dezember 1932 wurde Stülpnagel zum Chef der Abteilung T 3 im Truppenamt ernannt, die für das Studium der fremden Heere und die Beurteilung ihrer operativen Absichten sowie für den neu entstehenden Attachédienst zuständig war. Intensiv befaßte sie sich nach der durch Hitler beendeten Phase der Zusammenarbeit zwischen Roter Armee und Reichswehr[5] mit den politischen, militärischen und propagandistischen Verhältnissen in der Sowjetarmee.[6] Die dabei gewonnene Sicht hat zweifellos das Bild Stülpnagels und anderer hoher Militärs über die Sowjetunion und ihr politisches System bis in den Zweiten Weltkrieg hinein geprägt.

Im Herbst 1936 wurde Stülpnagel Kommandeur der in Aufstellung begriffenen 30. Division in Lübeck. Mit leichter Hand verstand er es, seine Untergebenen zu freudiger Mitarbeit anzuregen, indem er bei Übungsreisen, Truppenmanövern und Planspielen bei seinem Offizierkorps Überzeugungsarbeit leistete.[7] Aus den Erfahrungen im eigenen Bereich äußerte er gegenüber General Beck seine Sorgen über das schnelle Tempo des Heeresaufbaus.[8] Skeptisch betrachtete er Ende des Jahres 1936 auch die auswärtige Politik. Die vielen großen Erfolge wurden „wieder eingeschränkt durch das Maß von Mißtrauen, Angst und Hast, das wir erwirken". Er sei froh, nicht mehr „dauernd als unnötiger Warner und Schwarzseher Ärgernisse zu erregen". Interessant sei, „daß auch bei führenden Leuten der Partei, wenn man vorsichtig verfährt, die Erkenntnis beginnt, daß nicht alles zum Besten besteht".[9]

Ab 4. Februar 1938 unterstanden Stülpnagel als Oberquartiermeister II die Ausbildungsabteilungen des Generalstabes. Hier erhielt er Einblick in die durch die Selbsternennung Hitlers zum Oberbefehlshaber der Wehrmacht eingetretenen grundlegenden Veränderungen im Verhältnis von Politik und militärischer Führung. Nach Becks Ausscheiden im Spätsommer 1938 rückte Stülpnagel in die Position eines Oberquartiermeisters I auf und wurde damit zugleich Stellvertreter des neuen Generalstabschefs Franz Halder. Bereits zu dieser Zeit war Stülpnagel im Rahmen des geplanten Staatsstreichs gegen Hitler mit der Ausarbeitung von Einzelplänen beschäftigt.[10]

Nach dem Münchener Abkommen, das den geplanten Staatsstreich gegen Hitler gegenstandslos machte, war Stülpnagel – für die Bereiche Operationsführung, Transportwesen, Versorgung, Landesverteidigung und Kartenwesen zuständig – in alle operativen Planungen eingeweiht und gelangte nach seinen persönlichen Beobachtungen an den Orten des politischen Geschehens – in Bad Godesberg (Oktober 1938) und Prag (März 1939) – zur Überzeugung, daß Hitler ein Hasardeur sei,[11] der Deutschland ins Unglück treibe und daher nur durch eine Widerstandsaktion des obersten Führungskorps gebremst werden könne.

Während des Polenfeldzuges kam Stülpnagel in einer am 24. September beendeten Studie zu dem Ergebnis, „daß das Heer im Westen vorläufig nicht zum Angriff gegen die französische Festungsfront befähigt sei".[12] Bestrebt, Deutschland vor einer Ausweitung des Krieges zu bewahren, war Stülpnagel sowohl an den operativen Überlegungen im Anschluß an die von Hitler erlassenen Weisungen als auch im Herbst 1939 an den Plänen zur Entmachtung Hitlers maßgeblich beteiligt.[13] Die militärische Widerstandsaktion unterblieb jedoch, und der Angriffstermin im Westen wurde in kurzen Abständen immer wieder bis zum Frühjahr 1940 verschoben. Am 30. Mai übernahm Stülpnagel die Führung des II. Armeekorps, das am rechten Flügel der Westfront eingesetzt war und in der „Schlacht um Frankreich“ bis zur Bahnlinie Rouen–Dieppe vorrückte.[14]

Bereits drei Wochen später wurde er zum Vorsitzenden der deutschen Waffenstillstandskommission in Wiesbaden ernannt und dem OKW unmittelbar unterstellt. Neben den im besetzten und unbesetzten Frankreich – in Absprache mit der italienischen Waffenstillstandskommission[15] – zu lösenden schwierigen Problemen war auch das Verhalten gegenüber den in Nordafrika stationierten französischen Streitkräften zu klären. Mit seinem den Gegner von einst achtenden Verhandlungsstil bewies Stülpnagel viel diplomatisches Geschick.[16] Sein Verständnis für die französische Verhandlungsseite, etwa im Hinblick auf die auch ihm viel zu hoch erscheinenden Besatzungskosten, brachte ihm allerdings den Unwillen des Chefs des OKW ein, der ihm telegraphierte, er habe „nicht den französischen Interessen Vorschub zu leisten“.[17]

Am 22. Februar 1941 übernahm Stülpnagel den Oberbefehl über die im Südabschnitt der Ostfront zur „Sicherung der deutsch-russischen Interessengrenze“ eingesetzte 17. Armee. Im März 1941 machte Hitler die hohe Generalität mit seiner Forderung bekannt, den von ihm seit dem Hochsommer 1940 in Aussicht genommenen Krieg gegen die Sowjetunion als „Kampf zweier Weltanschauungen“ zu führen.[18] Einsatz- und Sonderkommandos des SD hatten die ihnen von Himmler bzw. Heydrich gestellten Aufgaben „in eigener Verantwortung“ durchzuführen.[19] Die Einschränkung der Gerichtsbarkeit und die OKW-Richtlinien für die Behandlung politischer Kommissare der Roten Armee verlangten von den Frontbefehlshabern Entscheidungen, die mit den ihnen anerzogenen Ehrbegriffen schwer zu vereinbaren waren. Auch Stülpnagel konnte diesen Verstrickungen nicht entgehen. Nur mit Mühe erreichte das Armeeoberkommando 17 die Einstellung der Mitte Februar angelaufenen „Ein- und Umsiedlungsaktion (...) der Juden und Polen aus dem Reich und den rückgegliederten Ostgebieten“, die zeitgleich mit dem Quartierraum beanspruchenden Aufmarsch der Armee erfolgte.[20] Über den „Führerbefehl betreffend ‘Kommissare’“ wurden die der 17. Armee unterstehenden kommandierenden Generale am 18. Juni 1941 im Armeehauptquartier mit der Weisung, ihn „nur mündlich“ weiterzugeben, in Gegenwart Stülpnagels unterrichtet.[21]

Stülpnagel wird vorgeworfen, daß die Zusammenarbeit seines Armeeoberkommandos mit den SD „sehr eng“ war und daß er „die Hitlersche Gleichsetzung von Judentum und Kommunismus vollkommen akzeptiert hatte“.[22] Zu bedenken ist aber, daß die Stabsarbeit der dem Armeeoberkommando angehörenden etwa 135 Offiziere und Beamten von Oberst i. G. Vincenz Müller geleitet wurde, der „im Winter 1939/40 (...) unbedingt der Militäropposition im Westen zuzurechnen war".[23] Die 17. Armee war an den Schlachten bei Lemberg, Uman und Kiew maßgeblich beteiligt und sollte danach über Charkow in das Donez-Industriegebiet vorstoßen.[24] Während der Operationen bis Anfang Oktober 1941 unterstanden ihr neun Armeekorps und 30 Divisionen, darunter slowakische, ungarische, kroatische und italienische Verbände. Für ihre Führung, ihren Einsatz, ihre Versorgung und ihre Sicherheit im Front- und rückwärtigen Armeegebiet trug Stülpnagel die Verantwortung. Diese Sicherheit war nur zu erreichen, wenn es ihm gelang, von der Masse der in seinem Befehlsbereich lebenden ukrainischen Bevölkerung, die der in ihr Gebiet einrückenden Wehrmacht zunächst nicht feindlich gegenüberstand, als Recht wahrende Autorität respektiert zu werden. Dazu gehörte auch, daß im Falle von unaufgeklärten Sabotagefällen nicht wahllos Angehörige des ukrainischen Volkes den zu ergreifenden kollektiven Maßnahmen unterliegen, sondern daß – laut Stülpnagels Weisung – „bei Notwendigkeit raschen Zugriffs notfalls die Angehörigen der russischen Staatsjugend (Komsomolzen)" herangezogen werden sollten, wobei allerdings „besonders die jüdischen Komsomolzen als Träger der Sabotage und Bandenbildung Jugendlicher anzusehen" seien.[25]

In einem Bericht an die Heeresgruppe Süd, den diese an das OKW weiterleitete, hat sich Stülpnagel am 12. August 1941 auf Grund von Gefangenenaussagen nach der Schlacht bei Uman und seiner jüngsten Erfahrungen bei Truppenbesuchen ausführlich über die mangelhafte deutsche Kriegszielpropaganda geäußert und Vorschläge für die Behandlung der Bevölkerung im besetzten Gebiet gemacht.[26] Stülpnagel verlange, „das russische Volk" müsse, „um von sich aus zur Beendigung des Krieges beizutragen, wissen, was Deutschland mit Rußland zu machen beabsichtige", und schlug als bestes Mittel zur Verhinderung des Partisanenkrieges „die Heranziehung zur Mitarbeit, vernünftige Behandlung und auch Versorgung der Bevölkerung im besetzten Gebiet" vor. Über die Lage des Judentums berichtete er, daß „vielfach eine gereizte Stimmung gegen die Juden" herrsche, denen die häufige Betätigung „als Agenten und Zutreiber der G. P. U." vorgeworfen werde. Andererseits hätten „drakonische Maßnahmen gegen Juden bei einzelnen Bevölkerungskreisen Mitleid und Sympathie für sie erzeugt". Hatte Stülpnagel mehrfach darauf hingewiesen, daß die Sicherheit der Truppe auf Dauer nur dann zu erreichen wäre, wenn die Bedürfnisse der Bevölkerung hinsichtlich ihrer politischen, kulturellen und wirtschaftlichen Lebenserwartung befriedigt würden,[27] so hielt er es darüber hinaus für erforderlich, daß die Ukrainer und Juden in einem Verhältnis miteinander lebten, das die gereizte Stimmung der Ukrainer gegenüber den Juden beseitigte. Das war nach Stülpnagels Ansicht nur möglich, wenn die Juden ihre führende Stellung im Handel verlören und daran gehindert würden, „sich als Zentren einer Widerstandsbewegung betätigen“ zu können.[28] Wie man auch Stülpnagels Einstellung gegenüber dem Judentum in der Sowjetunion und speziell in der Ukraine sowie seine Forderung, „nachdrückliche Aufklärung über das Judentum unter der Bevölkerung“ zu leisten, rückschauend beurteilen mag, so muß man ihm doch zugestehen, daß seine die Lebensverhältnisse der Juden zwar einschränkenden, aber nicht ihr Leben bedrohenden Forderungen seiner damaligen Lagebeurteilung entsprachen und nicht mit dem aus rassistischen und ideologischen Gründen an Himmler erteilten Befehl Hitlers in Verbindung gebracht werden dürfen, die besetzten Ostgebiete „judenfrei“ zu machen.[29]

Dem ständigen Druck der vorgesetzten, dem „Führerwillen“ folgenden Kommandobehörden ausgesetzt, war Stülpnagel Anfang Oktober 1941 nicht bereit, seine Armee in ein ungewisses Abenteuer zu führen und weiter „Mitwisser verbrecherischer Maßnahmen“ in den rückwärtigen Gebieten zu sein[30]. Er bat – eine Magenkrankheit als Grund angebend – um Enthebung von seinem Kommando. Nach seiner Genesung wurde er Mitte Februar 1942 zum Militärbefehlshaber in Frankreich ernannt. Das militärische Sagen im besetzten Frankreich hatte jedoch der Oberbefehlshaber West, seit März Generalfeldmarschall von Rundstedt, der sich im Küstenbereich auf die Abwehr einer Invasion vorbereitete und im Hinterland die Ausbildung von Verbänden überwachte. Die am 9. März 1942 neu aufgestellte Dienststelle des „Höheren SS- und Polizeiführers im Bereich des Militärbefehlshabers in Frankreich“ erhielt für die politische Tätigkeit ihre Weisungen vom Reichsführer-SS Heinrich Himmler. SS-Brigadeführer Oberg unterstand zwar Stülpnagel persönlich, empfing von ihm jedoch lediglich Weisungen „für die militärische Sicherung des Landes und für alle militärischen Operationen“. Damit wurden Stülpnagel die Möglichkeiten entzogen, in die polizeilichen Maßnahmen, zu denen „auch Sühnemaßnahmen gegen Verbrecher, Juden und Kommunisten anläßlich ungeklärter Anschläge gegen das Deutsche Reich oder deutsche Reichsangehörige“ gehörten,[31] einzugreifen. Nach dem Einmarsch deutscher Truppen in das unbesetzte Südfrankreich war Oberg in polizeilichen und Volkstumsfragen Alleinherrscher in Frankreich und vereinbarte mit dem Generalsekretär der französischen Polizei, die gegen die Sicherheit gerichteten Angriffe „mit allen ihnen zu Gebote stehenden Mitteln vorbeugend zu bekämpfen und abzuwehren“.[32]

Stülpnagel hatte es verstanden, seinen Stab weitgehend mit Offizieren und Beamten zu besetzen, die seinen politischen Vorstellungen entsprachen. Allgemein wird die freimütige Atmosphäre in seinen außerdienstlichen Gesprächsrunden hervorgehoben. Die bis zum Eintreffen Obergs von

Stülpnagel zu verantwortenden Sühnemaßnahmen, die nach den Attentaten in ihrem Umfang häufig von Hitler angeordnet wurden, plagten ihn noch nachträglich, so daß er die Gruppe Justiz (Bargatzky) beauftragte, „für die Zeit nach dem Krieg festzuhalten, welchen Kampf die Militärverwaltung gegen Hitlers Schießbefehle geführt hat". Ein Exemplar dieser Dokumentation übergab er James Graf v. Moltke.[33]

In die Absichten der Berliner Widerstandsgruppe frühzeitig eingeweiht – Cäsar von Hofacker fungierte als Mittelsmann zu Stauffenberg – und von Mitarbeitern wie Freiherr von Teuchert und Bargatzky hervorragend unterstützt, hatten Stülpnagel und Hofacker alle Vorbereitungen so weit abgeschlossen, daß der General am Abend des 20. Juli auf ein Stichwort aus Berlin den Befehl geben konnte, unverzüglich die etwa 1000 Köpfe zählenden Angehörigen der in Paris stationierten SS-Dienststellen zu verhaften. Doch vermochte Stülpnagel nicht, den Oberbefehlshaber West, Feldmarschall von Kluge, zum Handeln zu bewegen, da sich herausstellte, daß Hitler das Attentat überlebt hatte. Kluge enthob Stülpnagel vielmehr seiner Stellung und befahl die sofortige Freilassung der SS-Angehörigen. Am 21. Juli zur Berichterstattung nach Berlin befohlen, versuchte Stülpnagel, sich in der Nähe von Verdun das Leben zu nehmen. An der Schußwunde erblindet, wurde er nach Ausstoßung aus der Wehrmacht durch den von Hitler eingesetzten „Ehrenhof" am 30. August vom Volksgerichtshof zum Tode verurteilt, nachdem er die Nennung von Mitbeteiligten abgelehnt hatte. Noch am gleichen Tag wurde er in Berlin-Plötzensee hingerichtet.[34]

Anmerkungen

1 So z. B. in den Tagebüchern von Joseph Goebbels, Teil I, Bd. 2, S. 40. und Interims-Register, S. 283.

2 Soldatisches Führertum, Bd. 8, S. 166–173 u. 357ff.

3 Bücheler, Frankfurt war die geistige Heimat des Hitlergegners, FAZ.

4 Brief vom 23. 3. 1920, in: Bücheler, Stülpnagel, S. 95.

5 Vgl. dazu die biographische Skizze zu Adam in diesem Band, S. 1–8.

6 BA-MA Freiburg: RH 1/v. 78 und RH 2/1442.

7 Archiv der Hansestadt Lübeck, Nachlaß Fink, Nr. 47.

8 Vgl. Bücheler, Stülpnagel, S. 134–137.

9 BA-MA Freiburg: N 28/2, Bl. 103f., Brief an Beck vom 30. 12. 1936.

10 Hoffmann, Widerstand – Staatsstreich – Attentat, S. 106.

11 Heusinger, Befehl im Widerstreit, S. 56.

12 Kriegstagebuch des Oberkommandos der Wehrmacht 1940–1941. Teilband II, S. 950.

13 Die Fakten sind in den Tagebüchern von Helmuth Groscurth, Franz Halder und Wilhelm Ritter von Leeb belegt; vgl. auch Müller, Witzleben – Stülpnagel – Speidel, S. 171–174.

[14] Siehe BA-MA Freiburg: RH 24-2/45 Kriegstagebuch des II. Armeekorps, Abt. I a; vgl. auch Teske, Die silbernen Spiegel, S. 79ff.

[15] Von Senger und Etterlin, Krieg in Europa, S. 56f.

[16] Siehe dazu Neugebauer, Die deutsche Militärkontrolle.

[17] Westphal, Heer in Fesseln, S. 141.

[18] Ueberschär, Generaloberst Franz Halder, S. 62.

[19] Krausnick, Hitlers Einsatzgruppen, S. 97.

[20] BA-MA Freiburg: RH 20–17/2: Tätigkeitsbericht das AOK 17, Führungsabteilung.

[21] Ebenda, RH 20–17/23: Aktennotiz über Besprechung mit Kommandierenden Generalen vom 18. 6. 41.

[22] Streit, Keine Kameraden, S. 117 und 119.

[23] Meyer, Drei deutsche Generale, S. 54.

[24] Vgl. Das Deutsche Reich und der Zweite Weltkrieg, Bd. 4, S. 451–652.

[25] BA-MA Freiburg: RH 20–17/276: AOK 17, Gr. I c/AO Nr. 2784/41 geh. v. 30. 7. 41; vgl. Krausnick, Hitlers Einsatzgruppen, S. 191, und Streit, Keine Kameraden, S.118f.

[26] BA-MA Freiburg: RH 20–17/280.

[27] Vgl. ebenda, RH 20–17/276: O. B. der 17. Armee betr. Behandlung der Bevölkerung und Aufrechterhaltung der Disziplin v. 24. 8. 1941.

[28] Vgl. Förster, Die Sicherung, S. 1040.

[29] Reichsführer: ... Briefe an und von Himmler, S. 134.

[30] Meyer, Drei deutsche Generale, S. 54.

[31] BA-MA Freiburg: RW 35/617: Der Führer und Oberste Befehlshaber der Wehrmacht v. 9. 3. 1942.

[32] Ebenda, RW 34/v. 28: Der Höhere SS- und Polizeiführer im Bereich des Militärbefehlshabers in Frankreich, II pol 1–106/1 o. D.

[33] Bargatzky, Hotel Majestic, S. 82f.

[34] Näheres in: Von zur Mühlen/Bauer (Hrsg.), Der 20. Juli 1944 in Paris.

Bibliographische Hinweise

(Vgl. auch die weiteren Literaturangaben in der Gesamtbibliographie ab S. 290ff.)

Ungedruckte Quellen

Stülpnagels schriftlicher Nachlaß wurde im Herbst 1944 von der Gestapo beschlagnahmt; BA-MA Freiburg: RH 2, Generalstab des Heeres; RH 24-2, II. Armeekorps; RW 34, Deutsche Waffenstillstandskommission; RH 20–17, Armeeoberkommando 17; RW 35, Militärbefehlshaber in Frankreich.

Gedruckte Quellen und Literatur

Bargatzky, Walter: Hotel Majestic. Ein Deutscher im besetzten Frankreich, Freiburg i. Br. 1987.

Bücheler, Heinrich: Carl-Heinrich von Stülpnagel. Soldat – Philosoph – Verschwörer, Berlin 1989.

Ders.: Frankfurt war die geistige Heimat des Hitlergegners. In: Frankfurter Allgemeine Zeitung v. 19. 11. 1985, S. 95.

Der 20. Juli 1944 in Paris. Verlauf – Hauptbeteiligte – Augenzeugen. Hrsg. v. Bengt von zur Mühlen/Frank Bauer, Berlin–Kleinmachnow 1995.

Müller, Klaus-Jürgen: Carl-Heinrich von Stülpnagel – Die „Zentralfigur“ in Paris. In: „Für Deutschland“. Die Männer des 20. Juli. Hrsg. v. Klemens von Klemperer/Enrico Syring/ Rainer Zitelmann, Frankfurt a. M. 1994, S. 261–286.

Ders.: Witzleben – Stülpnagel – Speidel. Offiziere im Widerstand. In: Kriegsjahr 1944 – Im Großen und im Kleinen, Stuttgart 1995.

Schmidtchen, Volker: Karl Heinrich von Stülpnagel. In: 20. Juli. Portraits des Widerstandes. Hrsg. v. Rudolf Lill/Heinrich Oberreuther, Düsseldorf 1984, S. 297–305.

Speidel, Hans: Aus unserer Zeit. Erinnerungen. Berlin 1977.

Ueberschär, Gerd R.: Generaloberst Franz Halder. Göttingen 1991.

Weniger, Erich: Zur Vorgeschichte des 20. Juli 1944 – Heinrich von Stülpnagel. In: Sammlung, 4. Jg., S. 475–492.

ROLAND PETER

General der Infanterie Georg Thomas

„Opportunist und Doppelspieler“ nannte ein Anwalt im Nürnberger Kriegsverbrecher-Prozeß 1946 den General der Infanterie Georg Thomas. Die Handlungen des Offiziers lassen tatsächlich innere Widersprüche erkennen, die größer und vielschichtiger kaum sein konnten. Auf der einen Seite war er lange Zeit führender Rüstungsmanager der deutschen Armee und zudem als Schreibtischtäter mitverantwortlich für die Verbrechen der Wehrmacht im Osten. Auf der anderen Seite engagierte sich Thomas von 1939 bis 1942 im militärischen Widerstand gegen Hitler.

Geboren wurde Georg Thomas am 20. Februar 1890 in Forst (Lausitz) als Sohn eines Fabrikbesitzers.[1] Der Beruf seines Vaters bestimmte wohl auch die spätere Neigung des Offiziers zur Wirtschaft, nachdem er mit 18 Jahren einem Infanterie-Regiment als Fahnenjunker beigetreten war. Im Ersten Weltkrieg bis zum Generalstab aufgestiegen, kam er danach zum Grenzschutz nach Schlesien und Ostpreußen. Die Versetzung ins Reichswehrministerium als Hauptmann stellte am 1. November 1927 die entscheidende Weiche für seine Zukunft. Im dortigen Heereswaffenamt verfaßte Thomas schon ein Jahr später eine programmatische Denkschrift über die Zielsetzung des Amtes. Der bürokratisch formulierte Titel der Studie, »Zweck, Notwendigkeit und Umfang der wirtschaftlichen Aufstellungsvorarbeiten«[2], verdeckt ihre Brisanz nur unzureichend. Thomas propagierte darin ein umfassendes Verständnis des modernen Krieges, dem „alle Mittel (...) dienstbar gemacht werden (müßten), neben dem Menschen in erster Linie die Industrie und Wirtschaft“. Ein neues Kriegsamt solle die künftige Rüstungsproduktion schon im Frieden „durch wohlüberlegte Vorarbeiten“ in die Wege leiten. Neben der technischen Vorbereitung bestimmter Betriebe forderte die Studie auch eine bessere Versorgung mit Rohstoffen. Die Arbeit gehörte so zu den wichtigsten Vorläufern des Vierjahresplanes von 1936.

Obwohl diese Forderungen gegen den Versailler Vertrag verstießen, wurde mit ihrer Umsetzung begonnen – allerdings ohne Zustimmung der Reichsregierung, „meist auf eigene Verantwortung“ und mit Hilfe „schwarzer Gelder“, so Thomas später. Den Lohn für die geheime Aufrüstung erhielt er mit dem raschen Aufstieg zum Chef des Stabes im Heereswaffenamt 1930 und zum Oberstleutnant 1932. Doch erst Hitlers Machtantritt verschaffte Thomas die Möglichkeit, seine Ideen umfassender umzusetzen: Ab 1. November 1934 wurde er, seit kurzem Oberst, Chef der neugeschaffenen Dienststelle „Wehrwirtschafts- und Waffenwesen" beim Wehrmachtamt des Reichswehrministeriums. Mit Hilfe dieser mehrfach umbenannten Dienststelle, die 1938 vom Oberkommando der Wehrmacht (OKW) übernommen wurde, trieb Thomas die deutsche Aufrüstung voran. Am 1. August 1940 erklomm der Chef des Wehrwirtschafts- und Rüstungsamtes im OKW als General der Infanterie den Gipfel seiner Karriere.

Allerdings konnte Thomas mit dem Ergebnis seiner Arbeit nicht zufrieden sein, obwohl ihn OKW-Chef Keitel noch 1944 als „Organisator von Format" rühmte.[3] Trotz aller Vorbereitungen schlitterte die Rüstungswirtschaft schon kurz nach Kriegsbeginn Ende 1939 in die erste von vielen Krisen. In der Folge blieb der Ausstoß an Waffen und Rüstungsgütern immer mehr hinter dem Bedarf der Wehrmacht zurück. Den Fabriken fehlten sowohl Arbeitskräfte als auch die wichtigsten Produktionsmittel. Thomas entwarf deshalb ein System von Dringlichkeitsstufen, das die bedeutendsten Rüstungsprogramme bevorzugt mit Beschäftigten, Maschinen und Rohstoffen versorgen sollte. In der Praxis entstand daraus aber ein verwirrender bürokratischer Apparat, hinter dessen Fassade zahlreiche Machtkämpfe abliefen. So verkam die sogenannte Organisation der Rüstungswirtschaft zu einem „System der Aushilfen", wie Thomas nachträglich eingestehen mußte.[4]

Sicherlich gehörte der politische Widerwille, Wirtschaft und Gesellschaft auf den Krieg umzustellen, zu den Hauptursachen für die heikle Lage der Rüstungsindustrie. Die Unternehmen hatten in dieser „kriegsähnlichen Friedenswirtschaft" (Rolf-Dieter Müller) genügend Spielraum, eine Umstellung ihrer Produktion auf den Kriegsbedarf hinauszuzögern. Zudem wies der Aufbau der Wirtschaftsorganisation „erhebliche Mängel auf", erklärte Thomas Mitte November 1939.[5] So lieferten sich selbst Heer, Luftwaffe und Marine untereinander Konkurrenzkämpfe um die Produktionsmittel.

Darüber hinaus spielte die persönliche Auffassung von Georg Thomas über die militärische Führung der Industrie eine wichtige Rolle. Später erklärte er: „Es war ganz selbstverständlich, daß die Wirtschaft stark von der Wehrmacht beeinflußt werden mußte, weil sie völlig auf die Wehrmacht umgestellt und dieser dienen mußte."[6] Die Unternehmer sahen sich deshalb einer „Art Planwirtschaft" gegenüber, die mit militärischen Befehlen vorging. Ohne Gewinnreiz und Mitsprache nahm sie den Betrieben den Willen zur Kooperation, gesagt: Deren Eigeninteresse behielt so im Zweifel die Oberhand. Seit 1940 gewann der Konflikt „Industrie gegen den Soldaten"[7] mit der Ernennung von Fritz Todt zum Minister für Bewaffnung und Munition an Härte, zumal Todt in der Munitionsproduktion auf die Mitarbeit der

Unternehmer setzte. So zählten Kompetenzkämpfe und Reibungsverluste bis Ende 1941 zu den Hauptmerkmalen der Kriegswirtschaft. Sie streuten insbesondere auf der regionalen Ebene Sand ins Getriebe, zumal die militärischen Rüstungsinspekteure hier ihren Führungsanspruch gegenüber den zivilen Wirtschaftsämtern durchsetzen wollten.[8]

Als die Wehrmacht durch die fehlgeschlagene Offensive vom Winter 1941/42 in große Bedrängnis geriet, kam für die Rüstungswirtschaft die Wende. Die Berliner Führung mußte das Reich jetzt auf einen langen Abnutzungskrieg einstellen und setzte dabei auf Albert Speer, den Nachfolger des verunglückten Reichsministers Fritz Todt. Speer verließ sich weniger auf die schwerfällige Militärbürokratie und bezog statt dessen die industriellen Praktiker stärker in die Rüstungsorganisation ein. Sein Erfolg gab ihm recht, das Scheitern von Georg Thomas war offensichtlich.

1942 verlor der General sein Amt als Chef des Wehrwirtschafts- und Rüstungsamtes. Der neue Minister hatte Thomas zwar zunächst mit taktischen Versprechungen in den Umbau der Organisation eingebaut. Er betrieb dann aber die Kaltstellung. Am 15. Januar 1943 verließ der Rüstungsoffizier mit „tiefer Enttäuschung und maßlos(er) Verbitterung“ auch die Chefposition des Wehrwirtschaftsamtes im OKW. Keitel gab Thomas jetzt zwar den Auftrag, eine Studie über die Wehr- und Rüstungswirtschaft in Deutschland anzufertigen. Doch das sollte den Ausstieg nur noch abfedern.[9]

Nach dem Krieg erklärte Georg Thomas das große Engagement für die deutsche Rüstung mit seinem nationalkonservativen Verständnis vom Dienst für das Vaterland. Hitler habe wiederholt seine friedliche Absicht betont. Thomas schrieb, „für jeden guten Deutschen (mußte es, R.P.) selbstverständlich sein“, an einer Aufrüstung mitzuarbeiten, „die nach unserer aller Auffassung allein dem Schutz unserer Grenze dienen sollte“.[10]

Der Rüstungsökonom sah sich demnach als naiver, wohl auch verführter Patriot, nicht aber als Nationalsozialist und Kriegstreiber – im Gegenteil. Die Gegnerschaft zu Hitler und „sein leidenschaftlicher Kampf gegen den Krieg“ hätten dazu geführt, daß Thomas sich am Widerstand beteiligte, unterstreicht sein Biograph Werner Birkenfeld.[11] Als zusätzliches Argument dient die immer wieder hervorgekehrte christliche Lebenseinstellung des Offiziers. Tatsächlich aber läßt sich zeigen, daß zum einen Thomas' Ablehnung des Nationalsozialismus nicht auf moralisch-politischen Prinzipien beruhte, sondern auf unterschiedlichen sachlichen Vorstellungen und auf der Enttäuschung über die Behandlung der Generalität durch Hitler. Zum anderen lehnte er nicht den Krieg an sich ab, sondern nur Zeitpunkt und Ausweitung der Katastrophe. Letztlich paßte sich der General den verbrecherischen Zielen des NS-Staates an.

Schon 1933 entstanden Dissonanzen zwischen Hitler und Thomas über die unterschiedliche Bewertung der Sowjetunion. Der Offizier gehörte seit 1920 zu den Pionieren einer Zusammenarbeit zwischen beiden Staaten, die sich zu einer engen Kooperation zwischen Reichswehr und Roter Armee entwickelte. Um diesen Kontakt nach Hitlers Machtantritt aufrechtzuerhalten, reiste Thomas zusammen mit dem Chef des Heereswaffenamtes, Generalleutnant Alfred von Vollrad-Bockelberg, in die UdSSR. Der Rüstungsökonom kam tief beeindruckt zurück. Er unterstrich das „große Ausmaß" der dortigen Industrie und forderte Hitler dazu auf, „ein freundschaftliches Verhältnis" mit der UdSSR zu suchen. Die Offiziere trafen aber auf die ideologischen Vorbehalte des Diktators. Hitler warf ihnen vor, auf „Potemkinsche Dörfer" hereingefallen zu sein. Der „Bolschewismus" sei niemals zu einer „aufbauenden Organisation fähig".[12]

Ein weiterer Streitpunkt war seit 1936 die Rüstungspolitik. Der Offizier verwahrte sich noch 1939 dagegen, sie mit einer Breitenrüstung oberflächlich auf „blitzartige Entscheidungen" hin aufzubauen. Statt dessen müsse eine Tiefenrüstung mehr Vorräte bereitstellen, um die „Durchhaltemöglichkeit" der Wirtschaft zu verbessern.[13] Die Position des Ökonomen unterschied sich hierbei weniger im wirtschaftlichen Bereich als vielmehr durch seine militärische Geringschätzung des Blitzkrieges von der NS-Politik. Thomas bekam deshalb das Etikett eines „Pessimisten" verpaßt, das Hitler nicht mehr vergessen sollte.[14]

Diese Auseinandersetzungen mit dem Diktator erfuhren durch die 'Fritsch-Affäre' von 1938 ihre Krönung. Thomas sah in der Intrige gegen den Heereschef eine „ungeheure Schmach", die Hitler dem Offizierskorps angetan habe. Die Desavouierung der militärischen Elite führte zum „völligen inneren Bruch mit dem System", behauptete der General.[15] Im Sommer 1939 beteiligte sich der Offizier zusammen mit dem Kreis um den früheren Generaloberst Ludwig Beck und den ehemaligen Botschafter in Rom, Ulrich von Hassell, aktiv am Widerstand. Thomas wollte so den Ausbruch des Krieges verhindern, da er einen deutschen Sieg für illusorisch hielt. Im August 1939 arbeitete er zwei Denkschriften aus, die er kurz vor Kriegsbeginn OKW-Chef Wilhelm Keitel vorlegte. Sie unterstrichen, daß Hitlers „Eroberungspläne (...) zum Weltkrieg führen" würden. Die Folge eines solchen Waffenganges wäre ein „lange(r) Materialkrieg (...), (den) Deutschland aus Rohstoff- und Ernährungsgründen nicht ohne starke Bundesgenossen durchhalten könne. Ein verlorener Krieg würde Deutschlands Untergang bedeuten, der Krieg müsse also unterbleiben."[16]

Es muß angemerkt werden, daß Georg Thomas mit diesen Aktionen sein Leben riskierte. Allerdings ging es ihm nicht, wie etwa von Hassell und Beck, um den Sturz der Diktatur. Sein Ziel war 1939/40 ebenso wie 1941 ausschließlich, den Ausbruch des Krieges und die als sicher angesehene Niederlage zu verhindern. Der Widerstand des Generals entsprang also vor allem der unterschiedlichen Bewertung der Risiken, die mit Hitlers Plänen verbunden waren.[17]

Auch die angestrebten Methoden unterschieden sich, da der General einen Anschlag auf Hitler strikt ablehnte. Dem „korrekten, im kaiserlichen Dienst aufgewachsenen Soldaten war der Gedanke an politischen Mord entsetzlich".[18] Thomas drängte statt dessen auf die Verhaftung der Regierung durch die Armee. Ein Staatsgerichtshof solle den Diktator aburteilen und seinen Nimbus zerstören.[19]

Im Herbst 1939 und Frühjahr 1940 zeigte sich eine weitere Diskrepanz zum übrigen Widerstand, als die geheime Opposition den Angriff der Wehrmacht auf Frankreich zu verhindern suchte. Kontakte mit der britischen Regierung sollten Zusagen erbringen, um die Heeresführung unter den Generalen von Brauchitsch und Halder zu einem Putsch zu veranlassen. Der sogenannte 'X-Bericht' faßte die Ergebnisse der Sondierungen zusammen. Thomas übergab ihn im April 1940 an Generalstabschef Halder. Bemerkenswert ist, daß sich der General, der erst nachträglich über die diplomatischen Aktivitäten informiert worden war, zugleich von dem 'X-Bericht' als 'unsoldatisch'[20] distanzierte.

Es läßt sich festhalten, daß Thomas trotz seiner Gegnerschaft zu Hitler nicht dazu bereit war, bestimmte Grenzen zu überschreiten. Nicht einmal die ihm längst bekannten Verbrechen beim Polenfeldzug konnten den Offizier zu einem solchen Schritt bewegen, obwohl er selbst den moralischen Verfall der Gesellschaft beklagte. General Thomas blieb damit selbst im Widerstand dem militärischen Traditionsdenken verhaftet.

Der geplante Angriff auf die UdSSR, über den der General bereits seit August 1940 informiert war, stellte ihn vor eine neue Situation. Er stemmte sich zunächst wie im Jahr zuvor aus ökonomischen Erwägungen gegen die Ausweitung des Krieges – zumal angesichts der umfangreichen Rohstoff-Lieferungen aus der UdSSR nach dem deutsch-sowjetischen Vertrag von 1939. Nach Analysen seines Wirtschafts- und Rüstungsamtes würde der 'Fall Barbarossa' die Wehrmacht vor allem bei Treibstoff und Gummi vor erhebliche Probleme stellen. Thomas wies deshalb die OKW-Führung am 8. Februar 1941 „mit größtem Ernst auf die Gefahren einer solchen Nachschublage hin": Treibstoff sei „höchstens" für zwei Kampfmonate gesichert, der für LKW-Reifen wichtige Kautschuk nur für acht. Die Antwort von Generalfeldmarschall Keitel war bezeichnend: Hitler lasse sich „in seinen Plänen von diesen wirtschaftlichen Schwierigkeiten nicht beeinflussen". Auch Göring lehnte am 12. Februar Erörterungen mit derselben Begründung ab.[21] Einwände hatten also keine Bedeutung mehr.

Thomas paßte sich an. Schon ein auf den 13. Februar datiertes Gutachten über die „wehrwirtschaftlichen Auswirkungen“ eines Angriffs auf die Sowjetunion verfolgte eine neue Linie.[22] Die Analyse des sowjetischen Wirtschaftspotentials zeigte zwar bei genauem Studium noch immer die Schwierigkeiten auf, die Deutschland bei einem Krieg entstehen könnten. Doch diese Tendenz wurde durch den Verweis auf die schnelle „Entlastung“ konterkariert, die für den Ernährungs- und Rohstoffsektor möglich sei. Einzige Voraussetzung: Die Wehrmacht müsse die Zerstörung der Vorräte, der Erdölanlagen im Kaukasus und der Transportmittel durch „schnelle(s) Zufassen“ verhindern.[23]

Der General lieferte Hitler damit ein eindeutiges Gefälligkeits-Gutachten. Schließlich wußte er seit dem Streit von 1933 über die Leistungsfähigkeit der UdSSR, daß der Diktator den „Bolschewismus“ ebensosehr unterschätzte, wie er ihn verachtete. Ein schneller Sieg der Wehrmacht stand für Hitler deshalb fest. Da die Denkschrift in einem solchen Fall die Lösung der deutschen Rohstoff-Probleme voraussagte, entsprach sie Hitlers Erwartungen. Thomas erachtete es zudem als unbedingt notwendig, das Erdölgebiet von Baku einzunehmen und bestätigte so sogar Hitlers Kriegsziele. Der Ökonom schwächte aber nicht nur die Kritik erheblich ab; es fehlte auch ein ausdrücklicher Hinweis auf die Gefahren, sollte ein schneller Sieg der Wehrmacht doch ausbleiben. Das Urteil, dem General sei es darum gegangen, „Hitler mit den Mitteln des Ressorts von seinem Entschluß abzubringen“, wie Birkenfeld behauptet, greift gründlich daneben.[24]

Allerdings ist es auch überzogen, die Thomas-Denkschrift als Ausgangspunkt für die geplante verbrecherische Besatzungspolitik zu verstehen.[25] Dagegen spricht schon, daß die Studie nicht von einer Vernichtungsstrategie ausgeht, sondern eine „Mitarbeit“ der russischen Bevölkerung voraussetzt. Außerdem war der Ruf des Generals als Pessimist bei Hitler viel zu schlecht, um seinen Ausführungen eine solche Bedeutung zu geben. Nach dem Zeugnis Speers schimpfte der Diktator noch Ende 1943 „voller Hohn“ über die Ausarbeitung des Generals, weil er das sowjetische Kriegspotential als „außerordentlich bedeutend hingestellt hatte“.[26] Demnach verwarf Hitler die Auffassungen des Rüstungsökonomen von vornherein. Unabhängig davon aber liegt das opportunistische Vorgehen von Georg Thomas auf der Hand.

Aber nicht nur in diesem Punkt markiert das Frühjahr 1941 eine persönlich tiefgreifende Wende für General Georg Thomas. Göring beauftragte ihn im Februar damit, die „Ausnützung des besetzten Rußlands“ vorzubereiten und dafür eine „völlig selbständige Organisation“ zu errichten.[27] Der Rüstungsökonom bekam damit die Gelegenheit, auf die er seit langem gewartet hatte: unter dem Schild Görings eine führende und unangefochtene

Position als Wirtschaftslenker aufzubauen. Um diese Chance nicht zu verpassen, schwenkte der General gleich doppelt um.

Zum einen unterstützte er jetzt den Überfall und letztlich auch das Ziel einer Ausbeutung der UdSSR, wie eine Erklärung vom 20. Juni 1941 unterstreicht: „Wenn die militärische Führung in der Lage ist, die fehlenden Rohstoffvorkommen durch Eroberung sicherzustellen, wird dies von der Wirtschaftsführung besonders begrüßt werden." Zum zweiten gab er die Zusammenarbeit mit der UdSSR auch innerlich auf. Der General ließ sich nicht einmal abschrecken, als Göring ihm die wahren Ziele des Angriffs auf die UdSSR enthüllte: „Ausrottung des Kommunismus, Beseitigung aller politischen Führer". Thomas paßte sich der radikal antikommunistischen und rassistischen Auffassung an, die in großen Teilen der Militärführung verbreitet war. So bemerkte er: „Die Russen (sind) ein stures Pack und schwer zur Arbeit heranzubekommen."[28]

Damit stand die Ausgangsposition fest, als Thomas die gewaltsame Ausbeutung der UdSSR geschäftsmäßig vorbereitete und von Göring in den Führungsstab der neuen Wirtschaftsorganisation Ost berufen wurde. Er verfaßte Ende April 1941 einen Entwurf über die Wirtschaftsführung in den Ostgebieten, die mit einer Kriegsführung nach dem Völkerrecht nichts mehr zu tun hatte. Das Ziel sei, die dort vorhandenen „wirtschaftlichen Kräfte, Mittel und Vorräte (...) in den Dienst der Gesamtkriegsführung einzusetzen". Gebiete ohne ökonomische Bedeutung könnten „bei weitestgehender Ausbeutung wirtschaftlich vernachlässigt werden". Die Bevölkerung wurde bei diesem Vorgehen als überflüssig angesehen, wie Anfang Mai eine Besprechung der Staatssekretäre aus den Wirtschaftsressorts klarmachte: „1: Der Krieg ist nur weiterzuführen, wenn die gesamte Wehrmacht (...) aus Rußland ernährt wird. 2. Hierbei werden zweifellos zig Millionen Menschen verhungern, wenn von uns das für uns Notwendige aus dem Land herausgeholt wird."[29] Daß Thomas diesen Weg persönlich unterstützte, unterstrich er bei einer Besprechung über den Einsatz der Wirtschaftsorganisation Ost am 31. Juli 1941: „Wir können nicht das ganze Land verwalten. Die Intelligenz ist totgeschlagen, die Kommissare sind weg. Große Gebiete werden sich selbst überlassen bleiben müssen (verhungern)."[30]

Auch die Einzelheiten dieser Politik waren ihm nicht fremd. Ende 1941 bemerkte Thomas in einem Vortrag über die „Ernährungslage", es sei eine der wichtigsten Aufgaben, aus den besetzten Ostgebieten „soviel wie möglich an Nahrungsmitteln für die deutsche Versorgung herauszuholen". Um die widerspenstige Landbevölkerung am Verzehr ihrer eigenen Produkte zu hindern, kündigte der General „wirkungsvolle Maßnahmen" an. Über deren Charakter kann kein Zweifel bestehen. Im Februar 1942 machte Thomas sich dafür stark, mit 4000 Lastwagen des Heeres etwa 300000 Tonnen

Getreide aus der Ukraine zu holen.[31] Der Schreibtischtäter nahm ohne Skrupel den Hungertod von Millionen Menschen in Kauf und machte sich zum Komplizen von NS-Führung und SS.

Georg Thomas zählt zu den besonders prägnanten Beispielen für die Mitwirkung willfähriger Militärs am Vernichtungskrieg im Osten. Nicht unschuldig daran sind besondere Charakterzüge des Offiziers, sein maßloser Ehrgeiz und die ständige Suche nach äußerer Bestätigung.[32] Hinzu kam, daß der General seinen Dienst in der Wehrmacht ausschließlich in „Treue und Opferbereitschaft“ für Deutschland ausgeübt haben wollte und ihn entschieden von einer Unterstützung des NS-Regimes trennte. Im Gegensatz zu seinem Mitkämpfer Ulrich von Hassell wollte er nicht erkennen, daß beide Bekenntnisse spätestens dann zu gemeinsamen verbrecherischen Handlungen führten, als sich die Spitze der Armee am Vernichtungskrieg beteiligte. Diese illusionäre Unterscheidung machte es dem General möglich, weiterhin „im Kampf um Deutschlands Ehre und Reinheit seine Pflicht“ zu tun und sich zugleich für den Widerstand zu engagieren. Bis zur Niederlage in Stalingrad Anfang 1943 beteiligte er sich mit Denkschriften oder Überzeugungsversuchen bei hohen Generälen an der geheimen Opposition. Danach zog er sich zurück, der Krieg sei verloren: Jetzt könne auch eine neue Regierung nur noch einen „Schmachfrieden“[33] erlangen. Insgesamt sorgte so ein Gemisch aus nationalkonservativen Traditionen, einer neu gewonnenen rassistischen Zielsetzung und charakterlichen Verfehlungen für die Mitwirkung von Georg Thomas an den deutschen Verbrechen in Osteuropa.

Der geplanten ehrenhaften Entlassung des Generals aus der Wehrmacht zum Jahresende 1944 kam am 11. Oktober 1944 seine Verhaftung durch die Gestapo wegen „hochverräterischer Umtriebe“ zuvor. Anfang Februar 1945 wurde Thomas ins KZ Flossenbürg, zwei Monate später ins KZ Dachau eingeliefert. Die Wehrmacht befreite die Häftlinge nach einer längeren Irrfahrt der Wachmannschaften am 28. April in Südtirol. Die endgültige Freilassung des Generals erfolgte nach einer kurzen Festnahme durch US-Truppen am 16. Juni 1945.[34] Georg Thomas verfaßte noch mehrere Rechtfertigungsschriften, bevor er am 29. Oktober 1946 in Frankfurt am Main starb.

Anmerkungen

1 BA-MA Freiburg, Pers 6/365.

2 Thomas, Geschichte der deutschen Wehr- und Rüstungswirtschaft. S. 60 und 488–497, auch zum Folgenden.

3 BA-MA Freiburg, Pers 6/365: Beurteilung von Thomas durch OKW-Chef Keitel vom 1. 3. 1944.

[4] BA-MA Freiburg, RW 19/1258: Thomas bei Besprechung der Rüstungsinspekteure, 21. 1. 1942, S. 39f.

[5] BA-MA Freiburg, RW 19/560: Besprechung bei General Thomas, 13. 11. 1939.

[6] BA-MA Freiburg, RW 1258: Thomas-Vortrag bei Inspekteuren, 29. 8. 1942, Bl. 83.

[7] Ebenda.

[8] Peter, Rüstungspolitik in Baden, S. 19ff.

[9] BA-MA Freiburg, Pers 6/365: Birkenfeld, Der Verfasser, S. 3 (Zitat).

[10] Thomas, Gedanken und Ereignisse, S. 539.

[11] Birkenfeld, Der Verfasser, S. 6ff.

[12] Zeidler, Reichswehr und Rote Armee, S. 49 und 288f.

[13] BA-MA Freiburg, RW 19/573: Protokoll der Inspekteur-Besprechung vom 28. 3. 39, Bl. 13ff.

[14] General Jodl am 6. 6. 1946, in: Der Prozeß gegen die Hauptkriegsverbrecher (künftig: IMT), Bd. 15, S. 475.

[15] Thomas, Gedanken und Ereignisse, S. 540f.

[16] Ebenda, S. 542.

[17] Vgl. Schmädeke, Militärische Umsturzversuche, S. 299f.

[18] Ritter, Carl Goerdeler, S. 242.

[19] Thomas, Gedanken und Ereignisse, S. 543f.

[20] Ritter, Carl Goerdeler, S. 259.

[21] BA-MA Freiburg, RW 19/185: Aktennotizen vom 8. 2. und 12. 2. 1941.

[22] BA-MA Freiburg, RW 19/164: Kriegstagebuch WiRüAmt/Stab, 13. 2. 1941, S. 152 und 19. 2. 1941, S. 171.

[23] Thomas, Geschichte, S. 531f.

[24] Schwendemann, Die wirtschaftliche Zusammenarbeit, S. 290; Birkenfeld, Der Verfasser, S. 17.

[25] Müller, Von der Wirtschaftsallianz, S. 127f.

[26] Speer, Erinnerungen, S. 315f.; ähnlich auch Jodls Aussage in Nürnberg, IMT, Bd. 15, S. 475.

[27] BA-MA Freiburg, RW 19/185: Aktennotiz vom 26. 2. 1941, Bl. 170ff.

[28] Thomas, Geschichte, S. 301 (Zitat 1); BA-MA Freiburg, RW 19/164: Kriegstagebuch (KTB) WiRüAmt/Stab 26. 2. 1941, S. 180; ebenda, RW 19/165: KTB WiRüAmt/Stab, 31. 7. 1941, S. 174 (Zitat 2).

[29] Müller, Industrielle Interessenpolitik, S. 117f.; IMT, Bd. 31, S. 84: Aktennotiz vom 2. 5. 1941.

[30] BA-MA Freiburg, RW 19/165: KTB WiRüAmt/Stab, 31. 7. 1941, S. 173–178 (Klammer im Original).

[31] BA-MA Freiburg, WiID 1112: WiRüAmt/Stab, Material zum Vortrag des Amtschefs, Nov. 41, Bl. 2–4 (Zitate); ferner RW 19/560: KTB WiRüAmt/Stab, 16. 2. 1942.

[32] Birkenfeld, Der Verfasser, S. 21.

[33] Thomas, Gedanken und Ereignisse, S. 544 und 558.

[34] Thomas, Gedanken und Ereignisse, S. 544ff.

Bibliographische Hinweise

(Vgl. auch die weiteren Literaturangaben in der Gesamtbibliographie ab S. 290ff.)

Ungedruckte Quellen

BA-MA Freiburg: Wehrwirtschafts- und Rüstungsamt (RW 19), Rüstungsinspektionen und -kommandos (RW 20) und Wirtschaftsstab Ost (RW 31). Auf Film im BA-MA und im Münchener Institut für Zeitgeschichte (Bestand Zeugenschrifttum): Aufsätze von Georg Thomas.

Gedruckte Quellen und Literatur

„Aufstand des Gewissens". Militärischer Widerstand gegen Hitler und das NS-Regime 1933–1945. Hrsg. v. MGFA. 4. Aufl. Berlin 1994.

Birkenfeld, Werner: Der Verfasser. In: Georg Thomas: Geschichte der deutschen Wehr- und Rüstungswirtschaft. Koblenz 1966.

Gisevius, Hans Bernd: Bis zum bitteren Ende. 2 Bände. Zürich 1946.

Hassell, Ulrich von: Vom anderen Deutschland. Freiburg o. J. (1947).

Hoffmann, Peter: Widerstand, Staatsstreich, Attentat. Der Kampf der Opposition gegen Hitler. München, Zürich 1969.

Müller, Klaus-Jürgen: Über den „militärischen Widerstand". In: Widerstand gegen den Nationalsozialismus. Hrsg. v. Peter Stembach/Johannes Tuchel. Bonn 1994, S. 266–279.

Müller, Rolf-Dieter: Von der Wirtschaftsallianz zum kolonialen Ausbeutungskrieg. In: Das Deutsche Reich und der Zweite Weltkrieg. Band 4. Stuttgart 1983, S. 127ff.

Ders.: Die Mobilisierung der deutschen Wirtschaft für Hitlers Kriegsführung. In: Das Deutsche Reich und der Zweite Weltkrieg. Band 5,1. Stuttgart 1988, S. 349–692.

Reuter, Franz: Der 20. Juli und seine Vorgeschichte. Berlin 1946.

Schmädeke, Jürgen: Militärische Umsturzversuche und diplomatische Oppositionsbestrebungen. In: Widerstand gegen den Nationalsozialismus. Hrsg. von Peter Steinbach/Johannes Tuchel. Bonn 1994, S. 294–318.

Schwendemann, Heinrich: Die wirtschaftliche Zusammenarbeit zwischen dem Deutschen Reich und der Sowjetunion von 1939 bis 1941. Alternative zu Hitlers Ostprogramm? Berlin 1993.

Thomas, Georg: Gedanken und Ereignisse. In: Schweizer Monatshefte 25 (1945), S. 537–559.

Ders.: Geschichte der deutschen Wehr- und Rüstungswirtschaft (1918–1943/45). Hrsg. v. Werner Birkenfeld. Koblenz 1966.

GERHARD HÜMMELCHEN

Generaloberst Ernst Udet

Ernst Udet wurde am 26. April 1896 in Frankfurt a. M. als Sohn des Ingenieurs Adolf Udet und seiner Frau Paula geboren. Er besuchte in München die Volksschule und von 1906–1912 das dortige Theresien-Gymnasium. 1913 war Udet Schüler des Collège Buvignies in Verdun-sur-Marne und legte noch im gleichen Jahr in München das Einjährigen-Examen ab.

1914 meldete sich Udet als 18jähriger voller Kriegsbegeisterung freiwillig zum Heer, wurde jedoch abgewiesen. Nun sprach er fast täglich in der Münchener Geschäftsstelle des Allgemeinen Deutschen Automobilclubs vor. Udet war stolzer Besitzer eines eigenen Motorrades. Der ADAC vermittelte damals „Herrenfahrer" mit eigenen Fahrzeugen zur Nachrichtenübermittlung und zu Transporten hinter der Front. So diente der kleine, schmächtige 18jährige bald als Kraftfahrer beim Stab der 26. Infanterie-Division, beim Gouvernement Straßburg und kurz darauf beim Kraftfahrpark Namur. In dieser Zeit entstand in ihm der Wunsch, Flieger zu werden, und so meldete er sich erneut freiwillig, diesmal bei einer Flieger-Ersatzabteilung in München. Aber wieder wurde er abgewiesen. Danach ließ er sich auf eigene Kosten bei den Otto-Flugzeugwerken in München zum Piloten ausbilden und bewarb sich erneut: Am 15. Juni 1915 stellte ihn die Flieger-Ersatzabteilung 9 in Darmstadt als Flugzeugführer ein und versetzte ihn Anfang September 1915 zur Artillerie-Fliegerabteilung 206, wo er kurz darauf zum „etatmäßigen Gefreiten" befördert wurde und das Eiserne Kreuz 2. Klasse erhielt. Schon einen Monat später war Udet Unteroffizier und wurde zur Feldfliegerabteilung 68 in Habsheim bei Mülhausen im Elsaß versetzt. Bei diesem Verband erzielte Udet im März 1916, inzwischen Vizefeldwebel, seinen ersten Luftsieg und wurde mit dem Eisernen Kreuz 1. Klasse ausgezeichnet. Sein sehnlichster Wunsch blieb jedoch, Jagdflieger zu werden. Der erfüllte sich im Herbst 1916 mit der Versetzung zur Jagdstaffel 15, bei der er Leutnant der Reserve wurde. Anfang Oktober zur Jagdstaffel 37 versetzt, übernahm er deren Führung am 7. November 1917. Bis dahin hatte er weitere Auszeichnungen erhalten: das Württembergische Verdienstkreuz mit Krone und Schwertern und wenig später das Ritterkreuz des Hausordens von Hohenzollern.

Am 5. April 1918 holte Rittmeister Manfred Frhr. von Richthofen, der erfolgreichste Jagdflieger des Ersten Weltkrieges, Udet, der bis dahin 20 Luftsiege errungen hatte, als stellvertretenden Führer der Jagdstaffel 11 in sein

Jagdgeschwader. Knapp einen Monat danach avancierte Udet zum Führer der Jagdstaffel 4. Geschwaderkommodore von Richthofen war am 21. April 1918 gefallen. Kurz zuvor war Udet mit dem höchsten preußischen Orden, dem Pour le Mérite, ausgezeichnet worden. Als er am 14. 9. 1918 zum Oberleutnant der Reserve befördert wurde, hatte er bereits 62 Luftsiege erzielt und war damit der erfolgreichste Jagdflieger, der den Ersten Krieg überlebt hatte. Auch nach der durch den Abschluß des Waffenstillstandes bedingten Entlassung aus der Armee am 10. Januar 1919 blieb Udet der Fliegerei verbunden. Im Sommer 1921 begann er in Milbertshofen mit dem Bau von Flugzeugen und gründete im Oktober 1922 die Firma „Udet-Flugzeugbau“ München-Ramersdorf; Gesellschafter waren Ernst Udet, Heinz Pohl, Dipl. Ing. Erich Scheuermann und Dipl. Ing. Hans Herrmann. Schon 1925 schied Udet aber wieder aus der Firma aus und flog nun auf Flugveranstaltungen. Hier verblüffte er das Publikum durch akrobatische Kapriolen und bewies dabei sein außerordentliches fliegerisches Können. 1927 startete er als erster mit einem Segelflugzeug von der Zugspitze und im nächsten Jahr landete er mit einem Klemm-Sportflugzeug in den höchsten Schneeregionen. Seine überragende fliegerische Kunst machte ihn zum Kassenmagneten bei Flugschauen und populärsten Flieger Deutschlands. So war es kein Wunder, daß er 1928 auch für den Film entdeckt wurde. Es entstanden die Schnee- und Gletscherfilme „Die weiße Hölle vom Piz Palü“ und „Stürme über dem Mont Blanc“ sowie „SOS Eisberg“, der in Grönland gedreht wurde. Die Filme, in denen Udet flog, wurden Welterfolge. Es folgten Film-Expeditionen nach Afrika und 1934/35 der Terra-Film „Wunder des Fliegens“.

1931 sah Udet in den USA Schauflüge mit einem für Flugzeugträger entwickelten Sturzbomber der Firma Curtiss. Hier und in Schweden waren in dieser Zeit erfolgreiche Sturzflugangriffe auf alte Kriegsschiffe mit gutem Ergebnis erprobt worden. Die „Hawk“-Flugzeuge der Firma Curtiss beeindruckten Udet. Ihn überzeugte die hohe Trefferquote dieser Sturzbomber-Taktik. Als Göring Reichskommissar für die Luftfahrt wurde, beschaffte er die Mittel, mit denen Udet zwei „Hawks“ ankaufen konnte. An Bord des Fahrgastschiffes EUROPA brachte er sie im November 1933 nach Deutschland und führte sie den maßgebenden Männern des Reichsluftfahrtministeriums anschließend vor. In der Aufbauphase der deutschen Luftwaffe war der Sturzfluggedanke allerdings stark umstritten. Trotzdem erhielt das erste, im April 1934 in Döberitz aufgestellte Jagdgeschwader 132 den Auftrag, neben der Jagdausbildung auch Sturzkampfausbildung zu betreiben. Diese erfolgte in Ermangelung eines besseren Flugzeugs auf der „He 50“. Nach ersten Erfahrungen ging aus dem Jagdgeschwader 132 am 28. März 1935 als Stukaverband die Fliegergruppe Schwerin, die I. Abteilung des Jagdgeschwaders 162 hervor, der der Traditionsname „Immelmann“ verliehen wurde.[1]

Oberst Robert Ritter von Greim, ein ebenfalls mit dem Pour le Mérite ausgezeichneter Jagdflieger des Ersten Weltkrieges und mit Udet befreundet, warb diesen für die neue Luftwaffe unter Göring an. Zum 1. Juni 1935 wurde Udet als Oberst in der Luftwaffe angestellt.[2] Am 7. 11. 1935 erfolgte die Vereidigung auf den „Führer und Reichskanzler". Udets erste Dienststellung war ab 10. Februar 1936 die eines Inspekteurs der Jagd- und Sturzkampfflieger. In einer Beurteilung pries General Milch noch im gleichen Jahr das große technische und fliegerische Verständnis Udets sowie dessen „hohe Begabung, Künstlernatur, große Weltkenntnis". Udet galt als „besonders praktisch veranlagt". Er bemühe sich „erfolgreich in die ihm ungewohnten militärischen Verhältnisse hineinzuwachsen" und widme sich den „außergewöhnlichen Aufgaben des Technischen Amts mit sehr großem Fleiß und Tatkraft". Er bezeichnete Udet als „einmalige Persönlichkeit, deren Auswirkung von entscheidender Bedeutung für die neue deutsche Luftwaffe sein wird".

Udet blieb nur vier Monate Inspekteur der Jagd- und Sturzkampfflieger. Dann ernannte Göring ihn zum Chef des Technischen Amtes. Dies war eine Dienststellung, die Udet gar nicht behagte. Er brachte zwar eine reiche fliegerische Erfahrung mit, aber er besaß kein umfassendes technisches Wissen und auch keinerlei Kenntnisse der industriellen Flugzeugproduktion. Nach dem Bekunden von Ernst Heinkel sagte er dies auch zu Göring: „Ich verstehe doch nichts von Produktion. Ich verstehe nichts von Großflugzeugen. Das ist mir unheimlich und liegt mir nicht." Aber Göring konnte Udets Bedenken zerstreuen. Er machte ihm klar: „Es kommt doch auf den Erfindungsreichtum an. Für das andere bekommst du so viel Leute, wie du willst. Wir brauchen vor allen Dingen vor der Welt auch deinen Namen. Der ist im Augenblick mehr wert als vieles andere …"[3]

Im Technischen Amt gab es eine Mehrheit, die sich gegen die Sturzbomber-Idee wandte. Einen Tag vor Udets Amtsantritt hatte Oberst Wolfram Frhr. von Richthofen als Chef der Entwicklungsabteilung sogar die Einstellung der Weiterentwicklung des Junkers-Sturzbombers Ju 87 angeordnet. In der neuen Dienststellung sah Udet nun die Möglichkeit, seine Ideen durchzusetzen. Er wollte die Kritiker durch praktische Vorführungen überzeugen und ließ ein Schulflugzeug vom Typ Focke Wulf 56 mit provisorischen Abwurfvorrichtungen für Zementbomben versehen. Damit demonstrierte er in Berlin vor Offizieren des Reichsluftfahrtministeriums seine Vorstellungen. 40% der 'Bomben' dieser Maschine lagen im Ziel! Danach wurde die Ju 87 weiterentwickelt und erwies sich in der ersten Hälfte des Zweiten Weltkrieges als äußerst wirkungsvolles Kampfmittel der Luftwaffe.

Udet machte eine steile Karriere. Er wurde in rascher Folge weiterbefördert: am 20. April 1937 zum Generalmajor und am 1. November 1938 zum

Generalleutnant. Zum 1. Februar 1939 erhielt er den Posten des Generalluftzeugmeisters „unter Beibehaltung seiner Dienststellung als Amtschef im Reichsluftfahrtministerium". Göring hatte Udet diese besondere Stellung verschafft, weil sein Staatssekretär Milch ihm zu mächtig geworden war. Er sah in diesem einen direkten Konkurrenten. Göring wußte, was er tat, als er Udet und Milch zu Rivalen machte. Er ging davon aus, daß sich die beiden unterschiedlichen Männer aneinander aufreiben und ihm nicht mehr gefährlich werden würden. So begann ein Spiel, das der optimistische und vertrauensselige Udet auf die Dauer verlieren mußte.[4] Heinkel nannte Udet „einen wirklich genialen Flieger, der nur aus dem 'Gefühl' heraus und dementsprechend unbeschreiblich flog. Auf der anderen Seite war Udet ein Bohémien, künstlerisch beschwingt, leichtlebig, ein liebenswerter Mensch, ein zuverlässiger Freund, aber von Natur ein Feind aller Bindungen, aller Fesseln und jeder beruflichen und bürokratischen Ordnung. Er war voller Humor und konnte ausgelassen sein. Innerlich war er weich und empfindlich, sensibel und beeinflußbar. Er bezauberte Menschen durch seine Herzlichkeit, seinen Witz und seine Bereitschaft, alles mitzumachen."[5]

Da war Milch aus ganz anderem Holz geschnitzt. Er war hart, rücksichtslos und schlau, ein blendender Organisator und – er hatte Hitlers Vertrauen.[6] Milch war zu klug, um seine Feindseligkeit gegenüber Udet offen zu zeigen. Augenscheinlich wurde sie erst, als Udet im Reichsluftfahrtministerium eine Position bezog, die ihn in seinen Entscheidungen von dem vorgesetzten Staatssekretär Milch unabhängig machte. Denn Udet war nun nicht mehr diesem, sondern Göring direkt unterstellt.[7]

Als dann im September 1939 Hitler den Krieg begann, war die deutsche Luftwaffe allen ihren Gegnern in Europa überlegen und konnte wesentlich zum Sieg gegen Polen und die Westmächte beitragen. Udet war am 1. April 1940 zum General der Flieger aufgestiegen und meinte nach dem gewonnenen Frankreichfeldzug: „Der Krieg ist vorüber, unsere Produktionspläne brauchen wir nicht mehr, sie sind nichts mehr wert!"[8] Die erste große Ernüchterung kam bei dem vergeblichen Versuch, Großbritannien durch Luftangriffe friedensbereit zu bomben. Mit seiner Einschätzung hielt sich Udet an das, was Hitler ihm im Januar 1940 gesagt hatte.[9] Der Diktator glaubte an einen kurzen Krieg, der nach dem Westfeldzug so gut wie gewonnen schien. Görings voreiliger Entwicklungsstopp vom 3. 2. 1940 zeigte das sehr deutlich! Danach sollten nur noch Entwicklungen gefördert werden, „die im Jahre 1940 bzw. bis zum Frühjahr 1941 zur Auswirkung kommen können". Ein länger andauernder Krieg wurde überhaupt nicht in Rechnung gestellt. Es war auch nicht berücksichtigt worden, daß besonders Flugzeuge sehr schnell veralteten.

Bei der großen Beförderungswelle am 19. Juli 1940 wurde Udet, der kurz zuvor das Ritterkreuz erhalten hatte, nach dem Sieg im Westen „wegen hervorragender Verdienste für den Aufbau der Luftwaffe mit sofortiger Wirkung“ zum Generaloberst befördert. Udets Amt bestand schließlich aus insgesamt 26 Abteilungen mit über 4000 Mitarbeitern. Der Generalstabsrichter a. D. Dr. Christian Frhr. von Hammerstein kritisierte Udets Amtsführung hart: „Es fehlten ihm alle Eigenschaften für ein führendes Amt, es fehlte ihm vor allem an wirklichen Kenntnissen, an sittlichem Ernst und Verantwortungsbewußtsein [...]. Wenn er zu Göring kam, dann sprachen sie von alten Zeiten [...] jedes Gespräch über den Dienst wurde peinlich vermieden.“[10] Und General der Flieger Bodo von Witzendorff, der Chef des Zentralamtes im Reichsluftfahrtministerium, sagte von Udet, daß er „wenig Neigung zur Schreibtischarbeit zeige und sich ganz und gar auf seinen Stab verließe, dessen Macht schließlich größer war als die eigene.“[11] Es konnte daher zu keiner Zeit davon die Rede sein, daß Udet den ihm zur Verfügung stehenden Apparat je beherrscht hätte. Es war Udets große Tragik, daß er gegen seinen Willen mit einer Aufgabe betraut worden war, die, wie sich später zeigen sollte, selbst ein versierter Fachmann nicht bewältigen konnte.

Udet empfand Milch als großen Schatten, der über ihm schwebte. Als Göring im Frühjahr 1941 in Urlaub fuhr, beklagte er sich darüber und fühlte sich alleingelassen. Er sagte zu Heinkel: „Milch vertritt ihn jetzt beim Führer. Und er wird dafür sorgen, daß dem Führer jeder Fehler, den ich jemals begangen habe, aufgetischt wird (...).“ Resigniert meinte er: „Ich komme gegen das alles nicht mehr an (...).“[12]

Udet hatte sich nicht geirrt. Als Göring zurückkam, wirkte Hitler auf Göring ein, Milch Vollmachten für Lenkungsmaßnahmen im Technischen Amt zu geben. Göring – um sein eigenes Prestige bei Hitler besorgt – verfuhr entsprechend. Und Milch, fest davon überzeugt, die Entwicklung selbst meistern zu können, nutzte seine Chance.

Nun folgte zwischen den beiden Generalen eine Auseinandersetzung nach der anderen. Im August 1941 war Udet bereits ein völlig gebrochener Mensch und meldete sich krank. Vergeblich hoffte er auf Görings Hilfe. Wie schon zuvor suchte dieser nur Deckung für sich selbst. Die einfachste Lösung wäre gewesen, Udet offen aus dem Amt zu entlassen und Milch an seine Stelle zu setzen. Aber davor scheute auch Göring zurück. Statt dessen beschwor er Udet mehrfach: „Du mußt bleiben! Du mußt mit Milch zusammenarbeiten (...)! Wenn ich dich ablöse, merkt die ganze Welt, daß etwas nicht stimmt.“[13] Als Udet nach dem Krankenurlaub wieder in sein Amt zurückkehrte, fand er es verändert vor. Einige seiner Vertrauten waren inzwischen versetzt worden. Am Morgen des 17. November 1941 griff Udet zum Revolver und erschoß sich. Über seinem Bett hatte er mit roter Kreide an die Wand geschrieben: „Eiserner [d. i. Göring] du hast mich verlassen.“

Dazu die Frage, warum Göring ihn den „Juden Milch und von Gablenz ausgeliefert“ habe. Udets Adjutant Oberst Max Pendele wischte die Schrift aus. In einem Brief an Göring hatte Udet geschrieben: „Es ist mir unmöglich, mit dem Juden Milch zusammenzuarbeiten.“[14] Offiziell hieß es, Udet sei am 17. 11. 1941 den Folgen einer bei der Erprobung einer neuen Waffe erlittenen schweren Verletzung erlegen. Dementsprechend erhielt Udet denn auch ein Staatsbegräbnis.

Milch übernahm nach Udets Tod zu seinen sonstigen Ämtern auch noch das Amt des Generalluftzeugmeisters. Was er vorgefunden hatte, nannte er einen „Augiasstall“. Drei Jahre später, als Göring am 25. 11. 1944 den General der Flieger Karl Koller in sein Amt als Chef des Luftwaffen-Generalstabs einführte, sagte er im Rückblick auf die damalige Situation, an der er selbst die größte Schuld trug: „(...) den Führern der Rüstung war die Sache völlig über den Kopf gewachsen. Der Eine [d. i. Udet] tat denn auch, als er das Chaos sah, einen Schritt, den man natürlich nicht billigen kann, den ich aber heute besser verstehe als jemals zuvor.“[15]

Der Selbstmord des unpolitischen Udet erfolgte nicht, um seine Distanz zu dem verbrecherischen System zu zeigen, das er tatsächlich kaum durchschaute, sondern in erster Linie auf Grund seiner großen menschlichen Enttäuschung über Göring. Auf dessen Versprechungen bei der Amtsübernahme hatte er vertraut. Am Ende fühlte er sich alleingelassen und als Sündenbock.

Anmerkungen

1 Brütting, Das waren die deutschen Stuka-Asse, S. 8f.

2 Gem. LP Nr. 2190/35 g. Kdos. Lfd. Nr. 173 vom 18. Mai 1935 (Kopie im Besitz des Verfassers).

3 Heinkel, Stürmisches Leben, S. 301.

4 Herlin, Udet, S. 231.

5 Heinkel, Stürmisches Leben, S. 292.

6 Siehe dazu den Beitrag zu Milch in diesem Band, S. 171ff.

7 Herlin, Udet, S. 229.

8 Kiehl, Kampfgeschwader „Legion Condor“ 53, S. 94.

9 Generalluftzeugmeister Besprechungs-Protokoll vom 30. 1. 1940 (Abschrift im Besitz des Verfassers).

10 Irving, Tragödie der deutschen Luftwaffe, S. 184f.

11 Ebenda, S. 184.

12 Heinkel, Stürmisches Leben, S. 375.

13 Irving, Tragödie der deutschen Luftwaffe, S. 203.

14 Irving, Tragödie der deutschen Luftwaffe, S. 203. Milch und Freiherr Karl-August v. Gablenz, Generalmajor und Chef des Planungsamtes, waren nach den Nürnberger Rassegesetzen „jüdisch belastet“, beide erhielten aber von Hitler den Status

„deutschblütig im Sinne der deutschen Rassengesetzgebung“ zuerkannt, zu Milch vgl. S. 171 ff. in diesem Band. Gablenz starb am 21. 8. 1942 bei einem Flugzeugabsturz. Zum Problem der „nicht-arischen“ Soldaten und Offiziere in der Wehrmacht bereitet der US-Historiker Bryan Rigg eine Studie vor.

[15] Irving, Tragödie der deutschen Luftwaffe, S. 433.

Bibliographische Hinweise

(Vgl. auch die weiteren Literaturangaben in der Gesamtbibliographie ab S. 290 ff.)

Ungedruckte Quellen

BA-MA Freiburg, Pers. 6/60: Personalakte Udet; RL 3: Generalluftzeugmeister; RL 21/3: Richard Suchenwirth: Ernst Udet, Generalluftzeugmeister der deutschen Luftwaffe 1939–1941. Karlsruhe ca. 1955

Gedruckte Quellen und Literatur

Brütting, Georg: Das waren die deutschen Stuka-Asse 1939–1945. Stuttgart ^{4}1984.

Burda, Franz: Fünfzig Jahre Motorflug. Offenburg 1953.

Conradis, Heinz: Nerven, Herz und Rechenschieber. Kurt Tank, Flieger, Forscher, Konstrukteur. Göttingen 1955.

Heinkel, Ernst: Stürmisches Leben. Hrsg. von Jürgen Thorwald. Stuttgart 1954.

Herlin, Hans: Ernst Udet – eines Mannes Leben. Hamburg 1958.

Ders.: Der Teufelsflieger. Ernst Udet und die Geschichte seiner Zeit. München ^{4}1975.

Irving, David: Die Tragödie der Deutschen Luftwaffe. Aus den Akten und Erinnerungen von Feldmarschall Milch. Frankfurt a. M. 1970.

Ishoven, Armand van: Willy Messerschmitt. Der Konstrukteur und seine Flugzeuge. Herrsching 1975.

Kiehl, Heinz: Kampfgeschwader „Legion Condor“ 53. Stuttgart 1983.

Selbstbiographie Udets unter dem Titel „Mein Fliegerleben“. Berlin 1935. Eine Neuausgabe, hrsg. von Jürgen Thorwald, erschien 1954 in Berlin.

Völker, Karl-Heinz: Die deutsche Luftwaffe 1933–1939. Aufbau, Führung und Rüstung der Luftwaffe sowie die Entwicklung der deutschen Luftkriegstheorie. Stuttgart 1967.

Gene Mueller

Generalfeldmarschall Erwin von Witzleben*

Erwin Job von Witzleben war einer der wenigen Generale, die sehr früh den Nationalsozialismus als einen Irrweg und den Soldateneid auf Hitler als eine Schande ansahen. Er war der erste, der sich – lange vor dem Beginn des Zweiten Weltkrieges – bedingungslos in der militärischen Opposition engagierte und der „nie schwankend wurde oder abwich“.[1] Ulrich von Hassell charakterisierte ihn mit den Worten: „Klarer Wille und gute Erkenntnis“.[2]

Witzleben, der am 4. Dezember 1881 in Breslau als Sohn eines preußischen Offiziers geboren und in der Kadettenanstalt Groß-Lichterfelde ausgebildet wurde, trat 1901 als Leutnant in das 7. Grenadier-Regiment in Liegnitz ein. 1910 wurde er zum Oberleutnant und zwei Monate nach Beginn des Ersten Weltkriegs zum Hauptmann befördert. Als Kompaniechef lernte er den Krieg an der Westfront kennen; wie Tausende anderer junger Männer kämpfte er ein Jahr im Stellungskrieg und dann bei Verdun. Im April 1917 erhielt er das Kommando über ein Infanterie-Bataillon. Nach einer schweren Verwundung wurde er im August 1918 in den Generalstab versetzt.

Als der Erste Weltkrieg zu Ende war, kehrte er zum 7. Grenadier-Regiment zurück. In der Zeit der Weimarer Republik war er abwechselnd Generalstabsoffizier und Truppenkommandeur. Seine Karriere fand ohne Unterbrechungen statt: 1923 wurde er zum Major, 1929 zum Oberstleutnant, 1931 zum Oberst und 1934 zum Generalmajor befördert.[3]

Als General von Fritsch im Februar 1934 zum Chef der Heeresleitung ernannt wurde, übernahm Witzleben seinen Posten als Befehlshaber des Wehrkreises III. Da das Hauptquartier dieses Wehrkreises in Berlin lag, konnte Witzlebens Dienststelle eine wichtige Operationsbasis für die spätere Militäropposition gegen Hitler sein. Ende 1934 wurde Witzleben zum Generalleutnant und 1936 zum General der Infanterie befördert.[4]

Der Nationalsozialismus war ihm ein Greuel, erst recht nach den Morden der Röhm-Affaire, und im Sommer 1937 entschloß er sich zum Widerstand gegen Hitler.[5] Er fürchtete, die Politik Hitlers werde zu einem großen Krieg führen, in dessen Verlauf die abgründigen Seiten des NS-Regimes über-

* Aus dem Englischen übersetzt von Karl Nicolai.

mächtig würden. Im September 1937 sagte er, „Hitler steuere unaufhaltsam auf einen Krieg zu. Sein Weg sei kriminell, und alle würden zur Rechenschaft gezogen werden, wenn ihm nicht Einhalt geboten würde".[6] Er und seine „Freunde", so fuhr er fort, seien bereit, die notwendigen Maßnahmen zu ergreifen, um einen Krieg zu verhindern. Er fragte Ursula von Witzleben, die Frau eines Verwandten, die praktisch im Hause des Generals von Rundstedt aufgewachsen war und die auch General Fromm gut kannte, ob es ratsam sei, sich an diese Männer zu wenden. Sie meinte, Fromm sei auszuschließen. Mit Rundstedt könne man reden; er sei aber nicht der Mann, der sich für ein solches Unternehmen engagiere.

Der US-Historiker Harold C. Deutsch nimmt an, daß zu Witzlebens „Freunden" Generalmajor Graf Erich von Brockdorff-Ahlefeldt, ein direkter Untergebener Witzlebens, gehörte.[7] Deutsch führt Belege dafür an, daß Brockdorff den ehemaligen Gewerkschaftsführer August Winnig sowie den Grafen Fritz-Dietlof von der Schulenburg über ein „Komplott zum Sturz des Regimes" informierte. Man besprach konkrete Fragen, besonders die Rolle, die das 9. Infanterie-Regiment dabei übernehmen sollte.[8] Man erwähnte auch Namen von eventuellen Mitverschwörern, zum Beispiel Ewald von Kleist und General Erich Hoepner, „der sich das Anbringen des üblichen Hitlerbildes in seinem Büro verbeten hatte".[9] Schließlich weist Deutsch darauf hin, daß Schulenburg und Witzleben im Februar 1938 Kontakt miteinander aufnahmen und daß sie bereit waren, Putschpläne gegen Hitler zu entwickeln. Leider erholte sich Witzleben gerade in einem Dresdener Sanatorium, als es zur Blomberg-Fritsch-Krise kam. Seine Abwesenheit bedeutete, daß den Verschwörern in Berlin eine entschlossene Führung fehlte.[10] Nach der Ablösung Fritschs ernannte Hitler zu dessen Nachfolger als Oberbefehlshaber des Heeres den loyalen Walther von Brauchitsch.

Nach dem vergeblichen Versuch des Generalstabschefs Beck, Hitlers Kriegspolitik aufzuhalten, kam Witzleben mit General Halder, dem Nachfolger Becks, in Kontakt. Beide waren Gegner des Nationalsozialismus und planten im Herbst 1938 den Sturz Hitlers. Witzleben, der als Befehlshaber des Wehrkreises Berlin eine zentrale Rolle einnahm, befürchtete, Hitler werde vorsätzlich das internationale Recht mißachten und den Frieden eines Volks bedrohen, das sich in keiner Weise aggressiv gegen Deutschland verhalten hatte. Witzleben zeigte nicht nur großen Eifer, sich an der Opposition gegen Hitler zu beteiligen, sondern er erklärte auch, er werde „mit Halder oder ohne ihn" aufs Ganze gehen.[11] In der einer neuen Regierung nach Hitler sollte Witzleben den Oberbefehl über die Wehrmacht übernehmen.

Viele Mitglieder der Opposition glaubten, Hitler werde seine Drohung, die Tschechoslowakei zu zerschlagen, wahr machen. Immerhin erließ der

'Führer' die Weisung für den 'Fall Grün', die dem OKH befahl, Pläne für die Eroberung dieses Landes auszuarbeiten. Den Marschbefehl gegen die Tschechoslowakei wollten die Verschwörer als Anlaß benutzen, um den 'Führer' zu stürzen und einen allgemeinen Krieg zu verhindern. Halder sollte sie informieren, wenn Hitler diesen Befehl erteilte. Die Potsdamer Garnison und Einheiten der Berliner Polizei sollten Regierungsgebäude besetzen und Hitler festnehmen. General Hoepners Panzerverbände würden Berlin abschirmen, falls die in München stationierte SS-Leibstandarte 'Adolf Hitler' eingreifen würde.[12]

Darüber hinaus gab es noch einen Alternativplan, in dessen Szenario Witzleben und einige Offiziere seines Stabes Hitler in der Reichskanzlei aufsuchen und ihn zum Rücktritt auffordern sollten. Major Friedrich Wilhelm Heinz, der – als Begleitschutz für Witzleben – einen Stoßtrupp zusammenstellen sollte, würde einen Zwischenfall provozieren, in dessen Verlauf Hitler – vermutlich von Heinz selbst – erschossen werden sollte.[13] Witzleben hieß beide Pläne gut. So schienen im September 1938 alle Voraussetzungen für einen erfolgreichen Staatsstreich gegeben zu sein. Die Zuversicht Witzlebens übertrug sich auf die anderen Verschwörer; sie waren sicher, daß die britische Regierung den Versuchen Hitlers, die Tschechoslowakei zu zerschlagen, entgegentreten würde, und sie hatten zuverlässige Truppen zur Verfügung, um in Berlin zu handeln.

Aber der britische Premierminister Neville Chamberlain stimmte nach Verhandlungen den Forderungen Hitlers zu. Wieder einmal war es dem Diktator gelungen, alle zu überrumpeln und seine Kritiker auszumanövrieren. Wie andere Verschwörer kam auch Witzleben zu dem Ergebnis, daß sie gegen einen politisch so überaus erfolgreichen Hitler nicht vorgehen konnten.[14] So verpufften die Putschpläne. 1938 vermied die Appeasement-Politik den Krieg, aber im August 1939 blieben die Westmächte fest. Jetzt verloren die Verschwörer ihren Elan und mußten sich erst neu gruppieren, Witzleben war nicht mehr in Berlin, sondern als Oberbefehlshaber des Gruppenkommandos 2 in Frankfurt.

Als die Wehrmacht Ende August 1939 im Begriffe war, Polen zu überfallen, trat Witzleben – inzwischen Oberbefehlshaber der 1. Armee an der deutsch-französischen Grenze – erneut für einen Putsch gegen Hitler ein. Er nahm wiederum Kontakt zu Brauchitsch und Halder auf; beide lehnten es jedoch ab, sich an einer Bewegung zu beteiligen, die Hitler zu diesem Zeitpunkt stürzen wollte. Obgleich Witzleben die Verbindung zur Opposition aufrechterhielt, war er von ihrer Passivität enttäuscht.

Nach dem Sieg über Polen wurde Witzleben im November 1939 zum Generaloberst befördert. Seine 1. Armee hatte 1939 am Westwall kaum Berührung mit dem Feind. Als Halder im Herbst und Winter 1939/40 erneut

Putschüberlegungen anstellte, stand Witzleben wiederum bereit, sich mit seinen Verbänden gegen Hitler zu wenden. Aber auch dieser Staatsstreich unterblieb. Der europäische Krieg, den Witzleben so sehr gefürchtet hatte, schien durch den raschen Sieg über Frankreich schon bald vorbei zu sein. Im Juli 1940 entschloß sich ein optimistisch gestimmter Hitler, seine hochrangigen Truppenkommandeure durch Beförderungen zu belohnen. Auch Witzleben wurde bei diesem Anlaß zum Generalfeldmarschall erhoben. Offenbar hat er aber zu seinem 60. Geburtstag keine Dotation von Hitler empfangen.

Während die Masse der deutschen Truppen für den geplanten Überfall auf die Sowjetunion nach Osten verlegt wurde, übernahm Witzleben im Oktober 1940 das Oberkommando über die Heeresgruppe D in Frankreich und wurde im Frühjahr 1941 Oberbefehlshaber West.

Im März 1942 mußte er Urlaub nehmen, um sich einer Operation zu unterziehen. Hitler, der an seiner Loyalität schon immer gezweifelt hatte, entließ den Generalfeldmarschall aus gesundheitlichen Gründen aus seinem Kommando. Witzlebens Posten übernahm Generalfeldmarschall Gerd von Rundstedt. Hitler besaß anscheinend keine konkreten Beweise für die konspirativen Aktivitäten Witzlebens. Dessen kritische Äußerungen gegen die NS-Regierung und ihre Maßnahmen müssen ihm jedoch bekannt gewesen sein. Er war sich sicher, durch die Verabschiedung des Generalfeldmarschalls einen Offizier loszuwerden, der nicht an den 'Führer' und an das 'Dritte Reich' glaubte.

Seinen Ruhestand verbrachte Witzleben bei Zossen, unweit von Potsdam, auf dem Gut des mit ihm befreundeten Grafen zu Lynar. Er hatte weiterhin gesundheitliche Probleme und litt 1943 an Magengeschwüren. Trotzdem blieb er in Verbindung mit der Opposition. So spielte der Generalfeldmarschall bei dem Putschversuch des Grafen Stauffenberg vom 20. Juli 1944 eine aktive Rolle: er wollte es übernehmen, anstelle Hitlers als Oberbefehlshaber der Wehrmacht zu handeln.

Nachdem Stauffenbergs Bombe im Führerhauptquartier explodiert war, fuhr Witzleben am Nachmittag dieses Tages plangemäß zum Oberkommando des Heeres.[15] Da Generaloberst Fromm, der Befehlshaber des Ersatzheeres, es ablehnte, sich dem Staatsstreich anzuschließen, wurde er unter Arrest gestellt; Witzleben ernannte Generaloberst Erich Hoepner zum Befehlshaber des Ersatzheeres. Ferner ernannte er Generalleutnant Karl von Thüngen-Roßbach zum Befehlshaber des Berliner Wehrkreises. General von Stülpnagel, der Militärbefehlshaber in Frankreich, erhielt den Befehl, alle SS-Führer und SD-Leiter in Paris festzunehmen.

Ein schwerer Schlag für die Verschwörer war, daß Keitel, der Chef des OKW, schon um 16.15 Uhr einen Blitz-Funkspruch an die Wehrkreise hinausschickte, in dem er mitteilte: „Der Führer lebt! [...] Reichsführer-SS OB [= Oberbefehlshaber] Ersatzheer, nur seine Befehle gelten. Befehle von Generaloberst Fromm, Feldmarschall von Witzleben, Generaloberst a. D. Hoepner nicht ausführen!"[16]

In Unkenntnis dieses hektischen Funkspruchs von Keitel spielte Witzleben weiter seine Rolle als Oberbefehlshaber der militärischen Seite des Staatsstreiches und schickte gegen 17.00 Uhr ein Fernschreiben an die Wehrkreiskommandos. Darin wurde behauptet, hinter dem Putsch stünden unzufriedene Elemente der Partei.[17] Weiter hieß es, die Reichsregierung habe zur Aufrechterhaltung von Recht und Ordnung Witzleben den Oberbefehl über die Wehrmacht und zugleich die vollziehende Gewalt übertragen. Nachdem ein aufgeregter Keitel und Martin Bormann, der Sekretär des Führers, diese Worte gelesen hatten, schickten sie Funksprüche und Fernschreiben hinaus, die Witzlebens Befehle aufhoben. Die Würfel waren gefallen: Der Putsch war gescheitert, noch ehe der Prozeß der Machtübernahme begonnen hatte.

Inzwischen gingen von der Bendlerstraße weitere Fernschreiben hinaus. Generalfeldmarschall Günther von Kluge, der Oberbefehlshaber West, erhielt gegen 15 Uhr die Mitteilung, Hitler sei tot; er solle die Anweisungen durchführen „wie geplant. (gez.) Witzleben, Oberbefehlshaber der Wehrmacht".[18] Aber als Kluge mit dem OKW telefonierte, erfuhr er die Wahrheit – und blieb Hitler treu.

Gegen 19.30 Uhr suchte Witzleben Beck und Stauffenberg im Bendlerblock auf; zornig machte er beiden schwere Vorwürfe wegen der dilettantischen Ausführung des Putsches.[19] Dann verließ er, sichtlich erregt, die Bendlerstraße und fuhr nach Hause. Warum er den Putsch so demonstrativ für gescheitert hielt und aufgab, bleibt unklar. Um 22 Uhr war es offenkundig, daß der Putschversuch zusammengebrochen war.

Am folgenden Tag wurde Witzleben verhaftet. Als einer der ersten Verschwörer wurde er am 7. August zusammen mit Generaloberst Hoepner, General Stieff und General Paul von Hase vor den 'Volksgerichtshof' gestellt, nachdem er von Hitlers 'Ehrenhof' aus der Wehrmacht ausgestoßen worden war. Der Präsident des 'Volksgerichtshofs', Roland Freisler, ein fanatischer Nationalsozialist, schrie die Offiziere wütend an. Witzleben stand ohne Zahnprothese und ohne Gürtel da; beides hatte ihm die Gestapo während eines brutalen Verhörs weggenommen. Um Jahre gealtert, starrte er leer vor sich hin.[20] Anstatt seinem Mandanten zu helfen, lobte der Pflichtverteidiger Witzlebens nicht nur den 'Führer', sondern auch Freisler und überschüttete den alten Generalfeldmarschall ebenfalls mit Beschimpfungen.

Witzleben gestand freimütig, welche Rolle er bei der Verschwörung gespielt hatte; sein Stolz und seine Rechtschaffenheit ließen kein anderes Verhalten zu. Er wurde schuldig gesprochen und zum Tod durch den Strang verurteilt. Hitler wünschte, daß man die Verschwörer wie Vieh an Fleischerhaken aufhänge und diesen Vorgang sogar für Propagandazwecke filme. Witzleben war der erste, den man auf diese Weise hinrichtete. Binnen einer Stunde wurden sieben weitere Verschwörer ebenso erhängt. Später wurden die Filmaufnahmen aber doch nicht für Goebbels' Propaganda eingesetzt. Vielleicht hing dies damit zusammen, daß die Verurteilten – wie Feldmarschall von Witzleben – die unwürdige Todesstrafe standhaft ertrugen.

Anmerkungen

1 Deutsch, Das Komplott, S. 48.
2 Die Hassell-Tagebücher, S. 295.
3 O'Neill, The German Army, S. 197 f.
4 Ebenda.
5 Deutsch, Das Komplott, S. 48 ff.
6 Ebenda, S. 49.
7 Ebenda.
8 Das Infanterie-Regiment 9 war eine elitäre preußische Gardetruppe, in der die meisten Offiziere junge Adlige waren.
9 Deutsch, Das Komplott, S. 50.
10 Hoffmann, Widerstand, Staatsstreich, Attentat (3. Aufl.), S. 64.
11 Gisevius, Bis zum bitteren Ende, Bd. 2, S. 45.
12 Mitcham Jr., Hitler's Field Marshals, S. 344.
13 Ebenda.
14 Deutsch, Verschwörung gegen den Krieg, S. 37.
15 Hoffmann, Widerstand, Staatsstreich, Attentat (3. Aufl.), S. 521, 615 f., auch zum Folgenden; ferner Pommerin, Erwin v. Witzleben, S. 360.
16 Irving, Hitlers Krieg, Bd. 2, S. 294.
17 Ebenda.
18 Galante, Operation Valkyrie, S. 24.
19 Gisevius, Bis zum bitteren Ende, Bd. 2, S. 342.
20 Wheeler-Bennett, Die Nemesis der Macht, S. 703 f., auch zum Folgenden.

Bibliographische Hinweise

(Vgl. auch die weiteren Literaturangaben in der Gesamtbibliographie ab S. 290 ff.)

Ungedruckte Quellen
BA-MA Freiburg, N 228: Nachlaß Witzleben und mehrere Aktenbestände zu Witzlebens Kommandostellen; Archiv des Instituts für Zeitgeschichte, München: Zeugenschrifttum zum Widerstand gegen Hitler.

Gedruckte Quellen und Literatur

Deutsch, Harold C.: The Conspiracy against Hitler in the Twilight war. Minneapolis 1958 (dt. Ausgabe u. d. T.: Verschwörung gegen den Krieg. Der Widerstand in den Jahren 1939–1940. München 1969).

Ders.: Hitler and the Generals. The Hidden Crisis January–June 1938. Minneapolis 1974.

Galante, Pierre: Operation Valkyrie. The German Generals' Plot Against Hitler. New York 1986.

Gisevius, Hans-Bernd: To the Bitter End. Boston 1947 (dt. Ausgabe u. d. T.: Bis zum bitteren Ende. Zürich 1961).

Hoffmann, Peter: The History of the German Resistance 1933–1945. Cambridge 1972 (Dt. Ausgabe u. d. T.: Widerstand, Staatsstreich, Attentat. Der Kampf der Opposition gegen Hitler. München 1979).

Mitcham, Samuel W.: Hitler's Field Marshals and Their Battles. London 1988.

Ders./Gene Mueller: Hitler's Commanders. New York 1992.

O'Neill, Robert: The German Army and the Nazi Party, 1933–1939. New York 1986.

Opposition gegen Hitler und der Staatsstreich vom 20. Juli 1944 in der SD-Berichterstattung. Hrsg. v. Hans-Adolf Jacobsen. 2 Bde., Stuttgart 1984.

Pommerin, Rainer: Erwin von Witzleben. In: 20. Juli. Portraits des Widerstands. Hrsg. v. Rudolf Lill und Heinrich Oberreuter, Düsseldorf 1984, S. 349–362.

Ders.: Erwin von Witzleben – Der designierte Oberbefehlshaber. In: „Für Deutschland". Die Männer des 20. Juli. Hrsg. v. Klemens von Klemperer, Enrico Syring, Rainer Zitelmann. Frankfurt a. M./Berlin 1994, S. 328–343.

Schlabrendorff, Fabian von: Offiziere gegen Hitler. Zürich 1962, Berlin1984 (engl. Ausgabe u.d.T.: Revolt against Hitler. London 1948).

Taylor, Telford: Sword and Swastika. Generals and Nazis in the Third Reich. Chicago 1952.

Wheeler-Bennett, John W.: The Nemesis of Power. The German Army in Politics, 1918–1945. London 1964.

Peter Steinbach

Zwischen Gefolgschaft, Gehorsam und Widerstand

Entwicklungen im Militär

Nicht nur die jüngsten heftigen Kontroversen über die „Wehrmachtsausstellung", über die Anerkennung der Deserteure als Regimegegner und die Beteiligung der Wehrmacht an den nationalsozialistischen Gewaltverbrechen im Zusammenhang mit der 'Goldhagen-Debatte' haben wieder einmal gezeigt, in welchem Umfang seit vielen Jahren in Deutschland über die Geschichte der Wehrmacht gestritten wird. Diese Auseinandersetzung ist verständlich, denn in den Jahren 1939 bis 1945 gehörten weit mehr als zehn Millionen Deutsche einer bewaffneten Macht an, die von der nationalsozialistischen Führung als Instrument ihrer rassenideologisch begründeten Herrschaftspläne eingesetzt worden war. Nach ihrer persönlichen Überzeugung haben die meisten deutschen Soldaten ihr Leben für die Verteidigung des Reiches, der 'Heimat', eingesetzt. Dennoch konnten sie sich nach der bedingungslosen Kapitulation der Wehrmacht nicht auf diesen Standpunkt zurückziehen.

Zunächst waren viele ehemalige Soldaten geneigt, der nationalsozialistischen Propaganda immer wieder zu folgen, die nicht müde wurde zu betonen, 'seit 5.45 werde an der deutsch-polnischen Grenze zurückgeschossen', mit dem Angriff auf die Sowjetunion sei die deutsche Wehrmacht einem von Stalin geplanten Angriff lediglich zuvorgekommen, Deutschland sei schließlich der Krieg nicht nur 1939 von der britischen Regierung, sondern zwei Jahre später auch vom Präsidenten der Vereinigten Staaten, Franklin D. Roosevelt, geradezu aufgezwungen worden.

Bis heute finden sich diese Argumente in der fälschlich als 'revisionistisch' bezeichneten Literatur jener Zeitgenossen, welche sich weiterhin in diese Lebenslügen einer 'Weltkriegsgeneration' flüchten, die nicht selten willig die Rechtfertigungsschriften hoher Militärs akzeptiert hat. Hinzu kamen weitere Erklärungen des Verhaltens von Soldaten nach 1939: Die Wehrmacht sei ein Ort der inneren Emigration gewesen, so hörte man; sie hätte sich immer an den Regeln des Völkerrechts orientiert und vor allem seit 1944 in der Verteidigung des Heimatgebiets eine entscheidende Motivation für ihren Durchhaltewillen besessen.

Kennzeichen dieser Argumente war der bewußte Versuch mancher damals militärisch Verantwortlichen, die Kriegsereignisse von den Zielen der

NS-Führung zu trennen. Diese Argumentation wurde allerdings von den ehemaligen militärischen Gegnern und der deutschen Öffentlichkeit nicht akzeptiert. Für die angegriffenen und besetzten europäischen Staaten stellte sich die Zeit des Zweiten Weltkrieges nämlich ganz anders dar: Überfallartig waren deutsche Truppen in Nachbarländer eingefallen, unterstützt von modernen Waffen, die jede Unterscheidung zwischen Front und Heimatgebiet aufhoben. Die Zivilbevölkerung wurde nicht nur in die Kampfhandlungen verwickelt, sondern auch einer drückenden Besatzungsherrschaft ausgesetzt. Arbeitskräfte wurden zwangsweise rekrutiert, Juden deportiert, das Wirtschaftssystem der besiegten Völker ausgenutzt. Die militärische Vorherrschaft der Deutschen in Europa war die Voraussetzung für eine Ausbeutungspolitik, die ihren Garanten in der Wehrmacht hatte.

Hitler hatte frühzeitig, bereits Anfang Februar 1933, vor der Reichswehrführung das Ziel verkündet, im Osten 'Lebensraum' erobern zu wollen. Seit Ende 1937 war keinem hohen Militär mehr verborgen, daß Deutschland für einen Waffengang rüstete, der nur noch als Angriffskrieg zu deuten war. Der damalige Generalstabschef, Generaloberst Ludwig Beck, zog sogar daraus seine Konsequenzen und nahm 1938 seinen Abschied, nachdem sein Rücktrittsappell, den er an die militärische Führung gerichtet hatte, ohne Resonanz geblieben war.

Auch nach Becks Demission wurden in der Folgezeit im deutschen Generalstab Aufmarsch- und Angriffspläne aufgestellt, deren Ziele durch Hitler immer weiter gesteckt wurden. Ging es bis 1936 vor allem um die Remilitarisierung des Rheinlands, bis 1938/39 dann um die Revision der deutschen Ostgrenzen und den 'Anschluß Österreichs', so veränderte sich bald die Zielrichtung. Den Eingeweihten konnte deshalb spätestens seit Anfang 1938 nicht mehr zweifelhaft sein, daß die deutsche Regierung die Auseinandersetzung um die Vorherrschaft in der Mitte Europas als Voraussetzung für die geplante Ostexpansion suchte. Im Januar 1939 drohte Hitler für den Fall eines Krieges auch dem „europäischen Judentum" schlimmste Konsequenzen an. Der Krieg um die Vorherrschaft in Europa war auf deutscher Seite seitdem immer auch ein Rassenkrieg. Kam es im August 1939 auch zu einem Vertrag mit Stalin, so war seit dem Überfall auf die Sowjetunion im Juni 1941 ganz deutlich, daß der Krieg ein Weltanschauungskrieg geworden war. Dies alles war der Generalität und Admiralität bekannt; deshalb stellt sich die Frage, wie hohe Militärs auf praktische Konfrontationen mit Angriffsplänen und Verletzungen des Völkerrechts reagiert haben.

Mit dem Angriff der deutschen Wehrmacht auf Polen im September 1939 begann somit ein Krieg, den die Deutschen nicht mehr nur um die Vorherrschaft in Europa oder ihre Beteiligung an der Weltherrschaft führten, sondern es ging um einen Umbau Europas, um eine Verschiebung ganzer Völker, auch um radikale Maßnahmen, die nicht selten camouflierend durch mißverständliche Begriffe umschrieben wurden – 'Endlösung' konnte doch nur, wie Eingeweihte und Zeugen von Übergriffen wußten, 'Völkermord' bedeuteten. Und 'Sonderbehandlung' bedeutete Mord, der 'Gerichtsbarkeitserlaß' bezeichnete den Versuch, im Schatten der Kriegsereignisse verübte Verbrechen, an denen auch Wehrmachtsangehörige unmittelbar oder indirekt beteiligt waren, straflos zu stellen. Der 'Kommissarbefehl' war nur auf den ersten Blick ein Befehl zur Behandlung des militärischen Gegners, der dadurch zum politischen Feind gemacht wurde; tatsächlich handelte es sich um die Anweisung zu einem politisch motivierten Gruppenmord, der ebenso durch den 'Gerichtsbarkeitserlaß' ungestraft bleiben sollte. Es ist unzweifelhaft: Die nationalsozialistische Führung verband diesen von ihr entfesselten Krieg von Anbeginn mit der Absicht, zugleich einen Rassenkrieg zu führen, der sich als Kampf der Weltanschauungen darstellen sollte – und die höheren militärischen Führer waren daran beteiligt.

Der Zweite Weltkrieg war deshalb von deutscher Seite aus niemals ein herkömmlicher Verteidigungskrieg, und er läßt sich auch nicht als 'Präventivkrieg' bezeichnen. Er wurde langfristig geplant und war sowohl die Voraussetzung als auch der Begleitumstand einer großangelegten ethnischen Säuberung, die in ganz Europa nicht mehr zu tilgende Spuren hinterließ und als 'Makroverbrechen' schlechthin gilt. Das europäische Judentum wurde durch den Zweiten Weltkrieg im Kern bedroht, das osteuropäische Judentum weitgehend ausgerottet.

Keiner der beteiligten Zeitgenossen war angesichts dieser Verbrechen schuldlos, auch die vielschichtig beteiligte Wehrmacht nicht. Denn der systematisch betriebene Völkermord war nur im Rücken der Front möglich. Deshalb wurden Wehrmachtsangehörige und vor allem die Spitzen der Wehrmachtsführung seit Kriegsende immer wieder mit den nationalsozialistischen Gewaltverbrechen in Verbindung gebracht. Dies führte zu heftigen Debatten, denn die These von der Verstrickung der Wehrmachtsführung in die NS-Gewaltverbrechen berührte eine 'Lebenslüge' vieler Soldaten, die sich selbst und ihren Angehörigen wiederholt versichert hatten, „anständig gekämpft" und nur das Reich vor dem „Einfall der Roten Armee" – manche sprachen auch von „bolschewistischen Horden" – bewahrt zu haben.

Diese Kaschierung des Versagens und fehlenden Mutes führte nach der Befreiung von der NS-Herrschaft zu heftigen Diskussionen, nicht nur in Verbindung mit der Frage, ob die Wehrmacht insgesamt oder nur das Oberkommando der Wehrmacht oder der Generalstab als „verbrecherische Organisation" zu bezeichnen oder gar zu verurteilen sei und ihre Führung strafrechtlich zur Verantwortung gezogen werden müsse. Bis heute sind Nachwirkungen dieser Diskussionen zu spüren. Sie prägten die Auseinandersetzungen in der deutschen Gesellschaft im Zusammenhang mit der deutschen Wiederbewaffnung seit den fünfziger Jahren, sie beeinflußten die Diskussionen über die Prinzipien der Inneren Führung, und sie zeigen sich bis heute in der Auseinandersetzung mit den wissenschaftlichen Prinzipien einer modernen Militärgeschichte, die seit den späten sechziger Jahren entwickelt worden ist.

In der Tat bedeutete die NS-Zeit für die Geschichte der bewaffneten Macht in Deutschland einen Wendepunkt. Er berührte nicht zuletzt das Selbstverständnis der führenden Militärs. Von ihrem Selbstverständnis her sind Soldaten nicht nur sichtbarer Ausdruck des Willens, staatliche Souveränität zu demonstrieren; sie sind vor allem auf die Verteidigung ihres Staates gegen Übergriffe von außen verpflichtet. Dieser defensive Grundcharakter wurde vor allem nach der Niederlage der bewaffneten Macht des Kaiserreiches betont. So betrachtet, konnte es seit der NS-Zeit keine Rechtfertigung des Gehorsams durch die Verpflichtung zum unbedingten Gehorsam mehr geben. Seit der Erfahrung des NS-Staates rückt ein verdrängter Begriff in den Vordergrund, der eigentlich auch im militärischen Denken eine lange Tradition hat, der Begriff des 'soldatischen Widerstands'.

Dieser Begriff bezeichnet eine Ungewöhnlichkeit, ganz unabhängig von der deutschen Besonderheit. Widerstand des Soldaten richtet sich nach landläufiger Meinung auf das soldatische Verhalten im Kampf. Der Soldat hat im Kampf standzuhalten – Widerstand ist mithin dem Gegner im Feld zu leisten. Widerstand im Innern, gegen die politische Führung und aus innenpolitischer Absicht, kann für den Soldaten in der Regel nur dann eine akzeptable Herausforderung sein, wenn er sich nach einer militärischen Niederlage in der Auseinandersetzung mit einem Besatzungsregime befindet. Der Auftrag des Soldaten lautet im Frieden: Ausbilden, Erziehen, Üben, um seine Einsatzbereitschaft für den Kampf zu sichern; im Krieg lautet dieser Auftrag hingegen – wie Johann Adolf Graf v. Kielmansegg knapp konstatiert hat – „Kämpfen", also: „unter dem Gesetz von Befehl und Gehorsam auf Befehl sterben und andere dem Tod aussetzen müssen"[1].

Im 19. Jahrhundert wurde immer fester fundiert, daß der Soldat seiner politischen Führung zu folgen hat. Grundlegendes findet sich dazu bei Clausewitz, der den Primat des Politischen reflektierte und damit ein neues Selbstbewußtsein der Träger militärischer Macht ausdrückte, die ihre politische Funktion akzeptierten und auf diese Weise die Übereinstimmung mit der Gesellschaft suchten, der sie militärisch zu dienen hatte. Dies war die nachwirkende Bedeutung der Ära der Befreiungskriege und der Reformzeit, die entscheidende und einschneidende Änderungen für die militärische Organisation, aber auch für das Selbstverständnis der Militärs brachte.

'Soldatischer Ungehorsam' galt zu dieser Zeit allerdings noch als Ausdruck der Befehlsverweigerung oder gar als 'Meuterei' – so war er vor allem militärstrafrechtlich zu ahnden.[2] Über die Grenzen militärischen Gehorsams ist aber nicht erst seit der Erfahrung der NS-Zeit, sondern immer wieder eindrucksvoll nachgedacht worden, seitdem es Soldaten gab, die sich in den Dienst ihres Staates stellten und zugleich über die Grenzen ihres Gehorsams nachdachten.[3] Es gab aber nicht nur politisch abgeleitete, sondern auch genuin militärische Normen für eine Abweichung von Befehlen. Jeder Offizier kannte die entscheidenden Bestimmungen des Militärstrafgesetzbuches, vor allem den von Axel von dem Bussche[4] immer wieder akzentuierten 'Notwehrparagraphen'.

Häufiger Ausgangspunkt dieser Überlegungen war eine Ermahnung von Prinz Friedrich Carl von Preußen, der dem preußischen General von Yorck in der Poscheruner Mühle gegenüber betont hatte: „Seine Majestät hat Sie nicht deshalb zum Offizier gemacht, damit Sie einfach alle Befehle ausführen, sondern damit Sie auch wissen, wann Sie Befehle nicht ausführen müssen." Hier wird deutlich, daß keineswegs der Zusammenhang zwischen Befehl und Gehorsam das ethische Grundproblem des Soldaten darstellt, sondern vielmehr die exakte Markierung der Grenzen des Befehls als Voraussetzung der Verweigerung von Gehorsam. Gehorsam in diesem Sinne stellte allerdings nicht den Gegensatz zum Widerstand dar, sondern markierte eine höhere soldatische Verantwortung. Verweigerung des Gehorsams konnte sogar legitimiert sein, wenn sich herausstellte, daß die Nichtdurchführung eines Befehls militärisch angemessener war als der sogenannte 'Kadavergehorsam'.

Eine neue Dimension der Befehlsverweigerung wird allerdings im Zuge der weltanschaulichen Auseinandersetzung seit der Französischen Revolution erreicht: Es ging nun nicht mehr um Dynastien, sondern um Staaten und Nationen – die Offiziere, die sich einem Befehl widersetzten, konnten gerade dadurch nicht selten das höhere Interesse einer Nation vertreten. Dies wurde deutlich in den Befreiungskriegen gegen Napoleon, als Offiziere, die sich den Kapitulationsbefehlen der preußischen Staatsführung nicht beugten, durch spätere Entwicklungen gerechtfertigt wurden. Hier wird eine neue Begründung militärischen Ungehorsams sichtbar – seine Rechtfertigung aus einem höheren staatlichen Interesse heraus, das sich am „Bestand der Nation" – einen 1938 von General Beck benutzten Begriff – orientierte. „Befehlsverweigerung" zielte so auf mehr als nur auf die Verweigerung eines dienstlichen Befehls im soldatischen Alltag; zunehmend speiste sich die Rechtfertigung militärischer Befehlsverweigerung aus der Einsicht in die begrenzte Legitimität einer politischen Führung.

Unter dem Eindruck der militärischen Auseinandersetzungen des Zweiten Weltkriegs, vor allem im Krieg gegen die Sowjetunion, kam eine weitere Erfahrung dazu und beeinflußte die Vorstellung von Befehl und Gehorsam. Denn Kriegführung unter nationalsozialistischem Oberbefehl – dies hieß zunehmend: Gefährdung der eigenen Truppe durch rigorose Durchhaltebefehle, dies hieß: Ausbeutung der Bewohner in den besetzten Gebieten, dies hieß vor allem, so schwer es jenen fällt, die bis heute gegen die zeitgeschichtliche Forschung glauben, die Wehrmacht sei grundsätzlich völlig außerhalb des NS-Staates zu verorten: Verstrickung der Truppe in die rassenpolitischen Endziele der NS-Führung. Nationalsozialismus und Krieg – dies hieß also mehr als Gefährdung des Nationalstaates, sondern bedeutete: zunehmend eine Gefährdung der Seele durch Verstrickung in ein verbrecherisches Regime[5] und schließlich die Zerstörung der Überlebensgrundlagen des Volkes nach der Niederlage, die bald unabweislich war. Das höhere Recht der Nation, aber auch der Wille, sich durch eine Kooperation mit der NS-Diktatur individuell gerade nicht in Schuld verstricken zu lassen, bestimmten nun die Überlegungen der Regimegegner und mündeten schließlich in die innere Bereitschaft, das bis dahin fast Unvorstellbare zu wagen und – wie Generalmajor Henning von Tresckow es so unvergleichlich klar, tapfer und konsequent ausgedrückt hatte – das „Nessushemd“ anzuziehen. Lieber den Tod in Kauf nehmen als sich selbst und die Nation mit den rechtswidrigen oder gar verbrecherischen Befehlen zu belasten, dies war schließlich die individuelle Voraussetzung für die Bereitschaft, durch eine demonstrative Aufkündigung des soldatischen Gehorsams das Blatt grundlegend zu wenden.

Nach dem alten Militärstrafrecht hatten die militärischen Regimegegner alle guten Gründe auf ihrer Seite, ebenso wie jene, die sich im bürgerlichen Leben den Zumutungen des Regimes verweigerten und sich gegen diese mit allen ihnen jeweils zu Gebote stehenden Mitteln verteidigten – gewissermaßen als prinzipielle Dimension der Eigenverantwortung, die den großen Mut zur Eigenmächtigkeit konspirativer Aktionen hervorbrachte, die auch das wohl größte Risiko verlangten, das ein Soldat einging: durch seine Tat das Leben der Angehörigen zu belasten, wenn nicht zu gefährden.

Widerstand ist so allerdings auch mehr als Eigenmächtigkeit oder Befehlsverweigerung, mehr als die Ausübung der Pflicht zur Notwehr – denn Widerstand richtet sich gegen die Führung des Staates, dem der Soldat gerade zu dienen hat. Insofern wird unsere Vorstellung vom soldatischen Widerstand durch die zeitgeschichtlichen Erfahrungen mit dem NS-Staat auf eine ganz neue, aber auch auf eine ganz konkrete Grundlage gestellt.

Immer wenn vor 1933 im Zusammenhang mit dem Selbstverständnis der Soldaten vom Widerstand die Rede war, dann hatte es sich entweder um gelungene Beispiele einer Behauptung spezifischer soldatischer Würde gehandelt, indem Zumutungen soldatischer Unehrenhaftigkeit abgewehrt werden konnten, oder es hatte sich um den gelungenen Versuch gehandelt, sich selbst in der Stunde großer Gefährdung des Staates nicht einem Usurpator zu unterwerfen. Diese Abwehr einer Zumutung unehrenhaften Verhaltens wird deutlich im Beispiel des Offiziers von der Marwitz, der sich im Siebenjährigen Krieg geweigert hatte, den Besitz des Grafen Brühl zu plündern und lieber unwiderruflich seinen Dienst quittierte, als den Ehrenkodex eines Offiziers zu verletzen, der kein Landsknecht mehr sein wollte. Theodor Fontane hat diese Geschichte eindrucksvoll überliefert, und Theodor Heuss hat in seiner großen Rede anläßlich des 10. Jahrestages des Anschlags auf Hitler im Jahre 1954 daran erinnert, als er den Spruch auf dem Grabstein des von der Marwitz zitierte: „wählte Ungnade, wo Gehorsam keine Ehre brachte". – Ungnade war nicht Unehre.

Derartige Überlegungen waren den hohen Militärs keineswegs fremd. Die Erfahrungen von General Beck nach seiner Demission im Herbst 1938 zeigten aber, in welchem Maße die 'bewaffnete Macht' in Deutschland mit dem jeweiligen System verknüpft war. Dies war vor allem eine Verschüttung bürgerschaftlicher Traditionen der Befreiungskriege und eine Folge des monarchischen Prinzips, vor allem aber auch der fehlenden revolutionären Traditionen und der Zivilcourage. Die Armee galt in Deutschland immer als eine Schule der Nation. Und zugleich grenzten sich die Offiziere durch ihren Verhaltenskodex von ihrer Umwelt ab und pflegten bei aller Systemnähe im deutschen Obrigkeitsstaat ein professionelles Selbstverständnis, welches Systemunabhängigkeit zu ermöglichen schien[6].

Diese Haltung setzte sich in der Kultivierung ganz besonderer, als 'Kameradschaft'[7] bezeichneter Verhaltensweisen fort. Dies war möglich, weil sich das Selbstverständnis von Militärs aus einer klar definierten Defensivfunktion ableitete und seine Träger dennoch besonders aufgerufen schienen, in Gestalt eines selbstlosen Gemeinschaftsdienstes den Staat zu verteidigen, dessen oberster Repräsentant gleichzeitig den militärischen Oberbefehl ausübte. Kennzeichen der 'bewaffneten Macht' ist die Unveränderlichkeit wesentlicher Verhaltensmaximen und Werte – Befehl und Gehorsam, Tapferkeit und Kameradschaft, Verantwortungsgefühl und Opferbereitschaft werden so ganz systemunabhängig betont[8]. Dies ist die Voraussetzung für die Kontinuität der systemunabhängigen Bedeutung vieler Symbole und Rituale, die in der Regel als Ausdruck der Tradition gelten sollen und deshalb auch für Nachwachsende aus ganz anderen Sozialisationszusammenhängen verbindlich gemacht werden können.[9]

Kontinuität trotz eines Umbruchs der Systeme ist das Kennzeichnen der 'bewaffneten Macht'. Nach 1918 aber zeigten Auflösungserscheinungen des Heeres die allgemeine politische Krise, vor allem aber den Zusammenbruch des militärischen Bezugssystems – Streiks, Meuterei, schließlich Übergriffe gegen Offiziere und die Bildung eines Rangunterschiede nivellierenden Soldatenrates, in dem auch Offiziere saßen, kündigten die Niederlage an. Sie verstärkten bei den späteren Generalen und Admiralen des Zweiten Weltkriegs den Wunsch, sich „aus der Politik heraushalten zu können“. Gerade die militärischen Führer erwiesen sich als besonders unfähig zur Behauptung der Prinzipien von Verantwortung und Eigenständigkeit des Militärischen; insofern spiegelt sich in ihrem Schicksal wohl gerade die Verstrickung des Funktionsträgers in ein diktatorisches System mit allen Konsequenzen für das Selbstverständnis und das Bild der Beteiligten in der Geschichte.

Um so überraschender ist es, daß die Isolierung des militärischen Bereichs in den Systemen seit 1918 nicht in dieses Deutungsschema des Institutionenwandels einbezogen wurde, der nach der Novemberrevolution auch die Exklusivität des militärischen Bereichs zerstörte. Dennoch zerbrachen die unpolitischen militärischen Verhaltensmuster nicht, im Gegenteil: sie steigerten sich im Zusammenhang mit den revolutionären Auseinandersetzungen der frühen Jahre der Weimarer Republik noch einmal zu einer Rechtfertigung soldatischer Wertvorstellungen und Verhaltensweisen, die den Trend einer Militarisierung der gesamten deutschen Gesellschaft in der Weimarer Republik fortsetzten.

Diese Entwicklung bestimmte nach 1920 in zunehmenden Maße die deutsche Gesellschaft, deren Uniformierung, Militarisierung, Ritualisierung geradezu als Kennzeichen einer politischen Kultur gedeutet worden ist. Verstärkt wurden die desintegrierenden Wirkungen militärischer Institutionen überdies durch das Selbstverständnis einer militärischen Führung, die sich nicht in die neuen republikanischen Strukturen einfügte, sondern vielmehr das Ideal eines überpolitischen und den gesellschaftlichen Konflikten enthobenen ‘Staates im Staate’ verstärkte[10]. Gestützt wurde diese Isolation der Armee im Verfassungsstaat nach 1920 durch militärgeschichtlich begründete, völkerrechtliche, aber auch soziale Statusprobleme einer radikal verkleinerten Armee, des sogenannten ‘100000-Mann-Heeres’. Dankbar nahmen Militärs, aber auch die Soldaten des Ersten Weltkrieges die Bekundungen auf, das deutsche Heer sei im Felde unbesiegt geblieben und nur durch einen Dolchstoß in den Rücken in den Waffenstillstand und den – wie man sagte – „Schandfrieden von Versailles“ getrieben worden. Letztlich seien die europäischen Mächte zumindest in den Krieg hineingeschlittert und deshalb allesamt für den Kriegsausbruch verantwortlich. Deutschland sei vielleicht Opfer seiner Vertragstreue geworden, aber keineswegs aggressiv gewesen. Diese Deutung war geeignet, nicht nur die ‘bewaffnete Macht’ zu eskamortieren, sondern betraf die gesamte in den ersten totalen Krieg Europas verstrickte deutsche Bevölkerung.

Seit 1918 wird der Defensivcharakter der ‘bewaffneten Macht’ im deutschen Sprachgebrauch betont. Dies änderte sich auch mit der nationalsozialistischen Machtergreifung nicht: Auf die Reichs*wehr* folgte 1935 die *Wehr*macht. Die Militärgeschichte betont in ihren Forschungen jeweils die Kontinuität der Verbände und ihrer Führung über Systembrüche hinweg.

Kennzeichen dieser Kontinuitäts-Diskussion ist der Versuch, die Prinzipien eines abstrakten 'Soldatentums' zu verteidigen und von jeder Verstrickung mit verbrecherischen Systemen zu lösen. Die Neigung, das eigene Verhalten zugleich mit der Institution des 'Soldatentums' zu verteidigen, begünstigte die Übernahme verhaltenssteuernder Normen des Militärs auch im nichtmilitärischen Leben und erklärt zugleich, daß die Isolation der Armee als 'Staat im Staat' auch nach 1918 nicht korrigiert wurde,[11] denn in diesem Schlagwort drückt sich nicht nur das Vertrauen zur Institution der 'bewaffneten Macht' aus, sondern auch die selbstbewußte Distanzierung von der Tagespolitik. Hitler kam diesem in der Reichswehr weit verbreiteten Gefühl entgegen, zum einen durch die Militarisierung seiner 'Bewegung', zum anderen durch die demonstrative Respektierung der soldatischen Normen etwa während der Potsdamer Zeremonie am 21. März 1933 – also in der Zelebrierung des Bündnisses zwischen Generalfeldmarschall und Gefreiten –, aber auch durch das sehr früh abgelegte Bekenntnis zur weitgehenden politischen Autonomie der Reichswehr Anfang Februar 1933. Er schien zunächst die Eigenständigkeit der 'bewaffneten Macht' als zweite Säule seines neuen Regimes zu respektieren, opferte ihr sogar seinen eigenen Kampfverband SA am 30. Juni 1934, rüstete auf und schuf ein weltanschaulich stark auf nationalsozialistische Ziele hin orientiertes Offizierskorps, das jüngeren Offizieren beste Aufstiegschancen bot und sie auf diese Weise schlagartig von sozialen Problemen befreite, welche die Reichswehr nach der Reduzierung der Truppenzahlen 1919 belastet hatte.

Der Verhaltenskodex der Reichswehr (und auch der Wehrmacht) blieb auch nach 1933 zunächst noch traditionell geprägt – weiterhin empfanden sich manche Soldaten als Angehörige eines 'Staates im Staate' und erklärten noch lange Zeit später, sie seien geradezu in die Wehrmacht „emigriert". Dennoch war unübersehbar, in welchem Maße die Reichswehr bzw. ab 1935 die Wehrmacht politisch für nationalsozialistische Ziele instrumentalisiert wurde. Erst mit der schweren Führungskrise, die Hitler im Februar 1938 zu seinen Gunsten entschied, war eine Verschiebung der Verhaltensnormen spürbar, die schließlich immer stärker die Politisierung der 'bewaffneten Macht' forcierte.

Sie war nach 1939 die Grundlage der militärischen Expansion, die der aggressiv betriebenen Etablierung eines Ostimperiums („Generalplan Ost") als Folge der Eroberung von 'Lebensraum im Osten' diente. Damit öffnete sich die 'bewaffnete Macht' immer stärker den Tendenzen, vor denen sie sich eigentlich abzuschließen suchte. Die Wehrmacht wurde zu einer tragenden Säule des NS-Staates, sie wurde auch indoktriniert und politisiert, was nicht zuletzt am Einsatz von weltanschaulichen Führungsoffizieren und an der Einführung des Hitlergrußes sowie an der denkbar engen Verzahnung von (Waffen-)SS-Verbänden und Wehrmachtsverbänden deutlich wurde. Das Problem lag nach 1936 aber nicht in der Verteidigung, sondern im Angriff, und es lag vor allem auch in der Verknüpfung von Krieg und Verbrechen. Die Einsicht in diesen Zusammenhang mußte zunehmend zur Entwicklung eines neuen Führungs-[12] und Verhaltensmodells und damit auch zur Entwicklung eines gewandelten Rollenverständnisses von Offizieren und Soldaten[13] führen.

Das Ende des Dritten Reiches war somit mehr als eine bedingungslose militärische Niederlage; es war auch eine denkbar schwere Erschütterung eines in langen Jahrzehnten gewachsenen Verhaltenskodex der Angehörigen einer Institution, die sich geradezu als unabhängig von Regimen empfunden hatte, weil eben – und dieses Argumentationsmuster ist im Zusammenhang mit der Rechtfertigung der 'bewaffneten Macht' in ganz unterschiedlichen Systemen gehört worden – jeder Staat eine Armee hat, um sich zu verteidigen.

Und dennoch haben ja jene nicht Unrecht, die betonen, daß zum Staat auch eine Armee gehört. Das institutionengeschichtlich schwierige Problem erwuchs nach 1950 vor allem aus der Frage, wie im Zuge des Neuaufbaus einer 'bewaffneten Macht' die neue Institution begründet werden und welche verhaltenssteuernden Mechanismen sie entfalten könnte, wie sie ihre Traditionen in einem Verfassungsstaat begründen und die Geschichte der Wehrmacht als ein Instrument der nationalsozialistischen Diktatur und ihrer Rassenpolitik reflektieren würde. Nicht zuletzt aber wurde der Neuaufbau einer 'bewaffneten Macht' deshalb problematisch, weil sich die Bundesregierung dabei in erheblichem Maße auf Wehrmachtsangehörige stützen mußte. Deshalb war es geradezu unvermeidlich, daß sich immer wieder Kontroversen an den Namen hoher Offiziere entzündeten. Deren Spektrum war breit, sowohl im Hinblick auf ihre Herkunft und ihre Sozialisation als auch auf ihre Karriere.

Immer wieder wurde in diesem Zusammenhang darüber gestritten, ob die 'bewaffnete Macht' wirklich durch ihre Defensivfunktion zu charakterisieren sei. Dabei kam es zu heftigen, aber auch zu verwirrenden Diskussionen. Denn die Übergänge zwischen der 'offensiven Verteidigung' und einer Offensive, die Sicherheit durch militärisch errungene Vorherrschaft anstrebt, sind fließend. So wurde immer wieder über Angriffspläne diskutiert, die innerhalb der Reichswehr entwickelt worden waren. Denn diese wurde in den Zusammenhang von Absichten gerückt, die Ostgrenzen des Reiches zu revidieren. Nach der NS-Regierungsübernahme standen manche Revisionsbestrebungen deshalb in der Kontinuität von Reichswehrplanungen, konnten die Admirale und Generale die seit längerer Zeit diskutierten Angriffspläne und die Absichten der NS-Führung als deckungsgleich ansehen.

Nicht darum kann es aber bei einer Bewertung hoher Militärs gehen, denn sie operierten wie andere Zeitgenossen auch aus den Horizonten von Vorstellungen und Illusionen, die sie mit anderen teilten. Sondern es geht letztlich bei einer Bewertung des Verhaltens der Führung um ein prinzipielles moralisches und ethisches Problem. In der geschichtlichen Überlieferung wurde deutlich, in welchem Maße die hohen Maßstäbe militärischer Verantwortung im Hinblick auf die Soldaten, im Hinblick auf die Zivilbevölkerung und die Besiegten in den Jahren des Zweiten Weltkrieges verletzt worden waren. In manchen Kriegserinnerungen wichen die Verantwortlichen ihren eigenen Taten aus, aber sie konnten ihrer Verantwortung selbst nicht entkommen. Denn zu dem wenigen, was wir Menschen nicht verändern können, gehört die Vergangenheit. Wohl deshalb holt sie die Menschen immer wieder ein.

Angesichts dieser Schwierigkeit hilft nur die Konfrontation mit der Geschichte. Sie ist im Bereich der Versuche, Verantwortlichkeiten zu bestimmen und so ethische Normen zu begründen, auf die Konfrontation mit dem Individuum in seiner Zeit angewiesen. Diesem Ziel dient der vorliegende Sammelband biographischer Skizzen. Sein Ziel ist nicht die Belastung oder gar 'Beschmutzung' der Soldaten, sondern der Versuch, in der Auseinandersetzung mit den Lebensgeschichten und Verhaltensweisen führender Militärs an die spezifische Verantwortung auch des in hervorgehobener Position stehenden Angehörigen der 'bewaffneten Macht' zu erinnern. Schwierigkeiten ergeben sich ja nicht aus der Darstellung der Krieges in der Nachkriegszeit, sondern aus der Kriegsgeschichte selbst. In diesen Krieg sah sich der Überlebende gestellt, und zugleich wurde er herausgefordert, auch moralisch seine Erlebnisse und Verstrickungen zu bewältigen.

Und das größte Dilemma ergibt sich aus einer merkwürdigen Ambivalenz des Urteils und der daraus resultierenden Gefährdung der Forschung. Denn Deutungen der Vergangenheit sind nicht mehr als *Möglichkeiten* der Interpretation. In der pluralistischen Gesellschaft stellen diese Möglichkeiten nicht mehr als Diskussionsangebote, nicht mehr als Skizzierungen von Erklärungen dar – alles Vergangene *war*, seine Existenz kann nicht bestritten, sondern lediglich so oder so erklärt werden, ebenso wie die Folgen dieser Vergangenheit unterschiedlich gedeutet werden können. So ganz falsch ist der Eindruck nicht, daß der Historiker versucht ist, immer wieder seine Meinungen als historische Erkenntnis auszugeben.

Was in Gestalt des Gedenkens – etwa an das Geschehen des Zweiten Weltkriegs – scheinbar als eine besondere Form der verantwortungsvollen Erinnerung daherkommt, zielt dabei auf die Normierung des Verhaltens. Damit kommt der Deutung der Vergangenheit eine hohe Bedeutung für die Entwicklung verhaltensleitender Normen zu. Dies teilt die Auseinandersetzung mit der Geschichte mit anderen Übungen; dennoch erstirbt angesichts der NS-Zeit die Kritik an der Verwendung der Geschichtsdeutung in praktischer Absicht. Denn als Tiefpunkt der deutschen Geschichte gilt die nationalsozialistische Zeit, die ihren denkbar negativsten Ausdruck in Auschwitz gefunden hat. Auschwitz ist mehr als eine Metapher – es ist ein Sinnbild destruktiver menschlicher Möglichkeiten. Vor diesem Hintergrund muß auch das Verhalten der höheren militärischen Führer vom Historiker beurteilt werden.

Heute den Eindruck erwecken oder gar den Anspruch durchsetzen zu wollen, die Geschichte der Wehrmacht und ihrer Führungselite sei von der Verantwortung für das deutsche Verhängnis zu trennen, ist nicht zu verantworten und sachlich auch nicht zu rechtfertigen. Die Wehrmacht war zumindest in jenen Teilen tief in die Verbrechen der Deutschen verstrickt, die sich nicht aus den Zumutungen eines Weltanschauungskrieges lösten. Die Umstände dieser Befreiung verliefen bei den einfachen Soldaten, den Truppenführern und den Generalstabsoffizieren und Generalen auf jeweils andere Weise. Aber diese Formen eines ‘abweichenden Verhaltens’ waren möglich und erinnern so daran, daß die Zeit des unbedingten Gehorsams von Militärs vorüber ist, daß sich auch militärischer Gehorsam an Zielen einer menschenwürdigen Gesellschaft auszurichten hat und daß ‘soldatischer Widerstand’ das Gebot der Stunde sein kann, wenn der moralische oder – durch militärische Zielvorgaben der politischen Führung – auch der politische Bestand der Nation auf dem Spiele steht.

Vor dieser Nagelprobe standen alle höheren militärischen Führer. Sie haben ihre persönliche Herausforderung unterschiedlich bestanden. In der Regel haben sie soldatisch und kameradschaftlich versagt, denn die meisten ihrer Entscheidungen lassen sich keinesfalls als vorbildhaft deuten. Sie widersetzten sich weder den militärisch unsinnigen Befehlen der NS-Führung, noch leisteten sie Widerstand gegen die Einbeziehung von einzelnen ihnen anvertrauten Soldaten und Verbänden in die nationalsozialistischen Gewaltverbrechen. Die deutschen Feldmarschälle, Generale und Admirale entsprachen während des Zweiten Weltkrieges – und unter dem NS-Regime – ohne Zweifel nur selten dem Anspruch, den man traditionellerweise gegenüber Truppenführern hegt.

Das Fehlverhalten zu konstatieren, das ist das eine, es zu erklären, das ist etwas anderes. Hier leisten die biographischen Beiträge dieses

Sammelbandes eine wichtige Hilfe für die Interpretation – denn sie konfrontieren den Leser mit den Führern einer Truppe, die bis zuletzt zu der Fahne stand, die das Hakenkreuz trug.

Anmerkungen

[1] Johann Adolf Graf von Kielmannsegg: Gedanken eines Soldaten zum Widerstand. In: Aufstand des Gewissens. Hrsg. v. Militärgeschichtlichen Forschungsamt. Herford/Bonn [4]1994, S. 205 ff.

[2] Daß heute andere Bewertungsgrundsätze gelten, mag man daran erkennen, daß die nach Berlin umgezogene Spitze des Bundesverteidigungsministeriums im ehemaligen Amt Canaris und im Reichsmarineamt residiert, in dem am Landwehrkanal gelegenen ehemaligen Tirpitz- und heutigen Reichpietschufer, an einer Straße mithin, die nach einem der Seeleute benannt wurde, die wegen ihrer Teilnahme an einer Meuterei 1917 hingerichtet worden waren.

[3] Davon zeugen Tragödien und Dramen, etwa „Der Prinz von Homburg" von Heinrich von Kleist, der Roman „Vor dem Sturm" von Theodor Fontane, nicht zuletzt auch Essays der „Weltbühne" oder Romane der Weimarer Republik.

[4] Jürgen Engert: „Er wollte Hitler töten": Ein Portrait des Axel von dem Bussche. In: Axel von dem Bussche. Hrsg. v. Gervinom von Medem. Mainz/München 1994, S. 143 ff.

[5] Die Konsequenzen dieser Einsicht werden vor allem im Leben und Sterben des Ernst Jägerstetter deutlich. Vgl. Klemens von Klemperer: Sie gingen ihren Weg ... Ein Beitrag zur Frage des Entschlusses und der Motivation zum Widerstand. In: Der Widerstand gegen den Nationalsozialismus: Die deutsche Gesellschaft und der Widerstand gegen Hitler. Hrsg. v. Jürgen Schmädeke u. Peter Steinbach. München 1994, S. 1097 ff.

[6] Ove Ovens: Militärischer Professionalismus: zum Berufs- und Selbstverständnis der Streitkräfte. In: Militär als Gegenkultur? Streitkräfte im Wandel der Gesellschaft I. Hrsg. v. Wolfgang R. Vogt. Opladen 1986, S. 257 ff.

[7] Lutz Unterseher: Mehr als Kameraderie? Über Funktion, Genese und Verfall des Korpsgeistes. In: Ebenda, S. 283 ff.

[8] Gerhard Vowinckel: Vom edlen Ritter zum Bürger in Uniform: Soziomoralisches Orientierungswissen über die bewaffnete Macht im Wandel. In: Ebenda, S. 193 ff.

[9] Wilfried von Bredow: Erkundungsziel „Militärwelt": Vorüberlegungen zu einer ethnomethodologischen Erweiterung der Militärsoziologie. In: Militär als Lebenswelt: Streitkräfte im Wandel der Gesellschaft II. Hrsg. v. Wolfgang R. Vogt. Opladen 1988, S. 171 ff.

[10] Die Anfänge der Ära Seeckt: Militär und Innenpolitik 1920–1922. Bearb. v. Heinz Hürten. Düsseldorf 1979.

[11] Zwischen Revolution und Kapp-Putsch: Militär und Innenpolitik 1918–1920. Bearb. v. Heinz Hürten. Düsseldorf 1977; Das Krisenjahr 1923: Militär und Innenpolitik 1922–1924. Bearb. v. Heinz Hürten. Düsseldorf 1980.

[12] Vom Kalten Krieg zur deutschen Einheit: Analysen und Zeitzeugenberichte zur deutschen Militärgeschichte 1945 bis 1995. Hrsg. v. Bruno Thoß. München 1995, S. 261 ff.

[13] Wolfgang Gessenharter: Politische Kultur der Bundesrepublik im Wandel – Auswirkungen auf die Streitkräfte. In: Gegenkultur (wie Anm. 6), S. 109 ff.

Abkürzungsverzeichnis

Abt.	Abteilung
a. D.	außer Dienst
ADAP	Akten zur Deutschen Auswärtigen Politik
Anl.	Anlage
Anm.	Anmerkung
AO	Abwehroffizier
AOK	Armeeoberkommando
Aufl.	Auflage
AWA	Allgemeines Wehrmachtamt im OKW
BA Berlin	Bundesarchiv Berlin-Lichterfelde
BA-MA Freiburg	Bundesarchiv-Militärarchiv Freiburg
BA-ZA DH	Bundesarchiv-Zwischenarchiv Dahlwitz-Hoppegarten
Bay. HStA-KA München	Bayerisches Hauptstaatsarchiv-Kriegsarchiv München
BDC	Berlin Document Center (jetzt BA Berlin)
BdE	Befehlshaber des Ersatzheeres
BdP	Befehlshaber der Panzerschiffe
BdSp	Befehlshaber der deutschen Seestreitkräfte in den spanischen Gewässern
Bl.	Blatt
CIC	Counter Intelligence Corps (US-Dienst)
DFG	Deutsche Forschungsgemeinschaft
DNB	Deutsches Nachrichtenbüro
Ed.	edited (herausgegeben)
FIAT	Field Information Agency, Technical
fol.	folio, auf dem Blatt
Frhr.	Freiherr
Gen.	General
GFM	Generalfeldmarschall
g. Kdos.	geheime Kommandosache (Geheimhaltungsgrad)
gem.	gemäß
Gr, Gr.	Gruppe
H.	Heft, Heer
HA SS-Gericht	Hauptamt SS-Gericht (Dienststelle)

HGr, H. Gr.	Heeresgruppe
HIAG	Hilfsorganisation der Waffen-SS auf Gegenseitigkeit
I. D.	Infanterie-Division
IfZ München	Institut für Zeitgeschichte München
i. G.	im Generalstab
IMT	Internationaler Militärgerichtshof (Internationales Militär-Tribunal) in Nürnberg
Kdos.	Kommandosache
kgl.	königlich
KSSVO	Kriegssonderstrafrechtsverordnung
KStVO	Kriegsstrafverfahrensordnung
KTB	Kriegstagebuch
Lfd., lfd	Laufend, laufend
LP	Luftwaffenpersonalamt
MGFA Potsdam	Militärgeschichtliches Forschungsamt Potsdam
Mitgl.-Nr.	Mitgliedsnummer
Ms	maschinenschriftliches Manuskript
MSg.	Militärgeschichtliche Sammlung
N, NL	Nachlaß
NDB	Neue Deutsche Biographie
NS	Nationalsozialistisch, Nationalsozialismus
NSDAP	Nationalsozialistische Deutsche Arbeiterpartei
NSFO	Nationalsozialistischer Führungsoffizier
OB, Ob.	Oberbefehlshaber
OB Ost	Oberbefehlshaber Ost
ObdH	Oberbefehlshaber des Heeres
ObdM	Oberbefehlshaber der Kriegsmarine
Offz	Offizier
o. J.	ohne Jahresangabe
OKH	Oberkommando des Heeres
OKL	Oberkommando der Luftwaffe
OKM	Oberkommando der Kriegsmarine
OKW	Oberkommando der Wehrmacht
o. O.	ohne Ortsangabe
Pers	Personal
PRO London	Public Record Office London/Kew (Archiv)
Pz	Panzer
Red.	Redaktion
RFSS	Reichsführer-SS
RH	Reichsheer, Heer

RKG	Reichskriegsgericht
RLM	Reichsluftfahrtministerium
RMWEV	Reichsministerium für Wissenschaft, Erziehung und Volksbildung
RSHA	Reichssicherheitshauptamt der SS
RW	Reichswehr
SD	Sicherheitsdienst der SS
SS	Schutzstaffel der NSDAP
SS-VT	SS-Verfügungstruppe
UA-HUB	Universitätsarchiv der Humboldt-Universität in Berlin
u. d. T.	unter dem Titel
unpag.	unpaginiert, ohne Seitenzählung
u. ö.	und öfter
US	United States
USAF Historical Division	United States Air Force Historical Division (Historische Abteilung)
USAF Historical Studies	United States Air Force Historical Studies (Historische Studien)
v.	vom, vorläufig (bei Aktensignatur)
VfZG	Vierteljahrshefte für Zeitgeschichte
vol.	volume (Band)
WiRüAmt	Wehrwirtschafts- und Rüstungsamt im OKW
WWR	Wehrwissenschaftliche Rundschau
zit.	zitiert
Zs.	Zeitschrift
ZS	Zeugenschrifttum (im Archiv)

Bibliographie

(Aufgeführt sind Titel, die in den Anmerkungen erwähnt, jedoch nicht in die bibliographischen Hinweisen der einzelnen Beiträgen aufgenommen worden sind, da sie allgemeiner Natur oder mehrmals genannt sind.)

Akten der Parteikanzlei der NSDAP. Rekonstruktion eines verlorenen Bestandes. Sammlung der in anderen Provenienzen überlieferten Korrespondenzen, Niederschriften von Besprechungen usw. mit dem Stellvertreter des Führers und seinem Stab bzw. der Partei-Kanzlei, ihren Ämtern, Referaten und Unterabteilungen sowie mit Heß und Bormann persönlich. Hrsg. vom Institut für Zeitgeschichte. Bearb. von Helmut Heiber u.a. München 1983.

Anfänge westdeutscher Sicherheitspolitik 1934–1956. Hrsg. v. Militärgeschichtlichen Forschungsamt. Bd. 1: Von der Kapitulation bis zum Pleven-Plan. München 1982.

Bartov, Omer: Hitlers Wehrmacht. Soldaten, Fanatismus und die Brutalisierung des Krieges. Reinbek 1995.

Below, Nikolaus v.: Als Hitlers Adjutant 1937–1945. Mainz 1980.

Berger, Walter: Die deutsche Aufrüstung 1934–1939. Militärische und politische Konzeptionen und ihre Einschätzung durch die Alliierten. Frankfurt a.M. 1982.

Besson, Waldemar: Zur Geschichte des Nationalsozialistischen Führungsoffiziers. In: Vierteljahrshefte für Zeitgeschichte 9 (1961), S. 76–116.

Blockade Leningrad 1941–1944. Dokumente und Essays von Russen und Deutschen. Redaktion: Antje Leetz und Barbara Wenner. Reinbek 1992.

Boog, Horst: Die deutsche Luftwaffenführung 1935–1945. Führungsprobleme, Spitzengliederung, Generalstabsausbildung. Stuttgart 1982.

Boog, Horst/Jürgen Förster/Joachim Hoffmann/Ernst Klink/Rolf-Dieter Müller/Gerd R. Ueberschär: Das Deutsche Reich und der Zweite Weltkrieg. Bd. 4: Der Angriff auf die Sowjetunion. Stuttgart 1983, 2. Aufl. 1987 (Taschenbuchausgabe u.d.T.: Der Angriff auf die Sowjetunion. Frankfurt a.M. 1991).

Boog, Horst/Werner Rahn/Reinhard Stumpf/Bernd Wegener: Das Deutsche Reich und der Zweite Weltkrieg. Bd. 6: Der globale Krieg. Die Ausweitung zum Weltkrieg und der Wechsel der Initiative 1941–1943. Stuttgart 1990 (Taschenbuchausgabe u.d.T.: Die Welt im Kriege 1941–1943. Bd. I: Von Pearl Harbor zum Bombenkrieg in Europa; Bd. II: Von Alamein bis Stalingrad. Frankfurt a.M. 1992).

Bradley, Dermot/Karl-Friedrich Hildebrand/Markus Rövekamp: Die Generale des Heeres 1941–1945. 3 Bde. Osnabrück 1993 ff.

Die braune Elite. 22 biographische Skizzen. Hrsg. v. Ronald Smelser und Rainer Zitelmann. Darmstadt 1989, [2]1990.

Brett-Smith, Richard: Hitler's Generals. San Rafael, Calif. 1977.

Burdick, Charles: Planungen für das Einrücken deutscher Kräfte in Spanien in den

Jahren 1942–1943. Die Unternehmen „Ilona“ und „Gisela“. In: Wehrwissenschaftliche Rundschau 13 (1963), S. 164–178.
Chowaniec, Elisabeth: Der „Fall Dohnanyi“ 1943–1945. Widerstand, Militärjustiz, SS-Willkür. München 1991.
Cooper, Matthew: The German Army 1933–1945. Its Political and Military Failure. New York 1978, Chelsea 1991.
Deutschlands Generale und Admirale. Hrsg. v. Dermot Bradley u. a. Teil I–IV. Osnabrück 1988 ff.
Douhet, Giulio: Il domino dell'Aria. Rom 1921, [2]1927 (dt. Ausgabe u. d. T.: Luftherrschaft. Berlin 1935).
Das Dritte Reich. Hrsg. v. Wolfgang Michalka. Bd. 2. München 1985.
Entscheidungsschlachten des Zweiten Weltkrieges. Hrsg. v. Hans-Adolf Jacobsen und Jürgen Rohwer. Frankfurt a. M. 1960.
Erfurth, Waldemar: Die Geschichte des Generalstabes von 1918 bis 1945. Göttingen 1957.
Erger, Johannes: Der Kapp-Lüttwitz-Putsch. Düsseldorf 1963.
Ernst, Wolfgang: Der Ruf des Vaterlandes. Das höhere Offizierkorps unter Hitler – Selbstanspruch und Wirklichkeit. Berlin 1994.
Fest, Joachim: Das Gesicht des Dritten Reiches. München 1963.
Förster, Jürgen: Die Sicherung des „Lebensraumes“. In: Das Deutsche Reich und der Zweite Weltkrieg. Bd. 4. Stuttgart 1983, S. 1030–1070.
Fretter-Pico, M.: „... verlassen von des Sieges Göttern“. Wiesbaden 1969 (zuerst u. d. T.: Mißbrauchte Infanterie. Frankfurt a. M. 1957).
Friedrich, Jörg: Das Gesetz des Krieges. Das deutsche Heer in Rußland 1941 bis 1945. Der Prozeß gegen das Oberkommando der Wehrmacht. München/Zürich 1993.
Gemzell, Karl Axel: Raeder, Hitler und Skandinavien. Der Kampf für einen maritimen Operationsplan. Lund 1966.
Generalfeldmarschall Keitel. Verbrecher oder Offizier? Hrsg. v. Walter Görlitz. Göttingen 1961.
Geyer, Michael: Aufrüstung oder Sicherheit. Die Reichswehr in der Krise der Machtpolitik 1924–1938. Wiesbaden 1980.
Gilbert, Gustave M.: Nürnberger Tagebuch. Frankfurt a. M. 1962 (engl. Ausgabe u. d. T.: Nuremberg Diary. New York 1961).
Görlitz, Walter: Kleine Geschichte des Generalstabes. Berlin 1977.
Greiner, Helmuth: Die Oberste Wehrmachtführung 1939–1943. Wiesbaden 1951.
Groehler, Olaf: Selbstmörderische Allianz. Deutsch-russische Militärbeziehungen 1920–1941. Berlin 1992.
Gruchmann, Lothar: Justiz im Dritten Reich. Anpassung und Unterwerfung in der Ära Gürtner, 1933–1940. München 1989.
Güth, Rolf: Die Marine des Deutschen Reiches 1919–1939. Frankfurt a. M. 1972.
Heeresadjutant bei Hitler 1938–1943. Aufzeichnungen des Majors Engel. Hrsg. v. Hildegard v. Kotze. Stuttgart 1974.
Herbert, Ulrich: Fremdarbeiter. Politik und Praxis des „Ausländer-Einsatzes“ in der Kriegswirtschaft des Dritten Reiches. Bonn 1985.

Herbert, Ulrich: Best. Biographische Studien über Radikalismus, Weltanschauung und Vernunft 1902–1969. Bonn 1996.
Herwarth, Hans v.: Zwischen Hitler und Stalin. Erlebte Zeitgeschichte 1931 bis 1945. Frankfurt a.M. 1982.
Heuer, Gerd F.: Die deutschen Generalfeldmarschälle und Großadmirale. Rastatt 1978, ^{2}1988.
Heusinger, Adolf: Befehl im Widerstreit. Schicksalsstunden der deutschen Armee 1923–1945. Tübingen 1957.
Hildebrand, Hans H./Ernest Herriot: Deutschlands Admirale 1849–1945. 4 Bde. Osnabrück 1988–1996.
Hildebrand, Karl Friedrich: Die Generale der deutschen Luftwaffe 1935–1945. 3 Bde. Osnabrück 1990–1992.
Hitler's Generals. Edited by Correlli Barnett. London 1989.
Högner, Wilhelm: Die verratene Republik. Deutsche Geschichte 1919–1933. München 1979.
Hoffmann, Joachim: Stalins Vernichtungskrieg 1941–1945. München 1995.
Hoffmann, Peter: Widerstand – Staatsstreich – Attentat. Der Kampf der Opposition gegen Hitler. München 1979, ^{2}1985 (engl. Ausg. u.d.T.: The History of the German Resistance 1933–1945. Cambridge/Mass. 1977).
Irving, David: Rommel. Eine Biographie. Hamburg ^{2}1979.
Ders.: Die Tragödie der Deutschen Luftwaffe. Aus den Akten und Erinnerungen von Feldmarschall Milch. Frankfurt a.M. u.a. 1970.
Ders.: The War Path. Germany 1933–1939. New York 1978.
Janßen, Karl-Heinz/Fritz Tobias: Der Sturz der Generale. Hitler und die Blomberg-Fritsch-Krise 1938. München 1994.
Jodl, Luise: Jenseits des Endes. Leben und Sterben des Generaloberst Alfred Jodl. Wien 1976.
Johannesson, Rolf: Offizier in kritischer Zeit. Herford/Bonn 1980.
Jünger, Ernst: Der Friede. Privatdruck bei Klett Verlag, Stuttgart 1964.
Keegan, John: The Second World War. New York 1989.
Kehrig, Manfred: Die Wiedereinrichtung des deutschen Attachédienstes nach dem Ersten Weltkrieg (1919–1930). Boppard 1966.
Koch, Hannsjoachim W.: Volksgerichtshof. Politische Justiz im Dritten Reich. München 1988.
Krausnick, Helmut: Hitlers Einsatzgruppen. Die Truppe des Weltanschauungskrieges 1938–1942. Frankfurt a.M. 1986.
Ders.: Zum militärischen Widerstand gegen Hitler 1933–1938. Möglichkeiten, Ansätze, Grenzen und Kontroversen. In: Der militärische Widerstand gegen Hitler und das NS-Regime 1933–1945 (= Vorträge zur Militärgeschichte. Bd. 5). Freiburg 1984, S. 27–80.
Der Krieg gegen die Sowjetunion 1941–1945. Hrsg. v. Reinhard Rürup. Berlin 1991.
Kriegstagebuch des Oberkommandos der Wehrmacht (Wehrmachtführungsstab) 1940–1945. Hrsg. v. Percy E. Schramm. 4 Bde. Frankfurt a.M. 1961–1965, Studienausgabe in acht Bänden Herrsching 1982.
Lagevorträge des Oberbefehlshabers der Kriegsmarine vor Hitler 1939–1945. Hrsg. v. Gerhard Wagner. München 1972.

Lehmann, Rudolf: Die Aufgaben des Rechtswahrers der Wehrmacht. In: Deutsches Recht 9 (1939), S. 1265–1269.
Ludewig, Joachim: Der deutsche Rückzug aus Frankreich 1944. Freiburg 1994.
Lunding, Hans M.: Stemplet fortroligt. Kopenhagen 1970.
Meinck, Gerhard: Hitler und die deutsche Aufrüstung 1933–1937. Wiesbaden 1959.
Mellenthin, Friedrich W. von: Deutschlands Generale des Zweiten Weltkriegs. Bergisch Gladbach 1980 (engl. Ausgabe u. d. T.: German Generals of World War II: As I saw them. Norman, Univ. of Oklahoma Press 1977).
Messerschmidt, Manfred: Außenpolitik und Kriegsvorbereitung. In: Das Deutsche Reich und der Zweite Weltkrieg. Bd. 1: Ursachen und Voraussetzungen der deutschen Kriegspolitik. Stuttgart 1979, S. 535–701.
Meyer, Georg: Drei deutsche Generale. Dienst in der Diktatur und im Spannungsfeld des Kalten Krieges. In: Vom Kalten Krieg zur deutschen Einheit. Hrsg. v. Bruno Thoß. München 1995, S. 51–62.
Die Militärelite des Dritten Reiches. 27 biographische Skizzen. Hrsg. v. Ronald Smelser und Enrico Syring. Berlin u. a. 1995.
Mitcham, Samuel W. Jr.: Hitler's Field Marshals and their Battles. London 1988.
Mitcham, Samuel W. Jr./Gene Mueller: Hitler's Commanders. Lanham, Maryland 1992.
Moll, Otto E.: Die deutschen Generalfeldmarschälle 1939–1945. Bearbeitet v. Wolfgang W. Marek. Rastatt 1961, 2. verb. Auflage 1962.
Morsey, Rudolf: Zur Geschichte des „Preußenschlags" am 20. Juli 1932. Dokumentation. In: Vierteljahrshefte für Zeitgeschichte 9 (1961), S. 430–439.
Müller, Klaus-Jürgen: Das Heer und Hitler. Armee und nationalsozialistisches Regime 1933–1940. Stuttgart 1969, ^{2}1989.
Müller, Vincenz: Ich fand das wahre Vaterland. Berlin (Ost) 1963.
Neugebauer, Karl-Volker: Die deutsche Militärkontrolle im unbesetzten Frankreich und in Französisch-Nordwestafrika 1940–1942. Boppard 1979.
Peter, Roland: Rüstungspolitik in Baden. Kriegswirtschaft und Arbeitseinsatz in einer Grenzregion im Zweiten Weltkrieg. München 1995.
Das politische Tagebuch Alfred Rosenbergs. Hrsg. v. Hans-Günther Seraphim. München 1964.
Der Prozeß gegen die Hauptkriegsverbrecher vor dem Internationalen Militärgerichtshof (= IMT). Nürnberg 14. Oktober 1945–1. Oktober 1946. 42 Bde. Nürnberg 1947–1949.
Reichsführer! … Briefe an und von Himmler. Hrsg. v. Helmut Heiber. Stuttgart 1968, München 1970.
Reynolds, Nicholas: Beck. Gehorsam und Widerstand. Das Leben des deutschen Generalstabschefs 1935–1938. Wiesbaden 1977.
Ders.: Der Fritsch-Brief vom 11. Dezember 1938. In: Vierteljahrshefte für Zeitgeschichte 28 (1980), S. 359–371.
Rosenfeld, Günter: Von der Rapallo-Politik zum Hitler-Stalin-Pakt. In: Militärgeschichtliche Mitteilungen Nr. 52/1993, S. 141–152.
Salewski, Michael: Von Raeder zu Dönitz. Der Wechsel im Oberbefehl der Kriegsmarine 1943. In: Militärgeschichtliche Mitteilungen Nr. 14/1973, S. 101–146.

Salisbury, Harrison E.: The 900 Days: The Siege of Leningrad. New York 1969 (Dt. Ausgabe u.d.T.: 900 Tage. Die Belagerung von Leningrad. Frankfurt a.M. 1989).

Schreiber, Gerhard: Deutsche Kriegsverbrechen in Italien. Täter – Opfer – Strafverfolgung. München 1996.

Schulenburg, Detlev Graf von der: „Dann sind's die besten Köpfe, die man henkt". Die junge Generation im Widerstand. München 1991.

Schweling, Otto P.: Die deutsche Militärjustiz in der Zeit des Nationalsozialismus. Hrsg. v. Erich Schwinge. Marburg 1978.

Schwinge, Erich: Der Jurist und sein Beruf. Eine Einführung in die Rechtswissenschaft. Hamburg/Berlin 1969.

Senger und Etterlin, Ferdinand M. von: Krieg in Europa. Köln 1960.

Shirer, William L.: The Rise and Fall of the Third Reich. New York 1960.

Smith, Bradley F./Elena Agarossi: Unternehmen „Sonnenaufgang". Köln 1981 (engl. Ausg. u. d. T.: Operation Sunrise: The Secret Surrender. New York 1979).

Soldatisches Führertum. Hrsg. v. Kurt Priesdorf. Bd. 1–10. Hamburg o. J. (1933).

Speer, Albert: Erinnerungen. Frankfurt a. M./Berlin 1969.

Speidel, Hans: Aus unserer Zeit. Erinnerungen. Berlin 1974.

Staiger, Jörg: Rückzug durchs Rhônetal. Neckargmünd 1965.

Stang, Knut: Das zerbrechende Schiff. Seestrategien und Rüstungsplanung der deutschen Reichs- und Kriegsmarine 1918–1939. Frankfurt a. M. u. a. 1995.

Streit, Christian: Keine Kameraden. Die Wehrmacht und die sowjetischen Kriegsgefangenen 1941–1945. Stuttgart 1978, Neuauflage Bonn 1997.

Stumpf, Reinhard: Die Wehrmacht-Elite. Rang- und Herkunftsstruktur der deutschen Generale und Admirale 1933–1945. Boppard 1982.

Die Tagebücher von Joseph Goebbels. Sämtliche Fragmente. Hrsg. v. Elke Fröhlich. 4 Bde. München 1987.

Taylor, Telford: Sword and Swastika. Generals and Nazis in the Third Reich. New York 1952, Chicago 1969.

Teske, Hermann: Die silbernen Spiegel. Generalstabsdienst unter der Lupe. Heidelberg 1952.

Albrecht von Thaer. Generalstabsdienst an der Front und in der O.H.L. Aus Briefen und Tagebuchaufzeichnungen 1915–1919. Göttingen 1958.

Trials of the War Criminals before the International Military Tribunal. Washington, D.C. 1951.

Ueberschär, Gerd R./Wolfram Wette: Bomben und Legenden. Die schrittweise Aufklärung des Luftangriffs auf Freiburg am 10. Mai 1940. Freiburg 1981.

Umbreit, Hans: Deutsche Militärverwaltungen 1938/39. Die militärische Besetzung der Tschechoslowakei und Polens. Stuttgart 1977.

„Unternehmen Barbarossa". Der deutsche Überfall auf die Sowjetunion 1941. Berichte, Analysen, Dokumente. Hrsg. v. Gerd R. Ueberschär und Wolfram Wette. Paderborn 1984 (Taschenbuchausgabe u. d. T.: Der deutsche Überfall auf die Sowjetunion. „Unternehmen Barbarossa" 1941. Frankfurt a. M. 1991, [3]1997).

Vernichtungskrieg. Verbrechen der Wehrmacht 1941–1944. Ausstellungskatalog. Hrsg. v. Hamburger Institut für Sozialforschung. Red.: Hannes Heer. Hamburg 1996, [2]1997.

Vogel, Rolf: Ein Stück von uns. Deutsche Juden in deutschen Armeen 1813–1976. Eine Dokumentation. Mainz 1977.

Warlimont, Walter: Im Hauptquartier der deutschen Wehrmacht 1939–1945. Grundlagen, Formen, Gestalten. Frankfurt a.M. 1962 (engl. Ausgabe u. d. T.: Inside Hitler's Headquarters. London 1962).

Westphal, Siegfried: Heer in Fesseln. Aus den Papieren des Stabschefs von Rommel, Kesselring und Rundstedt. Bonn 1950.

Weinberg, Gerhard L.: Germany, Hitler, and World War II. Cambridge 1995.

Wheeler-Bennett, John W.: The Nemesis of Power. The German Army in Politics 1918–1945. London 1964.

Wistrich, Robert: Wer war wer im Dritten Reich. Ein biographisches Lexikon. Überarb. v. Hermann Weiß. München 1983, Frankfurt a.M. 1987, 1993 (engl. Ausgabe u. d. T.: Who ist Who in Nazi Germany? New York 1982).

Zeidler, Manfred: Reichswehr und Rote Armee 1920–1935. Wege und Stationen einer ungewöhnlichen Zusammenarbeit. München 1991.

Zoepf, Arne W. G.: Wehrmacht zwischen Tradition und Ideologie. Der NS-Führungsoffizier im Zweiten Weltkrieg. Frankfurt a.M. 1988.

Personenregister

Die Seitenzahlen beziehen sich auf Text und Anmerkungen, jedoch nicht auf die Bibliographie. Soweit Autorenangaben und Namensnennungen nur als Quellenbelege aufgeführt sind, wurden sie nicht berücksichtigt. Die kursiv gesetzten Zahlen weisen auf den Beitrag über die betreffende Person hin.

Die Autoren des Bandes

Boll, Bernd, Dr. phil., geboren 1951, Historiker und wissenschaftlicher Angestellter an Hamburger Institut für Sozialforschung, Arbeitsbereich Theorie und Geschichte der Gewalt.

Eckart, Wolfgang, Dr. phil., geboren 1952, seit 1992 Professor für Geschichte der Medizin an der Universität Heidelberg.

Fischer, Kurt, Dr. phil., geboren 1937, Flottillenadmiral a. D.

Haase, Norbert, Dr. phil., geboren 1960, Geschäftsführer der Stiftung Sächsische Gedenkstätten zur Erinnerung an die Opfer politischer Gewaltherrschaft, Dresden.

Hartwig, Dieter, Dr. phil., geboren 1943, 1965 bis 1993 Marineoffizier, u. a. Dozent für Wehrgeschichte an der Führungsakademie der Bundeswehr, Stabsoffizier für Presse- und Öffentlichkeitarbeit, freischaffender Historiker.

Höhne, Heinz, geboren 1926, bis 1992 Ressortleiter im „Spiegel", seither freier Publizist.

Hümmelchen, Gerhard, Dr. phil., geboren 1927, 1959 bis 1990 Geschäftsführer des Arbeitskreises für Wehrforschung, seit 1990 im Ruhestand.

Jahr, Christoph, Dr. phil., geboren 1963, wissenschaftlicher Mitarbeiter an der Humboldt-Universität zu Berlin.

Krautkrämer, Elmar, Dr. phil., geboren 1927, zuletzt Professor an der Pädagogischen Hochschule Freiburg i. Br.

Macksey, Kenneth, geboren 1923, 1944 bis 1948 Berufsoffizier bei der britischen Panzertruppe, danach freier Publizist und Historiker.

McCannon, John, Ph. D., geboren 1967, seit 1996 Professor of History an der Norwich University, Northfield, Vermont.

Mitcham, Samuel W., Jr., Ph. D., geboren 1949, seit 1995 Professor an der Northeast Louisiana University, Monroe, Louisiana.

Mueller, Gene, Ph. D., geboren 1942, seit 1987 Professor am Henderson State College in Arkadelphia, Arkansas.

Müller, Klaus-Jürgen, Dr. phil., geboren 1930, von 1973–1995 Professor an der Bundeswehruniversität Hamburg und von 1977–1995 an der Universität Hamburg.

Mühleisen, Horst, Dr. phil., geboren 1943, Ausbildung für den höheren Archivdienst, Archivar an der Universität Trier.

Peter, Roland, Dr. phil., geboren 1959, wissenschaftlicher Mitarbeiter am Haus der Geschichte Baden-Württemberg in Stuttgart.

Stahl, Friedrich-Christian, Dr. phil., geboren 1918, Oberstleutnant a. D., Leitender Archivdirektor i. R., 1966–1980 Leiter des Bundesarchiv-Militärarchivs in Freiburg.

Steinbach, Peter, Dr. phil., geboren 1948, Professor für Historische Grundlagen der Politik an der Freien Universität Berlin, wissenschaftlicher Leiter der Forschungsstelle Widerstandsgeschichte der FU und der Gedenkstätte Deutscher Widerstand in Berlin.

Streit, Christian, Dr. phil., geboren 1942, Oberstudienrat.

Ueberschär, Gerd R., Dr. phil., geboren 1943, 1976–1996 Historiker am Militärgeschichtlichen Forschungsamt Freiburg/Potsdam, seitdem am Bundesarchiv-Militärarchiv Freiburg, Lehrbeauftragter an der Universität Freiburg i. Br.

Vogel, Detlef, Dr. phil., geboren 1942, 1978–1994 Stabsoffizier und Historiker am Militärgeschichtlichen Forschungsamt in Freiburg.